# 低碳电力系统理论与应用

康重庆　陈启鑫　夏清　著

科学出版社
北京

## 内 容 简 介

本书主要介绍低碳电力系统的理论、方法与关键技术。全书分为六篇，第一篇(第 1～4 章)介绍低碳电力技术的基本概念、电力系统碳排放的计算方法；第二篇(第 5～7 章)介绍碳捕集电厂的运行模型与优化决策方法；第三篇(第 8～10 章)介绍电力系统碳排放流分析理论；第四篇(第 11～14 章)和第五篇(第 15～19 章)分别围绕电力系统的调度和规划两大关键业务，介绍低碳电力调度和低碳电力规划的模型与方法；第六篇(第 20～22 章)介绍促进可再生能源消纳的低碳技术。

本书可供电力规划、电力计划、电力调度、电力市场交易、电力营销以及低碳发展、气候变化等相关领域专业科技人员和管理人员，以及高等院校有关专业教师、研究生和高年级本科生阅读参考，也可作为电力系统相关专业的教材。

**图书在版编目(CIP)数据**

低碳电力系统理论与应用/康重庆，陈启鑫，夏清著. —北京：科学出版社，2019.5

ISBN 978-7-03-060700-3

Ⅰ.①低…　Ⅱ.①康…②陈…③夏…　Ⅲ.①电力工业-节能-研究-中国　Ⅳ.①F426.61

中国版本图书馆 CIP 数据核字(2019)第 040096 号

责任编辑：刘宝莉　罗　娟 / 责任校对：郭瑞芝
责任印制：吴兆东 / 封面设计：陈　敬

科学出版社 出版
北京东黄城根北街 16 号
邮政编码：100717
http://www.sciencep.com
北京捷迅佳彩印刷有限公司 印刷
科学出版社发行　各地新华书店经销
*
2019 年 5 月第　一　版　开本：720×1000　1/16
2022 年 1 月第二次印刷　印张：24 1/4
字数：490 000

**定价：168.00 元**

(如有印装质量问题，我社负责调换)

# 前　言

在全球气候变化问题加剧的时代背景下，发展低碳经济已经逐渐成为国际社会的共识。作为一个发展中国家，我国也面临着低碳化发展的严峻挑战，面临着巨大的碳减排压力。国际能源署(IEA)公布的数据显示，十多年前我国已成为世界上碳排放量最大的国家。电力行业则是国民经济中最大的碳排放部门，所排放的 $CO_2$ 占我国化石燃料燃烧碳排放的比例超过了 40%。因此，发展低碳电力技术，无疑将是我国推动低碳经济、满足碳减排要求、实现电力行业可持续发展的一个关键战略。

在低碳经济时代，传统电力行业将面临外部环境与内在发展模式的重要转变，这也将对电力系统未来的运行与调度、投资与规划模式产生根本性的影响。这些影响可以概括为以下三个方面：首先，各类低碳调控手段与经济机制的引入，如碳税、碳配额、碳交易机制等，将为电力行业形成全新的外部政策、经济环境，对碳排放赋予碳成本，也对碳减排赋予碳收益；其次，碳减排势必成为电力行业的重要目标，这对未来电力行业的发展形成碳约束；再次，各类低碳技术的引入，如风电、光伏、生物质发电等可再生能源发电技术，以及碳捕集技术等，将使电力系统中出现大量的低碳电源，这些低碳电源将具有明显区别于传统电源的技术特性，都将对传统的电力系统运行、规划工作提出新的挑战。

为此，我们从 2008 年开始，针对低碳电力技术领域开展了基础性、系统化的研究工作。2009 年初我们在《电网技术》期刊上发表了《低碳电力技术的研究展望》，是国内该领域的第一篇综述与观点性论文，明确了低碳电力技术的概念和分析框架，分析了该领域的理论难点、关键问题与应用前景，该论文发表后迅速得到学术界、业界的关注。该论文作者之一陈启鑫博士于 2010 年完成了该领域的第一篇博士学位论文《低碳电力系统的理论与方法研究》，系统地分析了低碳电力系统的基本特征、关键要素，提出了体系化的低碳电力系统分析理论与方法，为后续开展相关研究奠定了坚实的理论基础；该博士论文于 2013 年获得全国百篇优秀博士论文提名奖。在随后的研究中，我们专注于对低碳电力系统中的各个具体技术难题进行深入研究，相关成果已在国内外学术期刊上发表了数十篇论文，涉及发电侧的碳捕集电厂、电网侧的碳排放流理论、业务层的低碳电力调度与低碳电力规划问题，同时涵盖了应用层的低碳技术促进清洁能源消纳等各个主题，从而由点到面地不断完善理论体系；并结合我国电力行业低碳化发展的工程化需求，解决了低碳电力系统中的实际工程问题，为我国电力行业的碳减排工作做出了自己的贡献。

在此过程中，我们深刻地认识到，唯有将实践应用作为创新与发展的源泉，在研究探索中不断发现问题、解决问题，才能抽象并升华出具有更广泛意义的科学理论，形成具有实际应用价值的分析方法，并反过来指导进一步的研究工作。这也是我们一贯秉承的原则。回顾 2008 年以来我们的研究工作，大致可分为以下五个方面：

(1) 厘清了低碳电力技术的研究框架，构建了低碳电力系统的基本概念体系；分析了电力系统发、输、配、用不同环节之间的低碳互动机制与关联关系，提出了面向不同环节的碳排放计算方法；构建了电力系统的综合低碳能力集，并利用其映射关系测评电力系统各环节所实现的减排潜力，从而将电力系统的碳减排视角从传统的发电环节扩展到电网侧、用户侧，拓展了电力系统碳减排的途径与技术。

(2) 围绕备受关注的低碳技术——碳捕集与封存技术，对碳捕集电厂的运行机理进行了细致的分析与基础性建模，研究了碳捕集电厂电碳协调的灵活运行方式与控制技术，定义了碳捕集电厂的电碳特征函数，提出了碳捕集电厂利用其灵活运行能力参与电力市场与碳市场的优化决策技术，并提出了考虑实物期权的碳捕集电厂投资效益分析方法，为更加优化地运营碳捕集电厂、更加全面地认识碳捕集电厂的成本效益提供了理论模型和分析工具。

(3) 将网络分析技术引入碳排放的分析中，首次提出了电力系统碳排放流的基本概念，构建了电力网络碳排放流的理论体系，提出了碳排放流的一般化分析方法及灵敏度分析技术，得到了改变网络拓扑情况下用户用电行为的碳增益；在此基础上，将碳排放流理论扩展到不同形式的电力交易中，从而可以对电力交易行为的碳排放流动关系进行精准测算。

(4) 围绕电力系统的调度和规划两大关键业务，提出了面向低碳目标的新型电力调度生产模式，构建了低碳电力调度的优化决策数学模型，挖掘了碳捕集电厂在电力系统运行中的低碳效益，并将碳排放流理论应用于电网的优化调度。提出了面向低碳目标的新型电源规划模型，勾画出电力行业未来的碳排放轨迹与减排路径，分析了碳捕集电厂对于解决电力行业碳锁定效应的贡献，并将碳排放流理论应用于电网的规划设计之中。

(5) 深入研讨了低碳电力技术促进高比例可再生能源消纳的技术路径，提出了碳捕集电厂与风电的协调运行模式，可利用弃风电量低成本捕集 $CO_2$；构建了可灵活运行的电热集成系统，通过多能协同挖掘系统的调峰能力；提出了促进可再生能源消纳的输电网规划新方法，实现了网-源的协同规划运行。

本书正是上述研究成果的总结。在研究过程中，我们坚持以低碳电力系统为研究对象，围绕国际上的学术研究前沿与工程实践中的重大需求，不断总结思考，通过多学科的交叉融合突破思维定式，并引导方法论的变革与创新，发展新的研究工具与分析方法；在实践探索中，不断地汲取新的理念，提炼有价值的理论问题，扩展新的研究视角，丰富原有的理论体系，力图实现理论、方法、工具三者之间的紧密互动与融合，为低碳电力领域后续的研究工作提供一个可发展的理论框架、一个可借鉴的方法体系和一系列可实际应用的研究工具。

本书在撰写过程中，重点突出精、新、简、实的特点，在叙述方法上力求理论与工程实际相结合，而在具体的数学推导与公式描述中则尽量简明扼要，不盲目追求纯粹的数学表述，而更加突出研究工作的背景、目的、逻辑、价值，以便于具有高等数学、概率论等工科数学基础的读者都能够理解本书的基本内容。

本书的部分研究工作先后得到了国家重点研发计划“智能电网技术与装备”重点专项项目（2016YFB0900100）、国家自然科学基金（51107059、51622705、51620105007）、高等学校博士学科点专项科研基金（20100002110007）的资助，特此致谢。

本书是作者近年来科学研究工作的总结，部分内容取材于作者课题组所培养的陈启鑫、周天睿、陈新宇博士，丁然、季震硕士，以及张宁、孙彦龙、杜尔顺等的学术论文或学位论文。本课题组的博士生程耀华、侯庆春、卓振宇、李海和黄武靖等协助完成对本书初稿的校对。清华大学电机工程与应用电子技术系为本书的撰写提供了良好的条件，作者在此一并表示感谢。

我们希望本书能够起到抛砖引玉的作用，能为电力系统的研究人员提供一些参考，推动我国低碳电力系统的研究成果与工程实践向更高的水平发展。尽管本书在撰写过程中已经对体系安排、素材选取与文字叙述竭尽全力、精益求精，但是，由于作者水平有限，书中难免存在不妥之处，我们真诚地期待读者对本书进行批评和指正。

# 目　　录

## 第三篇 碳排放流专题

## 第四篇　低碳电力调度专题



## 第五篇　低碳电力规划专题

## 第六篇　可再生能源消纳专题

# 第一篇　低碳电力技术基本问题

# 第1章　电力行业低碳化的问题与挑战

## 1.1　低碳发展的背景

### 1.1.1　全球气候变化

能源是现代经济发展的基础，随着近年来世界经济的快速发展，各个国家对能源的需求迅猛增长。无论是工业制造、居家生活、交通运输还是商业建筑，无论是经济活动还是日常生活，都需要消耗大量的能源来维持系统的正常运作。而在现阶段，世界各国主要的能源形式还是煤、石油和天然气等化石燃料，它们都含有大量碳元素，人们通过燃烧化石燃料从中获取能量，代价就是产生大量的二氧化碳等废气，污染环境，破坏人类赖以生存的生态环境。

在全球经济通过大量能源消耗不断增长的同时，随之而来的负面影响开始慢慢累积和体现，全球气候变化就是其中最受关注的一项。据联合国政府间气候变化专门委员会（Intergovernmental Panel on Climate Change，IPCC）观测数据显示[1]，1901～2012年全球陆地和海洋表面平均温度升高约0.85℃。

我国气候变化趋势与全球的总趋势基本一致。《第三次气候变化国家评估报告》[2]显示，1909～2011年我国陆地区域平均温度上升了0.9～1.5℃。最近60年平均每10年升高约0.23℃，几乎是全球的2倍。此外，近50年来我国降水分布格局也发生了明显变化，西部和华南地区降水增加，而华北和东北大部分地区降水减少。高温、干旱、强降水等极端气候事件有频率增加、强度增大的趋势。根据趋势预计，未来我国区域气温将持续上升。未来极端气候事件面临频发，暴雨、强风暴潮、大范围干旱发生的频次和强度增加，洪涝灾害的频率呈上升趋势，海平面将继续上升。

可见，全球气候变化触及生态安全、水资源安全和粮食安全等各个层面，对地球生态系统与人类社会造成巨大影响，带来巨大的经济损失，加剧了极端气候灾害发生的风险，并严重威胁人类的生存环境[3]。

### 1.1.2　能源问题与能源危机

全球能源资源主要有煤炭、石油、天然气等化石能源和水能、风能、太阳能、海洋能等清洁能源。受世界人口增长、工业化、城镇化等诸多因素拉动，全球能源消费呈现总量和人均能源消费量持续“双增”态势，1956～2016年，全球一次能源年消费总量从 53.8 亿 t 标准煤增长到 189.6 亿 t 标准煤，60 年时间增长了 2.5 倍，年均增长 2.1％。

世界能源消费结构长期以化石能源为主，但随着电气化水平提高，越来越多的煤炭、天然气等化石能源转换成电能，电能占终端能源消费的比重逐步提高，化石能源在世界终端能源消费结构中的比重持续下降。1973～2012 年，煤炭、石油在世界终端能源消费中的比重分别下降了 3.6％、7.5％，而电能所占比重从 9.4％增长到 18.1％，仅次于石油占比，居第二位。

全球化石能源资源虽然储量大，但随着工业革命以来数百年的大规模开发利用，正面临资源枯竭、污染排放严重等现实问题。能源危机是指能源供应短缺或价格上涨而影响经济发展的严重情况。这通常涉及石油、电力或其他自然资源的短缺。从消费者的观点来看，能源危机提高了生活成本，降低了生活水平；从全社会和国家的角度来看，能源危机可能引发社会动乱，使得人类社会的发展减缓甚至倒退。

根据相关统计报告，地球上的石油资源将会在有限的时间内枯竭，在世界能源消费以石油、煤炭、天然气为主导的条件下，如果能源消费结构不改变，那么能源危机将不可避免。因此，人类必须预计到非再生矿物能源资源枯竭可能带来的危机。若化石能源与原料链条中断，必将导致世界经济危机和冲突的加剧，最终葬送现代市场经济。为了实现社会的可持续发展，人类必须积极采取有效措施解决好能源的供应问题。

## 1.2　低碳发展的核心理念

为应对全球气候变化和能源问题，实现人类社会的可持续发展，发展低碳经济已经成为世界各国的共同选择。各国都致力于大规模开发可再生能源、提高能源利用效率、减少温室气体排放，以促进整个社会经济向高能效、低能耗和低碳排放的模式转型。

我国是能源消费大国，目前的能源消费总量已位居世界第一。与发达国家相比，我国单位国内生产总值(gross domestic product，GDP)能耗过高。2006 年，我国碳排放量已超越美国居于全球首位，使我国在国际气候谈判中面临巨大的政治与舆论压力。在此背景下，我国政府对节能减排工作高度重视，制定了一系列的低碳发展目标。发展低碳经济，无疑将是我国政府面临的长期而艰巨的任务。

### 1. 低碳经济发展理念

温室气体将使地球表面变得更暖，类似于温室截留太阳辐射并加热温室内空气的作用，这种影响称为“温室效应”。《京都议定书》中规定控制的 6 种温室气体为二氧化碳($CO_2$)、甲烷($CH_4$)、氧化亚氮($N_2O$)、氢氟碳化物(HFCs)、全氟碳化物(PFCs)、六氟化硫($SF_6$)。

温室气体是典型的全球性公共产品,其减排需要全世界合作与协同。在经济发展、能源需求与长期可持续发展间找到平衡点,就需要在能源系统的运作中引入低碳的理念。

2003年,在英国政府公布的能源白皮书 *Our Energy Future—Creating A Low Carbon Economy*[4]中,首次提出了低碳经济的发展理念,倡导通过减少碳排放,改善全球气候条件;通过提高能源供应的多样化,调整能源结构,降低能源的供应与经济风险;并大力发展低碳技术,引领科技创新。此后,低碳经济迅速受到世界各国、各界的广泛重视,并得到大力扶持。提高碳的利用效率与降低碳排放量是驱动低碳经济的核心因素,也是发展低碳经济的必然要求。低碳经济发展理念强调经济发展应基于低能耗、低排放与低污染,其核心是技术创新、制度创新和发展观的改变。低碳经济的提出,刮起了一股涉及生产模式、生活方式、价值观念和国家权益的全球性革命风暴,代表了从工业文明向生态经济文明的巨大进步[5,6]。IPCC甚至预言,低碳经济将成为继蒸汽技术革命、电力技术革命、信息技术革命、生物技术革命之后,第五波改变世界经济的浪潮。

### 2. 低碳发展是世界各国的共识

应对气候变化,实现低碳发展已经形成全球共识。世界各国政府为应对气候变化问题做出了积极的努力。

1979年联合国召开第一次世界气候大会,1988年建立了IPCC,1990年建立政府间谈判委员会,达成《联合国气候变化框架公约》,并规定每年举行一次缔约方大会。在1997年的第三次缔约方大会上通过了著名的《京都议定书》,确定了各缔约方的减排承诺;2007年在印度尼西亚召开的第十三次缔约方大会则形成了妥协性的"巴厘岛路线图",明确了2020年发达国家减排25%～40%,2050年全球减排50%的中远期目标;2011年在南非召开的第十七次缔约方大会则确定了《京都议定书》第二承诺期各缔约方的减排承诺;2015年12月12日在巴黎气候变化大会上通过的《巴黎协定》,成为人类历史上应对气候变化的第三个里程碑式的国际法律文本,形成了2020年后的全球气候治理格局。从环境保护与治理上来看,《巴黎协定》的最大贡献在于明确了全球共同追求的"碳减排硬指标"。截至2019年2月,共有194个缔约方签署了《巴黎协定》。该协定指出,各方将加强对气候变化威胁的全球应对,把全球平均气温较工业化前水平升高控制在2℃之内,并为把升温控制在1.5℃之内而努力。只有全球尽快实现温室气体排放达到峰值,21世纪下半叶实现温室气体近零排放,才能降低气候变化给地球带来的生态风险以及给人类带来的生存危机。

## 1.3 中国的低碳电力之路

### 1. 我国电力行业的碳排放特点

我国电力行业的碳排放特性主要如下：

(1) 发电碳排放总量大且增长迅速。2016 年，我国发电碳排放量约为 38.13 亿 $tCO_2$，是美国同行业碳排放量的 2 倍，超过全欧洲的碳排放总量。与此同时，我国 2016 年电力行业的碳排放相对于 1995 年增加了 4.29 倍。

(2) 发电碳排放强度高。我国电源结构以煤炭为主体，煤炭发电装机占总装机容量的比例超过 70%，低碳电源比例较小；而煤电的碳排放占发电总排放的比例超过 95%。这种电源结构直接导致我国的发电碳排放强度居高不下。

(3) 电网侧的温室气体来源主要是电网输电损耗和输变电设备中的 $SF_6$ 泄漏，$SF_6$ 的温室效应是等量 $CO_2$ 的约 24000 倍。

(4) 用电侧虽然不直接产生碳排放，却是产生碳排放的主要驱动力。通过合理的需求侧管理，可优化用电方式，从而间接减少碳排放。

### 2. 我国发展低碳电力的必要性

我国电力行业的碳排放特点充分说明了在我国实施低碳电力发展战略是当务之急，具有重要的战略意义。

(1) 电力行业是碳减排的主战场，对于低碳经济的实施与发展具有重要影响。同时，电力行业的碳减排潜力巨大，优化空间明显，只有大力发展低碳电力，才能实现电能生产向低碳目标的转变。

(2) 随着减排压力的持续增加，我国将面临日益严峻的挑战，且可能在不久的将来面临强制性、可量化的减排计划，而发展低碳电力是应对国际压力、确保完成国家碳减排宏观目标的重要途径。

(3) 发展低碳电力，是实现电力行业可持续发展的重要途径。低碳电力以降低碳排放为重要目标，这将有利于改善电源结构，改变我国当前对化石能源，尤其对煤炭依存度过高的状况，从而实现能源结构的多元化，形成清洁的能源供应体系；其次，发展低碳电力有利于促进发电技术更新换代，提高能效，引入各种清洁发电技术，降低污染；最后，发展低碳经济有利于提高电能生产、传输与消费的效率，促进节能，减缓资源消耗。

## 1.4 电力系统低碳化的技术途径

电力系统中各个环节均可通过机制改善、技术升级等措施实现独立的低碳效益，也可通过与其他环节的配合实现互动的低碳效益。从电力系统实现低碳效益的来源辨析，分析电力系统中各种低碳效益的形成机理，电力系统低碳化的技术途径如图 1.1 所示。

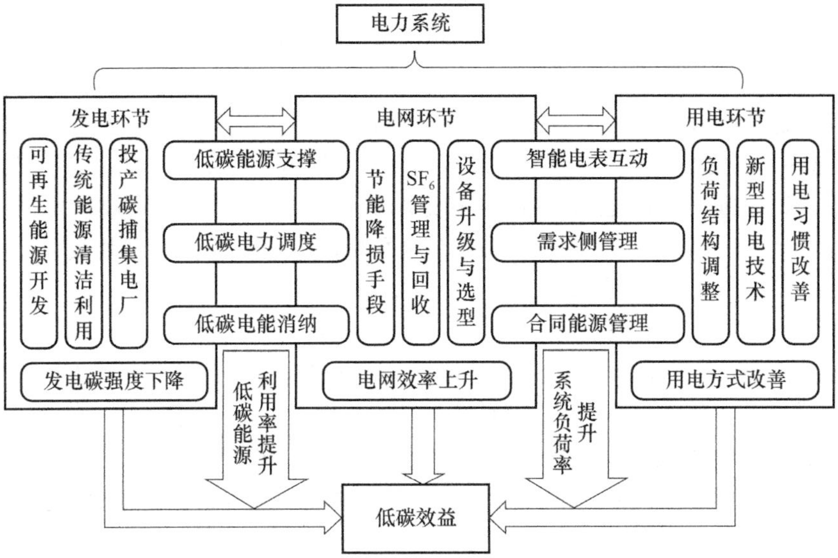


图 1.1　电力系统低碳化的技术途径

电力系统中的不同环节在电能供应中承担不同的角色。从图 1.1 中可以看出，电力系统低碳效益的来源包括发电、电网、用电三个主要环节以及不同环节的交互。各个环节实现低碳效益的手段各有不同，彼此向低碳化发展的工作思路也各有侧重点。电力系统低碳化，既需要各个环节分别实现低碳技术，也需要依靠不同环节之间的配合与互动。在分析电力系统低碳化发展特征时，要根据电力系统中各类低碳效益的来源，明确电力系统各环节的工作核心与低碳化特征的内涵，从而建立电力系统低碳化特征的分析方法。下面分别从发电、电网、用电及交互四个方面介绍低碳效益来源。

1. 发电环节——降低排放强度

发电环节作为电力碳排放的源头，对于电力系统的低碳化发展至关重要。其中火力发电厂通过燃烧化石燃料产生大量 $CO_2$，是电力系统碳排放的“主力军”。水电、核电、风电、光伏等低碳电源虽然在发电过程中基本不产生碳排放，但在发电设备的原材料开采以及生产、制造过程中都或多或少地造成碳排放，这部分碳排放可通过发电环节的“零碳”效益进行抵消。从电力系统的角度看，发电环节的低碳化应当以降低发电碳排放强度、提高化石燃料的利用效率为工作核心。

发电环节提升低碳化水平的工作主要包含三方面内容:

(1) 积极开发低碳电源,主要包括太阳能、风能、生物质能、地热能、海洋能等非化石能源的发电利用,使电力行业逐渐削减对化石能源的依赖。

(2) 努力推进传统能源的清洁利用,这主要包括以超临界、超超临界为代表的高效发电技术,以增压流化床联合循环(pressurized fluidized bed combustion combined cycle,PFBC-CC)、整体煤气化联合循环(integrated gasification combined cycle,IGCC)、天然气联合循环(natural gas combined cycle,NGCC)与热电循环等为代表的清洁发电技术等,这些发电技术既可以通过锅炉改造提高火力发电的能量转换效率,减少发电煤耗,又可以通过循环利用提高能源的利用效率,从而实现一次能源使用效率的提高。除技术层面外,以“上大压小”为主的政策机制也可帮助提高化石能源的利用效率。

(3) 发展低碳发电技术,目前以碳捕集与封存(carbon capture and storage,CCS)技术为主。碳捕集电厂具有典型的低碳特性,当电厂引入与其额定容量相匹配的捕集容量时,可使得电厂的排放水平在原来的基础上下降 80%以上,与其他提高能效的清洁发电技术相比,碳捕集电厂具有很大的减排优势。

从独立实现碳减排的角度出发,当电力系统中其余特征不发生变化时,发电环节通过上述工作可实现碳排放强度的下降。发电侧的能源结构与碳排放强度是低碳化特征评价的基础与核心指标。

#### 2. 电网环节——降损减排

电网作为电力传输的枢纽,虽然不直接产生碳排放,但是在电力传输过程中的线路损耗与设备损耗造成了发电环节的额外发电;此外,电网环节的诸多设备大量使用 $SF_6$,设备的检修与报废会造成 $SF_6$ 气体泄漏,这些均造成电网环节独有的“等价”碳排放。因此,从独立实现减排的角度,电网环节应当以降低等价的运行碳排放为低碳化工作核心。

电网环节独立实现低碳化的工作,需围绕电网降损与 $SF_6$ 气体减排两部分展开[7]。电网降损环节包含两部分内容:其一是输电线路降损,即选择合适的能源传输方式,或者引入高效的能源传输技术,以降低电能传输过程中损耗对应的碳排放。随着输电电压等级的提高与新型输电技术的运用,电网的输电损耗将会存在较大的下降空间;其二是电网设备升级,由于电网环节中包含大量的断路器、变压器等输变电设备,这些设备在运行过程中均存在损耗,电网环节如果积极采用新型高效的输变电设备,淘汰性能相近而损耗较高的原有设备,电网环节的损耗亦会由此得到有效下降,从而提高电网低碳化水平。

此外,为了减少 $SF_6$ 气体泄漏所对应的温室气体排放,电网环节一方面需要加强对含 $SF_6$ 气体设备的管理力度,建立严格的管理机制,改进设备维护及检修方法;另一方面需要积极研发新型技术,寻找 $SF_6$ 气体的替代品。

从独立实现碳减排的角度出发，当电力系统中其余特征不发生变化时，电网环节通过上述工作可实现电网运行碳排放的下降。

### 3. 用电环节——提高能源使用效率

用电环节是电能使用的终端环节，不同的用电行为可对电力行业的碳排放产生不同的影响。用电侧的电能需求决定了发电的规模，从而决定了电力行业碳排放的基本规模。用电行为的改善，对电力行业的碳减排有很大的推动力[8]。因此，用电环节应当以提高用电能效为工作核心。

提高用电能效主要体现在三个方面：

(1) 节约用电，通过改善用电习惯，减少不必要的电能消费。

(2) 合理用电，系统负荷的峰谷差居高不下是电力系统运行效率难以提升的重要原因，可以通过需求侧管理的错峰、移峰等手段降低系统峰谷差，从而在发电侧减少火电机组调峰压力，降低发电煤耗，同时创造经济效益与低碳效益。对于电源结构以水电为主的区域，汛期时的低谷弃水问题突出，若合理实施负荷管理措施和智能化互动措施提高低谷负荷，可提高水电资源的利用率，有效减少弃水。

(3) 提高用电效用，用电环节要有计划、有目标地提高用电效用，调整负荷结构，提高单位电能消费可创造的产值。这需要高能耗产业自身的调整与改革，通过技术创新与管理制度创新提高用电能效，也需要电力行业对单位产值排放过高的企业进行合理引导。

此外，相对于一次能源，电力碳排放主要集中于发电环节，在用电过程中不存在直接碳排放，用电环节体现出良好的低碳特性。因此，引入新型的用电方式，以电能替代其他能源，将有利于发挥电能的低碳效益，从整个能源工业与经济系统的角度实现碳减排，提高电力行业的低碳贡献。用电环节应当在保证供电可靠性的前提下，从以上思路入手强化用电环节的低碳化水平。

### 4. 不同环节的交互——优化协调

这里所描述的交互是指电力系统不同环节之间可通过互动协调实现低碳减排和运行增效，起到平台的作用。在这个平台上，电网环节可同时掌握发电环节与用电环节的信息，并以此作为运行决策的依据。电网环节应积极与用电环节、发电环节互相协调，充分发挥自身的资源优化配置能力，提高运行效率与资产利用率，进一步协助降低发电侧的碳排放强度、提升用电环节的用电能效，充分发挥发电环节与用电环节的低碳潜力。

通过交互协作提升低碳效益，主要体现在以下三个方面：

(1) 电网通过线路修建支撑更多的低碳电源生产和电量送出，协助降低发电环节的平均碳排放强度。

(2) 采用面向低碳的电力调度模式，提高非化石能源的使用率，合理规划和利用碳捕集电厂及电动汽车等新型电力技术帮助消纳可再生能源。

(3) 电网通过与负荷侧相关的智能化手段，如智能电表与用户的互动、合同能源管理以及各类需求侧管理手段，协助负荷侧用电习惯的改善，对负荷曲线进行整形，从而提高单位电能效用及电网环节的运行效率。

交互协作产生的低碳效益是由电力系统中至少两个环节共同产生的，发电环节与用电环节提供物质基础，电网环节提供资源优化配置与调度操作平台。整体来讲，电网环节在低碳化发展中具有重要的作用，可实现的低碳效益种类多样，具有极大的减排潜力。

## 1.5　低碳电力技术的研究框架

低碳理念的引入对于电力行业的影响是广泛而深刻的。低碳电力技术的研究应紧扣电力行业本质属性，分析低碳经济对电力行业的深刻影响。低碳电力技术的研究框架包括低碳分析方法、低碳发电、低碳业务、低碳网络、低碳应用等[9]，如图 1.2 所示。

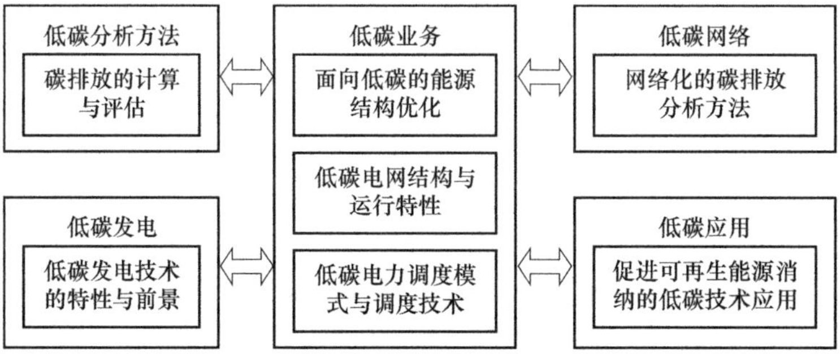


图 1.2　低碳电力技术的整体研究框架

### 1. 电力行业碳排放的计算方法与评估模型

引入以低碳为目的的发展模式，必将对我国电力工业产生深刻而广泛的影响。碳排放的计算与评估是低碳电力的技术基础，需要从电力行业的整体环节着手辨识碳排放的来源，并研究碳排放的定量计算方法，从而清晰地了解电力行业的碳排放现状，并对未来的排放轨迹进行预测。在此基础上，衡量电力系统中各环节的低碳减排潜力及效益，量化评估各环节的低碳化空间。从定性、定量的角度对电力行业的碳排放及低碳效益进行衡量，并对如何在低碳环境下实现电力行业与国家宏观经济战略、能源规划战略的良好协调，如何确定电力行业的碳减排目标，电力工业各个环节的低碳化空间具体有多大，实施低碳化对电力工业的发展会带来多大的环保成本，如何实现电力工业经济性与低碳排放的有机统一等问题给出解答。

2. 低碳发电技术的特性与前景分析

引入低碳发电技术，是实现电力行业低碳化发展的关键所在。低碳技术的选择，除受其本身成本、效益、风险与成熟度等因素影响外，还与我国的基本国情、资源禀赋与电力行业特性等相关。方兴未艾的低碳技术尚未完全成熟，存在风险大、成本高、效果不确定的特点，从当前的技术发展程度看，主要的低碳技术包括：清洁发电技术、IGCC发电系统等高效发电技术，核电、水电、风电、光伏、生物质发电等低碳发电技术，以及各种CCS技术。其中CCS技术通过捕集$CO_2$，既可以降低碳排放，又提升了电力系统的运行灵活性，具备显著的效益，目前已经开始进行示范应用。研究以CCS技术为代表的各种低碳发电技术的实现难点与商业化障碍，分析各种技术在我国的实施效益、制约因素与推广前景，并对配备CCS技术的电厂的运行特性进行合理建模，融合电力系统的规划与调度环节，也是未来的重要研究方向之一。

3. 网络化的碳排放分析方法

由于电能是二次能源，电力行业的碳排放几乎全部来自发电环节，在电能的传输、使用过程中则基本不产生碳排放。然而，电力生产由电力需求驱动产生。在电力系统中发电、输电和用电是瞬时平衡的。如果从用电侧的角度来观测电力行业的碳排放，会发现无法得到有效的线索，不利于通过推动用电侧节能来减少电力行业的碳排放。事实上，当把碳排放流的概念应用于电力系统时，会发现不同节点在不同时间的电能消费行为产生的碳排放有巨大的区别，这种区别既取决于用户所处的网络节点及其所连接网络的拓扑结构，也取决于用电时刻并网发电机的出力状态。因此，除对电力系统碳排放的总量特性进行分析外，还需要引入网络碳排放流的概念与分析理论，将电力系统的碳排放与电网的拓扑结构相结合，研究网络化的碳排放分析方法与计算模型，全面分析电力系统中影响碳排放的关键因素，并可对电力系统面向低碳目标的运行方式和电网规划提出针对性的指导。

4. 面向低碳经济的能源结构优化

低碳经济的引入，对以往以安全保障与社会经济效益为主的传统电力行业发展模式产生了较大的冲击。在此背景下，需要站在大能源系统的角度，综合考虑安全、经济、环境、可持续发展等各方面的效益与风险，运用能源经济学、环境经济学、发展经济学的理论成果，搭建综合的能源、经济、环境三方面因素相协调的能源结构优化模型，实现能源结构的最优决策与演化[10,11]。

电力行业具有明显的锁定效应(locked-in effect)。所谓锁定效应，是指事物的发展过程对初始状态与发展方向的选择具有很强的依赖性，一旦选择了某个初始状态，就很难改弦易辙，以至于进入一种类似于“锁定”的状态[5]。显然，由于发电机组往往具有较长的服役年限，能源结构的决策将在一个相当长的时期产生持续的影响，在碳排放上更是如此。当前的能源结构将在很大意义上决定未来的碳排放量与发展路径。如何协调能源发展与碳减排之间的目标矛盾；如何提高能源结构对于碳价、技术进步、环境变化等各类风险的抵御能力，提高能源结构的适应性与灵活性；如何在能源结构中权衡近期的经济成本与远期的环境成本；如何最终实现能源结构的低碳化等，这些问题都是发展低碳电力所面临的新的问题和挑战，也是重要的研究领域。

5. 面向低碳经济的电网结构与运行特性

低碳经济模式下，分布式能源、可再生能源将得到快速发展。分布式能源多分布在负荷中心，其蓬勃发展将有利于实现电力供应本地化，缓解电网传输压力；此外，分布式能源多为小容量，电压水平也不太高，通常直接接入配电网发电；对于可再生能源，大规模的并网将给电网结构的规划与适应度带来新的挑战；由于其多分布在离负荷中心较远的偏远地区，需要架设专线以实现这部分能源的联网。

以上是低碳经济模式下电网结构的新特点，如何建设有利于支撑低碳电力发展的输配电网结构及其配套设备；如何分析各种低碳能源的联网对于系统电压、频率稳定的影响，并对电网安全运行标准重新界定；如何在确保安全运行的前提下，计算各类低碳能源的容量可信度，并决策系统所需的最优备用与最优裕度；如何对电网运行的调度裕度，以及抵御随机风险的能力进行评估等问题亟待解决，这也是推动低碳电力发展所需要先行研究的内容。

6. 面向低碳经济的新型电力调度模式研究

低碳经济模式下，电力系统的调度方式与调度技术同样出现了新的特点与内涵。传统的电力调度一般采用经济调度的原则，即以整个系统的发电、运营成本最低实施调度。然而，随着低碳电力的发展，电网的调度方式将发生较大的改变。

低碳经济模式下，应在充分分析发电、输电、配电和用电过程中的能源消耗与减排潜力的前提下，打破传统单纯以最低发电成本为目标的经济调度模式，综合考虑经济、安全、环保等因素，以社会福利最大化为目标制定调度原则。此外，低碳模式对降低电网损耗、提高电能传输效率提出了更高的要求，这就要求对电力系统调度运行中的低碳技术进行深入研究，分析如何在调度运行中最大限度地减少碳排放，并根据不同地域、不同季节、不同电源结构的特点，提出相应的低碳调度对策。

7. 促进可再生能源消纳的低碳电力技术应用

可再生能源的迅猛发展为电力系统的低碳化提供了重要的机遇。将低碳电力技术与可再生能源运行相结合，提升电力系统灵活性，促进可再生能源的消纳，将成为电力系统低碳化的重要途径。可再生能源的接入丰富了电源种类，需要研究CCS等低碳发电技术与风电、光伏等间歇性电源的协调运行技术，充分挖掘电源环节的低碳潜力；同时，大规模的可再生能源并网对电网结构的规划带来了新的挑战，电网建设应支撑可再生能源大规模接入与送出。

# 第 2 章　电力系统碳排放基本概念与碳排放量计算

## 2.1　电力系统碳排放的基本概念

### 2.1.1　与碳排放相关的基本概念

1. 碳排放

碳排放是温室气体排放的总称。温室气体中最主要的气体是二氧化碳，因此用碳(carbon)一词作为代表。虽然“碳排放”的字面意思为“二氧化碳排放”，但实际上可以代表所有温室气体排放。本书主要关注电力系统的碳排放，因此除特殊说明外，“碳排放”一般指“二氧化碳排放”。

2. 碳排放量

碳排放量一般指碳排放的质量，考虑不同排放源的排放规模，其单位可以采用 $kgCO_2$、$tCO_2$、亿 $tCO_2$ 等。碳排放量的累积称为总碳排放量或碳排放总量。

3. 碳排放系数

碳排放系数也称碳排放因子，可分为产品碳排放系数和燃料碳排放系数。产品碳排放系数是指在正常技术经济和管理条件下，生产单位产品所排放温室气体数量的统计平均值。对于不同技术水平、生产状况和能源使用情况，产品碳排放系数存在很大差异，影响测算的精度；燃料碳排放系数是指每一种单位燃料燃烧或使用过程所产生的碳排放量。一般在使用过程中，根据 IPCC 的假定，可以认为某种燃料的碳排放系数是不变的。

燃料碳排放系数需根据该燃料所含有的各种化学成分进行分析计算得到，主要有两种表示方式：燃料释放单位能量值的碳排放量($EF_E$)、单位质量(或体积)燃料燃烧产生的碳排放量($EF_M$)。两者根据燃料燃烧的热值(采用单位质量燃料完全燃烧产生的低位发热量，一般以 kcal[1]/kg 为单位，符号为 $q$)进行换算，换算公式为

$$EF_M = \frac{4186.8}{10^{12}} q \, EF_E \tag{2.1}$$

---

1) 1kcal=4.1868×10³J，下同。

表 2.1 为 IPCC 公布的各类常用燃料的碳排放因子[12]。

**表 2.1　IPCC 公布的各类常用燃料的碳排放因子[12]**

| 燃料名称 | 单位能量碳排放因子 /($kgCO_2$/TJ) | 燃料热值 /(kcal/kg) | 单位质量碳排放因子 /($kgCO_2$/kg) |
|---|---|---|---|
| 燃料煤 | 94600 | 6400 | 2.53 |
| 无烟煤 | 98300 | 7500 | 3.09 |
| 次烟煤 | 96100 | 4933 | 1.98 |
| 焦煤 | 94600 | 6800 | 2.69 |
| 焦炭 | 107000 | 7000 | 3.14 |
| 褐煤 | 101000 | 3989 | 1.69 |
| 液化天然气 | 64200 | 9900 | 2.66 |
| 液化石油气 | 63100 | 6635 | 1.75 |
| 天然气 | 56100 | 8900 | 2.09 |
| 褐炉煤气 | 44400 | 5000 | 0.93 |

### 2.1.2　电力行业碳排放相关概念

1. 发电碳排放量

发电碳排放量是机组发电过程产生的碳排放总量，单位为 $kgCO_2$，一般用符号 $E$ 表示。

2. 发电碳排放强度

发电碳排放强度定义为机组发电产生的碳排放量与发电量之比，可以表征机组生产单位电量的碳排放量，单位为 $kgCO_2$/(kW·h)，与发电所用燃料和发电效率直接相关，用符号 $e$ 表示。

$$e=\frac{E}{G} \tag{2.2}$$

式中：$G$ 为机组的发电量。

3. 系统碳排放强度

系统碳排放强度是系统碳排放总量与系统总发电量之比，主要取决于系统电源结构与电力生产结构。

4. 火电碳排放强度

火电碳排放强度是火电所产生的碳排放量与火电机组总发电量之比，取决于火电机组类型与运行状态。不同类型火电机组(燃煤、燃油、燃气)的碳排放强度存在差异,具体计算方法将在 2.2 节详述。

## 2.2 电力系统发电侧碳排放计算方法

### 2.2.1 电力系统碳排放计算原则

针对能源部门,《2006 年 IPCC 国家温室气体清单指南》[12]给出了三类方法:

(1) 第 1 类方法(T1)采用 IPCC 燃料默认排放因子,建议在缺乏可靠国家统计数据的情况下使用。

(2) 第 2 类方法(T2)以特定国家燃料排放因子代替 IPCC 默认值,国家燃料排放因子取特定国家燃料排放因子的平均值,该方法考虑到燃料品质和排放因子的国家差异,相比 T1 方法更加准确。

(3) 第 3 类方法(T3)采用工厂级数据,可以详细计及燃料产地、批次和品质差异,必要时可对特定燃烧技术建模和实测。

三类方法精度递增,同时操作成本递增,推荐做法为:以 T2 方法为主、T3 方法为辅,在有条件的行业和部门采用 T3 方法。

### 2.2.2 电力系统碳排放影响因素

1. 电力生产结构

电力生产结构是影响电力系统碳排放总量最重要的因素。实际统计数据中,电力生产结构具体表现为各类机组的装机容量和机组利用小时数。在给定的用电需求下,水电、核电、风电、光伏等低碳电源的可发电量越多,火电需发电量就越少,则碳排放总量越低。在火电电力生产结构中,由于燃煤发电机组碳排放强度一般高于燃油发电机组,燃油发电机组一般高于燃气发电机组,因此燃气发电机组可发电量越多,则系统碳排放总量越低。

电力生产结构主要取决于一次能源结构和电源装机结构。我国以煤炭为主的能源结构决定了我国以燃煤火电为主的电源装机结构,燃煤发电机组在我国电源结构中装机比例接近 70%,使得我国电力行业碳排放总量巨大。

2. 火力发电技术

火力发电技术的选择决定了单位火电发电量的碳排放强度。相比传统的小容量火电机组,超临界、超超临界及 IGCC 等新型火力发电技术具有更高的发电效率和更低的单位发电煤耗,也就具有更低的发电碳排放强度。因此,面对我国以煤炭为主的能源结构,大力发展超临界和超超临界机组是当前火电行业实现碳减排最现实、经济、有效和成熟的技术。各类先进火力发电技术通过降低单位发电煤耗来具体体现其对碳排放强度降低的贡献。

3. 厂用电率

厂用电是指发电厂在生产过程中自身所使用的电能。厂用电的供电范围包括主厂房内厂用负荷、输煤系统、脱硫系统、除灰系统、水处理系统、循环水系统等。厂用电率定义为厂用电量占发电厂发电量的百分比。按照供电口径的不同，碳排放强度可以分为单位供电碳排放强度和单位发电碳排放强度，两者的差异在于单位供电碳排放强度考虑了厂用电对供电效率的影响。为满足给定的用电需求，厂用电将造成额外的燃料消耗及碳排放。

4. 机组出力水平

不同的发电机组具有不同的碳排放强度，风电、水电、光伏等非化石能源发电机组不直接产生碳排放，容量不同的火电机组碳排放强度也不尽相同。进一步，在满足同样电力供应的前提下，各类机组的出力水平不同，产生的发电碳排放量也将不同。一般情况下，非化石能源发电机组及大容量火电机组的出力水平越高，则产生的系统碳排放量越低。因此，机组的出力水平将直接影响电力系统的碳排放水平。

### 2.2.3 基于排放系数的单机碳排放计算

该方法根据电力行业生产的统计数据进行碳排放计算。从单机层面上看，电力生产造成的碳排放量等于发电量与发电碳排放强度之积，即

$$E_i = G_i e_i \tag{2.3}$$

式中：$E_i$、$G_i$、$e_i$ 分别为机组 $i$ 的发电碳排放量、发电量和发电碳排放强度。

根据能量转换关系，可得到火力发电碳排放强度的基本计算公式为

$$e_i = 3.6 \times 10^{-6} \frac{\mathrm{EF_E}}{\eta_i} \tag{2.4}$$

式中：$\mathrm{EF_E}$ 为机组 $i$ 所用燃料(单位能量值)的碳排放系数，$\mathrm{kgCO_2/TJ}$；$\eta_i$ 为机组 $i$ 的综合发电转换效率；$3.6\times10^{-6}$为能量单位转换系数(将 TJ 转换为 kW·h)。

设 $A$ kg 原煤燃烧产生 $B$ $\mathrm{kgCO_2}$ 排放。$A$ kg 原煤对应的标准煤 $C$ 为

$$C = A\frac{q}{7000} \quad (\mathrm{kg}) \tag{2.5}$$

式中：$q$ 为燃料热值，kcal/kg；标准煤的热值为 7000kcal/kg。

$A$ kg 原煤的发电量 $D$ 为

$$D = \frac{1000C}{r_i} = A\frac{q}{7000}\frac{1000}{r_i} = \frac{Aq}{7r_i} \quad (\mathrm{kW\cdot h}) \tag{2.6}$$

式中：$r_i$ 为机组标准煤耗，gce/(kW·h)。

发电机碳排放强度 $e_i$ 为

$$e_i=\frac{B}{D}=\frac{B}{\frac{Aq}{7r_i}}=7r_i\frac{1}{q}\frac{B}{A}=7r_i\frac{\mathrm{EF_M}}{q}\quad[\mathrm{kgCO_2/(kW\cdot h)}] \tag{2.7}$$

式中：$\mathrm{EF_M}$ 为碳排放系数，$\mathrm{EF_M}=\frac{B}{A}(\mathrm{kgCO_2/kg})$。

### 2.2.4 基于能量转换效率的单机碳排放计算

根据火电机组发电过程中的能量转换，可以采用固定供电量，“倒推”得到发电的燃料需求，进而计算火电机组的碳排放量。火电机组发电的能量转换过程如图 2.1 所示。

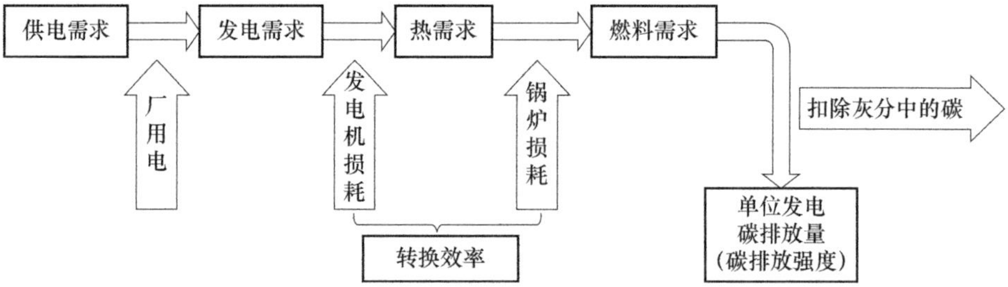


图 2.1　火电机组发电的能量转换过程

根据该能量转换过程，可以得到火电厂发出单位电能所对应的能量流过程，如图 2.2 所示。其中，$p_\mathrm{C}^\mathrm{I}$ 表示收到基(以实际收到的燃料为基准进行计算)碳的百分比(%)，即收到基标准下燃料的碳含量；$p_\mathrm{C}^\mathrm{O}$ 表示灰渣中的碳元素质量比例，$p_\mathrm{C}^\mathrm{I}$ 和 $p_\mathrm{C}^\mathrm{O}$ 都是火电厂的统计数据；煤炭不完全燃烧会造成一定的碳流失，用 $1-\frac{p_\mathrm{C}^\mathrm{O}}{p_\mathrm{C}^\mathrm{I}}$ 对其灰分进行修正；$\tau_i$ 表示额定工况下的厂用电率；$\mu_0$ 表示额定工况下的发电效率。

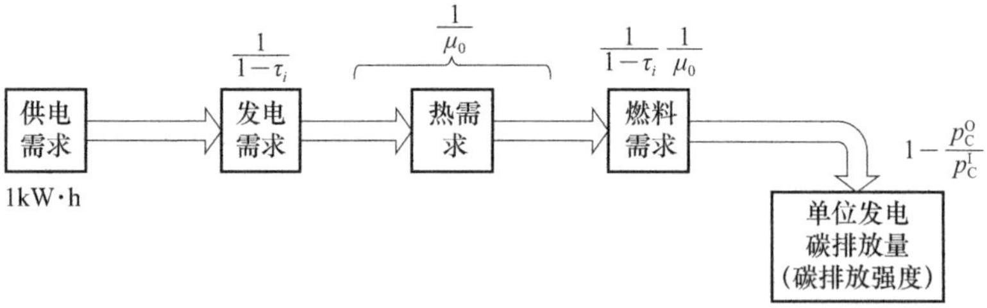


图 2.2　火电机组发电的能量流过程

由上述能量流关系可以得到火电机组的综合发电效率表达式为

$$\eta_i=\frac{(1-\tau_i)\mu_0}{1-\frac{p_\mathrm{C}^\mathrm{O}}{p_\mathrm{C}^\mathrm{I}}} \tag{2.8}$$

代入式(2.4)可得到，火电机组的碳排放强度为

$$e_i=3.6\times10^{-6}\mathrm{EF_E}\left(1-\frac{p_\mathrm{C}^\mathrm{O}}{p_\mathrm{C}^\mathrm{I}}\right)\frac{1}{1-\tau_i}\frac{1}{\mu_0} \tag{2.9}$$

根据前面的分析可知，火电机组在不同运行工况下的发电效率和厂用电率都会有所变化。因此，火电机组的实际出力水平会对碳排放强度造成影响，在计算过程中需要考虑这些影响因素。考虑各类影响因素后，火电机组碳排放强度可近似表示为

$$e_i(p)=3.6\times10^{-6}\mathrm{EF_E}\left(1-\frac{p_\mathrm{C}^\mathrm{O}}{p_\mathrm{C}^\mathrm{I}}\right)\frac{1}{1-\tau_i f_\tau(p)}\frac{1}{\mu_0 f_\eta(p)-\sum\mu_i^\mathrm{A}} \tag{2.10}$$

式中：$f_\tau(p)$为机组出力水平对厂用电率的影响函数；$f_\eta(p)$为机组出力水平对发电效率的影响函数；$\mu_i^\mathrm{A}$ 为其他设备(脱硝、脱硫与冷却等设备)对机组发电效率的影响之和。

写成式(2.4)的标准形式，可以得到发电机组的综合发电转换效率为

$$\eta_i(p)=\frac{(1-\tau_i f_\tau(p))\left(\mu_0 f_\eta(p)-\sum\mu_i^\mathrm{A}\right)}{1-\dfrac{p_\mathrm{C}^\mathrm{O}}{p_\mathrm{C}^\mathrm{I}}} \tag{2.11}$$

从式(2.11)可以看出，厂用电率、燃烧效率等因素均在一定程度上影响综合发电转换效率 $\eta_i$，使其在基础发电效率 $\mu_0$ 的附近变化。

### 2.2.5　基于物料平衡法的单机碳排放计算

文献[13]依据国际温室气体编制规范，考虑燃料成分和锅炉燃烧过程，建立了基于物料平衡法的单机碳排放计算模型。下面具体介绍该模型。

根据锅炉的燃烧反应原理[14]，燃煤产生的碳排放源于可燃质中的碳元素，灰分无机盐化学反应的影响很小，可以忽略不计。以 $M_\mathrm{C}$(kg)表示煤炭可燃质的碳元素质量，按照氧化反应的原子量关系，其完全燃烧时释放的 $CO_2$ 质量(kg)为

$$M_{\mathrm{CO_2}}=M_\mathrm{C}\times\frac{44}{12} \tag{2.12}$$

以 $M$(kg)表示收到基煤的质量，则有

$$M_\mathrm{C}=M\,p_\mathrm{C}^\mathrm{I} \tag{2.13}$$

由上可得到煤炭充分燃烧产生 $CO_2$ 的排放量为

$$M_{\mathrm{CO_2}}=M\,p_\mathrm{C}^\mathrm{I}\times\frac{44}{12} \tag{2.14}$$

式(2.14)两端除以发电量，可以得到机组发电碳排放强度为

$$e_i=m_i p_\mathrm{C}^\mathrm{I}\times\frac{44}{12} \tag{2.15}$$

式中：$m_i$ 为机组单位发电实际煤耗量。

$m_i$ 与机组发电标煤耗 $r_i$ 之间的关系为

$$m_i=\frac{\gamma r_i}{Q_{\text{net}}} \tag{2.16}$$

式中：$\gamma$ 为标煤能量转换系数，取 29.3MJ/kgce；$Q_{\text{net}}$ 为机组单位发电用煤炭的低位发热量，MJ/kg，与式(2.1)中的 $q$ 可互相换算。

综上所述，可得到机组发电碳排放强度的表达式为

$$e_i=\frac{\gamma r_i}{Q_{\text{net}}}p_{\text{C}}^{\text{I}}\times\frac{44}{12} \tag{2.17}$$

如果进一步考虑煤炭不完全燃烧引起的碳流失，即煤炭中灰分的影响，对煤炭不完全燃烧的碳流失进行修正，可得到

$$e_i=\frac{\gamma r_i}{Q_{\text{net}}}(p_{\text{C}}^{\text{I}}-A_{\text{ar}}p_{\text{C}}^{\text{O}})\times\frac{44}{12} \tag{2.18}$$

式中：$A_{\text{ar}}$ 为收到基中的灰分百分比。

### 2.2.6　三种计算方法的对比

根据前面描述的三种计算方法的过程，可以对三种计算方法进行对比。首先，比较三种计算方法所需的边界条件，如图 2.3 所示。其中，斜体字体的已知条件为关联量，已知其中两个就可以求解出第三个。

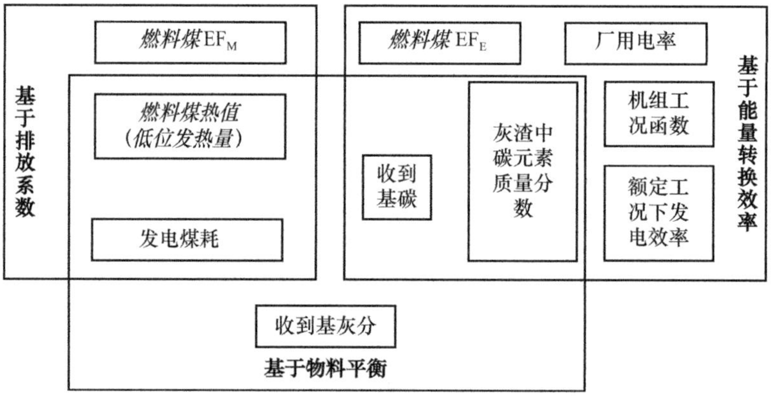


图 2.3　三种计算方法的边界条件对比

将三种计算方法进行总结与对比：

(1)基于排放系数的单机碳排放计算。该方法简单，对数据的要求较低，可用于缺乏详细数据条件下的初步分析与估算。但是，该方法未考虑不同地区燃料品质差异以及火电厂运行工况的变化，因而该方法的计算精度较低，常用于面向系统的宏观计算。

(2)基于能量转换效率的单机碳排放计算。该方法分析全面，可充分考虑发电

机组的运行机理以及各类影响因素，计算精度高。但是，对计算数据种类和准确性要求较高，计算代价较大，若基础数据获取有困难则不能保证计算的可行性。该方法适用于面向机组运行的碳排放精细化分析。

(3)基于物料平衡法的单机碳排放计算。该方法计算直接有效，可充分考虑发电厂的实际统计数据，计算精度较高。但是，该方法仅从统计角度实现排放计算，未考虑电力系统运行实际，不利于碳排放分析的拓展，适用于面向发电厂碳排放的统计分析与管理。

## 2.3　电力系统宏观碳排放的计算

电力系统碳排放的宏观统计法面向系统层面的宏观计算，关注较长时间、较大范围内电力系统的碳排放总量。该方法多服务于宏观的经济、能源战略规划。

宏观统计法主要有两种思路：

(1)根据系统内所有电厂燃料消耗的统计数据完成。

(2)通过电力生产数据统计完成。

### 2.3.1　基于燃料消耗统计数据的宏观统计法

基于统计时间内第 $j$ 类燃料的碳排放系数($\mathrm{EF}_{\mathrm{M},j}$)，根据第 $j$ 类能源消耗的总量($M_j$)，统计计算碳排放总量，相当于物料平衡法。其计算公式为

$$E=\sum_{j}\mathrm{EF}_{\mathrm{M},j}M_j \tag{2.19}$$

该方法需要以准确、权威的各类能源的消耗统计数据作为基础。

### 2.3.2　基于电力生产数据的宏观统计法

基于电力生产数据的宏观统计法的主要思路是根据电力生产数据，计算统计时间内系统中各类发电机组的碳排放量，然后将所有机组的排放加和得到系统的宏观碳排放量。因此，该方法需要得到电力行业的主要统计数据，包括系统装机结构、各类发电机组的发电量、主要电厂的厂用电率、总用电量以及网损率等指标。

根据实际问题的需要，该方法可以分为历史年份的发电碳排放量统计与规划年份的发电碳排放量测算。针对历史年份，各机组的发电量可由统计数据获得；针对规划年份，则需要在确保负荷与电量平衡约束、满足机组运行工况的前提下，将年发电量分配到所有机组。

#### 1. 历史年份的发电碳排放量统计

根据历史年份各类机组的发电利用小时数可以求得各类机组的发电量，结合各类机组年发电量及其碳排放因子可以得到该地区在特定时间内的发电侧碳排放量为

$$E=\sum_i e_i G_i=\sum_i e_i P_i T_i \tag{2.20}$$

式中：$P_i$为第 $i$ 台机组的额定容量，MW；$T_i$ 为该机组的年度发电利用小时数，h。

2. 规划年份的发电碳排放量测算

在规划年份，各类电源的年发电量未知。为了测算既定电源规划方案下系统的发电碳排放量，需结合各类电源的历史运行特性，在给定电力系统调度策略的基础上测算各类电源的年发电量。根据各个地区不同机组需发电量的分配原则与发电过程可得，在负荷预测得出地区总的需发电量之后，调度总是优先分配水电机组、风电机组与核电机组等近零碳排放的非化石能源发电机组，尽可能使清洁能源得到充分利用，在电网安全运行的情况下尽量避免弃水、弃风等行为。分配完毕后剩余的需发电量再分配给火电机组。由于只有火电机组存在发电碳排放，因此计算思路就是在给定地区总需发电量的情况下，根据数据统计出水电、风电、光伏和核电等低碳电源的总容量和合理的利用小时数，从而得到其需发电量，剩余的便为火电机组的需发电量。计算过程如图 2.4 所示。

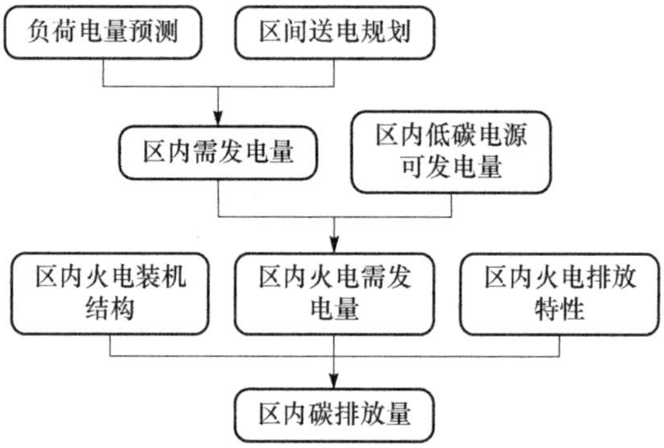


图 2.4　规划年份的发电碳排放量计算

在传统调度模式下，火电中的燃油发电机组与燃气发电机组主要用于调峰，年发电量相对固定。燃煤发电机组的利用小时数虽然在实际调度时会考虑充分利用大机组的问题，但是整体来看，在我国实行的“三公调度”模式下，小机组与大机组之间的利用小时数差别不会太大，所以简化考虑后认为：所有火电机组具有相同的利用小时数，即认为总的需发电量分配给每台机组，平均利用小时数等于总需发电量除以总的容量。

所有燃煤发电机组的年发电量 $G_i$ 可根据式(2.21)确定：

$$\begin{cases} G_i=P_i T_0 \\ T_0=\dfrac{G-\sum\limits_{i\in U_{\mathrm{R}}\cup(U_{\mathrm{T}}-U_{\mathrm{C}})} G_i}{\sum\limits_{k\in U_{\mathrm{C}}} P_k} \end{cases} \tag{2.21}$$

式中：$T_0$ 为燃煤发电机组平均发电利用小时数；$G$ 为总发电量；$U_T$ 为所有火电机组集合；$U_C$ 为所有燃煤发电机组集合；$U_R$ 为低碳电源集合。

在计算得到各机组预期出力的基础上，可以由式(2.20)和式(2.21)计算得到规划年份的碳排放总量。

### 2.3.3　算例分析

下面采用基于电力生产数据的宏观统计法，预测某省级电力系统未来十年的电力生产碳排放量，其未来十年的电力装机结构如表 2.2 所示。

**表 2.2　某省级电力系统未来十年的电力装机结构**　(单位：MW)

| 机组类型 | | 第 1 年 | 第 2 年 | 第 3 年 | 第 4 年 | 第 5 年 | 第 6 年 | 第 7 年 | 第 8 年 | 第 9 年 | 第 10 年 |
|---|---|---|---|---|---|---|---|---|---|---|---|
| 水电机组 | | 8013 | 8145 | 8145 | 8145 | 8145 | 8145 | 8145 | 8145 | 8145 | 8145 |
| 核电机组 | | 6120 | 6120 | 8956 | 12878 | 13964 | 15050 | 17136 | 19886 | 22636 | 23636 |
| 风电机组 | 陆上 | 1100 | 1400 | 1700 | 2000 | 2300 | 2600 | 3000 | 3700 | 4800 | 5900 |
| | 海上 | 0 | 300 | 900 | 1800 | 2200 | 3200 | 4200 | 5000 | 5500 | 6100 |
| | 合计 | 1100 | 1700 | 2600 | 3800 | 4500 | 5800 | 7200 | 8700 | 10300 | 12000 |
| 火电机组 | 燃油 | 1774 | 1774 | 1774 | 1774 | 1774 | 1774 | 1774 | 1774 | 1774 | 1774 |
| | 燃气 | 9702 | 9882 | 10662 | 11442 | 11997 | 11997 | 11997 | 12777 | 13947 | 13947 |
| | 供热 | 60 | 60 | 60 | 710 | 1310 | 1310 | 1310 | 1310 | 1310 | 1310 |
| | 煤电 | 50617 | 58594 | 60964 | 65424 | 62518 | 63178 | 63838 | 63838 | 63838 | 63838 |
| | 合计 | 62153 | 70310 | 73460 | 79350 | 77599 | 78259 | 78919 | 79699 | 80869 | 80869 |
| 抽水蓄能机组 | | 4800 | 4800 | 4800 | 5120 | 6080 | 6380 | 7280 | 8780 | 9380 | 9680 |

1. 基础数据整理

1)总用电量

根据相关规划数据，对该电力系统未来十年的总用电量进行预测，根据不同的负荷增长率可以将负荷增长场景分为高方案、中方案、低方案三种，则三种负荷增长方案下其每年的总用电量预测如表 2.3 所示。

**表 2.3　三种负荷增长方案下总用电量预测**　(单位：亿 kW·h)

| 负荷增长场景 | 第 1 年 | 第 2 年 | 第 3 年 | 第 4 年 | 第 5 年 | 第 6 年 | 第 7 年 | 第 8 年 | 第 9 年 | 第 10 年 |
|---|---|---|---|---|---|---|---|---|---|---|
| 高方案 | 4333 | 4813 | 5348 | 5941 | 6600 | 6943 | 7303 | 7682 | 8081 | 8500 |
| 中方案 | 4330 | 4780 | 5220 | 5650 | 6060 | 6374 | 6704 | 7051 | 7416 | 7800 |
| 低方案 | 4178 | 4475 | 4793 | 5135 | 5500 | 5738 | 5987 | 6247 | 6517 | 6800 |

2)接收外来电力情况

该电力系统每年接收大量送入电量以保障本地的电力供应,根据相应的规划数据,其每年从区外接收的电力和电量如表 2.4 所示。

**表 2.4 某省每年从区外接收的电力和电量**

| 类别 | 第 1 年 | 第 2 年 | 第 3 年 | 第 4 年 | 第 5 年 | 第 6 年 | 第 7 年 | 第 8 年 | 第 9 年 | 第 10 年 |
|---|---|---|---|---|---|---|---|---|---|---|
| 总容量/(万 kW) | 2438 | 2868 | 3288 | 3763 | 3808 | 4108 | 4408 | 4708 | 5008 | 5308 |
| 总电量/(亿 kW·h) | 1097 | 1291 | 1480 | 1693 | 1714 | 1849 | 1984 | 2119 | 2254 | 2389 |

3)系统内需发电量

由上所述,省内需发电量应为总用电量与外来电量的差值,假定外来电量不受省内用电量的影响,则三种负荷增长方案下省内每年所需发电量如表 2.5 所示。

**表 2.5 三种负荷增长方案下省内每年所需发电量** (单位:亿 kW·h)

| 负荷增长场景 | 第 1 年 | 第 2 年 | 第 3 年 | 第 4 年 | 第 5 年 | 第 6 年 | 第 7 年 | 第 8 年 | 第 9 年 | 第 10 年 |
|---|---|---|---|---|---|---|---|---|---|---|
| 高方案 | 3236 | 3522 | 3868 | 4248 | 4886 | 5094 | 5319 | 5563 | 5827 | 6111 |
| 中方案 | 3233 | 3489 | 3740 | 3957 | 4346 | 4525 | 4720 | 4932 | 5162 | 5411 |
| 低方案 | 3081 | 3184 | 3313 | 3442 | 3786 | 3889 | 4003 | 4128 | 4263 | 4411 |

4)火电机组数据

省内的火电机组种类较多,有燃煤发电机组、燃油发电机组、燃气发电机组,其中有一部分供热机组。其中,大部分的发电装机为燃煤发电机组,需单独考虑。由于燃煤发电机组发电存在专门的能耗指标——发电煤耗,因此燃煤发电机组的碳排放强度可直接通过煤耗求得。为分析简便,由技术差异导致的同容量机组间的发电煤耗差异与单个机组运行工况不同造成的发电煤耗的差异可忽略不计。随着单机容量的增大,燃煤发电机组单位发电的煤耗不断下降。即使同等容量的机组,运行时的发电煤耗也会有差异,计算碳排放时理应根据不同机组的发电煤耗,逐个机组进行计算。但是省内燃煤发电机组众多,并且在未来即将投运的新型机组的发电煤耗未知,因此需要进一步合理简化计算过程。

为此,此处采用“容量分级”的方法对问题进行合理简化,即将所有燃煤发电机组按照单机容量进行分档。根据机组的典型容量段,单机容量在 60 万 kW 以上的机组为一档,30 万~60 万 kW 为一档,20 万~30 万 kW、10 万~20 万 kW 以及 10 万 kW 以下各自为一档,先统计出各档的总容量,再根据燃煤火电厂的典型生产情况给每个档位设定一个合理的发电标准煤耗。

根据能源数据,标准煤每千克热量为 7000kcal,根据其他类型煤炭热值与碳含量的关系可推算出标准煤的碳含量,从而得到 1kg 标准煤完全燃烧释放 $CO_2$ 的质量为 2.62kg,即为标准煤的碳排放因子。由此可计算各类燃煤发电机组的碳排放强度,如表 2.6 所示。

**表 2.6　燃煤火电机组发电煤耗与碳排放强度**

| 发电机组容量区间/(万 kW) | 发电机组平均煤耗/[g/(kW·h)] | 发电机组平均碳排放强度/[$kgCO_2$/(kW·h)] |
|---|---|---|
| ≥60 | 320 | 0.838 |
| 30～60 | 340 | 0.891 |
| 20～30 | 365 | 0.956 |
| 10～20 | 415 | 1.087 |
| ≤10 | 430 | 1.127 |

燃油发电机组与燃气发电机组在发电时也会排放一定量的 $CO_2$,这些机组的计算方式也是需要考虑的问题。此处根据能量转换原理,通过燃料的转换效率来计算非燃煤火电机组的发电碳排放强度。

燃油发电机组:以柴油为例。根据燃料数据,1kg 柴油完全燃烧放出的热量为 42705kJ,产生 $CO_2$ 质量为 3.1863$kgCO_2$。1kW·h 电的能量是 3600kJ,由此可得出在能量全部转换的情况下,燃油发电机组发 1kW·h 电产生的碳排放为 0.269$kgCO_2$,若燃油发电机组的效率可达 50%,则燃油发电机组的发电碳排放强度为 0.538$kgCO_2$/(kW·h)。

燃气发电机组:燃气发电机组的碳排放因子计算过程与燃油发电机组的计算过程大体一致。假定燃气发电机组的燃料全部是天然气,由燃料数据可得 $1m^3$ 天然气完全燃烧后产生热量 35588kJ,碳排放量为 1.958$kgCO_2$,若燃气发电机组的效率也可达到 50%,则可得燃气发电机组的发电碳排放强度为 0.396$kgCO_2$/(kW·h)。

供热机组:供热机组基本上是燃煤发电机组,虽然供热机组可以提供热源,从而可以有效地减少由正常供热产生的碳排放量,因此具有较高的热效率,但是就发电机组本身而言单位发电的碳排放量与该机组是否为供热机组并无关联。对于供热机组发电碳排放因子的处理方法与燃油发电机组和燃气发电机组的处理方法相同,利用能源转换效率来计算。在设定机组效率时,取全国平均水平的燃煤发电机组效率 33.6%作为供热机组的效率。同样得出供热机组的发电碳排放强度约为 0.958$kgCO_2$/(kW·h)。

对于个别采用蔗渣、垃圾以及其他类型燃料的机组,由于该类机组容量通常很小,发电量也很小,其发电碳排放量在此处不予考虑。

表 2.7 所示为各种其他火电机组的发电碳排放强度。

**表 2.7　其他火电机组的发电碳排放强度**

| 机组类型 | 发电机组平均碳排放强度/[$kgCO_2$/(kW·h)] |
|---|---|
| 燃油发电机组 | 0.536 |
| 燃气发电机组 | 0.396 |
| 供热机组 | 0.958 |

5)非化石燃料发电机组数据

对于水电、核电、风电和其他低碳电源,由于发电过程中不消耗化石燃料,因此该类电厂发电时基本不存在碳排放,这些非化石燃料发电机组也因此称为近零排放电源。

2. 电力生产碳排放计算

根据以上机组运行数据和负荷增长数据,结合计算模型可以得到在既定装机规划、三种负荷增长方案下省内未来十年的电力生产碳排放变化,如表 2.8 和图 2.5 所示。

**表 2.8　三种负荷增长方案下省内发电碳排放量**　(单位:万 $tCO_2$)

| 负荷增长场景 | 第 1 年 | 第 2 年 | 第 3 年 | 第 4 年 | 第 5 年 | 第 6 年 | 第 7 年 | 第 8 年 | 第 9 年 | 第 10 年 |
|---|---|---|---|---|---|---|---|---|---|---|
| 高方案 | 20922 | 23084 | 24281 | 24904 | 29266 | 30370 | 30770 | 30803 | 31028 | 32662 |
| 中方案 | 20885 | 22776 | 23123 | 22283 | 24527 | 25391 | 25532 | 25285 | 25213 | 26436 |
| 低方案 | 19536 | 20087 | 19358 | 17738 | 18644 | 19825 | 19262 | 18255 | 17360 | 17691 |

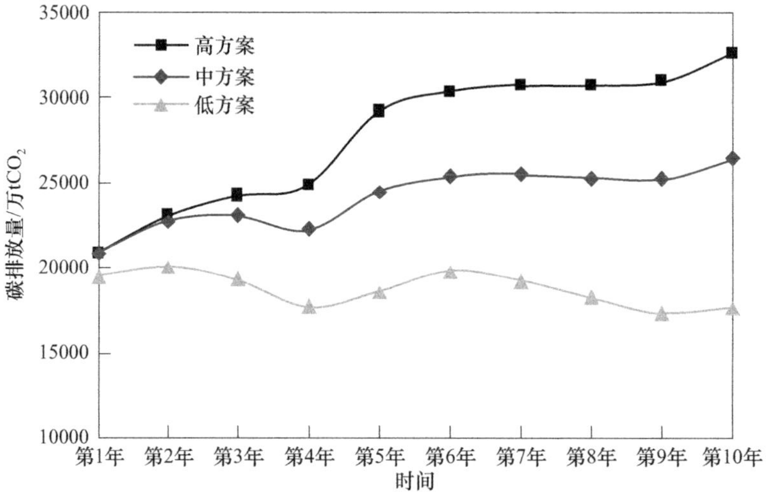


图 2.5　三种负荷增长方案下省内未来十年发电碳排放量情况

由图 2.5 可以看出,三种负荷增长方案下,电力生产带来的碳排放均呈现出明显的、相似的阶段特性。以中方案的排放轨迹为例,可分为如下三个阶段:

(1)波动阶段(第 1 年～第 4 年)。这一阶段的特点是,碳排放量增速放缓,局部年份出现下降。这是由于核电厂的大规模开发,核电电量的增长有效缓解了碳排放的增长趋势,即使其间负荷的年平均增长率最高可达 9.2%,但电力生产碳排放量并未如同负荷增长一样明显上升,平均增长率只有 5.8%。此外,外来电也有一定贡献。

(2)上升阶段(第5年～第7年)。这一阶段的特点是,碳排放量继续增加。由于省内电力需求量的上升突然增速,带动三种负荷增长方案下的碳排放量在这两年有所上升,并在第7年达到峰值。据计算,该三年碳排放的增长量占未来十年碳排放增长总量的41%。

(3)平稳阶段(第8年～第10年)。这一阶段的特点是,碳排放量平稳变化。这主要是由于其间该省逐步加大引入外来电的力度,兼之省内核电与风电的开发力度进一步加大,碳排放量得到很好的控制,在这段时间内开始趋于平稳。

考虑不同场景下的碳排放量轨迹特点,应根据负荷增长的实际情况来调整省内电源发展的指导方针。

若省内负荷增长小于中方案预测的结果,则应适当放缓火电机组的投运和规划,以确保省内已投运电源的利用效率与外来水电的利用率,保证省内火电机组的利用小时数。若省内负荷增长接近高方案预测的结果,则应积极落实外来电送入的通道与工程,优先开发省内核电和风电等低碳电源,同时加快燃气、抽水蓄能等调峰机组的发展,并加大从区外购入的水电电量,以保证省内用电,控制省内发电碳排放。

## 2.4　电力系统碳排放的结构分析模型

以上方法可以计算得到电力系统的碳排放总量,却无法体现各类碳排放因素对碳排放总量变化的贡献,例如,从空间维度分析各分区用电量及其平均碳排放强度对全系统碳排放总量变化的贡献,从技术维度分析各类发电机组发电量及其碳排放强度对全系统碳排放总量变化的贡献等。为此,需要建立电力系统碳排放的结构分析模型,剖析电力系统碳排放的结构体系。

### 2.4.1　碳排放总量结构分析

考虑到我国以燃煤火电为主的电源结构,将机组进一步细分为燃煤发电机组及其他机组,对影响电力系统碳排放总量的关键因素进行分解,并测算各个要素的灵敏度因子,以实现基于碳排放总量目标的控制与评估[15]。

式(2.20)可变形为

$$E=\sum_{i\in U_{\mathrm{C}}}G_{\mathrm{C}i}e_{\mathrm{C}i}+\sum_{j\in(U_{\mathrm{T}}-U_{\mathrm{C}})}P_jT_je_j \tag{2.22}$$

式中:$G_{\mathrm{C}i}$为第$i$台燃煤发电机组的发电量;$e_{\mathrm{C}i}$为第$i$台燃煤发电机组的碳排放强度;$P_j$、$T_j$与$e_j$分别为非燃煤发电机组$j$的装机容量、参考利用小时数与碳排放强度。

进一步,令$G_{\mathrm{D1}}$为区域内电力消费需求,$G_{\mathrm{D2}}$为区间送电电量(送出为正),$G_{\mathrm{r}}$为低碳电源的发电量,$P_l$与$T_l$为地区内低碳电源$l$的总装机容量与参考利用小时

数,则可得到燃煤发电机组的总发电量为

$$\begin{aligned} G_{\mathrm{CF}} &= G_{\mathrm{D1}} + G_{\mathrm{D2}} - G_{\mathrm{r}} - \sum_{j \in (U_{\mathrm{T}} - U_{\mathrm{C}})} P_j T_j \\ &= G_{\mathrm{D1}} + G_{\mathrm{D2}} - \sum_{l \in U_{\mathrm{R}}} P_l T_l - \sum_{j \in (U_{\mathrm{T}} - U_{\mathrm{C}})} P_j T_j \end{aligned} \tag{2.23}$$

由此可得,区域内电力生产的碳排放总量为

$$E = \sum_{j \in (U_{\mathrm{T}} - U_{\mathrm{C}})} P_j T_j e_j + \left(G_{\mathrm{D1}} + G_{\mathrm{D2}} - \sum_{l \in U_{\mathrm{R}}} P_l T_l - \sum_{j \in (U_{\mathrm{T}} - U_{\mathrm{C}})} P_j T_j\right) e_{\mathrm{CF}} \tag{2.24}$$

式中:$e_{\mathrm{CF}}$为燃煤发电机组的平均碳排放强度。

式(2.24)中包含了地区内负荷、区间送电电量及电源结构等电力系统碳排放总量的影响因素。

在明确了影响电力系统碳排放的各种电力碳属性因素及其影响机理后,可进一步在上述各因素指标发生变化时对电力系统碳排放的影响效果进行分析。将式(2.24)稍作变形可得

$$E = \sum_{j \in (U_{\mathrm{T}} - U_{\mathrm{C}})} P_j T_j (e_j - e_{\mathrm{CF}}) + \left(G_{\mathrm{D1}} + G_{\mathrm{D2}} - \sum_{l \in U_{\mathrm{R}}} P_l T_l\right) e_{\mathrm{CF}} \tag{2.25}$$

式(2.25)中右侧各变量均代表影响电力系统碳排放的各种直接因素,这些因素变量均可通过地区内电源结构的调整、运行方式的调整和发电技术的改良升级使自身独立变化。在一段时间内,式(2.25)右侧各因素变量总是同时发生变化的。为将各个因素变量对电力碳排放变化的贡献区分开,得到更有针对性的分析结果,此处采用基于一阶泰勒展开的增量分析法,以定量分析在一段时间地区内电力碳属性因素对地区电力生产碳排放的影响。

由于式(2.25)中各因素随时间变化,可视为时间 $t$ 的函数。此处假定 $t_0$ 为分析初态,$t_s$ 为分析末态。将 $E$ 视为以各类碳属性因素为变量的多元函数,在 $t=t_0$ 时进行一阶泰勒展开,整理后其全微分为

$$\begin{aligned} \Delta E = {} & \frac{\partial E}{\partial G_{\mathrm{D1}}} \Delta G_{\mathrm{D1}} + \frac{\partial E}{\partial G_{\mathrm{D2}}} \Delta G_{\mathrm{D2}} + \sum_{k \in U_{\mathrm{R}} \cup (U_{\mathrm{T}} - U_{\mathrm{C}})} \frac{\partial E}{\partial P_k} \Delta P_k \\ & + \sum_{k \in U_{\mathrm{R}} \cup (U_{\mathrm{T}} - U_{\mathrm{C}})} \frac{\partial E}{\partial T_k} \Delta T_k + \sum_{j \in (U_{\mathrm{T}} - U_{\mathrm{C}})} \frac{\partial E}{\partial e_j} \Delta e_j + \frac{\partial E}{\partial e_{\mathrm{CF}}} \Delta e_{\mathrm{CF}} + \rho(w) \end{aligned} \tag{2.26}$$

式中:前五项分别为 $G_{\mathrm{D1}}$、$G_{\mathrm{D2}}$、$P_k$、$T_k[k \in U_{\mathrm{R}} \cup (U_{\mathrm{T}} - U_{\mathrm{C}})]$和 $e_j(j \in U_{\mathrm{T}} - U_{\mathrm{C}})$变化时对 $\Delta E$ 的独立影响贡献;$\rho(w)$为泰勒展开后的高次余项,含义为各个变量同时变动时对 $\Delta E$ 的交互影响;$w$ 表示所有变量的集合。

各因素贡献值与分量名称如下:

地区电力消费与电量交换因素 $G_{\mathrm{D1}}$ 和 $G_{\mathrm{D2}}$ 的贡献为

$$\frac{\partial E}{\partial G_{\mathrm{D1}}} \Delta G_{\mathrm{D1}} = e_{\mathrm{CF}} \big|_{t_0} \Delta G_{\mathrm{D1}}$$

$$\frac{\partial E}{\partial G_{D2}}\Delta G_{D2}=e_{CF}\mid_{t_0}\Delta G_{D2}\tag{2.27}$$

低碳电源 $l$ 装机容量与利用小时数的贡献为

$$\frac{\partial E}{\partial P_l}\Delta P_l=-(T_l e_{CF})\mid_{t_0}\Delta P_l$$

$$\frac{\partial E}{\partial T_l}\Delta T_l=-(P_l e_{CF})\mid_{t_0}\Delta T_l\tag{2.28}$$

非燃煤发电机组 $j$ 装机容量与利用小时数的贡献为

$$\frac{\partial E}{\partial P_j}\Delta P_j=-[T_j(e_{CF}-e_j)]\mid_{t_0}\Delta P_j\tag{2.29}$$

$$\frac{\partial E}{\partial T_j}\Delta T_j=-[P_j(e_{CF}-e_j)]\mid_{t_0}\Delta T_j\tag{2.30}$$

非燃煤发电机组碳排放强度 $e_j[j\in U_T-U_C]$的贡献为

$$\frac{\partial E}{\partial e_j}\Delta e_j=(P_jT_j)\mid_{t_0}\Delta e_j\tag{2.31}$$

燃煤发电机组平均碳排放强度 $e_{CF}$的贡献为

$$\frac{\partial E}{\partial e_{CF}}\Delta e_{CF}=\left(G_{D1}+G_{D2}-\sum_{l\in U_R}P_lT_l-\sum_{j\in(U_T-U_C)}P_jT_j\right)\Big|_{t_0}\Delta e_{CF}\tag{2.32}$$

交互影响贡献为

$$\begin{aligned}\rho(w)=&\Delta E-\frac{\partial E}{\partial G_{D1}}\Delta G_{D1}-\frac{\partial E}{\partial G_{D2}}\Delta G_{D2}-\sum_{k\in U_R\cup(U_T-U_C)}\frac{\partial E}{\partial T_k}\Delta T_k\\&-\sum_{k\in U_R\cup(U_T-U_C)}\frac{\partial E}{\partial P_k}\Delta P_k-\sum_{j\in(U_T-U_C)}\frac{\partial E}{\partial e_j}\Delta e_j-\frac{\partial E}{\partial e_{CF}}\Delta e_{CF}\end{aligned}\tag{2.33}$$

从上述分析结果可以看出，由于燃煤发电机组的碳排放强度通常高于其他类型发电机组，当非燃煤发电机组装机容量和利用小时数 $P_k$、$T_k[k\in U_R\cup(U_T-U_C)]$增加时，会为电力系统碳排放带来负增长。

由此可计算出各种因素对应的碳排放分量对电力系统碳排放影响程度的定量表达，以便不同地区的电力行业对其中的“突出”分量与相应因素制定具有针对性的发展改善方案。

### 2.4.2　碳排放量增量结构分析

碳排放增量结构分析涉及两个历史断面数据的对比分析，为此有必要首先对所需的相关数据进行总结。假设共有 $n$ 种碳排放计量类别，第 $i$ 个类别以下标 $i$ 表示，电网的发电总量以下标 $\Sigma$ 表示，上标(1)和(2)分别表示历史同期和本期的数据，以对碳排放总量的变化情况进行分析。

根据表 2.9 中的数据，电力系统及各计量子类的碳排放总量存在如下关系：

$$G_{\Sigma}^{(1)}=\sum_{i=1}^{n}G_i^{(1)}\tag{2.34}$$

$$G_{\Sigma}^{(2)} = \sum_{i=1}^{n} G_i^{(2)} \tag{2.35}$$

历史同期及本期的平均碳排放强度的计算方法为

$$e_{\Sigma}^{(1)} = \frac{\sum_{i=1}^{n} G_i^{(1)} e_i^{(1)}}{G_{\Sigma}^{(1)}} \tag{2.36}$$

$$e_{\Sigma}^{(2)} = \frac{\sum_{i=1}^{n} G_i^{(2)} e_i^{(2)}}{G_{\Sigma}^{(2)}} \tag{2.37}$$

**表 2.9 某电力系统碳排放总量统计变化情况**

| 碳排放计量类别 | 本期发电量 | 历史同期发电量 | 发电量增量 | 本期平均碳排放强度 | 历史同期平均碳排放强度 | 碳排放强度增量 |
|---|---|---|---|---|---|---|
| 1 | $G_1^{(2)}$ | $G_1^{(1)}$ | $\Delta G_1$ | $e_1^{(2)}$ | $e_1^{(1)}$ | $\Delta e_1$ |
| 2 | $G_2^{(2)}$ | $G_2^{(1)}$ | $\Delta G_2$ | $e_2^{(2)}$ | $e_2^{(1)}$ | $\Delta e_2$ |
| … | … | … | … | … | … | … |
| $n$ | $G_n^{(2)}$ | $G_n^{(1)}$ | $\Delta G_n$ | $e_n^{(2)}$ | $e_n^{(1)}$ | $\Delta e_n$ |
| 合计 | $G_{\Sigma}^{(2)}$ | $G_{\Sigma}^{(1)}$ | $\Delta G_{\Sigma}$ | $e_{\Sigma}^{(2)}$ | $e_{\Sigma}^{(1)}$ | $\Delta e_{\Sigma}$ |

1. 碳排放总量增量结构分析

碳排放总量的结构分析可以给出:① 各子类碳排放量占系统碳排放总量的结构比;② 各子类碳排放量的增量占系统碳排放总量增量的结构比。

基于表 2.9 中的统计变量,易求得第 $j$ 个子类碳排放量占系统碳排放总量的结构比为

$$\eta_j^{(2)} = \frac{E_j^{(2)}}{E_{\Sigma}^{(2)}} = \frac{G_j^{(2)} e_j^{(2)}}{\sum_{i=1}^{n} G_i^{(2)} e_i^{(2)}} \tag{2.38}$$

$$\Delta E_{\Sigma}^{(2)} = \sum_{i=1}^{n} \Delta E_i^{(2)} = \sum_{i=1}^{n} (G_i^{(2)} e_i^{(2)} - G_i^{(1)} e_i^{(1)}) \tag{2.39}$$

第 $j$ 个子类碳排放量的增量占系统碳排放总量增量的结构比为

$$\varepsilon_j^{(2)} = \frac{\Delta E_j^{(2)}}{\Delta E_{\Sigma}^{(2)}} \tag{2.40}$$

2. 碳排放强度增量结构分析

为了分析各计量子类发电总量及平均碳排放强度的变化对全系统平均碳排放强度的影响程度,定义如下两项指标:

(1)第 $i$ 个子类平均碳排放强度的变化对全系统碳排放总量的影响程度,称为

第 $i$ 个子类的平均碳排放强度影响因子，其定义为

$$\alpha_i = \left.\frac{\partial e_\Sigma}{\partial e_i}\right|_{e_i=e_i^{(1)}} \Delta e = \frac{G_i^{(1)}}{G_\Sigma^{(1)}}(e_i^{(2)} - e_i^{(1)}) \tag{2.41}$$

(2)第 $i$ 个子类的发电总量变化(该类别发电总量所占比例的变化幅度)对全系统碳排放总量的影响程度，称为第 $i$ 个子类的发电结构影响因子，其定义为

$$\beta_i = \left(\frac{G_i^{(2)}}{G_\Sigma^{(2)}} - \frac{G_i^{(1)}}{G_\Sigma^{(1)}}\right)(e_i^{(2)} - e_\Sigma^{(2)}) \tag{2.42}$$

式(2.42)中前一部分表示发电结构的同期变化情况，后一部分反映了该子类平均碳排放强度与全系统平均碳排放强度之差。

根据如上定义，第 $i$ 个子类对全网平均碳排放密度的总体影响因子为

$$\gamma_i = \alpha_i + \beta_i \tag{2.43}$$

### 2.4.3　某区域电网增量结构分析

1. 基础数据

某区域电网下属 A～F 等六个省级电网，采用前面提到的方法测算该区域电网某相邻两年各省的平均碳排放强度，并采用上述增量结构分析模型分别计算碳排放强度影响因子和发电结构影响因子，结果如表 2.10 所示。

**表 2.10　某区域电网某相邻两年分地区碳排放数据及影响因子**

| 电网 | 发电量/(亿 kW·h) | | 平均碳排放强度/[kg$CO_2$/(kW·h)] | | | 影响因子/[kg$CO_2$/(kW·h)] | | |
|---|---|---|---|---|---|---|---|---|
| | 下一年 | 上一年 | 下一年 | 上一年 | 同比 | 碳排放强度 | 发电结构 | 总计 |
| A | 494 | 494 | 0.921 | 0.943 | −0.022 | −0.002 | −0.002 | −0.004 |
| B | 1972 | 1864 | 0.931 | 0.905 | 0.026 | 0.008 | −0.001 | 0.007 |
| C | 1752 | 1541 | 0.284 | 0.334 | −0.05 | −0.012 | −0.004 | −0.016 |
| D | 850 | 837 | 0.656 | 0.657 | −0.001 | 0 | −0.001 | −0.001 |
| E | 403 | 366 | 0.74 | 0.827 | −0.087 | −0.005 | 0.001 | −0.004 |
| F | 1236 | 1226 | 0.401 | 0.505 | −0.104 | −0.020 | 0.001 | −0.019 |
| 区域电网 | 6707 | 6328 | 0.617 | 0.654 | −0.037 | −0.031 | −0.006 | −0.037 |

2. 结果分析

从表 2.10 可以看出，与上一年相比，该区域电网的平均碳排放强度下降 0.037kg$CO_2$/(kW·h)，其中碳排放强度影响因子为−0.031kg$CO_2$/(kW·h)，而发电结构的影响因子为−0.006kg$CO_2$/(kW·h)。不同省级电网对平均碳排放强度下降的贡献不同。

从碳排放强度来看，各省级电网的碳排放强度变化使得区域电网的平均碳排

放强度下降 0.031kg$CO_2$/(kW·h)。B 省的碳排放强度对区域平均碳排放强度的影响因子为正，而 D 省的碳排放强度对区域平均碳排放强度的变化没有影响，其他 4 个省级电网的碳排放强度都对区域电网平均碳排放强度的下降有一定的贡献。其中，F 省的碳排放强度下降对区域电网平均碳排放强度下降的贡献程度达 0.020kg$CO_2$/(kW·h)。这一方面是由于 F 省在各省级电网中碳排放强度下降最多，另一方面在于 F 省在区域电网中发电量占比较大。

从发电结构上看，发电结构变化使得区域电网的平均碳排放强度下降 0.006kg$CO_2$/(kW·h)。主要原因是高于平均碳排放强度的地区发电量所占比例下降(A、B、E)，且碳排放强度最低的 C 省发电量所占比例上升。

按分地区碳排放分析，从表 2.10 最后一列可以看出：B 省由于自身碳排放强度不降反增且所占发电比例较大，对区域电网平均碳排放强度下降的贡献为负，影响因子为 0.007kg$CO_2$/(kW·h)。而其他五个地区都对区域电网平均碳排放强度的下降有正面贡献，其中对区域电网平均碳排放强度影响最大的是 C 省和 F 省，分别达到－0.016kg$CO_2$/(kW·h)和－0.019kg$CO_2$/(kW·h)，这也是该区域电网平均碳排放强度下降的主要原因。

# 第3章　电网侧碳排放分析与低碳效益评估模型

电力行业从物理上主要可以分为发电、输配电和用电等环节。从目前低碳电力技术的研究来看，发电侧和用电侧是低碳化效益比较集中的环节，也是易于入手进行研究的环节。发电侧的研究工作主要包括低碳电源的开发与运行、清洁发电技术的利用、CCS技术的发展等。用电侧的研究工作则主要集中在通过改变能源使用方式与提高用电设备转换效率等方式实现低碳效益，以及以低碳为目标的电力需求侧管理技术等方面。除此之外，输配电环节作为连接发电侧和用电侧的枢纽，在实现电力低碳化发展中同样具有极为重要的作用。一方面，电网是实现发电侧与用电侧低碳效益的重要载体；另一方面，高效的输配电技术与优化的运行方式可以赋予电网本身明显的低碳效益。我国的能源分布特点与经济结构决定了电能与以煤炭为主的一次能源均面临大规模远距离传输的局面[16]，电网在电力传输中发挥关键的能源转运作用，是实施以可再生能源为主的各类非化石燃料电力资源大规模开发的先决条件，从而呈现出显著的低碳效益[17]。此外，电网中广泛存在各类使用 $SF_6$ 输变电设备，电网环节向大气中排放 $SF_6$ 所造成的等效碳排放同样不可忽视。

本章基于电网输配电物理过程，深入研究电网输配电环节实现低碳效益的机理与特征，分析电网环节的 $SF_6$ 排放，并提出电网低碳效益的评估理念和分析方法，建立一个标准化的电网低碳效益评估模型，可以实现对于不同输电网络与不同能量传输模式的量化分析、比较与灵敏度判别。最后，结合实际案例进行论证。

## 3.1　电网的低碳效益

电网是实现电能传输与转运的物理载体。类比于其他能源传输方式，如通过铁路、公路与轮船运输煤炭，或通过管道输运天然气等，电能在传输过程中同样伴随着一定的损耗，即综合网损率(简称网损率)。尽管在电能传输的过程中，损耗的产生并未伴随碳排放，却等价于在发电侧额外消耗了一部分能源，对于以化石燃料为主的电力能源基地就会产生实际的碳排放。不同的能源传输方式具有不同的碳排放属性，对电力传输过程中的碳排放与电网的运行方式和传输技术(尤其是网损率)密切相关。若在现有的技术基础上进一步优化电网运行方式，降低网损率，便可降低输电过程中导致的碳排放，使得电力传输相比其他能源传输方式的低碳效益更加明显。

电网是连接发电侧和用电侧的枢纽，也是实现发电侧与用电侧低碳效益的重要载体。电网骨架的建设与加强，为非化石燃料电力资源(包括核电、水电以及风电为主的各类近零排放电源)提供了接入的条件，使其大规模应用成为可能。而非化石能源对化石燃料的替代作用将在很大程度上减少整个电力系统乃至能源系统的碳排放，这是电网与其他能源传输方式相比所独有的低碳效益。

除以上两方面外，各类 $SF_6$ 设备的引入，使得电网的 $SF_6$ 泄漏逐步成为电网侧碳排放的重要组成部分，需要对电网 $SF_6$ 排放的现状进行分析。逐步寻找 $SF_6$ 的替代物，减少电网中的 $SF_6$ 排放，也将显著提升电网的低碳效益。

## 3.2 电网环节的 $SF_6$ 排放分析

$SF_6$ 是绝佳的气体绝缘材料，在电网中的各种高压电器中大量使用 $SF_6$。但是 $SF_6$ 同时也是温室效应极强的气体之一，其温室效应约为等量 $CO_2$ 的 24000 倍。目前在高压设备的生产、装配、运行维护和报废过程中都可能产生 $SF_6$ 泄漏。考虑到未来电网发展中含 $SF_6$ 设备的增加，我国每年从电网环节向大气中排放 $SF_6$ 所等效的碳排放将不可忽视。

本节将针对电网环节 $SF_6$ 气体的使用与排放情况进行分析。

### 3.2.1 $SF_6$ 气体排放的来源

据研究，$SF_6$ 气体的排放主要来自三大途径：自然泄漏、设备检修泄漏与设备报废泄漏。实际上，对新生产的设备而言，不应存在泄漏问题，然而随着设备的使用，密封元件的老化将开始导致 $SF_6$ 气体的泄漏，进而导致设备性能的下降。由此将需要进行设备检修，在设备检修的过程中，若不采取适当的措施，设备的开启将导致 $SF_6$ 气体集中排放，其强度与数量远大于自然泄漏造成的排放。在设备退役后若不采取适当的回收措施，也将造成类似的集中排放。因此，对 $SF_6$ 气体排放的分析将基于这三类排放途径展开。

### 3.2.2 $SF_6$ 气体排放计算方法

根据上述分析，可设定电力系统设备中 $SF_6$ 气体的年平均泄漏率，根据系统中的 $SF_6$ 气体总量可得到第 $i$ 年的电力系统设备 $SF_6$ 气体总排放量，即

$$E_{STi}=E_{Si}\sum_{j}e_{ij} \tag{3.1}$$

式中：$E_{STi}$为第 $i$ 年的电力系统设备 $SF_6$ 排放量；$E_{Si}$为第 $i$ 年的电力系统设备 $SF_6$

气体保有量；$j$ 为上述的三种排放途径（自然泄漏、设备检修泄漏、设备报废泄漏）；$e_{ij}$ 为第 $j$ 种途径的年平均泄漏率。

针对自然泄漏，泄漏率基本固定，其值也较小；而对于涉及抽气与回收措施的检修与报废排放环节，情况将有所不同，如式(3.2)所示：

$$e_{ij}=(1-r_j)d_{ij} \tag{3.2}$$

式中：$d_{ij}$ 为第 $i$ 年设备的年检修率或报废率；$r_j$ 为系统在检修与报废处理过程中 $SF_6$ 气体的回收率。

$r_j$ 与电网公司对相应技术的研发和使用渗透率相关，经过调研，最高可达 95%，若在检修与报废处理过程中不存在任何回收措施，即 $r_j=0$，则该环节的泄漏率 $e_{ij}$ 与设备的年检修率或报废率 $d_{ij}$ 相等。

### 3.2.3　某电网 $SF_6$ 排放现状分析

1. 基础数据

根据以上分析方法，对我国某省电网的 $SF_6$ 气体排放现状进行计算与分析。经过调研，该电网近四年 $SF_6$ 气体保有量如表 3.1 所示。

**表 3.1　某省电网近四年的 $SF_6$ 气体保有量**

| 时间 | 第 1 年 | 第 2 年 | 第 3 年 | 第 4 年 |
|---|---|---|---|---|
| $SF_6$ 保有量/t | 817 | 852 | 1078 | 1212 |

该电网中各类 $SF_6$ 设备的数量如表 3.2 所示。为简便起见，此处假定各电压等级的 $SF_6$ 设备所拥有的 $SF_6$ 的量占总保有量的比值保持恒定。

**表 3.2　某省电网中 $SF_6$ 设备的数量**

| 电压等级 | $SF_6$ 设备数量/台 | | | 总数 |
|---|---|---|---|---|
| | GCB | GIT | GIS | |
| 500kV | 112 | 132 | 66 | 310 |
| 220kV | 1143 | 856 | 264 | 2263 |
| 110kV | 4283 | 965 | 843 | 6091 |

2. 分析参数设定

根据调研与经验，该电网的自然泄漏率、设备检修率和设备退役率如表 3.3 所示。

**表 3.3　某省电网的 $SF_6$ 设备参数**

| 电压等级 | 自然泄漏率/% | 设备检修率/% | 设备退役率/% |
|---|---|---|---|
| 500kV | 0.05 | 2 | 0.3 |
| 220kV | 0.07 | 3 | 0.5 |
| 110kV | 0.09 | 4 | 0.7 |

令回收率统一为理想情况(回收技术 100%渗透,$r_j=95\%$),由此得到与检修和退役相关的 $SF_6$ 泄漏率如表 3.4 所示。

**表 3.4　某省电网 $SF_6$ 泄漏率**

| 电压等级 | $SF_6$ 气体用量/% | 95%回收率下的检修泄漏率/% | 95%回收率下的退役泄漏率/% |
|---|---|---|---|
| 500kV | 3.6 | 0.1 | 0.015 |
| 220kV | 26.1 | 0.15 | 0.025 |
| 110kV | 70.3 | 0.2 | 0.035 |

3. 分析计算结果

经过上述分析与数据讨论,近四年该电网由 $SF_6$ 造成的排放情况如表 3.5 所示(分别考虑理想回收情况与无回收情况)。

**表 3.5　某省电网 $SF_6$ 气体排放现状分析结果**

| 时间 | 95%回收率下的排放量 | | 无回收时的排放量 | |
|---|---|---|---|---|
| | $SF_6$ 排放量/t | 等效碳排放量/$ktCO_2$ | $SF_6$ 排放量/t | 等效碳排放量/$ktCO_2$ |
| 第 1 年 | 2.44 | 58.29 | 35.83 | 856.40 |
| 第 2 年 | 2.54 | 60.78 | 37.37 | 893.09 |
| 第 3 年 | 3.22 | 76.90 | 47.27 | 1129.84 |
| 第 4 年 | 3.62 | 86.45 | 53.15 | 1270.26 |

从表中数据可以看出,随着用电负荷的增长与电网的建设和发展,$SF_6$ 气体使用量不断增长,从而带来相应电网碳排放的增长。而回收场景与无回收场景的分析结果有较大差异,回收措施对于这部分碳排放影响显著。

进一步建立电网 $SF_6$ 排放量与发电碳排放量之比,定义如下:

$$X_i = E_{STi}\frac{GWP_S}{E_{Gi}} \tag{3.3}$$

式中:$X_i$ 为第 $i$ 年的电网 $SF_6$ 排放量与发电碳排放量之比;$E_{Gi}$ 为第 $i$ 年电力系统发电碳排放量;$GWP_S$ 为等量 $SF_6$ 与等量 $CO_2$ 的温室效应指数之比,数值取为 24000。

根据电力生产统计资料,可以得到该电网近四年的 $E_{Gi}$,进而得到 $SF_6$ 排放与发电碳排放的相对关系,如表 3.6 所示(表中显示的是该系数在回收率 $r_j$ 为 0~95%时的取值区间)。

**表 3.6　某省电网近四年的 $SF_6$ 排放占发电排放的比例**　　(单位:%)

| 时间 | $E_{Gi}$区间下限 | $E_{Gi}$区间上限 |
|---|---|---|
| 第 1 年 | 0.023 | 0.536 |
| 第 2 年 | 0.021 | 0.512 |
| 第 3 年 | 0.031 | 0.617 |
| 第 4 年 | 0.036 | 0.709 |

从表 3.6 中可以看出,电网环节的 $SF_6$ 排放相比发电环节的碳排放量很小,不足 1%,但是比例上限呈增长趋势,该趋势对电网公司的低碳发展而言是不利的,为了进一步分析该系数上限的变化趋势,需要结合该电网的规划数据对未来的 $SF_6$ 排放状况进行分析。

## 3.3　电网低碳效益的评估模型

### 3.3.1　评估框架

本章提出电网低碳效益评估模型[18],以实现对于不同输电网络与不同电能传输模式的量化分析与灵敏度判别。

电网低碳效益评估模型采用精细化建模的思路,充分结合实际的电网输配电过程与其他能量输送方式,从能量守恒与能量转换和流动的角度切入,通过基准比较与标幺化折合的处理方法,对各类能源传输方式的碳排放特性进行建模、测算与分析,最终得到电网的综合低碳效益。模型主要由四个模块组成,分别实现数据处理、计算控制、核心计算与结果分析功能。模型的整体框架流程图如图 3.1 所示。

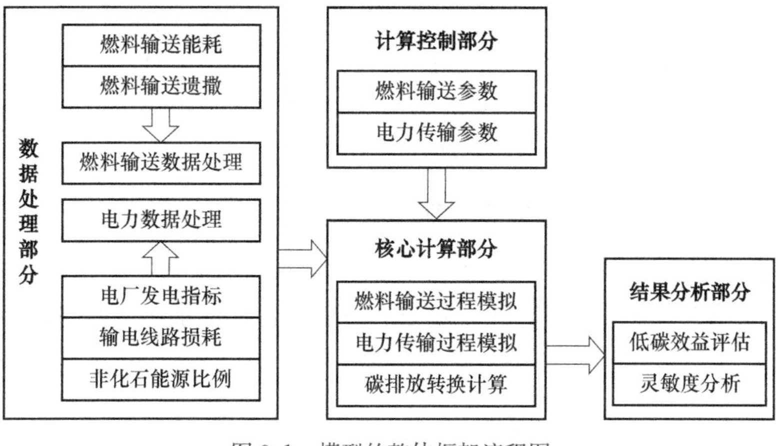


图 3.1　模型的整体框架流程图

图 3.1 中的框架对输电与其他能源传输方式的建模流程进行了细致的描述,对燃料输送过程中各个环节的碳排放逐一进行了分析,并考察其中的能量转换流

程。据此可以实现对能量输送全过程中碳排放量的计算与比较。

### 3.3.2 评估思路

以电能为主和以煤炭为主的能源传输方式是我国当前主要的能源传输方式，其传输过程具有典型意义。下面将在以上模型框架的基础上，对这两种方式的传输过程进行深入分析。

根据前面的分析结果，对于以电能为主的能源传输方式(简称输电)，电网输电过程中不存在碳排放，考虑网损后使得发电侧需要额外生产电能，由此使能源传输总过程中的碳排放量增加；而非化石能源的接入会使能源传输总过程中的碳排放量减少。

对于以煤炭为主的能源传输方式(简称输煤)，需要以各种各样的交通工具为媒介，将煤炭从能源基地运送至负荷中心的电厂进行发电。煤炭运输的交通工具需要消耗能源，从而产生碳排放；此外，煤炭在运输和装卸过程中会因遗撒等因素而产生一定的损耗，遗撒煤炭通过复杂的自然氧化过程会在一定时间内产生少量的 $CO_2$，从而造成碳排放。

从传输过程来看，输电与输煤各有特点。模型分别对输煤和输电的能量传送全过程进行分析与比较，为使两类过程具有可比性，模型设定两者传输能量的当量相等，并认为远距离能源基地电厂与负荷中心的电厂具有相同的发电特性，包括发电效率、单位煤耗等。以此便于将电网输电与运输煤炭全过程的碳排放进行对比，得到电网输电对比输煤方式的低碳效益。

模型采用标准化的数据接口与处理环节，实现了不同能源各类损耗与能耗数据的归一化处理；与此同时，将所有的传输能量折合到传输始端或终端上，并以电能作为基准的能量方式进行标幺化处理，以便对不同的能源传输方式进行比较。模型还引进了灵活的计算控制环节，可以通过调整相关参数实现不同的计算目标，并对实际情况下各种输送方式的碳排放量进行准确模拟。

### 3.3.3 电能传输过程中的碳排放分析

从电能送端到受端的输电线路往往由 $n$ 段不同电压等级的线路连接而成，记第 $k$ 段线路的单位长度网损率和长度分别为 $\lambda_k$、$L_k$，而整条线路的综合网损率为 $\delta_L$，则

$$\delta_L = 1 - \prod_{k=1}^{n}(1-\lambda_k L_k) \tag{3.4}$$

记 $G_0$ 为负荷端的受电量，则电力能源基地的需发电量为 $G_0/(1-\delta_L)$；记 $p$ 为电力能源基地中化石燃料的发电量比例，显然有 $p\in[0,100\%]$，当发电侧不存在水电或风电等非化石能源时，有 $p=100\%$；而当送端全部为再生能源时，有 $p=0$。

此时以电能为主向负荷中心供能全过程的总碳排放为

$$E_T = p\frac{G_0}{1-\delta_L}c_T f_0 \tag{3.5}$$

式中：$c_T$ 为发电端化石燃料的平均发电煤耗；$f_0$ 为单位标准煤完全燃烧所产生的碳排放量。

### 3.3.4　以煤炭为主的能源传输过程中碳排放分析

原煤在运输和装卸过程中会有遗撒，记交通工具 $i$ 运输煤炭的单位距离遗撒率为 $\mu_i$，实际运输距离为 $L_i$。运输总遗撒率为 $\alpha_D$，则有

$$\alpha_D = 1 - \prod_{i\in I_N}(1-\mu_i L_i) \tag{3.6}$$

式中：$I_N$ 为各种交通工具的集合。

这里仅考虑火车、船舶和汽车三种交通工具，为了使输电与输煤具有可比性，设运往负荷中心的煤炭全部用于发电，发电量也为 $G_0$。根据发电与煤耗的关系，可得交通工具 $i$ 的运输量为

$$M_i = \frac{G_0 c_C a}{1-\alpha_D}\prod_{d\in I'_N}(1-\mu_d L_d) \tag{3.7}$$

式中：$G_0$ 为负荷端的受电量；$a$ 为等热量标准煤与原煤间的质量折算系数；$c_C$ 为负荷中心发电厂的标准煤耗；$\frac{G_0 c_C a}{1-\alpha_D}$为从煤炭中心运出的原煤质量；$I'_N$为在交通工具 $i$ 之前参与过运输的所有交通工具的集合。

记原煤运输过程中交通工具碳排放量为 $E_t$，则有

$$E_t = \sum_{i\in I_N} M_i L_i \left(\sum_{j\in J_N} S_{ij} f_j r_{ij}\right) \tag{3.8}$$

式中：$L_i$ 为交通工具 $i$ 的运输距离；$S_{ij}$ 为交通工具 $i$ 使用燃料 $j$ 的单位运输能耗；$f_j$ 为单位燃料 $j$ 完全燃烧所产生的碳排放量；$r_{ij}$ 为使用燃料 $j$ 的交通工具的运输里程占总运输里程 $L_i$ 的比例；$J_N$ 为各种燃料与能源的集合，这里仅考虑汽油、柴油和电三种燃料和能源。

记煤炭运送至负荷中心发电产生的碳排放量为 $E_G$，则

$$E_G = G_0 c_C f_0 \tag{3.9}$$

记运输过程中遗撒原煤造成的碳排放当量为 $E_L$，则有

$$E_L = G_0 c_C \frac{\alpha_D}{1-\alpha_D} f_0 K \tag{3.10}$$

式中：$G_0 c_C \frac{\alpha_D}{1-\alpha_D}$为原煤运输过程中遗撒的标准煤当量；$K$ 为遗撒原煤生成 $CO_2$ 的自然氧化率，显然有 $K\in[0,100\%]$。

记运输碳排放量 $E_t$ 与负荷中心发电碳排放量 $E_G$ 的比值为 $\beta$，即

$$\beta=\frac{E_t}{E_G} \tag{3.11}$$

式中：$\beta$ 为运输能耗排放率。$\beta$ 的大小反映了煤炭在运输过程中交通工具的能耗排放水平，与运输方案、交通工具的能耗有关，$\beta$ 的值越大说明运输过程中的碳排放量越大。

综上所述，煤炭传输能量过程中的总碳排放量为

$$E_C=E_t+E_L+E_G \tag{3.12}$$

### 3.3.5 电网低碳效益的计算

通过比较输煤与输电全过程的碳排放，可以分析电网输电相对于输煤方式的低碳效益。采用受端电网单位发电量所对应的碳减排量 $\eta$ 来表征电网对比输煤方式的低碳效益，简称电网低碳效益，表达式为

$$\Delta E=E_C-E_T \tag{3.13}$$

$$\eta=\frac{\Delta E}{G_0} \tag{3.14}$$

联立式(3.4)～式(3.12)，可得

$$\Delta E=E_t+G_0c_Cf_0\left(\frac{K\alpha_D}{1-\alpha_D}+1-\frac{c_T}{c_C}\frac{p}{1-\delta_L}\right) \tag{3.15}$$

由前面的分析，记电力能源基地与负荷中心的发电煤耗 $c_C\approx c_T=c$。结合式(3.14)和式(3.15)，可得

$$\eta=cf_0\left[\beta+\frac{K\alpha_D}{1-\alpha_D}+\left(1-\frac{p}{1-\delta_L}\right)\right] \tag{3.16}$$

式(3.16)中等号右边第一项和第二项分别表示输煤过程中由交通工具能耗所造成的碳排放和运输遗撒氧化所产生的碳排放，该部分碳排放由输煤过程的特性决定；第三项则体现了输电综合网损率和非化石能源接入对碳排放的贡献；综合比较输煤与输电过程的碳排放特性，即可以得到最终的电网低碳效益。

## 3.4 算例分析

### 3.4.1 基本数据

根据我国的能源与负荷分布，并结合北煤南运和西电东送的实际情况，以“三西”地区(山西、陕西和内蒙古西部)煤炭基地作为本算例的煤炭输出中心，华中作为电力输出中心，华东作为负荷中心。根据相关燃料的燃烧数据可得到标准煤、柴油和汽油完全燃烧的碳排放因子分别为 2.62kg$CO_2$/kg、2.71kg$CO_2$/L 与 2.26kg$CO_2$/L。假设全国平均电力碳排放强度为 0.76kg$CO_2$/(kW·h)。根据“三

西”地区的煤炭品质，可设输煤过程中运输的煤炭为发热量为 5000kcal/kg 的原煤，则原煤与标准煤的质量折合系数为 0.714。

根据国家统计局及有关统计文献和研究咨询报告的数据，得到常用交通工具的运输碳排放量和运输遗撒率，如表 3.7 所示。

**表 3.7　常用交通工具的碳排放因子和运输遗撒率**

| 运输途径 | 单位里程碳排放量/[$kgCO_2$/(万 t · km)] | 运输遗撒率/(%/$10^2$km) |
|---|---|---|
| 铁路 | 82.73 | 0.214 |
| 船舶 | 167.9 | 0.2 |
| 公路 | 1409.03 | 0.26 |

根据电力生产状况，由于是远距离输电，仅考虑超高压及以上的输电方式，各类输电线路的网损率如下：交流 1000kV 和 500kV 分别为每 100km 0.277%和 0.7%，直流±800kV 和±500kV 则分别为每 100km 0.592%和 0.8%[19]。

结合我国交通运输与电力传输的实际情况，“三西”地区至华东的输煤距离为铁路 800km，船舶 1400km，公路 100km；华中至华东的输电平均距离取 1100km。

### 3.4.2　基态计算分析

根据煤炭运输的实际情况，从“三西”地区至华东地区的输煤途径基本都采用先铁路后海路的过程，公路运输是必要的但比例较小。因此，运输过程的碳排放主要与不同交通工具的特性及运输里程比例相关，考虑实际情况，可得 $\beta$ 合理的变化范围是 2.05%～2.88%，取 $\beta$ 值为 2.45%。根据华中地区至华东地区输电的实际情况与 500kV 及以上不同线路的传输里程比例和级联情况，本算例的电网综合网损率 $\delta_L$ 的取值区间为 2.5%～8.8%，取中间值 5.7%。此外，根据我国未来的电力规划，考虑葛洲坝与三峡的水电资源，华中能源基地化石燃料比例 $p$ 的取值范围为 60%～80%，取中间值 70%。根据华中—华东送电的实际规模，取负荷端受电量 $G_0$ 为 $500\times10^8$kW·h/a，遗撒原煤自然氧化率 $K$ 为 5%，负荷中心与电力能源基地发电煤耗均为 310g/(kW·h)，并以此作为基态进行计算，得到

$$\begin{cases}\Delta E = 1.16\times10^7\,\mathrm{tCO_2}\\ \eta = 0.23\,\mathrm{kgCO_2/(kW\cdot h)}\end{cases} \tag{3.17}$$

该结果说明：在“三西”地区和华中地区至华东地区的能源传输过程里，与输煤方式相比较，输电方式具有显著的低碳效益，每年减排的 $CO_2$ 超过 1160 万 $tCO_2$。平均单位电量碳减排量约为 0.23$kgCO_2$/(kW·h)，下降约 29%。

自然氧化率 $K$ 为 0.05，取值较小，根据式(3.16)，运输遗撒造成的碳排放对最终的电网低碳效益影响很小，运输总遗撒率 $\alpha_D$ 对于电网低碳效益 $\eta$ 的影响可以忽略。下面主要针对运输能耗排放率 $\beta$、化石燃料发电比例 $p$ 和综合网损率 $\delta_L$ 对 $\eta$

的影响进行相应的灵敏度分析。

### 3.4.3 灵敏度分析

首先,固定综合网损率 $\delta_L$ 为 5.7%,分析 $\eta$ 与 $p$ 及 $\beta$ 之间的关联关系,得出不同运输能耗碳排放率和化石燃料发电比例下的单位电量碳减排量如图 3.2 所示。

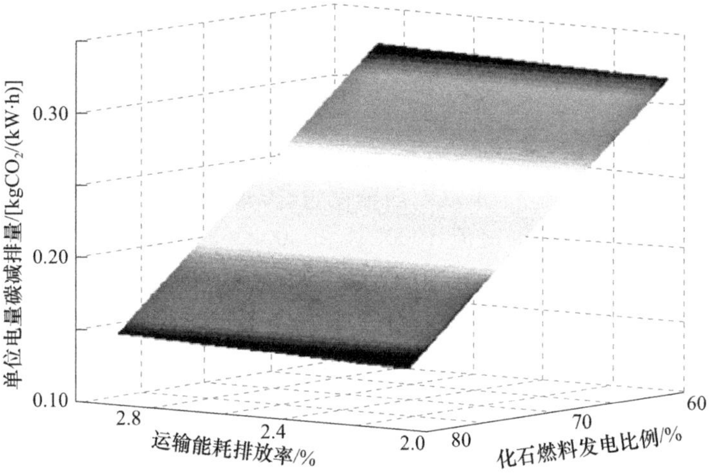


图 3.2 不同运输能耗排放率和化石燃料发电比例下的单位电量碳减排量

由图 3.2 可以看出,在一定的 $\delta_L$ 取值水平下,$\eta$ 与 $\beta$ 呈正相关关系,与 $p$ 呈负相关关系。降低化石燃料发电比例可提高电网低碳效益,而运输能耗排放率的上升则从另一个侧面凸显了输电过程的碳减排效益。在最乐观情况下 $\eta$ 的取值可达到 0.32kg$CO_2$/(kW·h)。

其次,固定 $\beta$ 和 $p$,分析 $\eta$ 与 $\delta_L$ 之间的关系,得出不同综合网损率下的单位电量碳减排量如图 3.3 所示。

由图 3.3 可以看出,在 $\beta$ 取值一定的情况下,$\eta$ 与 $\delta_L$ 呈负相关关系,即通过降低综合网损率可以提高单位电量碳减排量,其中最乐观的情况下,$\eta$ 的最大值可达到 0.25kg$CO_2$/(kW·h),减排率高达 31%。由式(3.16)可发现,$\eta$ 与 $\delta_L$ 之间呈非线性关系,图中 $\delta_L$ 的取值范围较小,使得曲线的非线性特征并不明显。

最后,分析如图 3.4 所示的 $p$、$\delta_L$、$\beta$ 相对于 $\eta$ 的弹性系数。在本算例各关键要素基值附近±10%的邻域内进行弹性系数分析。结果显示,$\eta$ 与 $p$ 及 $\delta_L$ 均为负相关,而与 $\beta$ 呈正相关关系。其中,$\eta$ 与 $p$ 及 $\beta$ 均为线性关系,而与 $\delta_L$ 非线性相关。此外,比较弹性系数的绝对值,可发现 $p$ 对于 $\eta$ 的影响程度最大,$\delta_L$ 其次,$\beta$ 最弱。这就意味着充分接入非化石能源,以及大力发展高效的输配电技术与提高电网输电效率对提高电网的低碳效益有事半功倍的效果。

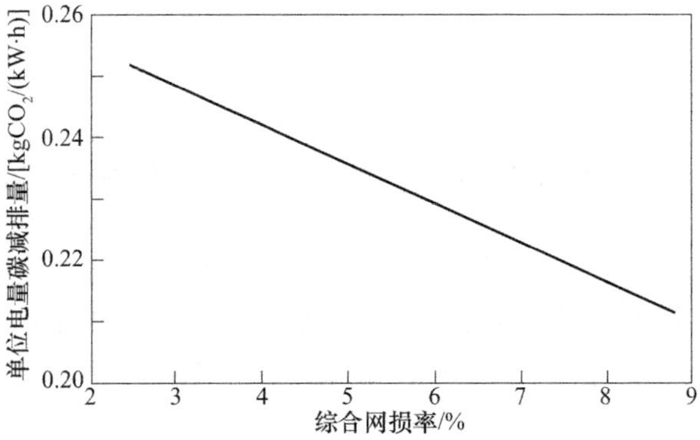


图 3.3　不同综合网损率下的单位电量碳减排量

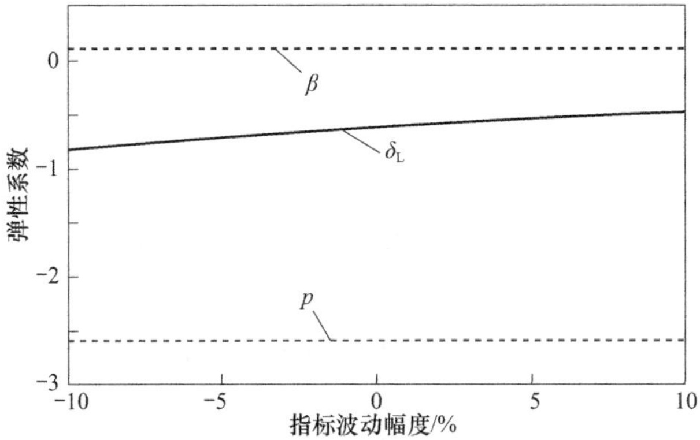


图 3.4　关键因素的弹性系数曲线

# 第 4 章　电力系统低碳水平综合评价指标体系与方法

作为主要的化石能源消耗和碳排放行业,电力行业在低碳经济的浪潮中面临巨大的发展压力,同时有极大的减排潜力。近年来,国内电网企业积极响应国家节能减排政策的号召,制定了低碳发展规划及综合性工作方案,通过强化线损管理、推进西电东送、优化系统调度运行、开展节能服务等一系列措施,取得了显著的低碳效益。然而,低碳电网的发展涉及要素众多,使得单纯依赖大量的数据统计尚无法有效把握电网的低碳水平。因此,亟须构建电力系统低碳化水平评价指标体系及综合评价模型对电力系统低碳发展进行定量分析。

本章从电力系统全环节的角度出发建立更加全面的电力系统低碳化综合评价指标体系。指标体系全面覆盖发电、电网及用电环节的低碳节能特性,同时考虑低碳发展模式下的新问题。

## 4.1　指标体系的构建原则

综合评价结果的可信度直接依赖于所构建指标体系的合理性,指标的设计必须遵循一定的基本原则,才能使指标体系全面准确地描述电网的低碳发展状况。电力系统规划低碳化水平评价指标体系的构建必须遵循以下基本原则:

(1) 全面性原则。指标体系的构建需要综合电力系统各个环节的低碳要素,从各角度全面考察发电及电网环节各阶段的碳排放来源,分层次选取指标,从宏观向微观渗透,既要突出重点,也不能忽视细节,使所选取的指标全面合理地描述出电网的低碳化要素。

(2) 实用性原则。指标体系的建立要以我国电力系统的实际情况为出发点和落脚点,指标体系的构建与我国电力系统的实际发展特性紧密结合。评价指标体系的可操作性与指标的可度量性是建立评价指标体系的一个基本原则,否则评价指标体系的建立就会缺乏实际意义。指标体系的设置应尽量避免形成庞大的指标群或层次复杂的指标树,如果有些指标难以量化或没有可靠的数据来源,原则上不予考虑。

(3) 简明性原则。在指标的初选过程中,为了评价体系的全面性,常从电力系统规划的各个细节处大量地搜集指标,这样虽然达到了全面的目的,但是引入了一个新的问题,即指标之间的相关性。在对电力系统进行评价时,指标之间的相关性会使得重复地对待评价对象的某一特性进行评价,进而造成评价过程混乱,评价结果无法真实反映电力系统规划的实际低碳化效益,同时指标体系的冗余还会增加计算的难度。因此，在建立指标体系时需要对指标进行筛选，精简指标体系，削弱指标之间的相关性。

(4) 主客观相结合。评价过程中既要结合人们的知识与经验，又要结合测量数据之间的内在联系，这样既符合管理者的实际预期，又避免由主观因素带来的偏差。简而言之，应该坚持定性评价与定量评价相结合，以定量评价为主；主观评价与客观评价相结合，以客观评价为依据。

在实际建立指标体系的过程中首先需根据评价需要，建立科学的指标体系。然而，新技术不断发展涌现，指标体系应当具有科学合理且便于扩展的结构，使得其能够不断更新以适应新时期的需要。因此，要结合国内外研究成果及用户的实际需求，确定所要考核各对象的低碳特征，对指标的定义、含义、实现方法、来源等进行归类。

## 4.2　电力系统低碳化水平评价指标体系框架

制定思路的第一步是确定指标体系的基本框架，应在深入分析管理目标需求的基础上，以结构合理、条理清晰为原则设计电网低碳化水平评价指标体系的组织结构，如图 4.1 所示。

## 4.3　电力系统低碳化水平综合评价指标体系

### 4.3.1　宏观指标

宏观指标从整体层面定量分析电力系统的碳排放特性，主要包括电力系统碳排放特性和社会整体碳排放特性两项指标。

1. 电力系统碳排放特性

对电力系统而言，碳排放的产生来源主要在发电环节。为了满足地区用电需求，各种类型机组发电，火电机组燃烧化石燃料产生 $CO_2$。电力系统碳排放总量主要受区域资源禀赋、电源结构及负荷总量等因素的影响，可通过电力系统生产模拟测算不同的电力系统规划方案的碳排放总量。为了满足用电需求，发电及电网环节等的能量损耗虽不直接产生碳排放，但却间接增加了发电量。此时，通过单位用电碳排放强度可以反映电力系统整体的碳排放特性。

2. 社会整体碳排放特性

此外，电力作为能源消费的主要形式之一，其低碳化的发展进程对地区低碳经济的发展有着重要的影响。因此，将电力系统所在区域的社会整体碳排放特性也纳入指标体系之中，描述地区低碳经济的整体发展状况。

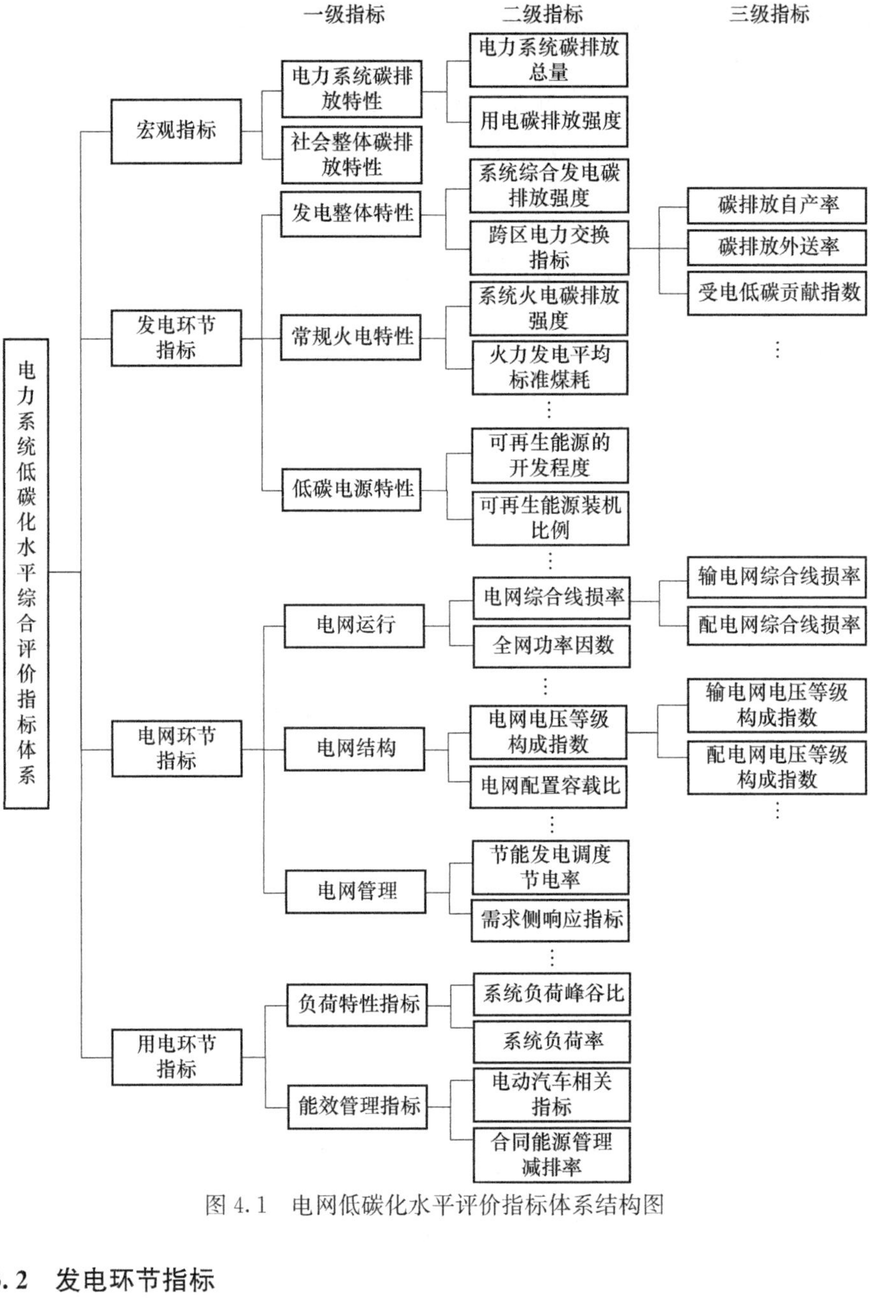


图 4.1　电网低碳化水平评价指标体系结构图

### 4.3.2　发电环节指标

1. 发电整体特性

1）系统综合发电碳排放强度

系统综合发电碳排放强度，即电力生产碳排放总量除以总发电量，认为风电、光伏、核电及生物质能等电源为零碳排放。反映电力系统电力生产的碳排放特性，受电源结构及各种类型电源运行特性的影响。

$$e_{\mathrm{all}}=\frac{E_{\mathrm{EG}}}{G} \tag{4.1}$$

式中：$G$ 为总发电量；$E_{\mathrm{EG}}$ 为火力发电碳排放总量。

2）跨区电力交换指标

系统电力生产碳排放与系统电力消费碳排放的比值，用碳排放自产率描述，以此考虑电力系统对外界的电力电量依赖与碳依赖。

$$\text{碳排放自产率}=\left(\frac{\sum \text{系统电量交换量}\times\text{电量交换碳强度}}{\text{系统总生产电量}\times\text{系统总碳排放强度}}+1\right)^{-1}\times 100\% \tag{4.2}$$

系统电量交换量以外部送入为正，对外送出为负。若系统整体上表现为对外送出电量且以火电为主，则上述指标括号内分子项为负，该指标值将超过 100%。此时该指标无意义，由碳排放外送率描述碳外送情况。

$$\text{碳排放外送率}=\frac{\sum \text{系统电量外送量}\times\text{外送电量生产碳强度}}{\text{系统总生产电量}\times\text{系统总碳排放强度}}\times 100\% \tag{4.3}$$

该指标中分子项定义为系统外送电量，电量交换中以外送为正，送入为负，若系统整体上表现为接收外部电量且以火电为主，则上述指标为负。此时该指标无意义，由碳排放自产率描述。

若系统整体上体现为受电，则接收火电电量或低碳电源电量将对省内用电消费的低碳化特性产生显著影响，因此定义受电低碳贡献指数来表征外来电对本地用电低碳特征的影响效果。

$$\text{受电低碳贡献指数}=\frac{\sum_{i} G_{\mathrm{D3}i}(e_{\mathrm{gen}}-e_{\mathrm{D3}i})}{G_{\mathrm{D1}}e_{\mathrm{gen}}} \tag{4.4}$$

式中：$G_{\mathrm{D1}}$ 为系统自发电量；$G_{\mathrm{D3}}$ 为区外送入电量；$e_{\mathrm{gen}}$、$e_{\mathrm{D3}}$ 分别为省内发电碳排放强度和外部送入电量的碳排放强度。

外部送入低碳电量越大，该贡献指数越高，若外来电量贡献了与系统自给电量等量的零碳电量，则该指数为 1。

2. 常规火电特性

1）系统火电碳排放强度

系统火电碳排放强度反映火力发电的碳排放特性，受燃料类型、火电机组容量构成及运行特性等的影响：

$$e_{\mathrm{thermal}}=\frac{E_{\mathrm{EG}}}{G_{\mathrm{thermal}}} \tag{4.5}$$

式中：$G_{thermal}$为火电发电电量。

2）火力发电平均标准煤耗

火力发电标准煤耗指电厂每发 1kW·h 电所消耗的标准煤量，是考核电厂能源利用效率的主要指标。

3）平均厂用电率

平均厂用电率表示发电生产过程中厂内设备消耗电量占发电量的比例。

4）燃气发电机组发电效率

燃气发电机组发电效率表示燃气发电机组输出电能与输入化学能的比值。

5）超临界机组、超超临界机组装机比例

超临界机组、超超临界机组装机比例是超临界、超超临界机组装机容量占火电装机的比例。

6）小火电装机比例

不同容量的火电机组在煤耗和污染物排放量上的差别很大：大型高效发电机组每千瓦时供电煤耗为 290～340gce，中小机组则达 380～500gce。发同样的电量，中小机组比大机组多耗煤 30%～50%。因此，小火电装机比例的高低可以反映出电网节能优化管理的实施力度。

7）火电装机中燃气发电机组比例

火电装机中燃气发电机组比例表示燃气发电机组装机容量占火电装机的比例。

### 3. 低碳电源特性

1）可再生能源的开发度

可再生能源的开发度表示电力系统覆盖区域内已开发的可再生能源占可再生能源经济可开发量的比例。

$$\text{可再生能源的开发度}=\frac{\text{可再生能源的已开发量}}{\text{可再生能源的经济可开发量}} \tag{4.6}$$

2）可再生能源装机比例

可再生能源装机比例表示地区内可再生能源装机容量占总装机容量的比例。

$$\text{可再生能源装机比例}=\frac{\text{可再生能源的装机容量}}{\text{地区总装机容量}} \tag{4.7}$$

3）低碳电源发电量比例

低碳电源发电量比例表示地区内低碳能源（包括风电、光伏与核电等低碳电源）发电量占总发电量的比例。

$$\text{低碳电源发电量比例}=\frac{\text{低碳电源的发电量}}{\text{系统发电总量}} \tag{4.8}$$

4）可再生能源弃电率

可再生能源弃电率表示地区内可再生能源弃电量（弃水、弃风、弃光）占相应可再生能源的可发电量的比例。

$$可再生能源弃电率=\frac{可再生能源的弃电量}{可再生能源的可发电量} \tag{4.9}$$

### 4.3.3　电网环节指标

1. 电网运行

1）电网综合线损率

电网综合线损率是指电网输电过程中所损耗的电量占总上网电量的比例。电网综合线损率是最能直接反映电网企业节能水平的指标，也是用来考核电网企业管理水平和经济性的关键指标。电网综合线损率的降低在一定程度上可减少发电侧化石燃料的消耗。电网企业应当积极采取经济有效的降损措施，提高线损管理水平，减少输电过程中的电能损耗。

电网综合线损率是一项宏观指标，虽然能够在整体上反映电网企业节能降耗的水平，却无法反映电网能耗的主要因素与次要因素。因此针对输电网和配电网分别设置考核指标，通过指标体系的细化找出影响电网综合线损率的关键因素，以对电网的节能减排效益进行全面合理的评价。电网线损电量中，一部分由电网的负荷情况和供电设备参数决定，称为技术损耗电量；另一部分是不明损耗，包括计量误差、偷电漏电等，称为管理损耗电量。实际在计算线损电量时，通常根据电能表所计量的"供电量"和"售电量"相减得出。

输电网综合线损率为

$$输电网综合线损率=\frac{输电网供电量-输电网售电量}{输电网供电量} \tag{4.10}$$

配电网综合线损率为

$$配电网综合线损率=\frac{配电网供电量-配电网售电量}{配电网供电量} \tag{4.11}$$

2）全网功率因数

全网功率因数用来衡量电网功率的利用效率以及各种用电器接收输入总电能的利用率。无功功率的流动同样会产生有功功率的损耗，因此电力系统中一般采取就地无功补偿的措施，提高负荷的功率因数，减少由输送无功功率产生的不必要输电损耗。功率因数越高，则有功功率的利用效率越高，电网中由无功流动造成的网损越小。很多节能降损的措施都是围绕如何提高功率因数来展开的，如系统中接入的各种电抗器、电容器。总功率因数对于电网运行的意义十分重大，有必要将其作为一个重要指标来对电网的节能化水平进行评价。由于全网各条线路及各处负荷的功率因数不尽相同，因此此处采用的是电网企业功率因数的统计数据。

3）电网企业自身能耗指标

为了维持正常工作和生活的需要，电网企业自身也需要消耗一定的电能。在全社会倡导节能的背景下，电网企业应当起到表率作用，从自身做起，选择绿色节能的工作方式，减少不必要的能源消耗。此处关注的能耗主要为电网企业内部用电量（不包括供电损耗）。

电网企业自身能耗指标为

$$\text{电网企业自身能耗指标}=\frac{\text{电网企业自身用电量}}{\text{电网总供电量}} \tag{4.12}$$

2. 电网结构

1）电网电压等级构成指数

电压等级对输电效率、网损率等都有显著的影响，因此在评价一个电网的节能化水平时，电压等级是一个重要指标。然而，电网是由不同电压等级的线路共同构成的，因此需要设计一项综合指标来衡量某一电网电压等级的平均水平。为此，引入电网电压等级构成指数指标。

输电网电压等级构成指数为

$$\text{输电网电压等级构成指数}=\sum_{i} V_{\mathrm{T}i} \frac{L_{\mathrm{T}i}}{L_{\mathrm{T}\Sigma}} \tag{4.13}$$

式中：$V_{\mathrm{T}i}$为输电网电压等级；$L_{\mathrm{T}i}$为电压等级 $i$ 的线路总长度；$L_{\mathrm{T}\Sigma}$为各电压等级输电线路的总长度。

配电网电压等级构成指数为

$$\text{配电网电压等级构成指数}=\sum_{i} V_{\mathrm{D}i} \frac{L_{\mathrm{D}i}}{L_{\mathrm{D}\Sigma}} \tag{4.14}$$

式中：$V_{\mathrm{D}i}$为配电网电压等级；$L_{\mathrm{D}i}$为电压等级 $i$ 的线路总长度；$L_{\mathrm{D}\Sigma}$为各电压等级配电线路的总长度。

2）电网配置容载比

容载比指系统变电容量（kV·A）与负荷（kW）之比，表明某地区、某变电站或某变压器的安装容量与实际运行容量的关系，反映容量备用情况。通过典型日容载比指标可以描述电网变电容量的利用率，通过最大负荷容载比指标可以描述电网备用容量的裕度。

如果电力负荷的增长速度低于变电容量的增长速度，就会造成电网的容载比升高。由容载比的定义可知，当容载比取值增加时，在相同负荷水平下，变压器总容量将增加，使电网建设投资增加，也会使电网运行成本增加，不利于电网实现节能。另外，如果容载比过低，会出现主变满载甚至过负荷的现象，给电力系统的安全运行埋下隐患。一般来说，容载比的理想区间为 1.8～2.2。容载比的合理与否直接关系到变压器能否在经济运行区间工作，对其能耗的影响至关重要。

电网配置容载比可表示为

$$\text{电网配置容载比}=\frac{\text{系统总变电容量}}{\text{系统最大负荷}} \tag{4.15}$$

3）配电网结构优化率

现有的网络结构不够合理是配电网网损的重要原因。在电网的设计与布置中，存在大量交错、重叠、迂回供电的现象，供电半径过大，造成了极大的浪费。因此，用这一指标来衡量配电网络线路结构的优化程度。一般来说，该指标的值越接近1，表明线路布置越合理。

配电网结构优化率可表示为

$$\text{配电网结构优化率}=\frac{\text{实际供电半径}}{\text{理想供电半径}} \tag{4.16}$$

理想供电半径定义描述如下：在将配电点与各用户相连的连续的曲线（包括折线）中，最短的那条曲线的长度即为理想供电半径。由于地理条件等限制，理想供电半径一般无法达到，但是应尽量向其靠拢。

3. 电网管理

1）节能发电调度节电率

节能发电调度是在保障电力可靠供应的基础上，遵循节能、环保、经济的原则，优先利用可再生能源，依照机组的能耗水平和污物排放量由低到高排列，从而减少使用化石能源，最大限度降低能源的消耗和污物的排放。节能发电调度相当于从管理的层面上对电源结构进行整合和优化，从而使清洁能源和高效率机组的作用发挥到极致。用该指标来衡量节能发电调度的实施力度与成效。

节能发电调度节电率可表示为

$$\text{节能发电调度节电率}=\frac{\text{通过节能发电调度所减少的火电容量}}{\text{传统发电调度火电容量}} \tag{4.17}$$

2）需求侧响应指标

需求侧响应是通过采取有效措施，引导电力用户优化用电方式、提高终端用电效率、优化资源配置、改善和保护环境，实现最小成本电力服务所进行的用电管理活动的总称。通过实施需求侧管理，电力系统主要能在如下两个方面获得节能低碳效益：一是实施能效项目，鼓励用户采用先进技术提高用电效率，通过推行高效节能设备、减少不必要的能源浪费和改进用户用能方式等措施减少总的能源消耗，从根本上实现节能低碳。二是通过改变用户的用电方式对负荷曲线进行整形，利用价格杠杆引导用户需求，利用技术手段合理调整用户的用电方式，能够优化电力资源配置，调节负荷曲线，优化发电机组和电网的运行区间。在峰谷电价等一系列激励措施的作用下，理性用户将基于智能表计实现负荷的削峰填谷，而最高负荷的降低直接降低电源侧装机容量的需求，进而减少电源投资成本。此外，用户将对实时电价等信息产生理性反馈,以节省自身用电成本为目的,提升用电效率,产生节能效益。

3) $SF_6$ 气体相关指标

本指标用于描述电网中含 $SF_6$ 气体高压开关设备相关的技术以及与 $SF_6$ 管理相关的技术。

含 $SF_6$ 设备的渗透率可表示为

$$\text{含 } SF_6 \text{ 设备的渗透率} = \frac{\text{含 } SF_6 \text{ 设备的总量}}{\text{系统中同类型设备的总量}} \tag{4.18}$$

$SF_6$ 气体保有总量可表示为

$$SF_6 \text{ 气体保有总量} = \sum_n \text{设备 } n \text{ 中保有的} SF_6 \text{ 气体量} \tag{4.19}$$

$SF_6$ 气体泄漏率可表示为

$$SF_6 \text{ 气体泄漏率} = \frac{SF_6 \text{ 气体泄漏总量}}{\text{系统中 } SF_6 \text{ 气体保有总量}} \tag{4.20}$$

### 4.3.4 用电环节指标

1. 负荷特性指标

1) 系统负荷峰谷比

系统负荷峰谷比是指在统计期间系统最大负荷与最小负荷之比的百分数。

2) 系统负荷率

系统负荷率是指在统计期间系统平均负荷与最大负荷之比的百分数。

2. 能效管理指标

1) 电动汽车相关指标

电动汽车作为一种新型的用电方式,近年来得到广泛关注。电动汽车除可减少对石油能源的依赖外,其自身也具有能源效率高、噪声小、无尾气的特点,电动汽车的发展无疑将对可再生能源的消纳与利用带来新的机遇。除了低碳方面的优势,电动汽车的充电并网将会对电力系统的运行带来冲击和影响,若发展措施得力,技术运用得当,电动汽车能有效优化现有的电网运行状态;反之,若电网对电动汽车的充电行为管理不力,电网运行中的调峰压力将会变得更大,从而使电网低碳效果恶化。因此,在用电环节指标中将着重描述电动汽车的渗透率以及对电网运行状况的影响,以便电网环节与用电侧的电动汽车进行互动,优化电网面向低碳运行。

2) 合同能源管理减排率

合同能源管理模式下,节能服务公司与用能单位以契约形式约定节能项目的节能目标,节能服务公司为实现节能目标向用能单位提供必要的服务,用能单位以节能效益支付节能服务公司的投入及其合理利润的节能服务机制。其实质就是以减少的能源费用来支付节能项目全部成本的节能业务方式。本指标描述由合同能源管理实现的节电对应的减排比例。

## 4.4　电力系统低碳化水平评价方法与模型

在电网低碳化水平综合评价指标体系的基础上，为了全面、多维度地评价电网低碳化水平，需要获取大量系统结构及运行数据进行分析加工。电网低碳化水平所涉及的指标覆盖范围广泛、种类多、所需数据量大，且各指标间可能存在相关性。复杂的指标体系满足了效益评价全面性的要求，但使得决策者无法从整体上准确、有效地把握电网低碳化水平的进展情况。对此，需要建立低碳化水平量化评价方法[20]。评价方法可以帮助决策者摆脱对电网低碳节能各方面的细致分析，站在一个更高的角度来审视电力系统整体低碳化的发展状况，把握电力系统发展进度，为制定下一步的低碳化发展战略提供有力的保障，指导电网公司的经营发展。

### 4.4.1　电网各环节低碳化水平综合评价的整体框架

综合评价问题的经典处理过程如下：明确评价目的，确定被评价对象，建立评价指标体系，确立与各项评价指标相对应的权重系数，选择或构造综合评价模型，计算各系统的综合评价值并进行排序或分类[21]。前三个步骤已经在之前的章节中实现，后三个步骤整体即为本章所要建立的综合量化评价方法。

1. 指标数据预处理

电网低碳化水平综合评价模型指标体系中既有极大、极小型指标，又有居中和适度指标。在对各指标进行综合评价之前，必须先将各指标进行一致化处理，否则就无法明确综合评价结果的优化取值方向，使得根据综合评价结果无法判定电网低碳化水平的高低。另外，指标体系中各单项指标的单位和数量级往往不同，使得各指标间存在不可公度性，因此需要对各指标进行适当的无量纲化处理，否则可能在后续的综合评价中出现“大数吃小数”的现象，导致错误的评价结论。将一致化处理和无量纲化处理合称为指标的“数据预处理”阶段。预处理统一了数据的形式[22]，将由电网实际统计得来的“生数据”转换为规范化的“熟数据”，可用于下一步的计算分析。

2. 指标相关性处理

指标体系的构建原则之一是避免指标之间的交叉重叠，使每个指标都具有很好的代表性。因此，去除指标之间的相关性、筛去无效指标和冗余指标对于精简指标体系、简化计算过程、优化评价结果都有重要的意义。然而，影响电网碳排放的要素众多，各要素之间可能具有内在联系，而为了保证所设计的指标体系能够全面反映电网企业低碳化水平，又需要设计较多的指标。这就使得各指标间可能存在一定的相关关系，即多个指标反映的信息有一定的重叠，如主要节能技术渗透率指标趋优时，将在一定程度上引起电网综合网损率的降低，但并不能因此就将两者之一从指标体系中删除，因为节能技术渗透率指标还反映了各电网公司主体在节能方面所做出的努力，而综合线损率的影响因素远不止节能技术的渗透率一项。

对此，需要对数据进行相关性处理，采用主成分分析法[23,24]可以将原来的指标体系重新组合成一组新的互相无关的若干综合指标，同时根据实际需要从中取出几个较少的综合指标尽可能多地反映原来变量的信息，从而减小各指标之间的相关性。

3. 确定指标权重系数

指标权重系数的确定是综合评价方法的核心问题。指标体系中各指标对电网低碳化水平的体现程度有所差异，因此应分别赋予合适的权重系数，以体现不同指标对最终评价结果的贡献程度。

根据关注点的不同，可将指标权重系数的确定方法分为三类：

(1) 根据指标的相对重要性程度赋权，其确定途径又可分为客观途径和主观途径两大类。客观途径是根据系统的结构比例、机理形成等计算权重系数，不涉及人为主观因素。实际系统在运行过程中由于外部环境或主观因素影响，更普遍通过主观途径来确定权重系数，即决策者首先对各指标的相对重要性程度或各对象的优劣进行比较判断，再根据比较信息计算权重系数，常用的方法包括特征值法、层次分析法[25]、G-1 法[26]等。

(2) 根据指标数据的离散程度赋权。在对 $n$ 个对象的综合评价中，如果某一项指标的波动程度非常小，那么即使赋予较高权重系数，其对最终评价结果的影响仍较小。为了突出比较各方案的差异，避免确定权重系数时受人为因素的干扰，可以根据各指标所提供信息量的多少来确定相应的权重系数，常用的方法包括极差法、熵权法[27]等。

(3) 两者结合的综合赋权。以上两大类方法各有长短：根据相对重要性程度赋权的方法反映了决策者的主观直觉，却容易受决策者缺乏相关经验及知识的影响；根据数据分散程度赋权的方法完全基于数学理论及方法，计算结果客观准确，但完全忽略了决策者主观因素的影响，与许多综合评价过程的初衷不符。因此，可以考虑将以上两种方法结合，使得所确定的权重系数同时体现决策者的主观信息和数据分布的客观信息。

一级指标覆盖的信息较为广泛，无法获得直接的数据支持，因此适合采用主观赋权法，本章将采用无须检验判断矩阵一致性的 G-1 法对一级指标赋权。对于二级和三级指标，由于有了数据的直接支撑，为了充分利用各样本数据离散程度所带来的比较信息，也为了使得赋权结果符合电网的实际情况和专家意见，采用 G-1 法和熵权法结合的综合赋权法对二级和三级指标赋权。

4. 构造集结模型

为了全面地综合分析评价多个对象的低碳节能效益，需根据各评价指标的实际影响作用，确定相应的权重系数向量，并选择合适的数学方法构造综合评价函数（即集结模型）计算综合评价值，并按取值的大小对多个电网对象进行排序比较。

5. 评价结果的展示

建立综合评价模型可为电网低碳化发展提供指导和建议。然而，由于指标体系中的指标数目较多，且各项指标没有明确的参考阈值，电网管理者单纯依靠纷杂的指标数值集无法直观把握电网的低碳化水平状况。对此，需要设计适当的展示方法将评价结果形象直观地展示给电网管理者。

### 4.4.2　电网各环节低碳化水平综合评价的具体流程

1. 指标数据预处理

数据预处理包括指标类型一致化和指标无量纲化两个步骤。经过预处理，可以消除各指标数据在性质和数量级上的差异，将“生数据”转换为“熟数据”，为后期各指标的综合评价做好准备。

1) 指标类型一致化

所涉及电网低碳节能评价指标体系中的指标有如下三种类型：

(1) 正型指标。总是期望指标的取值越大越好。

(2) 负型指标。总是期望指标的取值越小越好。

(3) 适度型指标。总是期望指标的取值既不要太大，也不要太小，即取适当的中间值最好。

设 $x$ 为一指标数据，对负型指标和适度型指标进行如下一致化处理，可将其转化为正型指标。

对于负型指标，令

$$x^* = M - x \tag{4.21}$$

或

$$x^* = \frac{1}{x}, \quad x > 0 \tag{4.22}$$

式中：$M$ 为指标 $x$ 的允许或最大上界。

对于适度型指标，令

$$x^* = \begin{cases} 1.0 - \dfrac{q_1 - x}{\max\{q_1 - N_2, N_1 - q_2\}}, & x < q_1 \\ 1.0, & x \in [q_1, q_2] \\ 1.0 - \dfrac{x - q_2}{\max\{q_1 - N_2, N_1 - q_2\}}, & x > q_2 \end{cases} \tag{4.23}$$

式中：$[q_1, q_2]$为指标 $x$ 的最佳稳定区间；$N_1$、$N_2$ 分别为指标 $x$ 的允许上下界。

经过以上一致化处理，可将负型指标和适度型指标均转化为正型指标。在此基础上，可以确定指标体系的各层次综合评价结果也均是取值越大越好。

2）指标无量纲化

指标无量纲化又称为指标数据的标准化、规范化，是通过数学变换来消除原始指标量纲的影响。指标无量纲化的方法较多，在此对常用的标准化处理法和极值处理法进行介绍，其他方法还包括线性比例法、归一化处理法、向量规范法等。

在此认为所有指标均已经过一致化处理，无量纲化的对象仅为极大型指标。设某一指标 $x_j(j=1,2,\cdots,n)$为极大型指标，其观测值为$\{x_{ij} \mid i=1,2,\cdots,m; j=1,2,\cdots,n\}$。

（1）标准化处理法。

$$x_{ij}^* = \frac{x_{ij} - \bar{x}_j}{s_j} \quad i=1,2,\cdots,m; j=1,2,\cdots,n \tag{4.24}$$

式中：$x_{ij}^*$ 为无量纲化的指标样本值；$\bar{x}_j$、$s_j$ 分别为第 $j$ 项指标观测样本的平均值和均方差。

由标准化处理法得到的无量纲化样本值有正有负，因此不适用于要求指标值均大于零的熵值法、几何加权平均法等。样本平均值为 0，方差为 1。另外，处理得到的样本区间不确定，即不能保证对任意原始数据的无量纲化处理结果都处在一个确定的取值范围。

（2）极值处理法。

$$x_{ij}^* = \frac{x_{ij} - N_{1j}}{N_{1j} - N_{2j}} \quad i=1,2,\cdots,m; j=1,2,\cdots,n \tag{4.25}$$

式中：$N_{1j}$、$N_{2j}$分别为指标 $x_j$ 观测样本的最大、最小值。由极值处理法得到的无量纲化样本最大值为 1，最小值为 0。

指标数据的一致性尤为重要，各类型指标的数据经过上述标准化方法进行处理后，统一了数据的形式，消除了其性质和表达信息方式上的差异，在后续的计算中可以直接代入、比较。

2. 指标数据相关性分析

指标之间的相关性很难通过主观认识直接判断出来，因此用实际数据之间的内在联系来进行客观筛选，比通过专家经验来进行主观筛选更加可靠。

主成分分析法是统计学中将高维空间变量指标转化为低维空间变量指标常用的数据处理方法。所设计评价指标之间常存在一定程度的相关性，在研究对象的多个变量指标中，用少数几个综合变量代替原高维变量以达到分析评价问题的目的。这些少数指标综合了原研究对象尽可能多的信息以减少信息的失真和损失，而且指标之间彼此相互独立，使得综合评价过程中不会出现重复评价的现象。

一般来说，指标体系中的高级指标（如一级指标）都是经过反复斟酌推荐而成的，而且数量较少，其每一项指标都包含了相当大的信息量，去除任何一个都会造成指标体系的不完善，因此对于高级指标无须筛选，筛选工作主要针对那些可以直接量化的低级指标。例如，存在一个由两级指标组成的指标体系，仅对其二级指标进行筛选，而视每个一级指标对应的二级指标为一个独立的系统。

首先利用主成分分析法，提取各系统的主成分。通常第一主成分即可包含该系统的绝大部分信息，并能够反映系统的综合信息，而其他主成分则没有反映样本的综合信息，而只是代表了这些信息特征的某一方面，为简化计算，可以只分离出第一主成分。

分离出第一主成分之后，求出各项二级指标对第一主成分的构成系数。构成系数越大，说明该项二级指标对于所对应的一级指标的信息贡献率越大，因此应保留构成系数大的二级指标，删除构成系数小的二级指标。一般来说，若某一项二级指标对第一主成分的构成系数小于 0.1，则可认为该指标对整个指标体系的影响微乎其微，应予以删除。

主成分分析法的步骤如下：

(1) 设某一级指标下有 $n$ 个二级指标，每个二级指标有 $m$ 个电网数据样本（均已经过标准化处理），可得电网数据样本矩阵为

$$\boldsymbol{X}=(X_{ij})_{m\times n},\quad i=1,2,\cdots,m;j=1,2,\cdots,n \tag{4.26}$$

式中：$X_{ij}$ 为第 $j$ 项指标第 $i$ 个电网的指标数据。

(2) 根据电网标准化数据矩阵 $\boldsymbol{X}$ 求出样本的协方差矩阵 $\boldsymbol{R}$，该矩阵能够反映各指标数据之间的相关性。其中，$R_{ij}\,(i,j=1,2,\cdots,n)$ 为指标变量 $X_i$ 与 $X_j$ 的相关系数。$\boldsymbol{R}$ 为实对称矩阵（即 $R_{ij}=R_{ji}$），因此只需计算其上三角元素或下三角元素即可，其计算公式为

$$R_{ij}=\frac{\sum_{k=1}^{m}(X_{ki}-\overline{X}_i)(X_{kj}-\overline{X}_j)}{\sqrt{\sum_{k=1}^{m}(X_{ki}-\overline{X}_i)^2\sum_{k=1}^{m}(X_{kj}-\overline{X}_j)^2}} \tag{4.27}$$

(3) 求出协方差矩阵 $\boldsymbol{R}$ 的特征根 $\lambda_i$ 并按从大到小的顺序排列，求解其所对应

的特征向量 $\boldsymbol{l}_i(i=1,2,\cdots,n)$。特征值为各主成分的方差，它的大小反映了各主成分的影响力。主成分 $Z_i$ 的贡献率为

$$W_i=\frac{\lambda_i}{\sum_{k=1}^{n}\lambda_k} \tag{4.28}$$

前 $i$ 个主成分累计贡献率为

$$W_{i\Sigma}=\frac{\sum_{k=1}^{i}\lambda_k}{\sum_{k=1}^{n}\lambda_k} \tag{4.29}$$

一般选取累计贡献率达到 85%～95%的特征值所对应的主成分。

(4) 由特征值 $\lambda_i$ 对应的特征向量 $\boldsymbol{l}_i$ 可以求得对应主成分的样本数据值。对第 $i$ 个电网数据样本，可求得其各组成成分的样本值为

$$\boldsymbol{Z}=\begin{bmatrix} l_{11} & l_{12} & \cdots & l_{1n} \\ l_{21} & l_{22} & \cdots & l_{2n} \\ \vdots & \vdots & & \vdots \\ l_{n1} & l_{n2} & \cdots & l_{nn} \end{bmatrix}\begin{bmatrix} X_{i1} \\ X_{i2} \\ \vdots \\ X_{in} \end{bmatrix} \tag{4.30}$$

对于相关性分析，如果发现某一指标与其余多个指标之间的相关系数都很大，则可以认为该指标与其他指标之间存在信息交叠，是一个冗余指标，一般情况下应当删除。但是，如果相关性分析的结果与主成分分析相反，应以主成分分析的评价结果为主，例如，某一指标在第一主成分的构成中占有很大比例，那么即使它与多个指标线性相关，也不可删除。

经过筛选后的指标体系更加精简，指标之间的相关性被大幅削弱，每个指标所覆盖的信息量将大幅增加，这将使得后续的评价过程更加简单明了，也增加了评价结果的可信度。

### 3. 指标赋权方法

为了体现各指标对电网低碳节能水平重要程度的差异，应分别赋予适当的权重系数。在此首先阐述根据指标相对重要程度赋权的层次分析法(analytical hierarchy process，AHP)、G-1 法和根据指标数据离散程度赋权的熵权法的计算原理，之后将两类方法结合，即为综合赋权法。

1) 层次分析法

层次分析法是由 Satty[25] 提出的一种定性和定量相结合的层次权重决策分析方法。在对电网低碳节能目标及各指标间关系深入分析的基础上，结合 AHP 将有关的各个因素按照不同属性自上而下地分解成两个层次(见图 4.2)：上层为目

标层，决策目标可以是各项一级指标或电网的低碳节能效益；下层为指标层，包含因素为待赋权的各项指标。

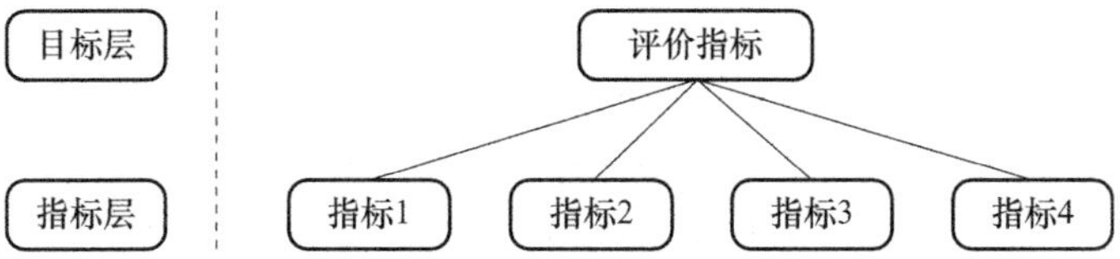


图 4.2　层次分析法分层示意图

在指标层，将各单项指标关于评价目标的重要性程度进行两两比较判断，可以得到判断矩阵 **A**，具体比较尺度如表 4.1 所示。对于一个含有 $n$ 个指标的体系，可以形成一个 $n\times n$ 的判断矩阵。理想的判断矩阵应满足一致性条件。所谓一致性条件是指判断矩阵 **A** 中的元素具有传递性，即有条件 $a_{ij}a_{jk}=a_{ik}(i,j,k=1,2,\cdots,n)$成立。然而，受评判条件所限，实际的判断矩阵常常不能满足一致性条件。对此，需要对矩阵的判断质量进行一致性检验。

**表 4.1　层次分析法分级比较尺度表**

| 赋值 | 意义 |
|---|---|
| 1 | 指标 $x_{k-1}$ 与 $x_k$ 相比，同样重要 |
| 3 | 指标 $x_{k-1}$ 与 $x_k$ 相比，前者比后者稍微重要 |
| 5 | 指标 $x_{k-1}$ 与 $x_k$ 相比，前者比后者明显重要 |
| 7 | 指标 $x_{k-1}$ 与 $x_k$ 相比，前者比后者强烈重要 |
| 9 | 指标 $x_{k-1}$ 与 $x_k$ 相比，前者比后者极端重要 |
| 2,4,6,8 | 上述相邻判断的中间值 |
| 倒数 | $a_{ji}=1/a_{ij}$ |

衡量判断矩阵不一致程度的数量指标称为一致性指标 C. I.，其计算公式为

$$\text{C. I.}=\frac{\lambda_{\max}-n}{n-1} \tag{4.31}$$

式中：$\lambda_{\max}$为判断矩阵的最大特征值。

判断矩阵的不一致性与其阶数相关。事实上，判断矩阵的阶数越大，元素间两两比较判断就越难达到一致性。为了得到对不同阶数的判断矩阵均适用的一致性检验临界值，还需要考虑一致性与矩阵阶数的关系。为此，引入平均随机一致性指标 R. I.，对 C. I. 进行修正。通过大量随机抽样计算得到 R. I. 的样本均值如表 4.2 所示。

**表 4.2 平均随机一致性指标 R.I. 的样本均值**

| $n$ | 2 | 3 | 4 | 5 | 6 | 7 | 8 |
|---|---|---|---|---|---|---|---|
| R.I. | 0 | 0.5419 | 0.8931 | 1.1185 | 1.2494 | 1.3450 | 1.4200 |
| $n$ | 9 | 10 | 11 | 12 | 13 | 14 | 15 |
| R.I. | 1.4616 | 1.4874 | 1.5156 | 1.5405 | 1.5583 | 1.5779 | 1.5894 |

将判断矩阵的一致性指标 C.I. 与同阶平均随机一致性指标 R.I. 之比称为随机一致性比例 C.R.。当

$$\text{C.R.}=\frac{\text{C.I.}}{\text{R.I.}}<0.1 \tag{4.32}$$

时，认为判断矩阵的不一致性可以接受，否则就需要对判断矩阵进行重新赋值，直至满足一致性条件。

对于满足一致性条件的判断矩阵，将其最大特征值所对应的特征向量归一化，即为各评价指标的权重系数。

2) G-1 法

使用层次分析法时，判断矩阵的不一致性会严重影响指标权重系数的计算结果。同时，随着评估指标数目的增加，判断矩阵的计算量也会成倍增长。为此，可以采用无须检验判断矩阵一致性的 G-1 法。

G-1 法的关键是为各指标的重要性进行排序。首先在所有指标中选出最重要的指标，排在第一位，记为 $x_1$，然后从剩余指标中选出最重要的一个，排在第二位，记为 $x_2$，以此类推，最终得到一个序关系唯一的指标重要性排序表(见表 4.3)，记为 $X$。

**表 4.3 G-1 法比较尺度表**

| 赋值 | 意义 |
|---|---|
| 1.0 | 指标 $x_{k-1}$ 与 $x_k$ 相比，同样重要 |
| 1.2 | 指标 $x_{k-1}$ 与 $x_k$ 相比，前者比后者稍微重要 |
| 1.4 | 指标 $x_{k-1}$ 与 $x_k$ 相比，前者比后者明显重要 |
| 1.6 | 指标 $x_{k-1}$ 与 $x_k$ 相比，前者比后者强烈重要 |
| 1.8 | 指标 $x_{k-1}$ 与 $x_k$ 相比，前者比后者极端重要 |
| 1.1,1.3,1.5,1.7 | 上述相邻判断的中间值 |

专家对 $X$ 中相邻评价指标 $x_{k-1}$ 与 $x_k$ 的相对重要程度之比进行评判，可以用 $r_k$ 来表示：

$$r_k=\frac{\theta_{k-1}}{\theta_k},\quad k=2,3,\cdots,n \tag{4.33}$$

式中：$\theta_k$ 为指标集 $X$ 中第 $k$ 项评价指标的重要程度。

确定评价指标的序关系并对其重要性程度赋值后，可以通过如下公式计算得

到各项指标的权重系数：

$$\omega_n^{G}=\left(1+\sum_{k=2}^{n}\prod_{i=k}^{n}r_i\right)^{-1} \tag{4.34}$$

$$\omega_{k-1}^{G}=r_k\omega_k^{G},\quad k=n,n-1,\cdots,2 \tag{4.35}$$

以上即为利用G-1法对各项指标赋权的基本步骤。

3）熵权法

熵权法是一种根据各项指标观测值所提供的信息量的多少来确定指标权重系数的方法。熵是热力学中的一个概念，最早由香农引入信息论。按照信息论的定义，信息熵反映了信息的无序化程度，其值越小则提供的信息效用值越大。若系统可能处于多种不同状态，且每种状态出现的概率分别为 $p_i(i=1,2,\cdots,m)$，则该系统的熵定义为

$$e=-\sum_{i=1}^{m}p_i\ln p_i \tag{4.36}$$

从式(4.36)可以看出，当系统各种状态出现的概率完全相同，即 $p_i=\frac{1}{m}(i=1,2,\cdots,m)$时，该系统的熵最大，此时该系统向综合决策者提供的信息效用值最小。

熵权法的基本思想是：若某项指标熵值较小，则说明该指标数据序列的变异程度较大，应重视该评价指标对整个评估模型的作用，其权重系数也应较大，否则就应减小其权重系数。

仍基于式(4.30)所示的电网数据样本矩阵进行分析，假定各指标下各电网的样本数据均大于零，则基于熵权法确定各指标权重系数的步骤如下。

(1) 计算第 $j$ 项指标下，第 $i$ 个电网对象的特征比例：

$$p_{ij}=x_{ij}\Big/\sum_{k=1}^{m}x_{kj} \tag{4.37}$$

计算第 $j$ 项指标的熵值：

$$e_j=-\frac{1}{\ln m}\sum_{i=1}^{m}p_{ij}\ln p_{ij} \tag{4.38}$$

(2) 计算第 $j$ 项指标的差异性系数：

$$g_j=1-e_j \tag{4.39}$$

(3) 确定第 $j$ 项指标的权重系数：

$$\omega_j^{S}=g_j\Big/\sum_{k=1}^{n}g_k \tag{4.40}$$

4）综合赋权法

从以上计算过程可以看出，基于熵权法可以充分利用样本数据所提供的差异信息对系统进行比较，但由于忽略了人的知识与经验，最后得到各指标的权重系数

可能会与预先估计的结果大相径庭，而 AHP、G-1 法等的赋权结果符合决策者的预期，却未能充分利用样本数据所提供的差异信息。对此，可以将以上两类方法结合，形成综合赋权法。设 $\omega_j^G$、$\omega_j^S$ 分别为基于指标相对重要程度和数据离散程度评判得到的权重系数，则综合权重系数为

$$\omega_j = k_1\omega_j^G + k_2\omega_j^S \tag{4.41}$$

式中：$k_1$、$k_2$ 为待定常数，需满足 $k_1>0$、$k_2>0$ 且 $k_1+k_2=1$。

4. 构造集结模型

常用的集结模型包括以下几种：

(1) 线性加权综合法。用各指标值的线性加权函数作为综合评价模型，可使各评价指标间得以线性地补偿。权重系数的设计对评价结果的影响明显，权重较大指标值对综合指标作用较大。该方法适用于各评价指标之间相互独立的情况，各指标不完全独立时将由于各指标间信息的重复，评价结果不能客观地反映实际。

(2) 非线性加权综合法。用非线性函数 $y_i=\prod_{j=1}^{n} x_j^{w_j}$ $(i=1,2,\cdots,m)$作为综合评价模型对 $n$ 个系统进行综合评价，其中 $\omega_j$ 为综合权重系数，且要求 $x_j\geqslant 1$。非线性加权综合法适用于各指标间有较强关联的场合。由于使用的是连乘运算，因此该方法突出了评价对象指标值的一致性，即可以平衡评价指标值较小的指标影响的作用，此时评价结果受权重系数的影响较小，而对指标值的差异相对敏感。

(3) 逼近理想点方法等。对于有理想点的综合评价问题，可以将每一个对象与理想点比较，认为与理想点最接近的对象是最好的。定义两者之间的加权距离为

$$y_i=\sum_{j=1}^{n}\omega_j f(x_{ij},x_j^*),\quad i=1,2,\cdots,m \tag{4.42}$$

式中：$\omega_j$ 为综合权重系数；$f(x_{ij},x_j^*)$为 $x_{ij}$ 与 $x_j^*$ 之间某种意义下的距离，通常情况下可简单取欧氏距离。

由于线性加权法计算原理简单，可操作性强，且前面已对指标间的相关性进行了处理，因此本评价方法中选用线性加权集结模型。

## 4.5 电力系统低碳化水平评价的实证分析

基于我国某省级电力系统的运行数据，以其相邻五年的低碳发展状况为评价对象，经统计分析得到部分与该系统低碳发展相关的数据如表 4.4 所示。

表 4.4　某省级电力系统相邻五年的关键指标

| 时间 | 综合网损率/% | 低碳电源接纳力度/% | 接收区外电力/% | 容载比 | 电压等级构成指数 | 负荷峰谷差 |
|---|---|---|---|---|---|---|
| 第1年 | 5.8287 | 2.4461 | 12.20 | 1.89 | 350.28 | 0.304 |
| 第2年 | 5.8764 | 2.5940 | 22.55 | 2.14 | 376.22 | 0.308 |
| 第3年 | 5.8701 | 2.7332 | 33.87 | 1.92 | 381.05 | 0.312 |
| 第4年 | 5.8621 | 2.8614 | 45.75 | 1.81 | 382.95 | 0.316 |
| 第5年 | 5.5347 | 3.0010 | 46.67 | 1.76 | 381.81 | 0.320 |

采用求倒数法和归一法对各项指标分别进行预处理，将所有指标均转化为正型指标，即总期望指标取值越大越好。由于选取的指标数目较少，且各指标分别反映了不同方面的低碳效益，各指标间相关性较弱，因此不进行相关性处理。以各项指标各水平年间的最大值为基准，将各指标值延伸至 0～1，根据计算结果可以画出表示各年份低碳发展状况的雷达图[28]，如图 4.3 所示。

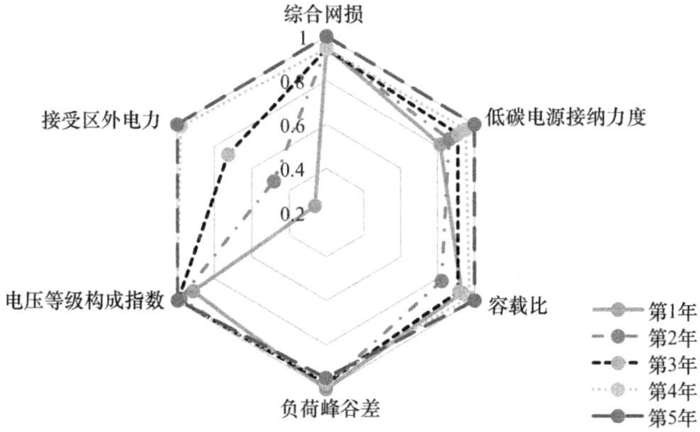


图 4.3　各水平年低碳发展状况雷达图

采用 G-1 法和熵权法分别对各项指标进行主观赋权和客观赋权，并取 $k_1 = 0.9$，$k_2 = 0.1$，即倾向于由主观赋权法得到的权重结果，可以求得对六项指标的权重系数，如表 4.5 所示。

表 4.5　低碳电网评价指标的权重系数

| 指标名称 | 主观权重系数 | 客观权重系数 | 综合权重系数 |
|---|---|---|---|
| 综合网损率 | 0.2416 | 0.0027 | 0.2177 |
| 低碳电源接纳力度 | 0.1726 | 0.0256 | 0.1579 |
| 接受区外电力 | 0.1207 | 0.9429 | 0.2029 |
| 电压等级构成指数 | 0.1207 | 0.0217 | 0.1108 |
| 容载比 | 0.1207 | 0.0217 | 0.1088 |
| 负荷峰谷差 | 0.1207 | 0.0055 | 0.1200 |

基于各规划水平年指标值及各指标的权重系数，可以求得该电力系统各水平年低碳发展状况的综合评价结果，将计算结果以各年份最大值为基准延伸至[0,1]范围，如表 4.6 所示。

**表 4.6　某省电力系统各水平年低碳发展综合评价结果**

| 时间 | 综合评价结果 | 延伸至[0,1]区间 |
| --- | --- | --- |
| 第 1 年 | 0.1540 | 0.7379 |
| 第 2 年 | 0.1672 | 0.8010 |
| 第 3 年 | 0.1853 | 0.8882 |
| 第 4 年 | 0.2030 | 0.9730 |
| 第 5 年 | 0.2087 | 1.0000 |

由表 4.6 中结果，可做出反映各水平年低碳发展状况的折线图，如图 4.4 所示。

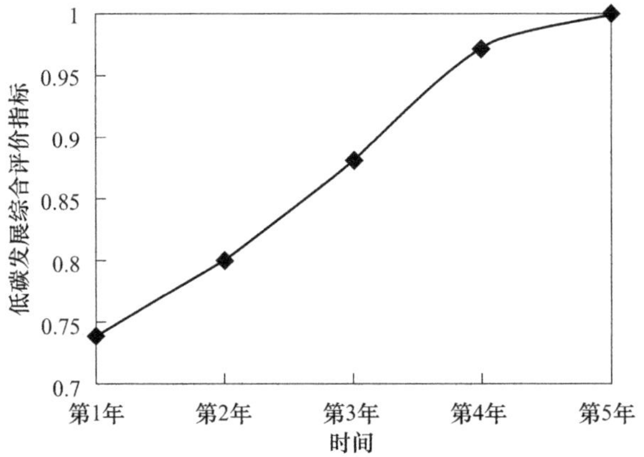


图 4.4　各水平年低碳发展状况折线图

由图 4.4 可以看出，该电力系统低碳化水平整体呈上升趋势，且上升幅度较大。由图 4.3 可以看出，各水平年低碳电源装机比例逐年提高，且接收区外电力的比例增长很快。各水平年的综合网损率水平较为稳定，考虑到网损率指标对电网低碳效益的重要性，在综合评价流程中常赋予较大的权重系数，其波动将显著影响电网的综合评价结果。为此，应加强线损管理工作，确保完成线损规划指标，并在此基础上寻求更大的降损空间，以提升电力系统的低碳发展水平。

# 参考文献


[1] Hartmann D, Klein A, Rusticucci M, et al. Observations: Atmosphere and Surface. IPCC. Climate Change 2013: The Physical Science Basis. Cambridge: Cambridge University Press, 2013.

[2] 《第三次气候变化国家评估报告》编写委员会. 第三次气候变化国家评估报告. 北京:科学出版社,2015.

[3] Stern N. The Economics of Climate Change: The Stern Review. Cambridge: Cambridge University Press, 2007.

[4] Secretary of State for Trade and Industry, UK. Energy White Paper. Our Energy Future—Creating A Low Carbon Economy. 2003.

[5] 张坤民,潘家华,崔大鹏. 低碳经济论. 北京:中国环境科学出版社,2008.

[6] 任卫峰. 低碳经济与环境金融创新. 上海经济研究,2008,(3):38-42.

[7] 丁然,康重庆,周天睿,等. 低碳电网的技术途径分析与展望. 电网技术,2011,35(10):1-8.

[8] Zhou T, Kang C, Chen X, et al. Evaluating low-carbon effects of demand response from smart distribution grid//The 3rd IEEE PES Innovative Smart Grid Technologies Europe, Berlin, 2012: 1-6.

[9] 康重庆,陈启鑫,夏清. 低碳电力技术的研究展望. 电网技术,2009,33(2):1-7.

[10] 梁巧梅. 能源复杂系统建模及能源政策分析系统[博士学位论文]. 北京:中国科学院,2007.

[11] 李继峰,张阿玲. 混合式能源-经济-环境系统模型构建方法论. 系统工程学报,2007,22(2):170-175.

[12] IPCC. 2006 IPCC Guidelines for National Greenhouse Gas Inventories. Kanagawa: Institute for Global Environmental Strategies, 2006.

[13] 蔡宇,李保卫,胡泽春,等. 燃煤机组碳排放指标计算及影响因素分析. 电网技术,2013,37(5):1185-1189.

[14] 丁立新. 电厂锅炉原理. 北京:中国电力出版社,2006:17-59.

[15] 陈晓科,周天睿,李欣,等. 电力系统的碳排放结构分解与低碳目标贡献分析. 电力系统自动化,2012,36(2):18-25.

[16] 王耀华,张凤营,白建华. 输煤输电经济性比较. 中国电力,2007,40(12):6-9.

[17] 贾文昭,康重庆,刘长义,等. 智能电网促进低碳发展的能力与效益测评模型. 电力系统自动化,2011,35(1):7-12.

[18] 康重庆,周天睿,陈启鑫,等. 电网低碳效益评估模型及其应用. 电网技术,2009,33(17):1-7.

[19] 西北电网有限公司. 西北电力外送规划研究. 2007.

[20] 孙彦龙,康重庆,陈宋宋,等. 低碳电网评价指标体系与方法. 电力系统自动化,2014,38(17):157-162.

[21] 郭亚军. 综合评价理论、方法及应用. 北京:科学出版社,2007.

[22] 庄彦，康重庆，胡江溢，等. 售电市场质量及其综合评价. 电力系统自动化，2009，33(3)：25-29.

[23] 李靖华，郭耀煌. 主成分分析用于多指标评价的方法研究——主成分评价. 管理工程学报，2002，16(1)：39-43.

[24] Saty T L. A scaling method for priorities in hierarchical structures. Journal of Mathematical Psychology，1977，15(3)：234-281.

[25] Saaty T L. Modeling unstructured decision problems—The theory of analytical hierarchies. Mathematics and Computers in Simulation，1978，20(3)：147-158.

[26] 迟国泰，祝志川，张玉玲. 基于熵权-G1 法的科技评价模型及实证研究. 科学学研究，2008，26(6)：1210-1220.

[27] 程启月. 评测指标权重确定的结构熵权法. 系统工程理论与实践，2010，30(7)：1225-1228.

[28] 李国栋，李庚银，杨晓东，等. 基于雷达图法的电能质量综合评估模型. 电力系统自动化，2010，34(14)：70-74.

# 第二篇　碳捕集电厂专题

# 第 5 章　碳捕集电厂的运行机理与基础模型

## 5.1　碳捕集与封存技术及其在电厂中的应用

CCS 技术是当前最受关注的低碳技术之一。CCS 技术将 $CO_2$ 从排放源排放的气体中分离出来，经过处理后，输送到安全的封存地点，从而实现其与大气的长期隔绝[1,2]。2004 年，美国普林斯顿大学的 Pacala 和 Socolow[3] 提出了著名的"Seven Wedges Stabilization"理论，即为了保持现有的碳排放水平，到 2055 年应在全球减少约 $7\times10^9$ t 的碳排放(以碳元素为计量单位)；把每 $10^9$ t 作为一个 Wedge，CCS 技术将贡献其中的 2 个 Wedges，起到关键作用。该结论引起了社会各界对于 CCS 技术的广泛关注。尽管当前关于 CCS 技术的可行性、$CO_2$ 气体储存的密封性、气体埋存对于地质结构的影响以及对于地球生态系统的影响仍存在一定的争议，对于 CCS 技术的大规模商业化仍有待在立法、环境、经济层面的政策支撑，但随着近年来国际社会对于全球气候变化议题关注的持续升温，学术界在 CCS 技术领域也倾注了极大的研究热情，投入大量的研发资金，投产一些前期的示范性项目，并已取得很多突破性进展。目前全球已有 15 个大型的商业化碳捕集项目投运，并有另外 7 个项目处于建设阶段，预计这些项目每年的 $CO_2$ 捕集量达 4000 万 $tCO_2$。我国也规划了 8 个大型碳捕集电厂项目，其中 2009 年底建成的上海华能石洞口第二电厂的 $CO_2$ 年捕集量可达 $10^5 tCO_2$。在中国等以火电作为电源结构主力的国家，在传统火力发电厂中引入 CCS 技术，将使其成为低碳的碳捕集电厂，可实现大规模、高效率的碳减排，协调化石燃料利用与碳减排之间的矛盾，从而具有广阔的应用前景[4]。

## 5.2　碳捕集与封存技术的基本原理

CCS 技术主要包括捕集、传输与封存三个环节，其中与发电厂紧密相关的主要是捕集环节。CCS 技术将大量 $CO_2$ 从电厂排放的烟气中分离出来，通过一系列处理流程后形成高纯度的 $CO_2$，经过净化、干燥与降温等处理环节，最后压缩成具有一定温度、压强工况的 $CO_2$ 流，以适应运输和储存的需要；并通过地质封存、深海封存、矿石碳化等途径实现与大气的隔绝[5]。

从现有的技术条件及其发展前景来看，电厂的 CCS 技术主要存在以下三类较为成熟的技术路线。

(1) 燃烧后捕集:是指对电厂燃烧后的烟气实施 $CO_2$ 的分离与捕集,捕集装置往往处于烟气排放的下游;其原理简单,不改变电厂原有的发电流程,适用范围广,可用于现有的绝大多数电厂。

(2) 燃烧前捕集:是指在碳基燃料燃烧前先将其化学能从碳元素中转移出来,然后将碳和携带能量的其他物质分离;主要运用于燃气电厂与 IGCC 电厂。

(3) 富氧燃烧捕集:是指以纯氧替代空气作为助燃剂,即在燃烧前去除了大量 $N_2$,这将使得燃烧后烟气中的主要成分仅为 $CO_2$ 和水蒸气,通过脱水即可回收得到高浓度的 $CO_2$。富氧燃烧对燃料燃烧的洁净度要求较高,一般只能采用天然气、轻油或合成气,不适宜用于燃煤发电机组中。

## 5.3 碳捕集系统及其实施流程

碳捕集电厂在原有各类发电设备的基础上,增加了碳捕集系统。从功能上,碳捕集系统主要包括 $CO_2$ 分离与 $CO_2$ 压缩两个环节,最后压缩成高纯度、具有一定温度、压强工况的 $CO_2$,以适应运输和储存的需要[6]。

从现有的技术条件及其发展前景来看,电厂的碳捕集系统主要可分为燃烧后捕集、燃烧前捕集与富氧燃烧捕集三类。不同碳捕集系统之间的主要区别并不在于捕集技术本身,而在于捕集系统的实施流程。

### 5.3.1 燃烧后捕集系统

燃烧后捕集是指对燃烧后的烟气实施 $CO_2$ 的分离与捕集,往往装置于烟气排放下游,其实施过程最为简单,且不会影响电厂常规的发电流程,电厂发电循环中的燃料处理、锅炉工况与排放烟气的组分等都与常规电厂基本一致。

燃烧后捕集的优点为:原理简单、适用性广,可以运用于现有的绝大多数电厂,可通过对现有电厂的技术改造实现。其缺点为:由于燃烧后烟气的流量很大,而 $CO_2$ 在烟气中的浓度又较小(通常为 10%～15%),因而造成 $CO_2$ 分离困难、设备占地大、能耗高、成本高等[5]。

以一般燃煤电厂为例,燃烧后捕集系统的实施流程如图 5.1 所示。

### 5.3.2 燃烧前捕集系统

燃烧前捕集是指在碳基燃料燃烧前,先将其化学能从碳元素中转移出来,然后将碳和携带能量的其他物质分离。燃烧前捕集主要用于燃气电厂与 IGCC 电厂中。

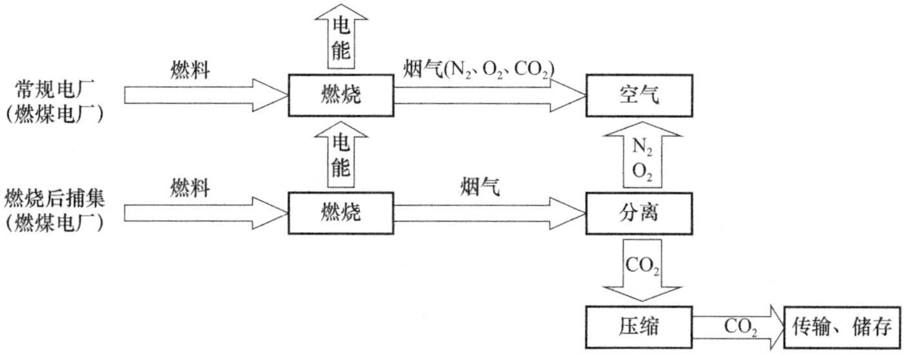


图 5.1　燃烧后捕集系统的实施流程

以 IGCC 电厂为例，在常规 IGCC 电厂中，煤通过气化炉在高温高压下转化为以 CO 与 $H_2$ 为主的合成气；随后，经过除尘、脱硫净化后送入燃气轮机燃烧，产生高温高压的烟气做功发电，而燃机排出的烟气经过余热锅炉产生水蒸气进入汽轮机发电，从而形成 IGCC 发电；燃机排放的尾气则通过余热锅炉后直接排入大气[7,8]。

燃烧前捕集系统的引入，改变了 IGCC 的发电流程。首先，在合成气进入燃气轮机燃烧之前，需引入一个水煤气反应环节，使"合成气"中的 CO 与水蒸气反应，产生 $CO_2$ 与 $H_2$，从而将 CO 的化学能转移到 $H_2$ 中；在此基础上，对合成气中的 $CO_2$ 实施分离与捕集，而进入燃气轮机的气体则为纯净的 $H_2$；此时燃机排气中将不再包含 $CO_2$。

与燃烧后捕集系统相比，由于 IGCC 电厂多采用富氧或纯氧加压气化技术，燃烧前捕集系统所需分离的气体体积大幅度减少，$CO_2$ 浓度上升，从而减少了捕集能耗；其缺点在于需要改变发电流程，在对已有电厂的改造上受到一定的限制，且适用范围较窄，无法运用于传统燃煤发电机组的改造。

以 IGCC 电厂为例，燃烧前捕集系统的实施流程如图 5.2 所示。

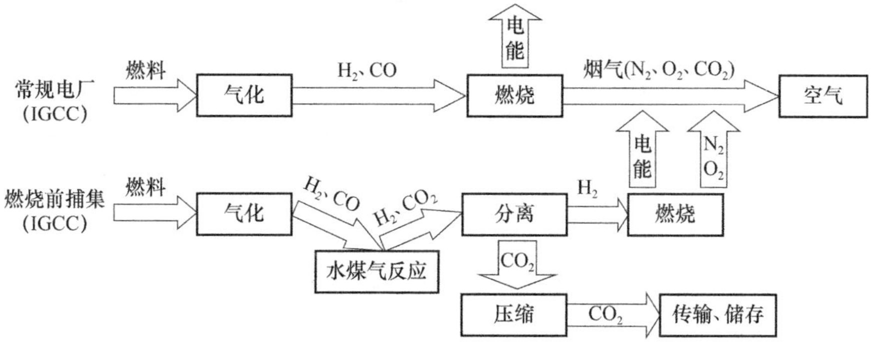


图 5.2　燃烧前捕集系统的实施流程

### 5.3.3 富氧燃烧捕集系统

燃烧后脱碳的最大问题在于烟气中含有大量的 $N_2$，从而使得烟气中 $CO_2$ 的浓度很低，分离困难。如果在燃烧之前就能将空气中的 $N_2$ 去除，采用纯氧作为助燃剂，则燃烧后的烟气将主要是 $CO_2$ 和水蒸气，通过脱水即可回收高浓度 $CO_2$，这就是富氧燃烧的原理。

富氧燃烧捕集系统的引入，并不会对常规的发电流程产生太大影响，其工作流程与传统电厂的发电流程基本一致，最大的区别在于使用来自空分系统的高纯度 $O_2$（95%左右）代替空气，与燃料在锅炉中反应燃烧。而锅炉排放的烟气，经冷却、除尘、脱硫、脱水等净化工艺之后，即可得到高浓度 $CO_2$[5]。

尽管没有改变工作流程，富氧燃烧捕集系统的引入较大地改变了电厂发电循环的运行工况。首先，富氧燃烧后产生的热烟气将直接作为做功工质，因为烟气的主要成分是 $CO_2$、水蒸气和杂质，这与燃气透平基本相似。其次，富氧燃烧对绝热材料的要求较高，理论上，纯氧燃烧的耐热温度高达 3500℃，而现在最先进的燃气轮机透平初温度也只有 1400℃，难以满足需求；现有的技术一般通过引入烟气循环系统，并向燃烧室注水或水蒸气，来降低燃烧的温度。需要注意的是，由于富氧燃烧系统的燃料要求较为洁净，一般只能采用天然气、轻油或者合成气。因此，不适宜对燃煤发电机组引入富氧燃烧捕集系统[6]。

以燃气电厂为例，富氧燃烧捕集系统的实施流程如图 5.3 所示。

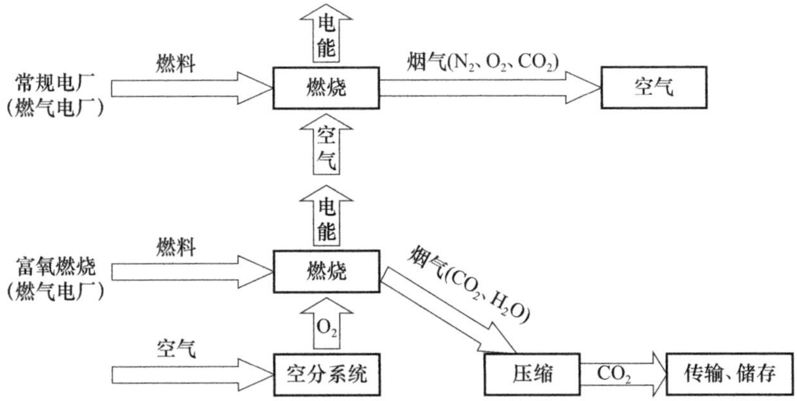


图 5.3 富氧燃烧捕集系统的实施流程

## 5.4 碳捕集电厂的灵活运行方式

燃烧后捕集是目前应用最为广泛且技术成熟度最高的技术，为提高论述的集中度与可读性，下面将以燃烧后捕集系统为例进行分析。若没有特意指出，下面所提到的碳捕集电厂均“默认”采用的是燃烧后捕集技术。

### 5.4.1　碳捕集电厂灵活运行的客观要求

基准状态下，碳捕集电厂的发电出力处于额定值，而碳捕集系统的运行水平刚好能够实现对电厂排放所有烟气的捕集。然而，在实际运行中要求碳捕集电厂一直保持在基准状态上显然是不现实的，需要通过对发电循环与碳捕集系统状态的调整与协调，实现碳捕集电厂的灵活运行。一般来说，碳捕集电厂灵活运行的客观要求主要来自以下两方面。

1）电力系统安全稳定运行的要求

电力系统的运行往往需遵循复杂的技术特性，随时确保负荷需求并响应波动，因而要求发电机组提供诸如负荷跟踪、调峰、调频、备用、黑启动、开停机等方面的辅助服务。从发展的角度看，在低碳环境下，碳捕集电厂势必逐渐取代传统的火力发电厂，在电源结构中占据重要地位；而大部分可再生能源发电技术（以风电为主）的出力存在间歇性、随机性的特点，更加剧了电力系统对于辅助服务的需求。因此，碳捕集电厂作为未来的主力火电机组，需要具备良好的调整能力与适应性能，能够快速响应系统的调度指令，提供系统所需的辅助服务[9,10]。

2）碳捕集电厂本身具有改变运行状态的愿望

在低碳环境下，当碳捕集电厂具备灵活运行能力时，其本身将具有改变运行状态的愿望。捕集 $CO_2$ 往往需要以降低电厂出力为代价，因此当电力市场的现货价格较高，或者碳市场排放配额的价格较低时，电厂可以降低向碳捕集系统的能量供给，抬高发电出力，从而提高售电收入；而当现货电价较低或者碳排放额度价格较高时，电厂可以增加向碳捕集系统的能量供给，并降低发电出力，从而获取高额的碳交易收入[11]。

### 5.4.2　实现碳捕集电厂灵活运行的辅助设备

碳捕集电厂的灵活运行主要通过以下两个途径实现：调整碳捕集系统的捕集烟气量，以及引入吸收 $CO_2$ 的水溶剂储存器。

首先，通过引入“直排通道”，碳捕集电厂可以将锅炉、汽轮机等发电设备所产生的烟气直接排至大气，而只将其余部分排进碳捕集系统进行 $CO_2$ 的分离与压缩。由于电厂一般都具有烟气排放通道，因此往往不需要额外安装“直排通道”。允许碳捕集电厂调整其捕集烟气量的运行模式是合理的，尽管在日益严峻的全球气候变化形势下，必然要求碳捕集电厂运行在较高的捕集水平上，然而要求电厂时刻保持满负荷捕集状态的做法也是不现实的。一方面，技术上难以确保，且成本较高；另一方面，从国际的碳减排主流趋势上看，越来越认同以“年”作为碳排放的清算与检验时限，甚至允许多年间的碳配额借贷行为。这就赋予了碳捕集电厂灵活运行的空间。

其次，当碳捕集电厂采用经典的吸收/解吸工序实现对 $CO_2$ 的捕集时，可在捕集系统中引入对 $CO_2$ 具有吸收作用的水溶剂储存器。本书定义吸收了 $CO_2$ 的水溶液为“富液”，而未吸收 $CO_2$ 的水溶液为“贫液”。由于烟气排放量巨大，因此需要的水溶液量也往往较大，当未引入专门的储存器时，捕集系统产生的富液必须马上送入分解环节进行 $CO_2$ 的分离与贫液的再生，而引入储存器可以使 $CO_2$ 的吸收与分离环节相互独立，通过灵活控制 $CO_2$ 的吸收与分离速率，可以达到合理控制碳捕集电厂的整体能耗并调整机组发电出力的目的。相比较而言，这种方式比调整捕集烟气量的方式更为灵活，但需要考虑储存器的容量约束[12]。

### 5.4.3 $CO_2$ 分离环节的运行机制分析

$CO_2$ 分离是碳捕集电厂中最为核心的环节，不同的分离技术具有不同的运行机制，而碳捕集电厂的灵活运行主要是在 $CO_2$ 的分离环节上实现，前面提到的辅助设备也主要作用在该环节之上。根据 $CO_2$ 分离在原理、动力来源与载体上的不同，主要存在三类分离技术：吸收/吸附技术、膜分离技术与深冷法分离技术[13]。下面将分别介绍三类分离技术的运行机制。

*1. 采用吸收/吸附法分离 $CO_2$ 的运行机制*

吸收/吸附技术是通过吸收/吸附体在一定条件下对 $CO_2$ 进行选择性吸附，然后改变条件（主要是压强或者温度）将 $CO_2$ 解析，从而达到分离 $CO_2$ 的目的。吸收/吸附体多为碱性的液态材料，如乙醇胺类（monoethanolamine，MEA）溶液，也可以是固态物质，如活性炭纤维。这些材料都必须具备溶解度大、选择性好且可再生的特点。以 MEA 为例介绍 $CO_2$ 的分离流程。首先，经过处理的烟气将被排入装有 MEA 溶液的吸收器中，一定运行工况下的 MEA 通过淋洗吸收烟气中的 $CO_2$ 形成富液，吸收率可达到 85%～95%，其余的烟气（主要为 $O_2$ 与 $N_2$）则通过吸收装置的顶端排向大气层。随后富液被传输到分解器中，通过改变运行工况实现 $CO_2$ 的分解与 MEA 溶液的再生，分解出来的 $CO_2$ 将被送到压缩环节进行进一步处理，而再生的贫液则将回到吸收器中继续工作[5]。

通过引入以上辅助设备，可以使其分离流程具有一定的灵活性。首先，直排通道允许电厂烟气不通过碳捕集系统直接排出，从而使得吸收器的进气量与吸收速率可调；其次，在吸收器与分解器之间引入溶液储存器，允许碳捕集系统在不同的 $CO_2$ 吸收速率与分解速率下运行，富液与贫液的不平衡量则进入储存器或由储存器补充。在此情况下，分解器将产生速度可变的 $CO_2$ 流，而由于对气态 $CO_2$ 的存储并不现实，因此可以认为进入 $CO_2$ 压缩环节的 $CO_2$ 流速也是变化的，并与分解器所产生的 $CO_2$ 流速保持一致。以上运行机制的示意图如图 5.4 所示[4]。

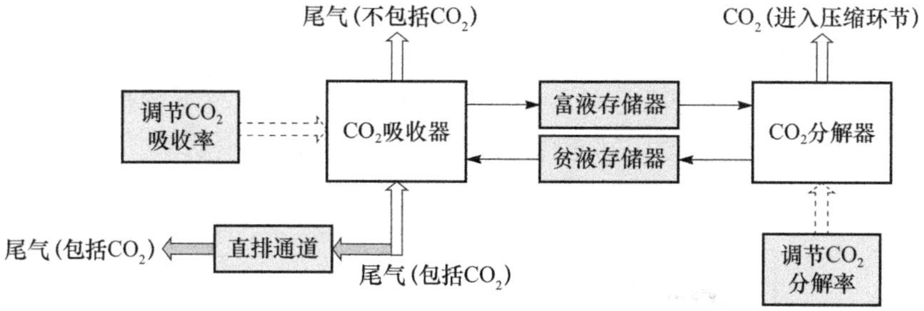


图 5.4　吸收/吸附技术分离 $CO_2$ 的运行机制示意图[4]

图 5.4 中的非填充模块为普通碳捕集电厂的运行设备，填充模块代表新引入的辅助设备；实线箭头代表烟气流及其状态，虚线箭头则代表灵活运行的调整变量，图 5.5 与图 5.6 中各模块的意义与本图保持一致。

2. 采用膜技术分离 $CO_2$ 的运行机制

膜分离法利用膜对不同气体的选择透过性，将 $CO_2$ 从混合气体中分离出来。与吸收/吸附法相比较，膜分离的运行方式相对简单，可在很大程度上降低投资成本与运行能耗，因而具有良好前景；但是该技术目前仍处于深入研究阶段。由于不采用水溶剂，且分离出来的 $CO_2$ 为气态，因此不可能引入储存器，所以唯一的辅助装备为直排通道。直排通道灵活运行的原理与吸收/吸附法基本一致，运行机制的示意图如图 5.5 所示[4]。

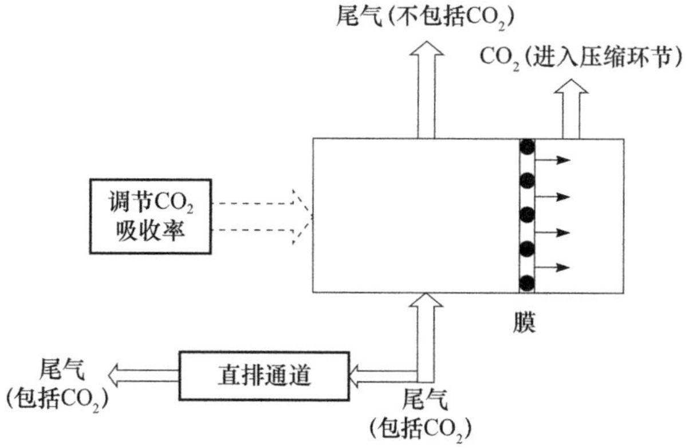


图 5.5　膜技术分离 $CO_2$ 的运行机制示意图[4]

3. 采用深冷法分离 $CO_2$ 的运行机制

深冷法分离是基于混合气体中不同组分的汽化和液化特性，通过一系列冷却、膨胀等工序实施气体分离的办法。采用深冷法对 $CO_2$ 实施分离，原理简单，技术难度也不大，但是能耗很高，经济效益较差，因此只在特定的情况下使用[5]。

在深冷法中可以引入直排通道与 $CO_2$ 储存器两类辅助设备。直排通道的实施原理与前两种技术大致相同，而 $CO_2$ 储存器主要用于存储深冷分离后产生的液态 $CO_2$，这就使得 $CO_2$ 分离与 $CO_2$ 压缩环节可以在不同速率下运行，通过调整捕集系统的压缩速率，可以改变其能耗，并影响整体电厂的输出功率。其运行机制示意图如图 5.6 所示[4]。

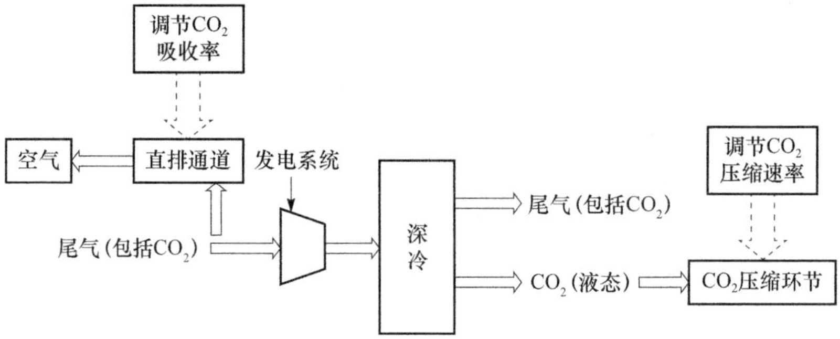


图 5.6　深冷法分离的运行机制示意图[4]

### 5.4.4　碳捕集电厂灵活运行的关键控制变量

吸收/吸附法，尤其是以 MEA 为代表的化学吸收法在电厂排放 $CO_2$ 的分离与捕集上已经基本实现了商业化，将在未来一段时间内成为新建(改造)低碳排放电厂的主要选择。后续内容中所介绍的碳捕集系统将以此类技术作为典型案例。其整体运行机制示意图如图 5.7 所示。

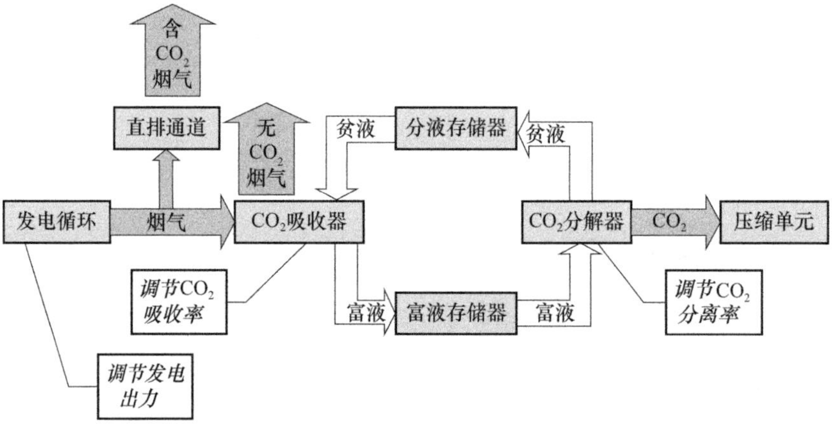


图 5.7　碳捕集电厂的整体运行机制示意图

图 5.7 中，矩形模块表示碳捕集电厂的关键功能环节，通过合理而适度的简化，将电厂分为原有的发电循环(包括锅炉、汽轮机等主要的发电设备)与碳捕集系统，而碳捕集系统则抽象为三个基本模块：吸收器、分解器与压缩单元。填充箭头、实线非填充箭头和虚线非填充箭头分别表示系统中烟气、$CO_2$ 与水溶剂的流动路径。而斜体批注标识与灵活运行机制相关的关键控制变量。

在发电机端，主要的控制变量在于发电出力水平。出力点的选择是影响电厂经济性与运行状态最关键的要素；吸收器的控制变量则主要是 $CO_2$ 的吸收速率，也决定了排入捕集系统的烟气量，该决策将直接决定电厂单位电量的碳排放强度，也将影响后续环节的运行状态；分解器的控制变量则为 $CO_2$ 的分解速率，由于储存器的存在，分解率与吸收率可相互独立，当分解率大于吸收率时，富液储存器的存量下降而贫液储存器的存量上升，反之亦然；分解率的确定也决定了排入压缩单元的 $CO_2$ 流量；由于分离环节产生的 $CO_2$ 多为气态，对其进行存储并不现实，因此在忽略两个单元暂态时滞的情况下，可认为压缩单元的 $CO_2$ 压缩率与分解率基本保持一致，因此不引入压缩单元的控制变量。

通过以上关键变量的提取与抽象，基本对碳捕集电厂的核心运作机制与关键要素进行了描述。每一组特定的变量组合即确定了碳捕集电厂的基本运行状态，变量取值应考虑电厂运行的实际情况以及各环节间的衔接关系。

## 5.5 碳捕集电厂的能量流分析

能量流动反映了碳捕集电厂运行中最为基础与本质的特征，也是对碳捕集电厂进行建模的基础。能量流分析分别在电厂运行与系统调度两个层面上展开。从电厂的角度，将通过对电厂内部各主要功能环节运行方式的协调，来实现其最优的生产决策，从而降低成本，提高收益。因此，应深入分析电厂内部发电循环与碳捕集系统之间的相互关系与能量流动；在此层面上建立的模型称为碳捕集电厂自运行模型。而从系统角度来看，关注的对象不再是电厂内部设备的控制与参量，而是电厂在系统调度中的整体外部表现，如发电出力、碳排放等。因此，应在碳捕集电厂自运行模型的基础上进行适当的简化与抽象，提取其外部特征，并分析其对系统的影响；在此层面上建立的模型，称为含碳捕集电厂的调度模型。

通过对电厂内部能量供给与分配流程的抽象，分别得到两个层面上的能量流示意图，如图 5.8 所示。

### 5.5.1 碳捕集电厂的能量转换与分配

在图 5.8 的左侧，输入化学能多来自化石燃料，按照一定的转换效率通过发电循环输出电能，定义为等效输出功率；而辅助/外来能源则代表向碳捕集系统供

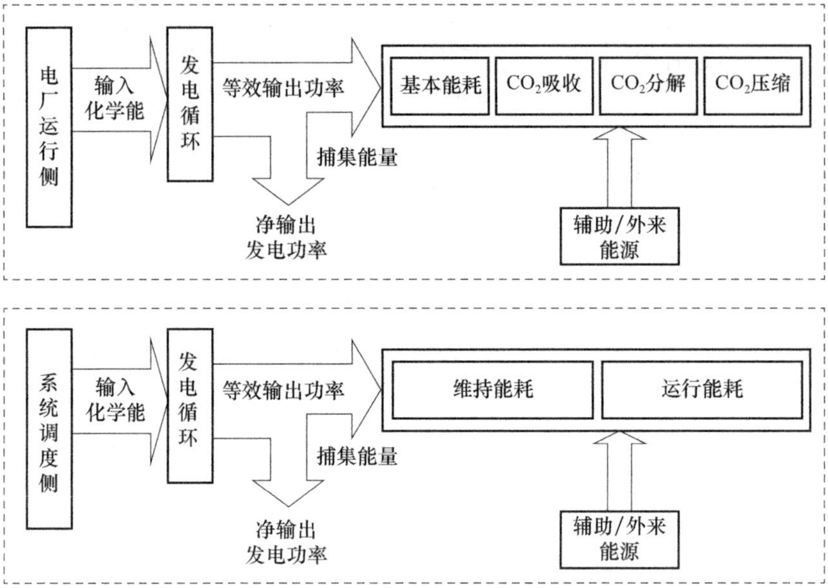


图 5.8　碳捕集电厂的能量流示意图

能的辅助锅炉或其他能源形式。等效输出功率中的一部分将分配给捕集系统，这部分能量将用于捕集 $CO_2$，扣除此部分功率之后，剩余部分才是电厂对外表现出来的输出功率，即一般意义上的电厂出力，定义为净输出功率。事实上，当不存在碳捕集系统或者碳捕集系统关闭时，等效输出功率等于净输出功率，而在引入碳捕集系统之后，电厂的净输出功率将小于等效输出功率，定义差额部分为捕集能量。

### 5.5.2　捕集能量的供给方式

捕集能量主要来自三个途径：第一个途径来自从发电循环抽取的高温蒸汽中所含的热能，这部分能量将用于加热富液以实现 $CO_2$ 分离与贫液再生；第二个途径直接来自电厂的厂用电，主要用于提供压缩单元用电、溶液流动所需泵功以及烟气降温与流动的风扇功率；第三个途径则是前面所提到的辅助/外来能源。从热力学角度看，第一个途径是捕集能量最高效的供给方式，也是现有碳捕集系统的主要供能方式；然而，碳捕集系统的有些环节需要通过电驱动，无法直接通过热能的形式供应，因此第二个途径往往也会得到一定的运用；第三个途径由于效率低下、额外投资大，只有在较为极端的情况下才会引入，如原发电循环难以被改造等。显然，前两个途径都是从发电循环中获取能量，因而将直接减少电厂的净输出功率；这就意味着提高碳捕集系统的运行水平将对应降低碳捕集电厂的净输出功率[5,6]。

### 5.5.3　碳捕集电厂自运行模型的能耗分析

分析碳捕集系统的内部流程环节，其能量损耗主要分为四类，分别为基本能耗、$CO_2$ 吸收能耗、$CO_2$ 分离能耗与 $CO_2$ 压缩能耗。

1. 基本能耗

基本能耗是指由引入碳捕集系统造成原电厂结构变化或运行工况变化所带来的发电效率损失而引起的能耗，例如，在低压缸侧安装阀门以实现蒸汽抽取，可能降低原电厂的热效率；而抽取低压蒸汽后可能在一定程度上改变汽轮机做功工质的压力工况。基本能耗在捕集能量中的比例较小且与电厂运行状态的相关性弱，因而可视为定值。随着技术水平的提高与运行流程的改进，基本能耗将逐渐下降。

2. $CO_2$ 吸收能耗

$CO_2$ 吸收能耗主要包括吸收前对烟气进行净化处理的损耗、烟气降温的风机耗功、维持水溶剂吸收温度的耗能以及促进水溶剂流动的泵功四个部分。燃煤电厂的烟气中往往含有 $SO_2$ 和 $NO_x$ 等污染物，会和水溶剂进行化学反应，因此需在吸收前脱除。尽管目前大部分电厂均具有脱硫、脱硝等设备，但尚不能满足碳捕集的要求，因此往往需要添加额外的净化处理环节。同时，刚排放的烟气往往温度较高，而 MEA 的吸收温度一般为 40～60℃，这就要求引入水汽接触冷却器与大型风机对烟气降温。此外，在 $CO_2$ 吸收过程中需要提供维持水溶剂吸收温度与流动性的泵功。由于吸收器在不同运行水平下的工况基本稳定，即吸收单位 $CO_2$ 的热负荷基本恒定，因此吸收能耗将与吸收器的吸收速率成正比，且大致呈现线性关系。

3. $CO_2$ 分离能耗

$CO_2$ 分离能耗是碳捕集系统耗能中最大的部分，可占到总捕集能量的 50%。能量损失主要集中在对水溶剂再生温度的维持上。MEA 在较高的温度下，大致为 100～120℃，可以将吸收的 $CO_2$ 解析，并实现溶液再生；加热富液所需的热量主要来自抽取的高温蒸汽。分离能耗与分离器的分离速率也基本呈线性正比关系。

4. $CO_2$ 压缩能耗

$CO_2$ 压缩能耗主要集中在两个方面：对高纯度的 $CO_2$ 进行降温与冷凝，以及将 $CO_2$ 压缩到要求的工况下。前者的能耗主要视分离环节所产生气体的组分与 $CO_2$ 浓度而定；后者的能耗则取决于最终的压缩压强，压强越高，能耗越大。在一定的最终工况条件下，同样可认为压缩能耗与压缩单元的压缩速率成正比。

### 5.5.4 碳捕集电厂调度模型的能耗分析

从调度责权或者资产关系上，系统调度员都不可能直接对电厂内部的碳捕集装置下达具体的调度指令，而是控制电厂的一些关键外部性能，如发电出力与碳排放。在电厂运行中投入碳捕集系统，会降低电厂的净发电出力与碳排放，降低幅度由碳捕集系统的运行状态决定。因此，需要关注碳捕集系统的整体运行状态。为此，在碳捕集电厂自运行模型的能量流基础上，对碳捕集系统内部的各环节能耗进行整合，并重新归结为两类：第一类能耗与碳捕集系统的运行状态无关，称为维持能耗，包括基本的能耗损失以及为保持碳捕集系统在实时运行中快速改变状态所需的能量，如一定的烟气风机能耗、维持水溶液流动性的泵功、维持吸收器与富液储存器工况的热能等，可认为该能耗为恒定值。第二类则与碳捕集系统的运行状态相关，称为可变能耗，捕集的速率越快，则可变能耗越大，主要包括碳捕集系统在吸收、分解与压缩环节上与速率相关的能量损失。

## 5.6 碳捕集电厂的模型描述

### 5.6.1 建模思路

以碳捕集电厂的基准状态作为建模基点，并在其基础上进一步分析电厂在灵活运行方式下各方面的特性，以及关键控制变量的作用机制。引入基准状态的原因在于可获得大量的实例与运行数据，从而有利于验证模型的有效性与可信度。建模过程中将首先抓住碳捕集电厂在一个瞬间时段的静态点，分析其运行状态与内部关键变量间的相互关系，并在此基础上分析电厂在时段间状态转换的动态过程。

模型建立在电厂的运行方式研究与在能量流分析的基础之上，并以发电效率为主线，对电厂的各种运行方式进行抽象与描述。本篇对发电效率的定义为输出能量与输入能量之比，数值上是一个小于 1 的正数。由于碳捕集电厂内部存在复杂的能源流动与转换，因此在模型中对发电效率引入两套定义方式。首先是等效发电效率，其取值为电厂发电循环输出能量与输入化学能之间的比值(见图 5.8)，此时输出能量中既包括净输出电功率，也包括捕集能量。其次是净发电效率，其取值为电厂净输出功率与输入化学能之间的比值。显然，等效发电效率不小于净发电效率，两者之差即为捕集能量引起的效率损失。同理，“等效”与“净”的前缀同样适用于其他关键变量，如电厂的等效发电出力表示以电功率表示的发电循环总输出能量，而净发电出力则表示电厂最终对外的净输出功率。结合现有的工程实践，不考虑辅助/外来能源的供应方式。

从前面的分析中可以发现，$CO_2$ 吸收能耗、$CO_2$ 分解能耗与 $CO_2$ 压缩能耗基本都与其对应的控制变量呈类线性的正比关系。为降低建模复杂度，将以完全的线性关系描述其相互关系，从而消除非线性因素。大量的碳捕集实测结果表明[11,14,15]，线性关系在碳捕集系统的正常运行区间内基本成立，因此该假设不会对模型精确度带来太大损失。事实上，线性关系只影响模型的表达方式，对于电厂内部各参量的基本关系与关键特性并没有实质上的影响。

### 5.6.2　碳捕集电厂自运行模型

在碳捕集电厂自运行模型中，主要分析电厂的运行状态与各关键控制变量之间的相互关系。

1. 发电效率分析

以 $Q$ 表示电厂的瞬时输入功率(即单位时间燃烧的燃料中所含的化学能)，定义如下：

$$Q=P/\eta_G \tag{5.1}$$

式中：$P$ 为电厂的等效发电出力；$\eta_G$为碳捕集电厂的等效发电效率。

以 $\eta_G^N$表示净发电效率，$\eta^{CC}$表示由捕集能量引起的效率损失，则有

$$\eta_G^N=\eta_G-\eta^{CC} \tag{5.2}$$

由于在能量流分析中已将基本能耗从发电循环的能量转换过程中剔除，这就意味着碳捕集电厂发电循环的运行状况与非捕集电厂之间并没有本质上的不同。$\eta_G$表示发电循环的发电效率，与电厂的出力水平相关，以函数 $\eta_G=f(P)$表示，可为常数、线性或非线性表达式，根据建模的精确程度与机组类型确定。

根据对捕集过程中能量损耗的分析，有

$$\eta^{CC}=\eta_B+\eta_A+\eta_D+\eta_C \tag{5.3}$$

式中：$\eta_B$、$\eta_A$、$\eta_D$与 $\eta_C$分别为由基本能耗、$CO_2$ 吸收能耗、分解能耗与压缩能耗所引起的发电效率损失。

为基准状态下电厂的状态变量添加下标 0，如 $\eta_{G0}$ 表示基准状态下电厂的等效发电效率，$Q_0$ 表示输入化学能等。

根据前面对于碳捕集能耗的分析，得到以下方程组：

$$\begin{cases}\eta_B=\eta_{B0}\\ \eta_A=\dfrac{Q_0}{Q}r_A\eta_{A0}\\ \eta_D=\dfrac{Q_0}{Q}r_D\eta_{D0}\\ \eta_C=\dfrac{Q_0}{Q}r_C\eta_{C0}\end{cases} \tag{5.4}$$

式中：$r_A$ 为吸收器的吸收速率因子；$r_D$ 为分解器的分解速率因子；$r_C$ 为压缩环节的压缩速率因子。

以上三个变量都经过归一化处理，成为无量纲变量，即认为基准状态下的速率因子为 1，而以关停状态为 0，并通过线性变化均匀取值。

为了描述方便，引入一个新的状态变量 $\lambda_V$，以表示烟气捕集率，其定义为实时排入碳捕集系统的烟气量与发电循环总排放烟气的比例，可以得到

$$r_A = \frac{Q}{Q_0}\lambda_V \tag{5.5}$$

同理，也对 $\lambda_V$ 进行归一化处理。根据之前的分析，碳捕集系统的分解速率应与压缩速率保持一致，即有

$$r_C = r_D \tag{5.6}$$

2. 电厂的关键性能指标描述

本节主要考察电厂的发电出力、发电成本与单位电量碳排放强度等关键性能，并分析其与电厂各关键控制变量之间的关系。

$P^N$ 表示净发电功率，$P^{CC}$ 表示捕集能量，根据发电效率的定义，可得到

$$P^N = P\frac{\eta_G^N}{\eta_G} = P - P^{CC} \tag{5.7}$$

以 $c_G$ 表示电厂单位电量的等效发电成本，$c_G^N$ 表示净发电成本。需要注意的是，无论 $c_G$ 还是 $c_G^N$，都只考虑电厂的变动发电成本，不包括固定的投资与运行成本，因此，以上发电成本只与电厂单位电量所消耗的燃料数量相关，赋予燃料固定的价格，并以基准状态为基点，可以得到

$$\begin{cases} c_G = c_{G0}\dfrac{\eta_{G0}}{\eta_G} \\ c_G^N = c_G\dfrac{P_G}{P_G^N} \end{cases} \tag{5.8}$$

以 $e_G$ 表示电厂单位电量的等效碳排放强度，$e_G^N$ 表示净碳排放强度，则有

$$e_G = \frac{\eta_{G0}}{\eta_G}e_{G0} \tag{5.9}$$

以 $E_G^E$ 表示电厂发电循环的碳排放量（未经捕集），$E_G^S$ 表示碳捕集系统所捕集到的碳排放量，则有

$$\begin{cases} E_G^E = Pe_G \\ E_{G0}^S = P_0 e_{G0}\gamma_A \\ E_G^S = r_C E_{G0}^S \end{cases} \tag{5.10}$$

式中：$\gamma_A$ 为吸收器对于排入 $CO_2$ 的捕集率，一般为 80%～95%；$P_0$ 为电厂的额定出力，一般情况下也是最大出力。

以 $E_G^N$ 表示电厂的净碳排放量，即在 $E_G^E$ 的基础上扣除 $E_G^S$，则有

$$\begin{cases} E_G^N = E_G^E - E_G^S \\ e_G^N = \dfrac{E_G^N}{P^N} \end{cases} \tag{5.11}$$

3. 储存器状态描述

储存器是碳捕集系统中重要的辅助设备。由于电厂的烟气排量巨大，储存器的存储规模基本上为小时级别（过大的储存器规模将带来巨大的附加投资与占地面积）。因此，在电厂运行时需关注储存器的存储状态，以确保电厂的运行状态总是可行的。根据图 5.7，以 $S_A$ 表示贫液流的流量，$S_D$ 表示富液流的流量，忽略溶剂流动中由化学反应与物理泄漏导致的损失量，则有

$$\begin{cases} S_A = S_{A0} r_A \\ S_D = S_{D0} r_D \end{cases} \tag{5.12}$$

以 $S_{A,t}^T$ 与 $S_{D,t}^T$ 分别表示富液与贫液储存器在时刻 $t$ 的存储量，可以得到

$$\begin{cases} S_{A,t}^T = S_{A0}^T + \sum\limits_{i=1}^{t} (S_{A,i} - S_{D,i}) \\ S_{D,t}^T = S_{D0}^T + \sum\limits_{i=1}^{t} (S_{D,i} - S_{A,i}) \end{cases} \tag{5.13}$$

式中：$S_{A0}^T$ 与 $S_{D0}^T$ 分别为两个储存器初始状态下的存量水平。

### 5.6.3　碳捕集电厂调度模型

在碳捕集电厂调度模型中，主要分析电厂的整体外部性能，主要是电厂的净发电出力与净碳排放水平之间的相互关系；事实上，在一定的电厂净发电出力与净碳排放水平下，碳捕集系统的大致运行状态也可以基本确定。需要注意的是，此处所关注的调度时序为日级别，以 15min 或 1h 为基本的时间单位，因此，忽略电厂在日内的开停计划，也不考虑碳捕集系统快速变化中的暂态过程。

1. 发电效率分析

以 $\eta_M^{CC}$ 表示由维持能耗引起的效率损失，$\eta_R^{CC}$ 表示由可变能耗引起的效率损失，则有

$$\eta^{CC}=\eta_{M}^{CC}+\eta_{R}^{CC} \tag{5.14}$$

定义碳捕集系统各主要功能环节的运行速率均为 0 时的电厂状态为捕集预备状态；需要注意的是，捕集预备状态并非指代碳捕集系统完全关停的状态，此时碳捕集系统仍消耗一定的维持能耗，可以应系统的调度指令快速投入运行。记捕集预备状态下电厂的等效发电效率为 $\eta_{G}^{OFF}$，则有

$$\eta_{G}^{OFF}=\eta_{G}-\eta_{M}^{CC} \tag{5.15}$$

此时电厂的净发电效率为

$$\eta_{G}^{N}=\eta_{G}^{OFF}-\eta_{R}^{CC} \tag{5.16}$$

而电厂的发电成本与碳排放强度为

$$\begin{cases} e_{G}^{OFF}=e_{G}\dfrac{\eta_{G}}{\eta_{G}^{OFF}} \\ c_{G}^{OFF}=c_{G}\dfrac{\eta_{G}^{OFF}}{\eta_{G}} \end{cases} \tag{5.17}$$

式中：$\eta_{G0}^{OFF}$ 为电厂出力为额定点且处于捕集预备状态下的等效发电效率。

2. 匹配捕集功率

$P^{CC}$ 也同样由两部分组成，分别和 $\eta_{M}^{CC}$ 与 $\eta_{R}^{CC}$ 对应，记为 $P_{M}^{CC}$ 与 $P_{R}^{CC}$，称为维持捕集功率与可变捕集功率。$P_{M}^{CC}$ 为定值，有

$$P_{M}^{CC}=\frac{\eta_{M}^{CC}}{\eta_{G0}}P_{0} \tag{5.18}$$

定义一个新的概念——匹配等效捕集功率，即当电厂向碳捕集系统提供的可变捕集功率为 $P_{R}^{CC}$ 时，可确保电厂在等效发电出力为 $P_{E}^{C}$ 时对所排放全部烟气的捕集。仿照电厂的情况，以捕集容量的概念来描述碳捕集系统装置的规模与处理能力，当碳捕集系统能够实时处理电厂在最大出力点的碳排放时，即认为电厂具备了匹配捕集容量，以 $P_{E}^{C}$ 表示。同时，定义一个新的电厂运行状态——捕集匹配，在捕集匹配状态下，碳捕集系统与电厂的发电循环具有对应关系，向碳捕集系统提供的可变捕集功率恰好能够实现对电厂发电循环排放的全部烟气的捕集。

由于捕集系统在正常运行范围内捕集单位 $CO_2$ 需要消耗的热功率基本是定值，因此可认为 $P_{E}^{C}$ 与 $P_{R}^{CC}$ 之间存在线性关系。以基准状态为依据，有

$$\frac{P_{R}^{CC}}{P_{E}^{C}}=\frac{\eta_{R0}^{CC}}{\eta_{G0}} \tag{5.19}$$

3. 电碳特征函数

在低碳环境下的电力系统调度中，需要重点关注电厂净发电出力与其产生的

净碳排放之间的关系。与传统电厂相比，碳捕集电厂的发电出力与碳排放之间存在较为复杂的关系[16]。定义描述电厂发电出力与碳排放关系的函数为电碳特征函数；电厂的净碳排放量 $E_G^N$ 为总碳排放减去捕集碳排放 $E_G^S$，则有

$$E_G^N = Pe_G - P_E^C \gamma_A e_G \tag{5.20}$$

联立式(5.7)～式(5.19)，并代入式(5.20)中，可以得到以下电碳特征函数：

$$P = \lambda_G (P^N + P_M^{CC}) - \lambda_E E_G^N \tag{5.21}$$

式中：$\lambda_G$ 与 $\lambda_E$ 为函数的特征参数，表达式为

$$\begin{cases} \lambda_G = \dfrac{\gamma_A \eta_{G0}}{\gamma_A \eta_{G0} - \eta_{R0}^{CC}} \\ \lambda_E = \dfrac{\eta_{R0}^{CC}}{e_G(\gamma_A \eta_{G0} - \eta_{R0}^{CC})} \end{cases} \tag{5.22}$$

分析式(5.22)，可发现在等效发电功率 $P$ 一定的情况下，净发电功率 $P^N$ 与净碳排放量 $E_G^N$ 之间正相关，即 $E_G^N$ 将随着 $P^N$ 的提高而上升，反之亦然。这就意味着在碳减排与电厂出力之间存在替代关系，其替代率为

$$\frac{\lambda_E}{\lambda_G} = \frac{\eta_{R0}^{CC}}{e_G \gamma_A \eta_{G0}^{OFF}} \tag{5.23}$$

4. 电碳运行区间

以上分析表明，与一般火电厂相比，碳捕集电厂的发电出力水平与碳排放之间并不是一一对应的关系，而是呈现出一定的运行区间；在一定的出力水平下，电厂的碳排放量可以在一定的区间内调整。以电厂的净发电功率为横坐标，以净碳排放量为纵坐标，以每一个电厂的可能运行状态作为图中的点，所有的点集合即构成了碳捕集电厂的电碳运行区间。

首先，分析电碳运行区间的形状与边界。当电厂处于基准状态时，$P_E^C$ 达到最大值，同时也是电厂的额定出力 $P_0$，有

$$0 \leqslant P_E^C \leqslant P_{E,\max}^N \tag{5.24}$$

将式(5.7)～式(5.20)代入式(5.24)中，可将式(5.24)改写为

$$P - P_M^{CC} \geqslant P^N \geqslant P - P_M^{CC} - P_0 \frac{\eta_{R0}^{CC}}{\eta_{G0}} \tag{5.25}$$

式(5.25)规定了在一定等效发电出力水平下，电厂净发电功率的上下区间。

其次，电厂的等效发电出力应介于其最大最小出力之间，记最小出力为 $P_{\min}$，即有

$$P_{\min} \leqslant P \leqslant P_0 \tag{5.26}$$

将式(5.21)代入式(5.26)，可得到电厂净发电功率与净碳排放量之间的关系：

$$P_{\min}-\lambda_{G}P_{M}^{CC}\leqslant\lambda_{G}P^{N}-\lambda_{E}E_{G}^{N}\leqslant P_{0}-\lambda_{G}P_{M}^{CC} \tag{5.27}$$

式(5.25)与式(5.27)规定了电厂电碳运行区间的形状与边界。

# 5.7 碳捕集电厂的运行特性与状态分析

## 5.7.1 碳捕集电厂的运行特性分析

对于传统的非捕集电厂，当发电出力确定时，其发电效率、发电成本与碳排放强度等特征参数也都基本确定。而对碳捕集电厂而言，这些特征参数不仅与电厂的等效发电出力相关，也受到碳捕集系统运行状态的影响。

首先，碳捕集电厂净发电出力与等效发电出力并不相等。等效发电出力与电厂的输入燃料量直接相关，因而在一定程度上决定了发电成本；而净发电出力则与电厂的供电量(上网电量)相关，从而决定了发电收入，两者的关系将对电厂的最终经济收益产生重要影响。从现有的运行情况看，基准状态下碳捕集系统的能量需求可占到电厂总输入能量的1/5～1/3；这就意味着电厂将具有很大的电碳运行区间；电厂的碳排放强度将远小于非捕集电厂，甚至当等效出力水平较低而碳捕集系统运行在较高水平时，电厂短时间内的净碳排放量甚至可能为负值。

其次，因为捕集能量的分流作用，当等效发电出力处于较低水平时，电厂的净发电出力可以小于其额定最小出力。由于捕集能量大多来自蒸汽抽取或者厂用电，因此理论上可以对捕集能量实施快速调整，并相应改变电厂的净发电功率，这将使碳捕集电厂表现出类似热电联产机组的运行特性。传统非捕集火电厂的发电出力变化往往需要通过改变锅炉状态来实现，从而耗费较长时间；因此相比较而言，在捕集能量的调整区间内，碳捕集电厂在净发电功率上将具有更快的调整速度。

在电力系统调度中，碳捕集电厂将可能比一般的火电厂具有更好的运行特性。首先，对于发电出力的快速调整将使电厂具有良好的负荷跟踪能力，当系统需要电厂快速增加出力时，电厂可以马上调整蒸汽循环上的阀门，减少抽取到捕集系统的蒸汽量；或者减少压缩环节等部分的用电量，从而提高发电出力；反之亦然。而良好的调整性能将使电厂能够提供更快的旋转备用速度与更大的旋转备用容量。其次，电厂的净发电功率可以小于其最小出力，这就意味着碳捕集电厂将具有更大的调峰深度，可以在系统峰谷差较大或遭遇突然负荷跌落的场景时发挥作用。

## 5.7.2 碳捕集电厂的典型运行状态

$P$、$r_{A}$与$r_{D}$是碳捕集电厂自运行模型的关键控制变量，一个变量组合即确定了电厂的一个对应运行状态。大体上，可以从电厂的发电出力水平、烟气捕集率、水溶液储存器状态与最终的净碳排放水平这四个方面对电厂的运行状态进行区分，并定义典型的运行状态。

1）根据发电出力水平区分

碳捕集电厂的运行状态可以分为满出力状态与部分出力状态。需要注意的是，在任一个等效发电出力下，电厂的净发电出力都可以在一定的区间内调整，因此仅通过净发电出力无法区分电厂的运行状态。

2）根据烟气捕集率区分

引入直排通道之后，发电循环所产生的烟气可以直接排入大气，或者进入碳捕集系统的吸收器中，控制变量即为烟气捕集率 $\lambda_V$。通过区分 $\lambda_V$ 的取值，可以定义两类典型的运行状态。当 $\lambda_V=0$ 时，电厂运行在直排状态下；当 $\lambda_V\neq 0$ 时，电厂运行在非直排状态下。

3）根据水溶液储存器的状态区分

储存器的运行状态对于电厂的整体运行具有关键意义，以富液储存器的存量变化为区分条件，定义碳捕集电厂的运行状态为储存状态、去储状态与平衡状态。储存状态指富液储存器的存量上升，即 $r_A>r_D$；而去储状态指富液储存器的存量下降，即 $r_A<r_D$；平衡状态则表示存量保持不变，即 $r_A=r_D$。

4）根据最终的净碳排放水平区分

通过调整发电出力与碳捕集系统的运行状态，电厂可处于不同的碳排放水平下。将式(5.10)代入式(5.11)，即得到电厂的净碳排放量表达式为

$$E_G^N=e_{G0}\eta_{G0}Q_0\left(\frac{r_A}{\lambda_V}-\gamma_A r_D\right) \tag{5.28}$$

分析式(5.28)，由于 $e_{G0}$、$\eta_{G0}$、$Q_0$ 与 $\gamma_A$ 都是电厂的特征参数，与运行状态无关，因此在一定的烟气捕集率 $\lambda_V$ 下，$E_G^N$ 的取值可以简单地通过比较吸收速率因子 $r_A$ 与分解速率因子 $r_D$ 得到。根据 $E_G^N$ 的取值定义三类典型状态，分别为正碳排放、零碳排放与负碳排放，三者分别对应 $E_G^N>0$、$E_G^N=0$ 与 $E_G^N<0$。

5）对于各种状态的比较

比较碳捕集电厂在各个典型运行状态下的关键性能指标，主要包括净发电功率($P^N$)、净发电成本($c_G^N$)、净碳排放量($E_G^N$)、富液储存器的水溶液储量 $S_A^T$ 与捕集效率损失率($r_L$)五个方面，分析如表 5.1 所示。

**表 5.1　碳捕集电厂各个典型运行状态下的关键性能指标**

| 区分标准 | 描述 | 表达式 | 整体性能指标 | | | | |
|---|---|---|---|---|---|---|---|
| | | | $c_G^N$ | $P^N$ | $E_G^N$ | $S_A^T$ | $r_L$ |
| 根据发电出力水平区分 | 满出力 | $P=P^{max}$ | N/A | N/A | N/A | N/A | N/A |
| | 部分出力 | $P<P^{max}$ | N/A | N/A | N/A | N/A | N/A |
| 根据烟气捕集率区分（给定 $P$ 值） | 直排 | $\lambda_V=0$ | N/A | N/A | ★★ | N/A | N/A |
| | 非直排 | $\lambda_V>0$ | N/A | N/A | ★ | N/A | N/A |

续表

| 区分标准 | 描述 | 表达式 | 整体性能指标 | | | | |
|---|---|---|---|---|---|---|---|
| | | | $c_G^N$ | $P^N$ | $E_G^N$ | $S_A^T$ | $r_L$ |
| 根据水溶液储存器的状态区分（给定 $P$ 值） | 储存 | $r_A > r_D$ | ★ | ★★★ | ★★★ | ↑ | ★ |
| | 平衡 | $r_A = r_D$ | ★★ | ★★ | ★★ | → | ★★ |
| | 去储 | $r_A < r_D$ | ★★★ | ★ | ★ | ↓ | ★★★ |
| 根据最终的净碳排放水平区分（给定 $P$ 值） | 正碳排放 | $r_A - \lambda_V \cdot \gamma_A \cdot r_D > 0$ | ★ | ★★★ | + | ↑ | ★ |
| | 零碳排放 | $r_A - \lambda_V \cdot \gamma_A \cdot r_D = 0$ | ★★ | ★★ | → | ↑ | ★★ |
| | 负碳排放 | $r_A - \lambda_V \cdot \gamma_A \cdot r_D < 0$ | ★★★ | ★ | − | N/A | ★★★ |

在表 5.1 中，“★”的个数对应着指标取值的大小，“★”的个数越多，则代表指标的取值越大；需要注意的是，以上关系仅在同一类状态对比下方为有效。“↑”“→”与“↓”则分别意味着指标取值的上升、不变与下降；“N/A”意味着没有固定结论。

此外，指标 $r_L$ 表示电厂的捕集效率损失率，即代表由碳捕集系统引起的发电效率损失与电厂等效发电效率之间的比值，定义如下：

$$r_L = \frac{\eta^{CC}}{\eta_G} \tag{5.29}$$

由表 5.1 可以看出，在一定的等效发电出力水平下，随着净碳排放量的下降，净发电功率将对应下降，而捕集效率损失率、净发电成本则对应上升。在实际运行中，需根据各个性能指标的取值及变化来确定电厂的运行状态。

6）各类运行状态间的转换关系

通过改变电厂的控制变量，可实现在不同运行状态间的转换，以满足电厂运行的实际要求。电厂在各个运行状态间的转换关系如图 5.9 所示。

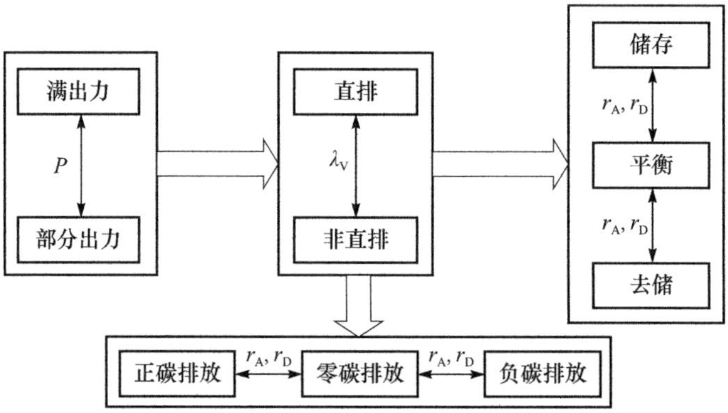


图 5.9　电厂各类运行状态间的转换关系

在图 5.9 中，状态模块间箭头中的变量表示实现状态转换所需调整的关键控制变量。

# 5.8　算例分析

## 5.8.1　基础数据

以一台典型的超临界燃煤发电机组作为碳捕集电厂的基本发电单元，并配置对应的匹配捕集容量。电厂采用燃烧后捕集的流程，捕集技术采用化学吸收法，并以 MEA 水溶液作为吸收剂。不引入外来途径或者辅助设备为碳捕集系统供能。

碳捕集电厂在基准状态下的主要参数如表 5.2 所示。

**表 5.2　碳捕集电厂在基准状态下的主要参数**

| $\eta_{G0}$/% | $e_{G0}$/[$kgCO_2$/(kW·h)] | $c_{G0}$/[元/(MW·h)] | $P_{min}$/MW | $P_0$/MW |
| --- | --- | --- | --- | --- |
| 44 | 0.76 | 200 | 300 | 600 |

以二次函数描述电厂的发电效率与发电出力间的关系，具体为

$$\eta_G = -6.4\times 10^{-7}(g-550)^2+0.44 \tag{5.30}$$

碳捕集系统各个环节的发电效率损失如表 5.3 所示。

**表 5.3　碳捕集系统各环节的发电效率损失**

| $\eta_{G0}^{N}$/% | $\eta_0^{CC}$/% | $\eta_{B0}$/% | $\eta_{A0}$/% | $\eta_{D0}$/% | $\eta_{C0}$/% | $\eta_{M0}^{CC}$/% | $\eta_{R0}^{CC}$/% |
| --- | --- | --- | --- | --- | --- | --- | --- |
| 35 | 9 | 1 | 2 | 4 | 2 | 3 | 6 |

两个水溶液储存器的规模一致，其最大储量可满足电厂在基准状态下对 2h 富液流的存储；碳捕集系统的捕集率 $\gamma_A$ 为 85%。

## 5.8.2　运行状态分析

### 1. 电厂的净发电功率

在一定的等效发电出力水平下，电厂的净发电功率在一定区间内可调，取决于碳捕集系统的状态。在碳捕集电厂自运行模型下，其调整区间如图 5.10 所示。

如图 5.10 所示，在碳捕集电厂自运行模型满等效出力状态下，电厂的净发电功率调整区间为 477～586MW，最大值略小于电厂的最大出力，这是由碳捕集系统的基本能耗所引起的；净发电功率的下调幅度为 19.6%。在最小出力状态下，净发电功率的调整区间为 183～293MW，下调幅度可达 39.2%。

在碳捕集电厂调度模型下，电厂的净发电功率区间将相对略窄，主要表现在区间上限的下降，这是由于电厂的维持能耗大于基本能耗。满等效出力状态下，电厂净发电功率的调整区间为 477～559MW；而最小出力状态下的调整区间则为 183～259MW。

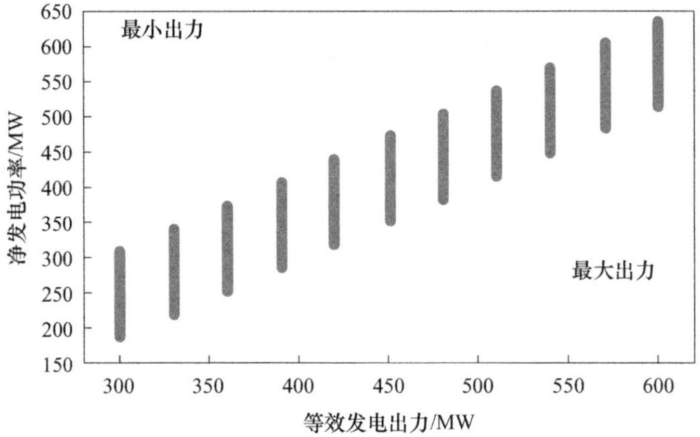


图 5.10　碳捕集电厂自运行模型下电厂净发电功率的调整区间

2. 净碳排放强度

通过控制碳捕集系统的 $CO_2$ 吸收速率与分解速率，电厂的净碳排放强度同样将有一个较大的可调空间。在碳捕集电厂自运行模型下，不同等效出力水平下的净碳排放强度调整区间如图 5.11 所示。

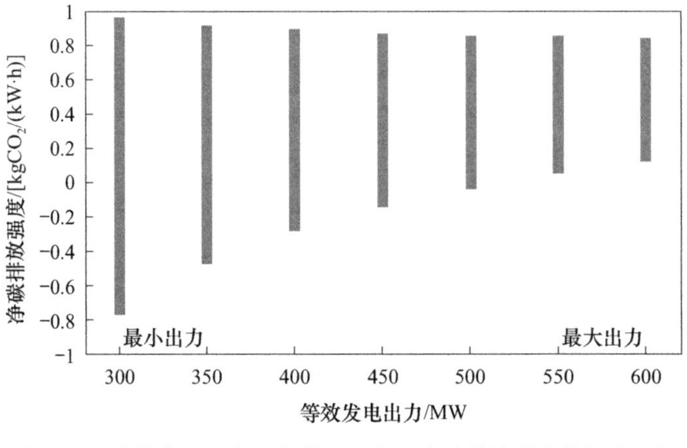


图 5.11　碳捕集电厂自运行模型下电厂净碳排放强度的调整区间

由图 5.11 可以看出，随着等效发电出力的下降，电厂单位电量的净碳排放强度可调幅度将逐渐变大，这是因为捕集能量在总输入能量中的比例相应变大。满等效出力状态下，电厂的净碳排放强度调整区间为 0.78～0.14$kgCO_2$/(kW·h)，而在最小出力状态下则为 0.95～－0.75$kgCO_2$/(kW·h)。碳捕集电厂调度模型下净碳排放强度的情况与净发电功率基本一致，不再赘述。

3. 电碳运行区间

在不同模型下，碳捕集电厂的电碳运行区间将呈现不同的形状，图 5.12 描述了碳捕集电厂自运行模型下的电碳运行区间。需要注意的是，此时的纵坐标为净碳排放强度。

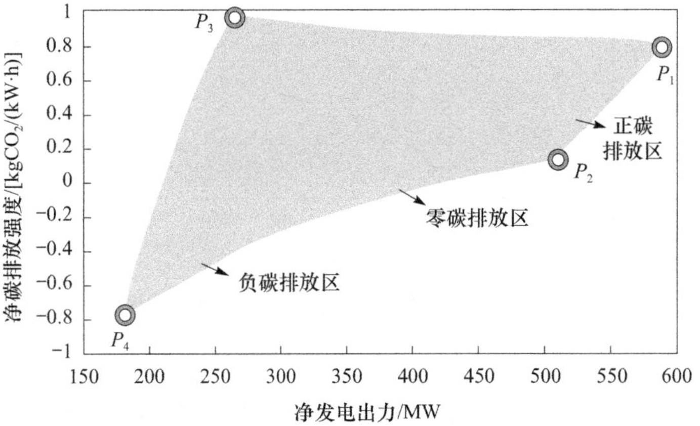


图 5.12　碳捕集电厂自运行模型下的电碳运行区间

如图 5.12 所示，运行区间内的每一个点都对应碳捕集电厂可能的运行状态，以净碳排放强度为区分条件，该区间对应三个典型的运行状态：正碳排放、零碳排放与负碳排放。当电厂运行于正碳排放区时，其净发电功率将大致处于 210～577MW；当电厂运行于零碳排放区时，将处于 210～428MW；而对于负零碳排放区，则将处于 177～428MW。图 5.12 中的同心圆标志着运行区间的 4 个极端运行点，描述如表 5.4 所示。

**表 5.4　碳捕集电厂自运行模型下的极端运行点**

| 极端运行点 | 控制变量 ($P$/MW, $r_A$, $r_D$) | 电厂状态 | | 关键性能 {$P^N$/MW, $e_G^N$/[$kgCO_2$/(kW·h)]} | 主要性能描述 | |
|---|---|---|---|---|---|---|
| | | 发电循环 | 碳捕集系统 | | 净发电出力 | 净碳排放强度 |
| $P_1$ | 600,0,0 | 最大出力 | 系统完全关闭 | 586,0.78 | 最大 | 最高 |
| $P_2$ | 600,0,1 | 最大出力 | 吸收器关闭，分离器最大运行 | 505,0.14 | 最小 | 最低 |
| $P_3$ | 300,1,0 | 最小出力 | 吸收器最大运行，分离器关闭 | 265,0.95 | 最大 | 最高 |
| $P_4$ | 300,1,1 | 最小出力 | 系统最大运行 | 183,−0.75 | 最小 | 最低 |

在碳捕集电厂调度模型下，电厂的电碳运行区间将与图 5.12 的形态大致相同而略窄。从系统侧的角度看，关注的关键参数将是电厂的净碳排放量，而不是碳排

放强度，其示意图如图 5.13 所示。

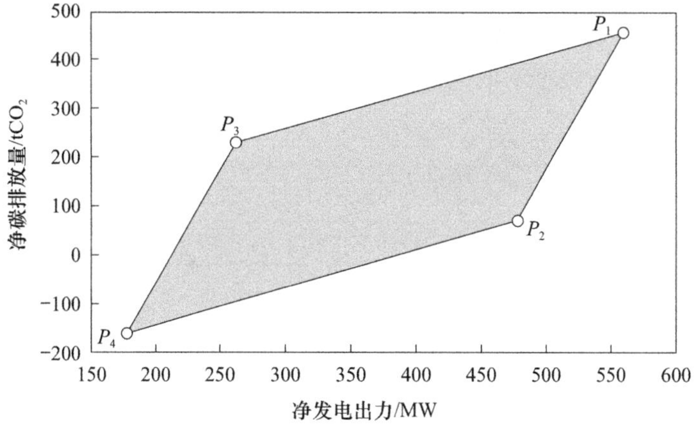


图 5.13 调度模型下碳捕集电厂的电碳运行区间

由于在碳捕集电厂调度模型的分析过程中，合理地剔除了碳捕集电厂自运行模型中的一些非线性因素，因此其电碳运行区间表现为纯粹的凸集，这将有利于降低后续研究的复杂程度；图 5.13 中的四个极端运行点的特性如表 5.5 所示。

**表 5.5 碳捕集电厂调度模型下的极端运行点**

| 极端运行点 | 电厂状态 | | 控制变量($P^N$,$E_G^N$)/(MW,$tCO_2$) | 主要性能描述 | |
|---|---|---|---|---|---|
| | 发电循环 | 碳捕集系统 | | 净发电出力 | 净碳排放量 |
| $P_1$ | 最大出力 | 关闭 | 559,456 | 最大 | 最大 |
| $P_2$ | 最大出力 | 最大运行水平 | 477,68 | 最小 | 最小 |
| $P_3$ | 最小出力 | 关闭 | 259,228 | 最大 | 最大 |
| $P_4$ | 最小出力 | 最大运行水平 | 177,−161 | 最小 | 最小 |

4. 净发电成本

净发电成本是碳捕集电厂的另一个关键性能指标，将电厂的发电成本折合到单位的净发电量上。在基准状态下，碳捕集电厂的等效发电成本为 200 元/(MW·h)，而在不同的碳捕集系统运行状态下，该成本可在 339～205 元/(MW·h)调整，调整幅度高达 65.6%(尚未考虑碳减排额度交易的影响)。

# 第6章 碳捕集电厂的灵活运行优化决策

## 6.1 低碳环境下碳捕集电厂的运行模式

### 1. 低碳环境下电厂的运行模式

在低碳环境下，电厂在安排其出力计划的同时，还需关注发电同时所产生的碳排放。免费配给和有偿拍卖是当前碳排放额度分配的主要方式，而在减排的大背景下，对于现有的电源结构与低碳技术，无论采用哪一种机制，可分配的额度都不足以覆盖所有电厂的运行需求[17,18]。因此，对于火电厂，在决策自身的发电行为时，需要同时通过引入低碳技术或者购买排放额度等方式，确保其具备对应的排放额度，以避免承担高额的超额排放罚金；而对于风电、水电等低碳电源，由于其电力生产过程中往往不产生碳排放，因此可将分配的排放额度在碳交易市场上出售。碳排放额度分配将影响各类电厂的运行收益，从而影响电厂的运行决策。因此，在低碳环境下，电厂除了需要对原有的电力生产行为进行决策，还需要考虑低碳技术的运用方式(如控制碳捕集系统)，并将其自身所具有的碳排放额度与碳交易的价格结合起来。这就使得低碳环境下电厂的运行决策有了新的内涵，具有较高的复杂度。

### 2. 低碳环境下碳捕集电厂的运行模式分析

通过调整电厂发电循环与碳捕集系统的运行状态，碳捕集电厂可以响应电价与碳价的波动，实现电厂灵活运行的最优决策。

通常，在负荷高峰期(往往也是电价高峰期)，电厂可以关闭或者降低碳捕集系统的运行水平，以较高的发电出力在发电市场上获得最大利润；而在负荷低谷期(往往也是电价低谷期)，可以加大碳捕集系统的运行水平，降低发电出力，利用一部分能量来进行碳捕集。这种运行方式有利于降低电厂由运行碳捕集系统所引起的售电量下降，从而降低售电损失。另外，由于装设了碳捕集系统，电厂可以更好地适应碳交易市场的价格变动，即在碳价高涨时加大捕集力度，出售排放额度，而在价格下降时关闭碳捕集系统，将碳捕集电厂当成普通的非捕集电厂对待。

## 6.2 碳捕集电厂的灵活运行决策模型

### 6.2.1 模型背景

在对碳捕集电厂的灵活运行决策进行建模之前，需要先对电厂所处的背景进行设置与抽象，主要包括对电力市场机制、碳交易机制与电厂运行模式的处理[19]。本章的研究主要集中在日级别，即通过对典型日运行情况的分析，探讨碳捕集电厂的运行决策问题。

1. 电力市场机制

尽管不同国家的电力市场具有迥异的组织方式，但从原则上大致可以分为日级别以上的交易与日内交易。在日级别以上，发电商可以参与包括远期合约、期货期权以及中短期合约等交易方式，并通过电量分解形成日发电计划，该发电计划可为一定形状的出力曲线，也可为一个固定的出力值，并根据各类合约的发电量与价格形成一个等价的加权合约价格。在日内，主要开展实时平衡交易，若电厂不参与实时交易，则需按照已定的出力曲线发电，实际发电量与出力曲线之间的差额则按照实时电价结算；若电厂参与实时交易，则首先将根据次日的负荷曲线与市场供给情况预测价格曲线，根据该价格曲线决策自身的最优生产计划之后，将最优生产计划与日前拟定的出力曲线之间的差额作为交易计划申报实时平衡交易。

假设电力市场具有较好的流动性与竞争性，而由于本章考察的对象为个体电厂，其发电量远小于市场的总发电量，电厂不具备对市场价格的操纵能力，因此可认为电厂是市场中的价格接受者，其竞价行为与出力计划的改变对于市场价格的影响可以忽略。

对于我国的电力行业，尽管市场机制仍未完善，各类交易机制，尤其是日内交易有待开展；但是对于电厂，其运作模式与前面所述的在市场机制下的运行模式并没有本质上的区别。首先，电厂在年前将被分配或与电网公司签订一定的年发电合约，规定了年度的发电量与价格，并通过合同分解到每一天；与市场环境下的运行模式相比，尽管合约的形成机制不同，但最终得到的结果基本一致。而在日内，尽管没有开展实时平衡交易，但在一些地区已经开始实施或即将实施分时电价；与实时电价的场景相比，尽管分时电价往往只具有两或三个固定的价格段，且价格波动幅度远不如实时电价，但本质上仍然体现了电能商品在不同时刻的价值，也将对电厂的生产决策产生相似的影响。因此，以上市场模型的抽象与假设同样适用于我国目前电力行业的运行机制，具有普遍的适用性。

2. 碳交易运作机制

碳交易机制主要由三个环节构成，即排放配额的分配机制、排放额度的交易机制与最终的结算机制[17]。

对配额的分配机制而言，从欧洲与美国的情况来看，主要采用无偿分配机制，即按照一定的标准将总的允许碳排放量分配到每一个电厂。对交易机制而言，主要为中长期的场内交易，基本以年度期货交易为主要形式，仅有很少的地方，如法国，采用现货交易的办法。而对于最终的结算机制，关键点在于结算时限，当前的方式多为年度结算；并将逐步引入碳银行机制，以实现排放额度在多年间的通用性，市场成员可以根据本身碳额度的盈缺状况，实施从碳银行中借用或存储等操作手段[18]。

碳交易机制往往涉及多个行业，与电力市场相比，其参与者众多，竞争更加激烈，因而无疑可以将个体电厂作为价格接受者对待。碳交易与电力交易最大的不同在于结算期限；电力市场需要保持电力的瞬时平衡，因此对每一个交易时段都按照一定的价格（现货或者长期）结算，而碳交易市场则没有这个需求，可以进行长达1年甚至年以上的结算。

从碳交易的现状看，电厂多采用场内交易的方式交易排放额度，或者通过清洁发展机制（clean development management，CDM）等，利用长期合约从市场外购买核定减排额度（certificated emission reduction，CER）[20,21]。基于以上分析，可以等效认为电厂将以长期的平均碳价来实施碳交易，而在很长的交易时限内，电厂总是能够将其剩余或缺少的排放额度在市场上交易。因此，可以将电厂日生产计划中的碳排放额度盈亏情况直接折算成碳交易收益。

3. 碳捕集电厂的运行方式

在日级别的考察时序中，合理忽略机组启停、检修等决策周期较长的情况；碳捕集电厂将在日前通过各种合约交易敲定待决策日的基本出力点与相应的结算电价，并在获得免费排放配额的基础上，同样通过合约交易确定年度的碳排放额度与价格，并根据总的待发电量自行分解到每单位发电量上。在此基础上，电厂将根据日内电力市场的实时价格（曲线）与长期的平均碳价，决策其最优的发电计划。

### 6.2.2　模型描述

1. 决策变量

采用第5章的碳捕集电厂自运行模型，电厂的控制变量为各决策时段的等效

发电出力 $P_t$、碳捕集系统吸收器的 $CO_2$ 吸收速率因子 $r_{A,t}$ 与分解速率因子 $r_{D,t}$。

原则上，本模型的决策变量还应包括碳捕集电厂在电力市场与碳交易市场上分别的投标量与价格；然而作为价格接受者，电厂将接受电力市场在各时段的实时价格与长期的平均碳价，因此交易价格将不作为本模型的决策变量；电厂在实时市场中的竞价电量即为其净发电出力与日前出力计划之间的差额，可以由 $P_t$、$r_{A,t}$ 与 $r_{D,t}$ 线性表示；而电厂在碳交易市场中的交易量则为电厂日实际碳排放量与分解到每日碳排放量之间的差额，实际碳排放量同样可由 $P_t$、$r_{A,t}$ 与 $r_{D,t}$ 线性表示，分解碳排放量则根据免费分配的碳排放额度与合约交易确定。

2. 目标函数

本模型将以电厂收益最大化作为模型的目标函数，考虑电厂的发电成本、售电收入、碳交易收益、碳捕集系统运行成本，以及捕集 $CO_2$ 的运输与储存费用。目标函数的表达式如下：

$$\max\left\{\sum_{t=1}^{T}\left[P_t^{\mathrm{L}}\pi_{\mathrm{G}}^{\mathrm{L}}+(P_t^{\mathrm{N}}-P_t^{\mathrm{L}})\pi_{\mathrm{G},t}^{\mathrm{S}}-P_t c_{\mathrm{G},t}\right]\right.$$
$$\left.+\left(E_{\mathrm{G}}^{\mathrm{L}}-\sum_{t=1}^{T}E_{\mathrm{G},t}^{\mathrm{N}}\right)\pi_{\mathrm{E}}^{\mathrm{L}}-\sum_{t=1}^{T}E_{\mathrm{S},t}^{\mathrm{N}}(c_{\mathrm{S}}^{\mathrm{TS}}+c_{\mathrm{O}}^{\mathrm{CC}})\right\} \tag{6.1}$$

式中：$P_t^{\mathrm{L}}$ 为日前电力合约在待决策日时段 $t$ 分配的计划电量；$\pi_{\mathrm{G}}^{\mathrm{L}}$ 为对日前电力合约加权所形成的等效合约电价；$P_t^{\mathrm{N}}$ 与 $P_t$ 分别为电厂在时段 $t$ 的净发电量与等效发电量；$\pi_{\mathrm{G},t}^{\mathrm{S}}$ 为电力市场在时段 $t$ 的现货价格；$c_{\mathrm{G},t}$ 为电厂在时段 $t$ 单位电量的等效发电成本；$E_{\mathrm{G}}^{\mathrm{L}}$ 为碳排放额度在待决策日的分解量；$E_{\mathrm{G},t}^{\mathrm{N}}$ 为电厂在时段 $t$ 的净碳排放量；$\pi_{\mathrm{E}}^{\mathrm{L}}$ 为长期的平均碳价；$E_{\mathrm{S},t}^{\mathrm{N}}$ 为电厂在时段 $t$ 捕集的碳排放量；$c_{\mathrm{S}}^{\mathrm{TS}}$ 为传输与存储单位碳排放量的成本；$c_{\mathrm{O}}^{\mathrm{CC}}$ 为碳捕集系统捕集单位碳排放的可变运行成本，包括溶剂的损耗、储存器的维护等；与能量损耗部分相关的成本则不包括在 $c_{\mathrm{O}}^{\mathrm{CC}}$ 中；$T$ 为该日的决策时段总数。

在式(6.1)中，第一项为合约电量与合约电价的乘积，表征电厂通过日前合约交易获得的售电收入。第二项为实时交易电量与实时电价的乘积，表征电厂通过参与现货交易所获得的售电收入。第三项则表征电厂的发电成本。需要注意的是，在第二项中采用的变量为 $P_t^{\mathrm{N}}$，而第三项则采用 $P_t$，这是因为 $P_t^{\mathrm{N}}$ 与售电量直接相关，而 $P_t$ 则与发电成本直接相关，如此表示有利于简化目标函数的表达式，易于理解与接受。对前三项在待决策日内求和，即得到了电厂通过电力生产与市场交易所获得的售电收益。式(6.1)的第四项为日碳排放不平衡量与平均碳价的乘积，表征电厂通过碳排放交易获得的收益。第五项则为捕集的碳排放量与传输存储单位 $CO_2$ 的成本，以及捕集系统单位可变成本之间的乘积，表征电厂传输与储存捕集碳排放的成本，以及碳捕集系统的运行成本。

式(6.1)中，$P_t^{\mathrm{L}}$、$\pi_{\mathrm{G}}^{\mathrm{L}}$、$\pi_{\mathrm{G},t}^{\mathrm{S}}$、$\pi_{\mathrm{E}}^{\mathrm{L}}$ 与 $E_{\mathrm{G}}^{\mathrm{L}}$ 都为外部变量，由电厂的外部运行环境决定，或由日前的合约确定，与日内电厂的运行状态无关；$c_{\mathrm{S}}^{\mathrm{TS}}$ 与 $c_{\mathrm{O}}^{\mathrm{CS}}$ 则由碳捕集系统的特性与电厂的地理位置决定，与电厂的运行水平无关；$P_t^{\mathrm{N}}$、$E_{\mathrm{G},t}^{\mathrm{N}}$ 与 $c_{\mathrm{G},t}$ 为关键的状态变量，可以通过决策变量 $P_t$、$r_{\mathrm{A},t}$ 与 $r_{\mathrm{D},t}$ 显式表示。具体分析如下。

首先，将式(5.2)～式(5.4)与式(5.6)代入式(5.7)，可以得到

$$P_t^{\mathrm{N}} = \frac{\eta_{\mathrm{G},t} - \eta_{\mathrm{B0}}}{\eta_{\mathrm{G},t}} P_t - Q_0 \eta_{\mathrm{A0}} r_{\mathrm{A},t} - Q_0 (\eta_{\mathrm{D0}} + \eta_{\mathrm{C0}}) r_{\mathrm{D},t} \tag{6.2}$$

式中：$r_{\mathrm{A},t}$ 与 $r_{\mathrm{D},t}$ 之前的系数都是常数，而 $P_t$ 的系数则与 $\eta_{\mathrm{G},t}$ 和 $\eta_{\mathrm{B0}}$ 相关；$\eta_{\mathrm{G},t}$ 与 $P_t$ 的关系可以用函数 $\eta_{\mathrm{G}} = f(P)$ 表示；而 $\eta_{\mathrm{B0}}$ 为碳捕集系统引起的基本效率损失，其取值往往远小于 $\eta_{\mathrm{G},t}$，因此可认为

$$\frac{\eta_{\mathrm{G},t} - \eta_{\mathrm{B0}}}{\eta_{\mathrm{G},t}} \approx 1 \tag{6.3}$$

将式(6.3)代入式(6.2)，可以得到

$$P_t^{\mathrm{N}} \approx P_t - Q_0 \eta_{\mathrm{A0}} r_{\mathrm{A},t} - Q_0 (\eta_{\mathrm{D0}} + \eta_{\mathrm{C0}}) r_{\mathrm{D},t} \tag{6.4}$$

式(6.4)表明，状态变量 $P_t^{\mathrm{N}}$ 可通过决策变量 $P_t$、$r_{\mathrm{A},t}$ 与 $r_{\mathrm{D},t}$ 线性表示。

对于 $E_{\mathrm{G},t}^{\mathrm{N}}$，将式(5.6)、式(5.9)与式(5.10)代入式(5.11)，可以得到

$$E_{\mathrm{G},t}^{\mathrm{N}} = \frac{\eta_{\mathrm{G0}} e_{\mathrm{G0}}}{\eta_{\mathrm{G},t}} P_t - P_0 e_{\mathrm{G0}} \gamma_{\mathrm{A}} r_{\mathrm{D},t} \tag{6.5}$$

根据式(5.8)，有

$$c_{\mathrm{G},t} = c_{\mathrm{G0}} \frac{\eta_{\mathrm{G0}}}{\eta_{\mathrm{G},t}} \tag{6.6}$$

3. 约束条件

在决策碳捕集电厂的最优发电计划时，应考虑电厂本身在运行中的技术特性，以及宏观政策中关于碳排放的约束条件。

1) 最大最小出力约束

电厂的等效发电出力不能违反发电循环的最大最小出力约束，即

$$P_{\min} \leqslant P_t \leqslant P_0 \tag{6.7}$$

2) 电厂出力变化速率约束

出力变化速率是火电机组正常运行的一个重要参数，在编制日发电计划时应充分考虑该参数的影响。出力变化速率主要取决于发电循环中锅炉的热功率变化速率，记电厂在单位决策时段的最大上调出力变化量为 $\Delta P_{\mathrm{u}}$，最大下调出力变化量为 $\Delta P_{\mathrm{d}}$，则有

$$-\Delta P_{\mathrm{d}} \leqslant P_{t+1} - P_t \leqslant \Delta P_{\mathrm{u}} \tag{6.8}$$

3）碳捕集系统的调整特性

碳捕集系统的调整特性主要表现在其吸收器的吸收速率与分解器的分解速率上，分别以 $\Delta r_{A,\max}$ 与 $\Delta r_{D,\max}$ 来表示以上两者在单位决策时段内的最快调整量，即有

$$\begin{cases}-\Delta r_{A,\max}\leqslant r_{A,t+1}-r_{A,t}\leqslant \Delta r_{A,\max}\\ -\Delta r_{D,\max}\leqslant r_{D,t+1}-r_{D,t}\leqslant \Delta r_{D,\max}\end{cases} \tag{6.9}$$

4）碳捕集系统吸收器与分解器的最大速率约束

在灵活运行机制下，碳捕集系统的吸收器与分解器均可分别独立运行，$CO_2$ 吸收与分解速率都不可超过设备允许的最大速率，且为非负值，即有

$$\begin{cases}0\leqslant r_{A,t}\leqslant r_{A,\max}\\ 0\leqslant r_{D,t}\leqslant r_{D,\max}\end{cases} \tag{6.10}$$

式中：$r_{A,\max}$ 与 $r_{D,\max}$ 分别为碳捕集系统的 $CO_2$ 吸收与分解速率的上限。

5）水溶液储存器的最大容量约束

分别记富液储存器与贫液储存器的最大容量为 $S^{T}_{A,\max}$ 与 $S^{T}_{D,\max}$，则有

$$\begin{cases}0\leqslant S^{T}_{A,t}\leqslant S^{T}_{A,\max}\\ 0\leqslant S^{T}_{D,t}\leqslant S^{T}_{D,\max}\end{cases} \tag{6.11}$$

式中：$S^{T}_{A,t}$ 与 $S^{T}_{D,t}$ 分别为富液储存器与贫液储存器在时段 $t$ 的实时储存水平，其表达式可见式(5.13)。

6）碳排放约束条件

低碳环境下，碳捕集电厂可能会面临一定的排放约束条件，这个条件可能来自宏观的监管要求，也可能来自政府的有条件财税补贴，即要求电厂在一定时间内保持一定的捕集力度，可以通过规定捕集系统的运行强度、规定捕集的 $CO_2$ 总量，或者规定电厂在运行中的最高净碳排放强度基数等方式实现。无论采用哪一种方式，对于电厂运行决策的影响机制都大致相同，其描述分别如下所示：

对于第一种约束方式（规定捕集系统的运行小时），可表示为

$$\sum_{t=1}^{T}\frac{\eta_{A0}r_{A,t}+(\eta_{D0}+\eta_{C0})r_{D,t}}{\eta_{A0}+\eta_{D0}+\eta_{C0}}\geqslant r^{CC}_{\min} \tag{6.12}$$

式(6.12)要求碳捕集系统在规定时间内应保持一定的最小运行强度，以 $r^{CC}_{\min}$ 等效表示，不等式左边求和符号内的表达式把电厂的实际运行状态折合为等效的利用程度。

对于第二种约束方式（规定捕集的 $CO_2$ 总量），根据式(5.10)，有

$$\sum_{t=1}^{T}E^{S}_{G0}r_{D,t}\geqslant E^{S}_{G,\min} \tag{6.13}$$

式中：左边求和符号内的表达式表示电厂在时段 $t$ 所捕集的 $CO_2$ 总量；$E^{S}_{G,\min}$ 为捕

集系统在规定时间内应捕集的最小 $CO_2$ 量。

对于第三种约束方式(规定电厂在运行中的最高净碳排放强度基数),可表示为

$$\frac{\sum_{t=1}^{T} E_{G,t}^{N}}{\sum_{t=1}^{T} P_{t}^{N}} \leqslant e_{G,\max}^{C} \tag{6.14}$$

式中:左边的表达式为电厂在规定时间内单位电量的净碳排放强度;$e_{G,\max}^{C}$ 为电厂的最高净碳排放强度基数。

7) $CO_2$ 传输速率约束

碳捕集电厂压缩后产生的 $CO_2$ 大多通过管道传输。当捕集的 $CO_2$ 用于注入低渗油田提高石油采收率(enhanced oil recovery,EOR),或者电厂远离 $CO_2$ 储存点,需要通过管道运营商传输时,为确保稳定的石油产量,或者确保管道处于稳定的运营状况中,往往要求电厂提供相对稳定的 $CO_2$ 流量[5,22]。与此同时,电厂压缩单元产生的 $CO_2$ 多为气态,不适宜进行大规模储存,因此稳定的 $CO_2$ 流量即意味着电厂应保持稳定的 $CO_2$ 压缩速率,从而影响了碳捕集电厂的运行状态。该约束条件往往将 $CO_2$ 传输速率限定在一个较小的区间内,可通过以下表达式描述:

$$r_{D,\min}^{T} \leqslant r_{D,t} \leqslant r_{D,\max}^{T} \tag{6.15}$$

式中:$r_{D,\min}^{T}$ 与 $r_{D,\max}^{T}$ 分别为 $CO_2$ 传输速率的下限与上限。

4. 模型分析

综合以上分析,碳捕集电厂的灵活运行决策模型为典型的非线性规划问题,在目标函数与约束条件中均具有非线性成分,如式(6.5)、式(6.11)与式(6.14)。模型的规模将与求解时段的数量呈单调递增关系。

## 6.3 算例分析

### 6.3.1 基本数据

1. 电厂的基本参数

以第 5 章算例分析中的电厂作为本算例的待分析电厂,电厂的主要基本参数可见表 5.2 与表 5.3;以小时作为日运行决策的时间单元,即 $T=24$;电厂出力变化速率约束设为 6MW/min,则 $\Delta P_u$ 与 $\Delta P_d$ 的取值均为 360MW。加权的合约电价为 $\pi_G^L$ 为 335 元/(MW·h)。电厂将日前合约发电按照固定值分解到日内每个单位时段,基准出力点为 400MW。

2. 电力市场数据

以 $\pi_{G}^{L}$ 为均值，按照系统典型日负荷曲线的形状大致形成典型日的实时电价曲线 $\pi_{G,t}^{S}$，如图 6.1 所示。

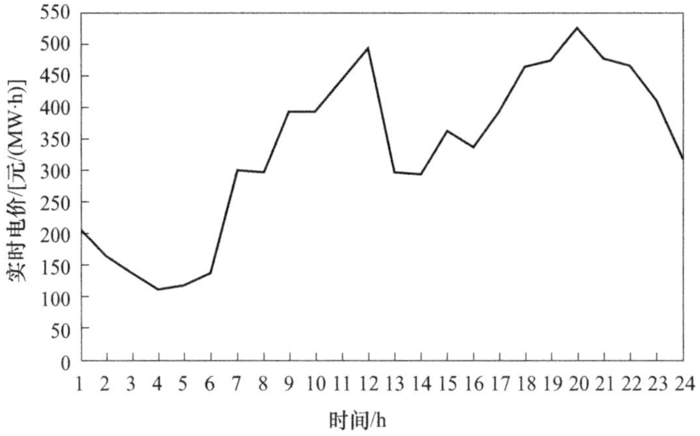


图 6.1　典型日的实时电价曲线

3. 碳价与碳交易相关数据

假设分配给电厂的碳排放配额约为其原本碳排放量的 2/3，若以 4000h 作为电厂的合约发电小时，则对于一台 600MW 的火电机组，可分到的年排放额度大致为 $1.6\times10^{6}$ $tCO_2$（$1.6\times10^{6}=600\times4000\times1\times2/3$），平均分解到每一天，则可得到 $E_{G}^{L}$ 为 4373$tCO_2$。

若采用欧盟碳交易机制的平均价格[17,20]，$\pi_{E}^{L}$ 的取值约为 170 元/$tCO_2$；若根据我国 CDM 的均价计算，则 $\pi_{E}^{L}$ 约为 80 元/$tCO_2$。

4. 碳捕集系统数据

本算例中取 $S_{A0}$ 与 $S_{S0}$ 均为 7300$m^3$/h，两个水溶液储存器的最大储量可满足电厂在基准状态下对 2h 溶液流的存储；即 $S_{A,max}^{T}$ 与 $S_{D,max}^{T}$ 均为 14600$m^3$/h。

从现有的运行经验来看，碳捕集系统大都具有较快的调整速度，设 $CO_2$ 吸收器的吸收速率与分解器的分解速率在单位时间(1h)内可以完成从最大速率到最小速率的调整，则 $\Delta r_{A,max}$ 与 $\Delta r_{D,max}$ 均为 1。令 $r_{A,max}=1$，$r_{D,max}=1.25$。

根据我国的实际情况，$c_{S}^{TS}$ 与 $c_{O}^{CC}$ 的取值分别为 40 元/$tCO_2$ 与 5 元/$tCO_2$。

5. 碳排放约束

在本算例中引入第三类碳排放约束，取 $e_{G,max}^{C}$ 为 0.3kg$CO_2$/(kW·h)。

### 6.3.2　计算结果

在不考虑 $CO_2$ 传输速率约束的前提下求解以上模型，得到电厂的最优发电计划，如图 6.2 所示。

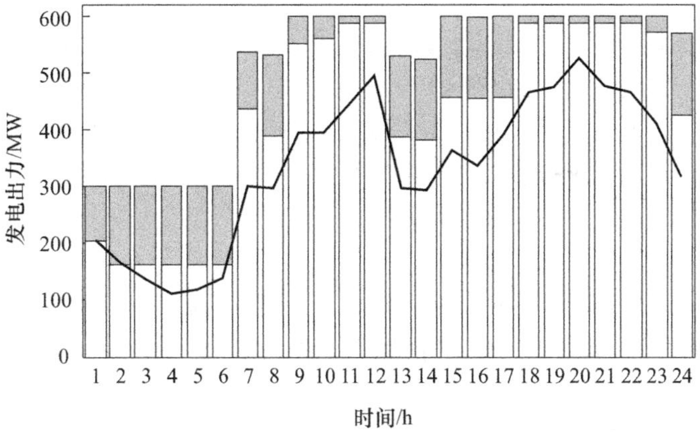


图 6.2　碳捕集电厂的最优发电计划

图 6.2 中的白色柱体表示单位时间(h)内电厂的净发电出力，灰色柱体表示碳捕集能耗，两者叠加则表示等效发电出力，曲线描绘了实时电价的形状。分析可发现，在高电价时段，电厂将抬高等效发电出力，并降低捕集能量；而在低电价时段，电厂则降低等效发电出力，并增加捕集能量，以确保满足日内的碳排放约束条件。此时电厂的总等效发电出力为 12284MW，平均出力点为 512MW，总净发电出力为 10187MW，平均出力点为 424MW，捕集能量引起的效率损失为 17.2%。

碳捕集系统吸收器与分离器的容量变化如图 6.3 所示。

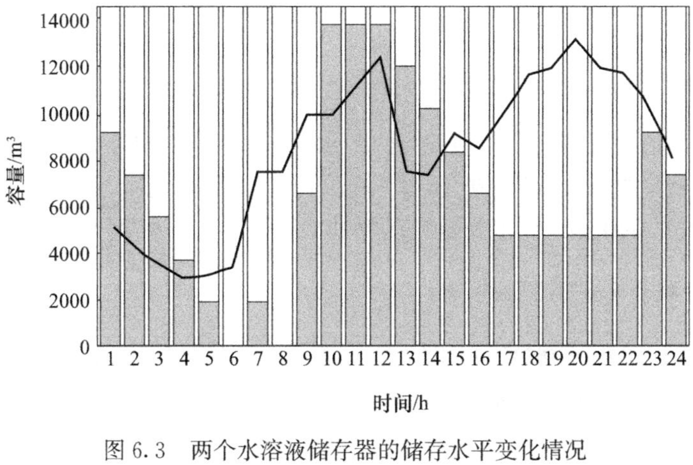


图 6.3　两个水溶液储存器的储存水平变化情况

图 6.3 中灰色柱体为富液储存器的实时储存水平，白色柱体为贫液储存器的实时储存水平，曲线则表示实时电价曲线的形状。由于本章的分析是基于日运行展开的，因此有必要确保两个储存器在最后时刻回到最初状态，即确保储存器在 0:00 与 24:00 具有相同的储量水平，从而保证没有在日间出现利益转移。

结合图 6.3 分析，在 9:00 之前的低电价时段，电厂将发现运行碳捕集系统无利可图。因此，碳捕集系统将进入去储状态，提前将富液储存器排空，以实现在 10:00～11:00 的高电价时段降低分解器速率，进入储存状态。此后，电厂在 13:00～17:00 的低价区再次进入去储状态，以确保储存水平最后能够回到初始状态；而在 17:00～22:00 的第二个价格尖峰，则完全关闭碳捕集系统（$r_A$ 与 $r_D$ 均为零），即抬高净发电功率，以获取高额售电收入。

在以上最优发电计划的基础上，进一步分析碳捕集电厂的收益。并将该结果与非灵活运行状态下的电厂收益进行对比。非灵活运行状态是指无论电厂运行在什么出力水平下，碳捕集系统均处于对应的捕集匹配状态。

由表 6.1 可以看出，通过对碳捕集电厂实施灵活的生产决策，其收益将从 92.4 万元提高到 121.4 万元，升幅高达 31.4%，从而显示了本决策机制的重要意义。而分析电厂的各个收益项组成，在灵活运行机制下，电厂通过调整发电出力与碳捕集系统运行状态，可以获得更高的现货售电收入；然而，在碳交易收益上则有所不如，这是因为在非灵活运行状态下，电厂的碳捕集系统将一直运行在捕集匹配状态下，因此碳排放强度一直保持在最低点，即 0.14kg$CO_2$/(kW·h)，而灵活运行状态下该值的日均量为约束上限 0.30kg$CO_2$/(kW·h)。

**表 6.1 碳捕集电厂的收益分析** （单位：万元）

| 碳捕集电厂运行状态 | 合约收益 | 现货收益 | 碳交易收益 | 发电成本 | 碳运输与储存成本 | 捕集运行成本 | 最终收益 |
|---|---|---|---|---|---|---|---|
| 灵活运行 | 321.6 | 68.2 | 10.5 | −249.9 | −25.8 | −3.2 | 121.4 |
| 非灵活运行 | 321.6 | 35.3 | 23.5 | −251.4 | −32.5 | −4.1 | 92.4 |

### 6.3.3 灵敏度分析

以上模型的最优解显然受到各方面因素的影响。从整体上看，影响电厂运行决策的关键因素主要来自碳价、电价与碳排放约束三方面。此外，引入恒定的 $CO_2$ 传输速率也将对电厂的决策产生重要影响，本节将对以上四方面要素分别开展灵敏度分析。

1. 不同碳价水平的影响

改变市场上的碳价水平，以 80 元/t$CO_2$ 为中碳价场景，以 170 元/t$CO_2$ 为高碳价场景，40 元/t$CO_2$ 为低碳价场景，分别求解以上决策模型，并得到最终的收益状况如表 6.2 所示。

**表 6.2　不同碳价水平下的收益分析**

| 碳价水平 | 合约收益/万元 | 现货收益/万元 | 碳交易收益/万元 | 所有成本项/万元 | 最终收益/万元 | 等效发电量/(MW·h) | 净发电量/(MW·h) | 碳排放强度/[kg$CO_2$/(kW·h)] |
|---|---|---|---|---|---|---|---|---|
| 高 | 321.6 | 41.5 | 48.2 | −276.3 | 135.0 | 11864 | 9434 | 0.163 |
| 中 | 321.6 | 68.2 | 10.5 | −278.9 | 121.4 | 12284 | 10187 | 0.300 |
| 低 | 321.6 | 70.6 | 5.2 | −281.0 | 116.4 | 12382 | 10270 | 0.300 |

由表 6.2 可以看出，尽管随着碳价的上升，电厂的净发电量将下降(这意味着更多的碳捕集能量)，但仍然增加了电厂的整体利润。这主要是由于碳捕集系统利用率提高，从而使得电厂可以获得高额的碳交易收益。

2. 不同电价波动水平的影响

现有电价曲线的价格峰谷差为 414 元/(MW·h)，方差为 130 元/(MW·h)，定义其为中等波动价格场景，分别引入高波动价格场景与低波动价格场景。高波动价格场景的峰谷价差为 460 元/(MW·h)，方差为 145 元/(MW·h)；而低波动价格场景的峰谷价差为 207 元/(MW·h)，方差为 65 元/(MW·h)。三个场景下的价格曲线如图 6.4所示。在不同电价波动水平下，电厂的收益状况如表 6.3 所示。

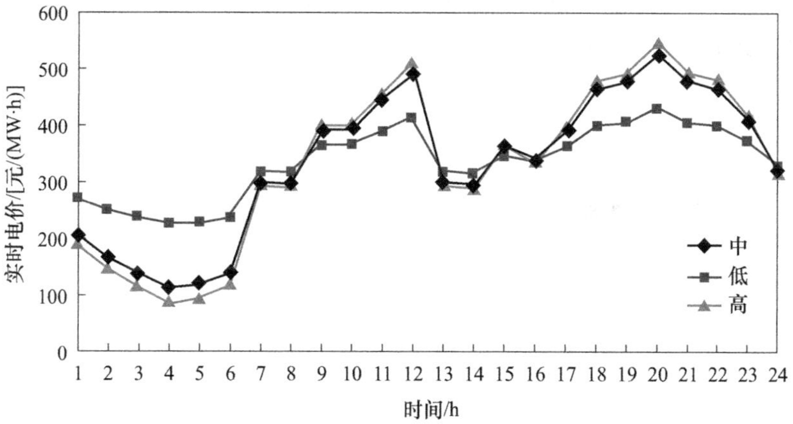


图 6.4　不同电价波动水平下的实时电价曲线

**表 6.3　不同电价波动水平下的收益分析**

| 电价波动水平 | 合约收益/万元 | 现货收益/万元 | 碳交易收益/万元 | 所有成本项/万元 | 最终收益/万元 | 等效发电量/(MW·h) | 净发电量/(MW·h) | 碳排放强度/[kg$CO_2$/(kW·h)] |
|---|---|---|---|---|---|---|---|---|
| 高 | 321.6 | 72.4 | 10.6 | −277.8 | 126.8 | 12232 | 10144 | 0.300 |
| 中 | 321.6 | 68.2 | 10.5 | −278.9 | 121.4 | 12284 | 10187 | 0.300 |
| 低 | 321.6 | 54.6 | 9.6 | −288.0 | 97.8 | 12737 | 10575 | 0.300 |

由表 6.3 可以看出，随着电价波动幅度的提高，碳捕集电厂的收益也将提高，

如对比中等波动场景与低波动场景，最终收益提高了 23.6 万元，而对比高波动场景与中等波动场景，则提高了 5.4 万元，上升幅度分别为 24.1%与 4.5%；这主要是通过调整电厂在不同价格时段的售电量所带来的收益。

3. 不同碳排放约束程度的影响

赋予电厂不同的碳排放约束条件，分别取碳排放强度上限为 0.5kg$CO_2$/(kW·h)、0.3kg$CO_2$/(kW·h)与 0.15kg$CO_2$/(kW·h)，并命名为宽松、适度与严格方案，则在不同碳排放约束程度下的收益分析如表 6.4 所示。

**表 6.4 不同碳排放约束程度下的收益分析**

| 碳排放约束程度 | 合约收益/万元 | 现货收益/万元 | 碳交易收益/万元 | 所有成本项/万元 | 最终收益/万元 | 等效发电量/(MW·h) | 净发电量/(MW·h) |
|---|---|---|---|---|---|---|---|
| 宽松 | 321.6 | 97.4 | −9.2 | −272.9 | 136.9 | 12499 | 11045 |
| 适度 | 321.6 | 68.2 | 10.5 | −278.9 | 121.4 | 12284 | 10187 |
| 严格 | 321.6 | 43.4 | 23.6 | −280.3 | 108.3 | 12021 | 9527 |

由表 6.4 可以看出，随着碳排放约束的放松，电厂将获得越来越高的收益，从严格方案到适度方案，收益提高了 13.1 万元，而从适度方案到宽松方案，收益提高了 15.5 万元，升幅分别为 12.1%与 12.8%；这主要是通过大幅度提高现货市场的售电收入达到的，因为放松碳排放约束将使电厂在实施最优运行决策时具有更多的自由度；当然，也需要注意电厂在碳交易市场上的损失，因为碳排放强度的上升，电厂不得不在碳交易市场上回购排放额度，只不过与售电收入相比，付出的成本远小于获得的收益。

4. 引入 $CO_2$ 传输速率约束的影响

引入 $CO_2$ 传输速率约束 $r_{D,t}\in[0.8,1]$，并与基准情景比较，具体分析如表 6.5 所示。

**表 6.5 引入 $CO_2$ 传输速率约束的收益分析**

| 情景 | 合约收益/万元 | 现货收益/万元 | 碳交易收益/万元 | 所有成本项/万元 | 最终收益/万元 | 等效发电量/(WM·h) | 净发电量/(WM·h) | 碳排放强度/[kg$CO_2$/(kW·h)] |
|---|---|---|---|---|---|---|---|---|
| 引入 $CO_2$ 传输速率约束 | 321.6 | 55.2 | 16.6 | −289.9 | 103.5 | 12600 | 10214 | 0.225 |
| 基准情景 | 321.6 | 68.2 | 10.5 | −278.9 | 121.4 | 12284 | 10187 | 0.300 |

由表 6.5 可以看出，引入 $CO_2$ 传输速率约束将对电厂的灵活运行带来很大的阻碍，并使得机组承受较大的利益损失，在本方案中，损失额达到 17.9 万元，降幅达 14.7%，因此在实际运行中需要着重考虑。然而，当 $CO_2$ 传输速率约束由 EOR 引起时，电厂所提供的 $CO_2$ 不但不需要支付储存与传输的费用，甚至可以获得额外的收益，在此不再展开分析。

# 第 7 章 碳捕集电厂的投资效益分析与风险评估

## 7.1 概 述

成本问题是制约 CCS 技术在电力行业中大规模应用的主要原因之一。首先，高捕集能耗提高了电厂的运行成本，降低了投资回报率，使碳捕集无利可图；其次，电厂具有庞大的烟气排放量，因此要求引入大规模的硬件设备以及与之配套的占地、材料等配套条件，从而带来了极高的投资额，提高了投资门槛。从目前的技术条件看，两方面的成本甚至能达到常规火电厂投资与运行成本的 1/5～1/4，令人望而生畏。尽管目前已经开展了不少关于碳捕集电厂的投资评估工作[5,6,23,24]，然而，这些工作往往是基于基准状态下的静态效益分析，没有考虑碳捕集系统的灵活运行，分析过程过于理想化与片面化。第 5 章与第 6 章已经就碳捕集电厂的运行机制展开了深入的分析；通过最优的灵活运行决策，可在保证一定碳排放强度的基础上，大幅度降低电厂由运行碳捕集系统所带来的额外运行成本。本章将在此基础上把电厂的投资收益与其生产、运行等环节结合起来，从而反映 CCS 技术的引入对电厂各方面投资效益的影响，并揭示 CCS 技术的真实成本。

在电厂中引入 CCS 技术，可以有效降低电厂的碳排放强度，满足低碳排放的需求；与此同时，由于具有碳捕集系统，电厂可以有效规避碳价波动的影响，使其投资收益具有很好的锁定效应，甚至利用可能出现的高碳价进行套利。当市场处于高碳价时，电厂可以提高捕集系统的利用率，通过出售碳排放额度获得高额的碳交易收益；而当市场处于低碳价时，则可以降低捕集系统的利用率，以避免支付捕集系统的额外运行成本。因此，从本质上看，引入 CCS 技术相当于为电厂购买了一定额度的“碳排放看涨期权”，这类期权具有鲜明的实物期权特征。忽略 CCS 技术的实物期权价值，无疑将低估其投资效益。

引入价格补贴、投资补偿等激励措施可以有效促进 CCS 技术的发展与应用[25～27]。适度的激励机制，可以为电厂提供合理的成本补偿，从而提高投资的回报率，并降低投资门槛；因此，深入分析各类激励措施对于电厂投资效益的作用机制，并在对电厂实施全面投资效益分析的基础上，分析应采用什么样的激励措施，实施多大幅度的激励，以推动 CCS 技术的健康发展，具有重要的现实意义。

尽管发展前景乐观，但全球的碳减排行动仍将遭遇很大的不确定性，体现在高度波动的碳价、政府间难以达成一致的减排承诺、快速发展的技术变革等方面。在这样的大环境下，电厂无疑将面临极大的经营风险，包括提高发电清洁度等环保风险、碳排放配额等政策风险、碳税与高碳价等市场风险等。如何应对低碳环境下各方面的风险，并降低电厂由高碳价所带来的收益下降，无疑将是众多有志进入发电行业的投资者与现役发电商所不得不面对的重要课题，而引入 CCS 技术，无疑可对各类风险起到有效的规避作用。本章将在全面的投资效益分析基础上，进一步对 CCS 技术的风险规避效益进行深入分析。

综上所述，本章将在传统静态成本效益研究的基础上，结合电厂的灵活运行机制、碳捕集系统的实物期权价值与各类激励措施，对碳捕集电厂的投资效益进行全方位的剖析与评估；并从宏观政策层面，分析为促进 CCS 技术的健康发展，应实施的激励机制及其幅度；在此基础上，从风险规避的角度，评估了 CCS 技术的引入对于发电商收益风险的影响与实现的效益。

## 7.2 碳捕集的实物期权价值

### 7.2.1 实物期权的基本概念

在低碳经济下，电力行业将面临以瞬息万变、不确定性以及相互竞争为特征的宏观政策环境与市场环境，这就要求企业必须具备灵活的经营模式，以实现对自身资产的优化运用。

具有改变其自身经营模式的灵活性将为企业带来较高的资产回报率，为了更好地说明这一点，对两类企业的经营状况进行对比：一类不具备经营的灵活性，对各种市场条件的变化无能为力，只能被动接受；另一类则具有经营的灵活性，可以针对各种市场条件的变化有的放矢，避免不利情况下的损失，并充分利用各种有利条件获得额外收益，从而提升其自身的资产价值。以第一类企业的资产价值为基数，则第二类企业资产的升值部分即为由企业具有灵活运行能力所获得的资产升值[28]。

通常情况下，企业必须通过一定的实物投资方可获得其所需的灵活性。这就相当于企业在通过投资获得一定实物资产的同时，也得到了一份执行灵活性的许可，显然这种许可具备了期权的特征，由于其标的资产并非金融资产，因此称该灵活性为实物期权。实物期权由 Myers[29] 于 1977 年最先提出，并经过数十年的发展，最终形成了一个重要的经济学分支，其核心思想是利用金融期权的思维来解决实物投资中存在的问题，将企业拥有的灵活经营能力与金融上的期权相对应，企业可根据环境的变化做出不同的选择，并从中获得额外收益。因此，可以将实际投资项目看作现金流和一系列期权的组合，企业在获得实物资产的同时也持有了与实物投资相关的期权组合。

### 7.2.2　碳捕集的实物期权分析

在第6章中，对电厂通过调整碳捕集系统实现灵活运行的机制进行了深入的探讨，这种灵活的调整能力就是在电厂实施碳捕集投资的同时免费获得的一种实物期权。从效果上看，电厂等效于获得了一系列碳价看涨期权的组合。当市场上的碳价高于电厂的碳捕集成本时，电厂将执行看涨期权，通过迅速投运碳捕集系统，产生减排额度，从而避免从市场上购买高价的排放额度，或者以高价向市场出售减排额度以实施套利；而当市场上的碳价低于碳捕集成本时，电厂则将搁置该期权[30]。

通过以上分析可以看出，通过碳捕集投资所获得的实物期权与经典金融期权之间在关键参数上存在一一对应的关系，具体分析如表7.1所示[31,32]。

**表7.1　金融期权与碳捕集实物期权的对比**

| 金融期权 | 碳价看涨期权 |
|---|---|
| 股票当前价格 | 碳排放额度的当前价格 |
| 执行价格 | 单位碳排放额度的捕集成本 |
| 有效期 | 碳捕集系统的服役年限 |
| 股票波动率 | 碳价波动率 |
| 无风险利率 | 无风险利率 |
| 持有期权数量 | 最大捕集能力 |

然而，碳价看涨期权与证券市场上一般意义的看涨期权还有一定的差别，需要仔细区分。首先，碳价看涨期权本质上并不是金融期权，执行期权意味着运行捕集系统，单位时间内可执行的期权数量由捕集系统的最大捕集能力决定。记碳捕集系统的服役年限为 $T$，捕集系统在单位时间 $\Delta t$ 能够捕集的最大碳排放额度为 $e_{\mathrm{C,max}}^{\mathrm{R}}$，从时间轴上分解碳捕集系统的实物期权，可以根据计算精度的要求，将整个碳价看涨期权分解为 $T/\Delta t$ 份数量均为 $e_{\mathrm{C,max}}^{\mathrm{R}}$ 的看涨期权单元，每一份期权的有效期 $T_i$ 都不同，分别为 $T_i=i\Delta t(i=1,2,\cdots,T/\Delta t)$。每一个期权单元都只有在其到期日方可执行，因此具有明显的欧式期权特征（区别于在到期日之前均可执行的美式期权）。

考察电厂的电力生产与碳交易的实际情况，作为一类大型的固定资产，碳捕集系统与电力机组均具有相当长的服役年限。因此，在计算碳捕集的实物期权价值时，没有必要将单位时间 $\Delta t$ 定在日以下；事实上，电厂正常的运行决策多以制订“日计划”为基本单元，电厂运行状态的变换往往也需要耗费以小时为单位的时间，因此,将“日”作为一个重要的时间单元具有很强的合理性。然而,对于碳交易,企业排放额度的最终结算多基于“自然年”,也就是说,电厂对其排放额度的“仓位”操作,一般不会达到日调整的频率,而是往往以月份甚至季度为频度,根据市场价格的波动情况伺机而动,因此,“年”也将成为一个重要的时间单元,以适应实际的碳交易情况。

为了协调以上两方面的关系,分别以“日”与“年”作为基本的时间单元,定义两种典型情况。

(1) 日时序。电厂将以日为单位,每日对碳排放额度实施“平仓”,即当捕集系统开工不足时,会在该日清算时从市场上买入不足的缺额;而当捕集系统产生了额外的排放额度时,则会在清算时即时出售,获取收益。这意味着电厂在碳市场上采取了积极的交易方式,响应每日的市场价格波动,从而严格控制由排放缺额/余额的累积所带来的风险累积。应该说,这种操作方式稍显激进,但不失典型意义。

(2) 年时序。电厂将以年为单位对碳排放额度实施“平仓”;在这种情况下,电厂会在年前即对当年的碳价走势进行预测,并根据该预测安排整年的运行方式,并在年底根据一年的缺额/余额实施碳交易。这种方式也具有深刻的现实背景,主要适用于那些通过长期合约获得碳排放额度的电厂,通常,这部分电厂参与短期碳交易的积极性也不会太强。应该说,这种操作方式虽稍显保守,同样也不失典型意义。

事实上,实际情况基本上处于以上两种典型方式之间,电厂既不会将绝大多数的精力放在碳交易上,也不会对市场的异动不闻不问。因此,以上论述基本描述了两个现实的极端状态,实际情况即处于两个极端之间。

### 7.2.3　实物期权价值的计算方法

定量评估期权价值曾是一度困扰经济学界和数学界的难题,1973 年美国经济学家 Black 和 Scholes[32] 根据无套利原则给出了著名的“B-S 期权定价模型”,并获得了 1997 年度的诺贝尔经济学奖,经过多年来的发展,“B-S 期权定价模型”已经成为实物期权定价的经典模型。

Black 和 Scholes 在推导期权定价模型时,假设股票价格服从几何布朗运动,并基于无套利原则,得到了不支付红利股票的看涨期权定价公式。单位期权的价值 $c$ 应满足

$$c = SN(d_1) - Xe^{-rT}N(d_2) \tag{7.1}$$

$$\begin{cases} d_1 = \dfrac{\ln(S/X) + (r + \sigma^2/2)T}{\sigma\sqrt{T}} \\ d_2 = \dfrac{\ln(S/X) + (r - \sigma^2/2)T}{\sigma\sqrt{T}} \end{cases} \tag{7.2}$$

式中：$N(\cdot)$为累积概率函数，自变量服从标准正态分布；变量 $X$ 为期权的执行价格；$S$ 为期权现价；$r$ 为无风险利率；$T$ 为期权有效期限；$\sigma$ 为股票价格的波动率。

对碳捕集实物期权而言，$X$ 为单位碳排放额度的碳捕集成本，$S$ 为当前市场碳排放额度的价格，$\sigma$ 为碳价的波动率。

需要注意的是，此时 $T$ 为一日或者一年，通过对碳捕集系统在服役期内每日/年期权价值的求和，即可得到其实物期权的整体价值。

## 7.3　碳捕集激励措施的作用机制

引入适度的激励措施，有利于降低碳捕集所带来的高额运行成本与投资成本，从而提高投资回报率，并降低投资门槛。现实中的激励机制种类繁多，从原理上看，其作用机制主要可以分为两类：通过投资补贴直接补偿投资者的资本金，以及通过价格优惠对碳减排实施补贴；两者分别简称为投资补贴与单价补贴。

1. 投资补偿

根据电厂所建设碳捕集系统的规模与容量，在建设期一次性或者分期给予一定的投资补偿，可以降低碳捕集投资的资本金，从而等效于降低投资门槛，并有利于投资者通过扩大投资规模降低单位容量的投资成本。

当投资补偿为分期给予时，应考虑资金的时间价值，将所有的补偿额度折算到基准年后，求和得到投资现值[33]。设每年的碳捕集投资金额均为 $v_{\mathrm{I}}$，投资年数为 $T_{\mathrm{V}}$；投资补贴年数为 $T_{\mathrm{m}}$，每年补贴额度为 $m_{\mathrm{V}}$，贴现率为 $\rho$，采用净现值的计算方法，将投资与补贴折算到起始年，则其等效静态投资 $V$ 为

$$V = v_{\mathrm{I}} \frac{(1-\rho)^{T_{\mathrm{V}}}}{1-\rho} - m_{\mathrm{V}} \frac{(1-\rho)^{T_{\mathrm{m}}}}{1-\rho} \tag{7.3}$$

$m_{\mathrm{V}}$ 的引入实际上等效于降低了碳捕集容量的单位千瓦造价。

2. 单价补贴

单价补贴的标的应与碳捕集系统的开工率挂钩。因此，最直观的方法就是对电厂通过捕集减少的碳排放进行价格补偿，这等效于降低了单位碳减排额度的捕集成本，或者提高了碳交易市场上的价格，从而有利于提高电厂运行碳捕集系统的积极性，并提高碳捕集系统的开工率。

设对每单位捕集碳排放实施的价格补偿为 $m_{\mathrm{C}}$，则电厂可获得的总补偿金额 $F_{\mathrm{m}}$ 为

$$F_{\mathrm{m}} = m_{\mathrm{C}} E_{\mathrm{G}}^{\mathrm{S}} \tag{7.4}$$

式中：$E_{\mathrm{G}}^{\mathrm{S}}$ 为系统捕集的碳排放量，其表达可见式(5.10)。

## 7.4　碳捕集电厂的投资效益分析

1. 投资效益分析框架

对碳捕集实施全面的投资效益分析，需打破传统的静态成本效益分析方法，将投资效益与电力企业的生产与运行等环节结合起来，考虑投资的实物期权价值，以及各类激励措施的影响，从而建立一个完整的碳捕集投资效益分析框架。各种随机变量，主要包括燃料价格、电力需求、电价、碳价等，都能够对电厂的投资效益造成重要的影响。然而，本章将忽略其他随机变量的影响，仅以碳价作为主要的随机变量。

碳捕集的投资效益分析框架如图 7.1 所示。

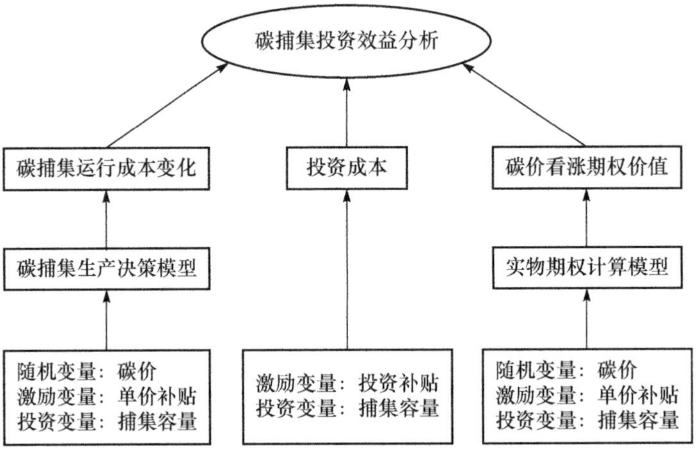


图 7.1　碳捕集的投资效益分析框架

2. 数学描述

根据图 7.1 所示框架，电厂在服役周期内的总投资效益为

$$\Omega = \omega_{\mathrm{T}} \sum_{t=1}^{365T_{\mathrm{CC}}} \left[\Delta f_t(P_{\mathrm{E}}^{\mathrm{C}}, \pi_{\mathrm{E},t}, m_{\mathrm{C},t}) + E_{\mathrm{C}}^{\mathrm{R}} c_{\mathrm{R},t}(P_{\mathrm{E}}^{\mathrm{C}}, \pi_{\mathrm{E},t}, m_{\mathrm{C},t})\right] - V(P_{\mathrm{E}}^{\mathrm{C}}, m_{\mathrm{V}}) \quad (7.5)$$

式中：$P_{\mathrm{E}}^{\mathrm{C}}$ 为碳捕集系统的匹配捕集容量；$\pi_{\mathrm{E},t}$ 为第 $t$ 日的碳额度价格；$m_{\mathrm{C},t}$ 为第 $t$ 日每单位捕集碳排放额度所获得的价格补偿，$m_{\mathrm{C},t}$ 可能在碳捕集系统的服役期内呈现阶段性递减的趋势；$\Delta f_t$ 为引入碳捕集之后电厂在第 $t$ 日的运行收益变化；$c_{\mathrm{R},t}$ 为第 $t$ 份碳价看涨期权的实物期权价值；$E_{\mathrm{C}}^{\mathrm{R}}$ 为每个基本期权单元的数量，两者的乘积表示碳捕集系统在第 $t$ 日获得的实物期权收益；$T_{\mathrm{CC}}$ 为碳捕集设备的服役年限；

以 $\omega_T$ 为电厂的年可用率，对 $\Delta f_t$ 与 $c_{R,t}$ 在捕集系统服役期内的收益求和值乘以 $\omega_T$，表示对由检修、故障等因素造成的停运情况的考虑，即将停运时间折合为一定的可用率系数，$\omega_T$ 的取值为 0～1，取值越大则表明可用率越大；$V(P_E^C, m_V)$ 表示碳捕集系统的总投资成本。

对于电厂的运行收益变化，$\Delta f_t$ 的表达式为

$$\Delta f_t = [f(P_E^C, \pi_{E,t}, m_{C,t}) - f(0, \pi_{E,t}, m_{C,t})]\rho(t) \tag{7.6}$$

式中：右侧第一项表示电厂在引入碳捕集后的日运行收益，通过将 $P_E^C$、$\pi_{E,t}$ 与 $m_{C,t}$ 作为参数代入第 6 章的决策模型中得到；而置 $P_E^C$ 为 0 后计算的结果，则为无碳捕集系统时电厂的日运行收益；函数 $f$ 的计算模型与相关的表达式在第 6 章中已有详细说明，不再赘述；函数 $\rho(t)$ 确定了本模型的贴现率系数，以年作为贴现的基本时间单位。

对于电厂的实物期权收益，$c_{R,t}$ 的计算表达式见式(7.1)，每份基本期权的有效期 $T$ 用 $t \cdot t_B$ 代替($t=1,2,\cdots,365T_{CC}$)；$t_B$ 表示基本的时间单元，本模型采用“日”，也可以取“年”。碳价 $S$ 与碳价波动率 $\sigma$ 均可根据碳市场的当前情况与历史数据分析得到，碳捕集成本 $X$ 则需根据碳捕集电厂的运行特性确定，并考虑碳价补贴，计算公式为

$$X = \frac{P^{CC}\pi_G^L}{E_G^S} + c_S^{TS} + c_O^{CC} - m_C \tag{7.7}$$

式中：等号右侧第一项的分子表示供应捕集能量的成本，分母则为被捕集 $CO_2$ 的总量；需要注意的是，此处用了电力的长期合约价格 $\pi_G^L$，而不是发电成本 $c_G$，因为电厂在向碳捕集系统供能的同时减少了其发电量，从而减少了售电收入，以 $\pi_G^L$ 代替 $c_G$，意味着把碳捕集系统运行的机会成本同样考虑在内。第二、三、四项则分别表示 $CO_2$ 传输与埋存成本、碳捕集系统运行成本以及碳价补贴。

由于碳捕集投资往往是基于很长时序的决策，在长时序上，可以等效地认为碳捕集电厂一直运行在捕集匹配状态上，$X$ 的物理意义更倾向于取平均量，从而简化了计算过程。基于捕集匹配状态，将式(5.2)、式(5.7)、式(5.8)、式(5.10)代入式(7.7)，可以得到

$$X = \frac{\eta_0^{CC}}{e_{G0}\gamma_A\eta_{G0}}\pi_G^L + c_S^{TS} + c_O^{CC} - m_C \tag{7.8}$$

此外，每份期权的数量 $E_C^R$ 的计算公式为

$$E_C^R = \tau e_{C,\max}^R t_B \tag{7.9}$$

式中：$e_{C,\max}^R$ 为碳捕集系统单位时间的最大捕集量，显然有

$$e_{C,\max}^R = e_{G0}\gamma_A g_E^C \tag{7.10}$$

投资成本 $V$ 主要由两部分组成，分别为与匹配捕集容量无关的基本投资 $V_B$

以及与匹配捕集容量相关的变动投资 $V_C(P_E^C,m_V)$，即

$$V = V_B + V_C(P_E^C,m_V) \tag{7.11}$$

$V_C(P_E^C,m_V)$与捕集容量的关系可用线性函数描述，也可用二次方程等效描述；线性函数表示每单位捕集容量的成本恒定，而二次方程则可以描述随着捕集系统规模的增加，单位捕集容量的投资成本将呈现下降趋势。

## 7.5 碳捕集技术面向风险规避的效益评估

### 1. 发电企业的低碳风险

在低碳环境下，发电企业将遭遇极大的经营风险，这种风险是全方位的，主要来自对于环保的关注、对于宏观行业政策的不确定性，以及碳市场上碳价的波动。

环保风险将提高传统发电企业的经营门槛，并对企业资质带来更高的要求，对于火电厂更是如此。无论从节约能源还是从减少碳排放的角度，都将对火电厂的发电能效与清洁程度提出新的要求。从现有的实践经验来看，环保控制主要通过引入强制标准的方式实施，包括引入能效与排放的基准水平(如各种污染物排放标准体系)，或者规定发电企业需拥有一定比例的低碳电源(如可再生配额)等。当发电企业未能满足环保要求时，将被取消生产资格，或者处以高额罚金。

政策风险主要包括各种低碳机制的引入，包括是否实施碳排放的总量控制、是否引入碳交易机制并赋予碳排放额度一定的价格、未来采用什么样的减排目标、是否引入碳税等财政政策、对于各类低碳技术的政策支持力度有多大等。这些宏观决策的变动与不确定性将对发电企业的经营与盈利状况带来极大的影响。由于电力机组往往具有很长的服役年限(一般为 20～30 年)，因此在实施投资决策时，需考虑在相当长时间内的政策走向，以规避政策风险。

市场风险是最为直接的风险因素。近年来碳排放的交易量发展迅猛，已呈现出取代原油成为全球最大交易品种的趋势。碳排放额度具有典型的金融特性，具有较高的流动性，且几乎覆盖大部分重要的工业部门，形成机理复杂且波动性大。而对于未来减排前景的不确定更使得碳价的走向扑朔迷离，难以预测。在低碳环境下，碳排放成本将逐渐成为电厂生产成本中的重要组成部分，而碳价的波动将使得电厂面临极大的成本风险。

对于发电企业，尤其是近期投产的传统火电厂，大多还具有很长的服役年限，而现有的设备条件又决定了其具有很高的碳排放强度，因此容易受到低碳风险的冲击。随着碳减排工作的逐渐推进，这类电厂无疑将面临各种环保要求，而各种减排政策的实施以及碳交易机制的建立，将显著影响此类电厂的生产成本变化；根

据欧盟碳交易体系的碳配额分配，大部分火电厂只能大约分到其平常碳排放 2/3 的额度，这就要求电厂减产，或者从市场上购买缺额，从而对电厂正常的经营行为造成极大的冲击。

2. 碳捕集的风险规避效益

在此背景下，引入低碳技术将成为电厂抵御各类风险的关键选择。其中，CCS 技术尤其受到广泛的关注。结合第 5 章与第 6 章对于碳捕集电厂灵活运行机制与运行决策的讨论，在引入 CCS 技术之后，电厂将可以对各类低碳风险产生良好的规避效益。

首先，碳捕集电厂具有典型的低碳特性，当电厂引入与其额定容量相匹配的捕集容量时，可使得电厂的排放水平在原来的基础上下降 80% 以上，基本上可以满足最严格场景下的减排需求。与其他提高能效的清洁发电技术相比，无疑具有很大的减排优势，能够更好地适应低碳的经济模式，满足环保要求。

其次，通过实施碳捕集电厂的灵活运行，当遭遇高碳价时，电厂可以提高碳捕集系统的运行水平，避免从碳市场中购买高价额度，甚至可以产生多余的额度以供出售；而当碳价下降使得捕集系统的运行成本高于市场碳价时，电厂则可以降低碳捕集系统的运行水平，转而从市场上购买排放额度，从而降低电厂的生产成本，因此，CCS 技术可以对碳价的波动起到反向的对冲作用，从而在一定程度上规避了由碳价波动带来的生产成本波动。

3. 风险评估方法与关键指标

无论是环保风险、政策风险还是市场风险，其作用机制最终都将通过影响电厂收益的方式来表现。为抓住问题本质，下面将以碳价波动为主要的风险因素进行重点分析。首先，考察电厂在不同碳价水平下的收益状况，并根据碳价的分布概率得到电厂的收益分布概率曲线，通过比较曲线形状，可以对电厂所面临的收益风险有直观的认识。在此基础上，引入相应的关键指标，以从不同侧面量化电厂所面临的风险幅度。主要的关键指标介绍如下。

1) 集中系数

集中系数 $\psi_C$ 表示收益分布在均值附近一定比例区间内的概率，反映了收益分布概率曲线的集中程度。记该比例为 $\varsigma$，则 $\psi_C$ 的表达式为

$$\psi_C = \mathrm{Prob}\left(\left|\frac{\Omega - \mu_\Omega}{\mu_\Omega}\right| \leqslant \varsigma\right) \tag{7.12}$$

式中：Prob(·)为概率函数，表示括号内表达式成立的概率；$\Omega$ 为收益；$\mu_\Omega$ 为收益均值。根据定义，$\psi_C$ 实现了指标取值的归一化，$\psi_C$ 值将在 0 与 1 之间变化，收益越集中，$\psi_C$ 取值越大，而电厂面临的风险越小，反之亦然。

2) 离散系数

离散系数 $\psi_B$ 表示收益的加权标准差与均值的比例，反映了电厂收益分布的离散程度，其表达式为

$$\psi_B = \frac{\sigma_\Omega}{\mu_\Omega} \tag{7.13}$$

式中：$\sigma_\Omega$ 为收益的加权标准差，此处“加权”意味着考虑收益的概率分布。

令函数 $p(\Omega)$ 表示收益的分布概率函数，则有

$$\begin{cases} \mu_\Omega = \int p(\Omega)\Omega \mathrm{d}\Omega \\ \sigma_\Omega = \sqrt{\int p(\Omega)\ (\Omega - \mu_\Omega)^2 \mathrm{d}\Omega} \end{cases} \tag{7.14}$$

根据定义，一般情况下，收益越离散，$\psi_B$ 的取值越大，电厂面临的风险也越大，反之亦然。

3) 相关系数

相关系数 $\psi_R$ 度量收益与某一随机变量 $\beta$ 之间的关联程度，反映收益对 $\beta$ 的敏感程度以及受 $\beta$ 的影响程度，其定义如下：

$$\psi_R = \frac{\mathrm{Cov}(\Omega, \beta)}{\sigma_\Omega \sigma_\beta} \tag{7.15}$$

式中：Cov(·)为协方差方程，利用回归的方法计算。

根据定义，$\psi_R$ 的取值将在 −1～1 范围内变化，当 $\Omega$ 与 $\beta$ 不相关时，$\psi_R$ 为 0；正线性相关为 1，负线性相关则为 −1。$\psi_R$ 的绝对值越大，则表明 $\Omega$ 与 $\beta$ 的相关程度越高；反之亦然。

以上三个系数分别从不同角度描述了电厂收益分布曲线的概率特性，并度量了电厂收益的风险幅度。$\psi_C$ 与 $\psi_B$ 分别反映收益分布曲线的集中程度与离散情况，$\psi_R$ 则反映电厂收益与碳价波动的关联程度。

## 7.6 算例分析

### 7.6.1 基本数据

1) 电厂基本参数

采用第 5 章与第 6 章算例中的电厂作为待分析电厂，其主要的基本参数如表 5.2 与表 5.3 所示；其余参数则与 6.3.1 节保持一致。由于计算 $\Delta f_t$ 时需要与无捕集系统的状态进行对比，因此在碳捕集运行决策分析时不引入碳排放约

束。考虑资金的时间价值之后，发电机组单位千瓦的年固定运行费用折合为200元。

2) 价格参数

为提高分析的针对性，本算例仅将碳价作为随机变量，引入概率分布曲线，并以10元/$tCO_2$为步长对概率曲线进行离散化处理与计算；电价则采用典型日的实时电价数据，即取6.3.1节中的合约价格与实时电价曲线。以标准的正态分布函数描述未来的碳价分布概率曲线，以140元/$tCO_2$作为正态分布函数的均值，以30元/$tCO_2$作为标准差。

3) 碳捕集投资参数

考虑资金的时间价值之后，将碳捕集的投资成本折合为当前的一次性静态投资现值，投资总额与匹配捕集容量的关系采用二次函数描述[5]：

$$V = -1.2\times 10^{-5}(P_E^C)^2 + (0.0192 - m_V\times 10^{-8})P_E^C + 0.72 \qquad (7.16)$$

式中：$P_E^C$为匹配捕集容量，MW；$m_V$为每年补贴额度，元/MW。

4) 实物期权参数

根据碳价的概率分布情况，实物期权计算中的碳价年波动率$\sigma$取20%，碳排放额度现价$S$为80元/$tCO_2$，捕集系统的服役年限$T_{CC}$为10年，无风险利率$r$为8%（即我国发电行业近年的平均资产回报率）。捕集系统的可用率$\omega_T$为75%。

根据式(7.8)，在不考虑单价补贴时，单位碳排放额度的捕集成本$X=$151.1元/$tCO_2$[折合22.5美元/$tCO_2$，而国际能源署(International Energy Agency, IEA)给出的数据为12～34美元/$tCO_2$][6]。根据式(7.9)与式(7.10)，在以“日”作为单位的时间$t_B$情景下，当电厂建设与其额定容量相匹配的捕集容量时，有$P_E^C=P_0$，则$E_C^R$为7442$tCO_2$/日，其他捕集容量水平下$E_C^R$的取值则需再乘以实际捕集容量与最大捕集容量之间的比值。

## 7.6.2　实物期权价值

以“日”作为期权的分解单位，则可将服役年限为10年的捕集系统的实物期权分解为3650个基本的期权单元，对不同基本期权单元的执行日按照时间顺序依次排列，可得到以下期权价值曲线，如图7.2所示。

由图7.2可以看出，由于当前的碳价与执行价格之间存在不小的差距，因此一开始基本期权的价值将基本上在零附近，而随着执行日的日益推后，对于碳价波动的预期将越来越大，因而基本期权的价值将逐渐上升，最大可以达到约25元/$tCO_2$。同理，可以得到以“年”作为期权分解单位的情况，整个碳价看涨期权被分解为10个基本期权单元，每个基本单元的期权价值对应于图7.2中$X$轴数字所对应的纵坐标值。

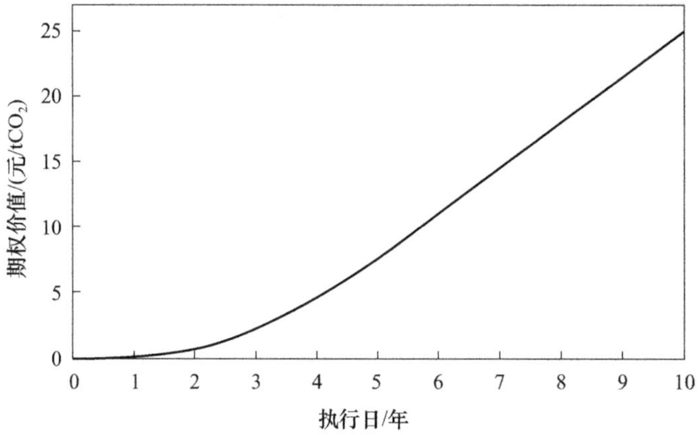


图 7.2　以“年”为分解单位的期权价值曲线

碳捕集实物期权的总价值将与捕集容量成正比，其对应关系如图 7.3 所示。

由图 7.3 可以看出，两种分解方式在期权价值计算上的偏差并不大，年分解将比日分解上浮约 13.9%；实际的期权价值应处于两条曲线之间。为降低分析的复杂度，下面将统一采用日分解的结果。

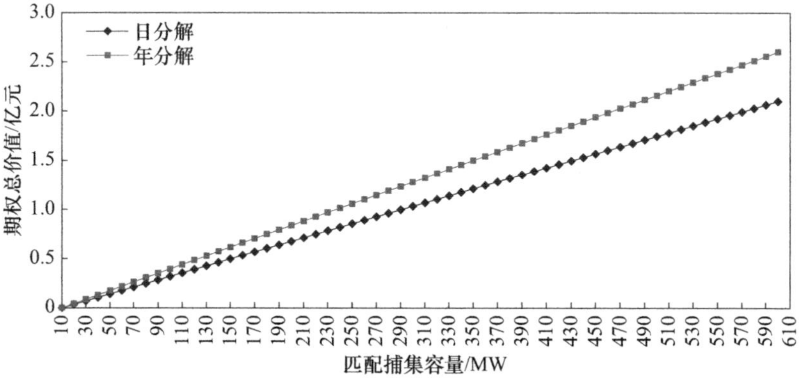


图 7.3　期权总价值与匹配捕集容量的关系

### 7.6.3　投资效益与激励幅度分析

1. 基于单价补贴的分析

先不引入投资补贴，则在综合考虑运行收益、实物期权价值与投资成本的前提下，给出不同碳价补贴场景下电厂的投资收益与捕集容量之间的关系曲线，如图 7.4 所示。

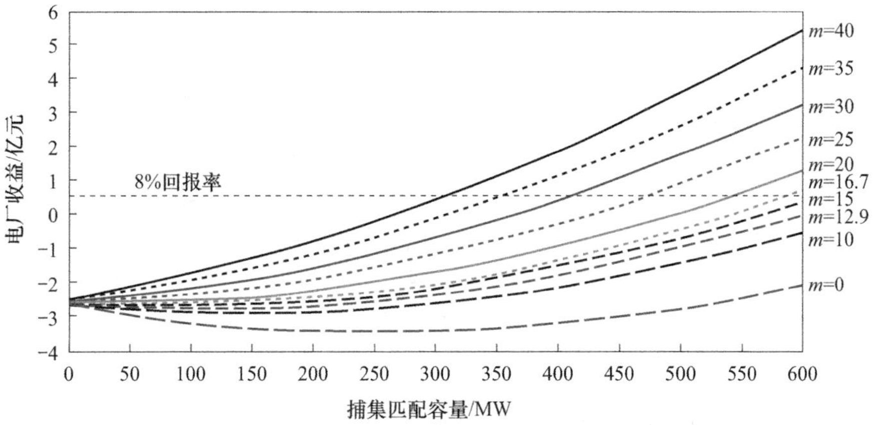


图 7.4　不同碳价补贴下电厂的投资收益与捕集容量曲线

图 7.4 中，$m$ 表示碳价补贴，单位为元/$tCO_2$，不同的曲线描述了在不同碳价补贴下的收益情况。分析发现，电厂的收益曲线基本上是一个下凹的抛物线，因此最优投资容量基本上在两个端点处获得，即在忽略投资门槛的情况下，投资者要么不建，要建就建最大的捕集容量，这是符合常理的，因为随着投资规模的增加，单位千瓦造价将下降，而无论是运行收益还是期权价值，都基本与碳捕集系统容量呈正比增长。在本算例分析中，若无特别说明，均认为新建的碳捕集系统处于最大匹配捕集容量水平上。

由图 7.4 可以看出，当碳价补贴为 0 时，在任何容量下建设碳捕集系统都将是不合算的，在最大容量点上亏损达到 2.1 亿元，投资回报率为－26.8%，这表明若没有适当的激励措施，电厂将完全没有实施碳捕集投资的积极性。而随着碳价补贴的不断上升，电厂的投资亏损率将不断下降，当 $m$ 达到 12.9 元/$tCO_2$ 时，电厂将在其最大匹配容量处达到投资平衡，定义该点为临界盈亏点，所对应的价格为临界盈亏补贴价格，所对应的容量为临界盈亏捕集容量。随着 $m$ 值的继续上升，临界盈亏捕集容量将持续下降，而收益则不断上升。当 $m$ 达到 16.7 元/$tCO_2$ 时，电厂将在其最大匹配容量处达到 8.0%的投资收益率，定义该点为临界回报点，所对应的价格为临界回报补贴价格，所对应的容量则为临界回报捕集容量。

图 7.5 给出了不同碳价补贴下电厂的临界盈亏曲线与临界回报曲线。由图 7.5 可以看出，随着碳价补贴的提高，电厂投资碳捕集系统的门槛将不断下降，这将对碳捕集的发展起到关键作用。当碳价补贴达到 40 元/$tCO_2$ 时，临界盈亏捕集容量将下降到 275MW，临界回报捕集容量则为 310MW，与碳价补贴在 20 元/$tCO_2$ 以下的情况相比，投资门槛大致下降了 1/2。

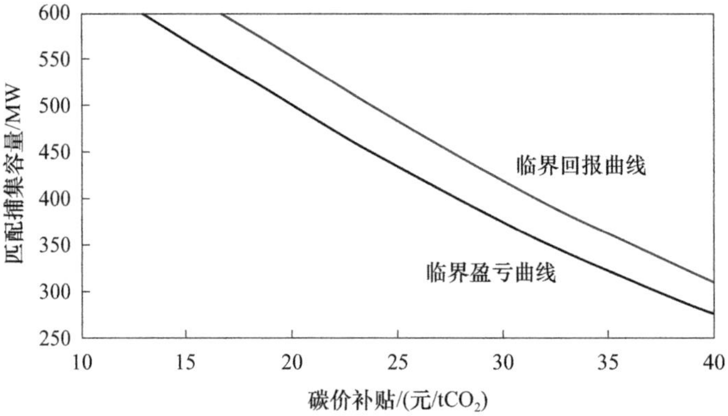


图 7.5　不同碳价补贴下电厂的临界盈亏曲线与临界回报曲线

实物期权价值将对电厂的投资收益产生重要影响，在最大匹配捕集容量水平上时，考虑不同的碳价补贴水平，运行收益与实物期权收益占总投资的比例如图 7.6 所示。

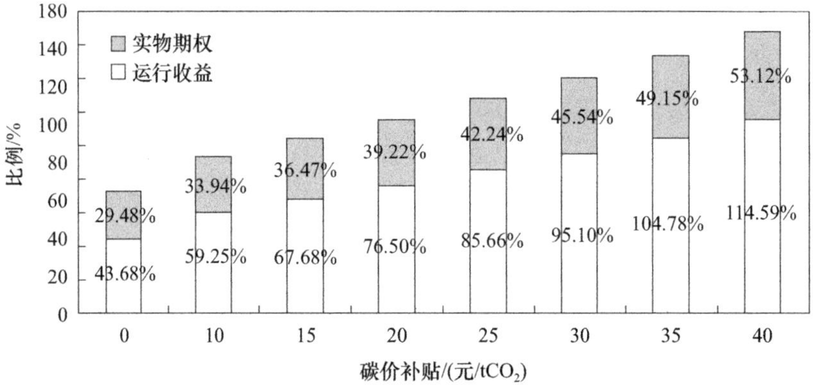


图 7.6　不同碳价补贴水平下不同收益项与投资总额的比例关系

由图 7.6 可以看出，在不同碳价补贴水平下，实物期权价值占碳捕集总投资额(7.92 亿元)的比例可达到 29%～53%，发挥了重要的作用；与此同时，考虑实物期权价值也将对临界碳价补贴的确定产生重要影响，在最大匹配捕集容量水平下，当不考虑实物期权价格时，临界盈亏补贴价格将上升至 32.6 元/$tCO_2$，与原有的临界点 12.9 元/$tCO_2$ 相比，上升幅度达到 152.7%。

2. 基于投资补贴的分析

对于投资补贴的分析比较简单，首先忽略投资补偿与碳价补偿，得到电厂的投资回报率曲线，如图 7.7 所示。

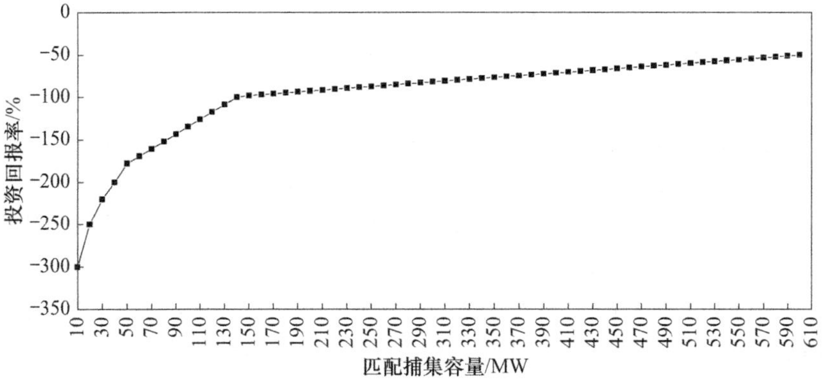


图 7.7　无碳价补贴与无投资补贴时电厂的投资回报率曲线

由图 7.7 可以看出，在无碳价补贴的情况下，电厂的投资回报率均为负值。为了促进碳捕集的应用与发展，对应于每一个具体的匹配捕集容量，应引入相应的投资补贴，以弥补投资者的投资损失。若补贴以收支平衡为目标，则投资补贴率即为对应投资回报率的相反数；若补贴以确保一定平均投资回报率为目标，则投资补贴率需要再额外上浮 8 个百分点，而补贴总额则为补贴率与投资成本的乘积。例如，对于最大捕集容量，26.8%的补贴率可回到盈亏平衡点，32.8%的补贴率则可回到回报平衡点，对应的补贴总额分别为 2.13 亿元与 2.60 亿元。

## 7.6.4　电厂收益的风险评估

仍以最大捕集容量作为分析的基准场景，实行碳配额时不同碳价水平下电厂的日运行收益如图 7.8 所示。

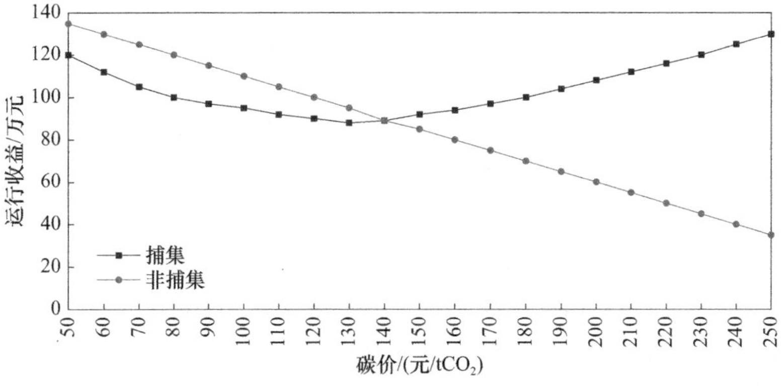


图 7.8　实行碳配额时不同碳价水平下的电厂日运行收益曲线

由图 7.8 可以看出,图例“捕集”表示装置了碳捕集系统之后的电厂收益,“非捕集”则表示没有碳捕集系统时的情况。在非捕集场景下,电厂排放的 $CO_2$ 远大于其所分配的额度,需要从市场上高价买入缺额;因此,随着碳价的上升,电厂的收益将出现递减的趋势。而在捕集场景下,电厂的收益曲线将呈现先降后升的抛物线形态,对比于非捕集场景,在低碳价区,电厂将由于碳捕集的发电效率损失而带来收益下降,而在高碳价区,电厂将发现运行碳捕集系统产生减排额度“有利可图”,其获得的收益高于碳捕集系统的运行成本。两个曲线的交点在 140 元/$tCO_2$ 的位置上,意味着当碳价达到此价格水平时,引入碳捕集系统将不会对电厂的运行成本带来损失。

在此基础上,分析两种场景下电厂收益的概率分布,如图 7.9 所示。

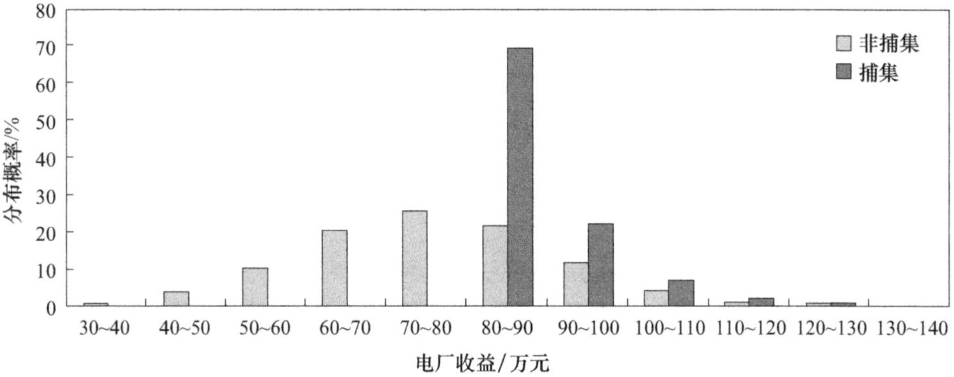


图 7.9 两种场景下的电厂收益概率分布图

结合图 7.8 与图 7.9,在非捕集场景下,电厂收益随着碳价变化的波动幅度将远大于捕集场景,非捕集场景下的收益范围为 34 万～132 万元/$tCO_2$,而捕集场景的收益范围为 85 万～124 万元/$tCO_2$,对比两个概率分布,可以直观地发现,在捕集场景下,电厂的收益风险将得到很好的控制。

为反映电厂收益的概率特性并量化度量电厂的收益风险,计算表 7.2 所示的关键风险评估指标。

**表 7.2 电厂收益的概率特性与风险评估指标**

| 方案 | 均值/万元 | 标准差/万元 | 集中系数/% | 离散系数/% | 相关系数 |
|---|---|---|---|---|---|
| 非捕集 | 76.1 | 14.9 | 59.2 | 19.6 | −0.95 |
| 捕集 | 89.6 | 6.3 | 97.7 | 7.1 | 0.17 |

由表 7.2 可以看出,捕集场景下的收益概率特性与风险评估指标均大幅优于非捕集场景下的指标。首先,捕集场景下电厂收益的均值有 17.7%的上升,而标准差则下降了 57.7%。

考察集中系数(取 $\zeta$ 为 20%),非捕集场景下,电厂收益仅有 59.2%的概率落在均值附近20%偏差的区间内，而在捕集场景下，该概率高达97.7%。这表明引入碳捕集将极大地加强电厂收益的集中程度，提高了投资预期的确定性，从而有利于提高风险厌恶型投资者的积极性。

考察离散系数，非捕集场景下，电厂的离散程度为19.6%，而在捕集场景下仅为7.1%，下降了63.8%。这表明引入碳捕集将极大削弱电厂收益的离散程度，并降低电厂在极端场景下蒙受损失的可能性，有利于实施有效的风险管理。

相关系数考察的是电厂收益与碳价波动的相关性，在非捕集场景下，相关系数为−0.95，电厂收益与碳价波动几乎呈现完全的线性负相关，即随着碳价的上升，电厂收益将几乎出现线性下降的趋势(见图7.8)；而在捕集场景下，相关系数为0.17，这表明电厂收益与碳价波动出现了一定程度的正相关，且相关系数受到大幅度削弱。这表明，引入碳捕集可使电厂收益对碳价波动出现很好的抗性与适应性，抗性意味着电厂收益受碳价波动的影响将降低，而适应性则意味着碳捕集电厂甚至可以利用碳价波动获得正收益，这对于风险厌恶型和偏好型的投资者，均具有很好的激励作用。

# 参 考 文 献


[1] 康重庆,季震,陈启鑫.碳捕集电厂灵活运行方法评述与展望.电力系统自动化,2012,36(6):1-10.

[2] 康重庆,陈启鑫,夏清.应用于电力系统的碳捕集技术及其带来的变革.电力系统自动化,2010,34(1):1-7.

[3] Pacala A, Socolow R. Stabilization wedges: Solving the climate problem for the next 50 years with current technologies. Science,2004,305(5686):968-972.

[4] 陈启鑫.低碳电力系统的理论与方法研究[博士学位论文].北京:清华大学,2009.

[5] 乌若思,苏文斌,郑松.挑战全球气候变化——二氧化碳捕捉与封存.北京:中国水利水电出版社,2008.

[6] IPCC. Special Report on Carbon Dioxide Capture and Storage. Cambridge: Cambridge University Press,2005.

[7] Rezvani S, Huang Y, Wright D M. Comparative assessment of coal fired IGCC systems with $CO_2$ capture using physical absorption, membrane reactors and chemical looping. Fuel,2009,88(12):2463-2472.

[8] Mondol J D, Wright D M, Rezvani S. Techno-economic evaluation of advanced IGCC lignite coal fueled power plants with $CO_2$ capture. Fuel,2009,88(12):2495-2506.

[9] Lucquiaud M, Chalmers H, Gibbins J. Potential for flexible operation of pulverised coal power plants with $CO_2$ capture. Energy Materials,2007,2(3):175-180.

[10] Chalmers H, Leach M, Lucquiaud M, et al. Valuing flexible operation of power plants with $CO_2$ capture//The 9th International Conference on Greenhouse Gas Control Technologies, Washington DC,2008.

[11] Ziaii S, Cohen S, Rochellea G, et al. Dynamic operation of amine scrubbing in response to electricity demand and pricing. Energy Procedia,2009,1(1):4047-4053.

[12] Chalmers H, Lucquiaud M, Gibbins J, et al. Flexible operation of coal fired power plants with postcombustion capture of carbon dioxide. Journal of Environmental Engineering,2009,135(6):449-458.

[13] Chen Q, Kang C, Xia Q. Modeling flexible operation mechanism of $CO_2$, capture power plant and its effects on power-system operation. IEEE Transactions on Energy Conversion,2010,25(3):853-861.

[14] Kvamsdal H, Jakobsen J, Hoff K. Dynamic modeling and simulation of a $CO_2$ absorber column for post-combustion $CO_2$ capture. Chemical Engineering and Processing,2009,48(1):135-144.

[15] Lawal A, Wang M, Stephenson P, et al. Dynamic modeling of $CO_2$ absorption for post combustion capture in coal-fired power plants. Fuel,2008,88(12):2455-2462.

[16] 陈启鑫,季震,康重庆,等.碳捕集电厂不同运行方式的电碳特性分析.电力系统自动化,

2012,36(18):109-115.

[17] Hoffmann V. EU ETS and investment decisions:The case of the German electricity industry. European Management Journal,2007,25(6):464-474.

[18] Ellerman A,Joskow P. The European Union's emissions trading system in perspective. Boston:Massachusetts Institute of Technology,2008.

[19] Chen Q,Kang C,Xia Q,et al. Optimal flexible operation of a $CO_2$ capture power plant in a combined energy and carbon emission market. IEEE Transactions on Power Systems, 2012,27(3):1602-1609.

[20] Kockar I. European Union perspective on the Kyoto protocol:Emissions trading scheme and renewable resources // IEEE Power and Energy Society General Meeting,Tampa, 2007.

[21] Weiss P,Lefèvre T,Möst D. Modelling the impacts of CDM incentives for the Thai electricity sector. Energy Policy,2008,36(3):1134-1147.

[22] Chalmers H,Gibbins J. Potential for synergy between renewables and carbon capture and storage// The 29th IAEE International Conference,Potsdam,Berlin,2006.

[23] 李雪静,乔明. 二氧化碳捕获与封存技术进展及存在的问题分析. 中外能源,2008,13(5):104-106.

[24] Viebahn P,Nitsch J,Fischedick M,et al. Comparison of carbon capture and storage with renewable energy technologies regarding structural,economic,and ecological aspects in Germany. International Journal of Greenhouse Gas Control,2007,1(1):121-133.

[25] Grubb M,Jamasb T,Pollitt M. Delivering a Low-carbon Electricity System. Cambridge: Cambridge University Press,2008.

[26] 刘兰翠. 我国二氧化碳减排问题的政策建模与实证分析[博士学位论文]. 合肥:中国科学技术大学,2006.

[27] Sorrell S,Harrison D,Radov D. Capital market response to emission rights returns:Evidence from the European power sector. Energy Economics,2009,31(1):29-42.

[28] Trigeorgis L. 实物期权. 林谦译. 北京:清华大学出版社,2007.

[29] Myers S C. Determinants of corporate borrowing. Journal of Financial Economics,1977, 5(2):147-175.

[30] Chen Q,Kang C,Xia Q,et al. Real option analysis on carbon capture power plants under flexible operation mechanism// IEEE Power and Energy Society General Meeting,Minneapolis,2010:1-8.

[31] 吴雪峰,张焰. 电力市场下基于实物期权理论的电网投资经济评价. 电网技术,2007, 31(1):78-80.

[32] Black F,Scholes M. The pricing of options and corporate liabilities. Journal of Political Economy,1973,81(3):637-654.

[33] 周安石,康重庆,洪元瑞,等. 电力工业可持续发展的统一规划模型. 电力系统自动化, 2005,29(7):28-32.

# 第三篇　碳排放流专题

# 第 8 章　电力系统碳排放流基本理论与计算方法

## 8.1　电力系统碳排放流的基本概念

### 1. 碳排放流概念的提出

自然界中碳排放分为两类:一类是自然碳排放,即动植物呼吸等自然现象产生的碳排放;另一类是人为碳排放,即人类生产过程中产生的碳排放,如化石燃料燃烧后产生的碳排放。碳排放流是一种虚拟的网络流,简称虚拟流。该概念曾应用于生态学中,以描述生态循环中包含自然碳排放的碳元素转移[1]。由于人类社会中的大部分系统都具有网络特性,与人类生产、生活相关的许多活动可以用网络流模型进行描述。随着低碳理念的发展,碳排放流的概念开始应用于人类社会系统中,用来描述人为碳排放在人类社会系统中的转移与分摊[2]。在之后的内容中,所有碳排放流均用于描述人为碳排放。

### 2. 碳排放流在商贸网络中的应用

碳排放流通常与一种实体的网络流相结合进行分析。已有研究将碳排放流与商贸物流相结合,用于表示各类商品生产过程中的碳成本,分析不同国家间通过商品进出口带来的耦合碳排放转移[2]。

在国际进出口贸易网络中,有学者发现大部分进出口商品的全生命周期碳排放集中在生产环节,在使用过程中并不产生碳排放,这对以出口为主的国家和地区将是不公平的。基于此,在国际进出口的商贸物流中应存在耦合碳排放从出口国到进口国的转移,以明确进口国因消费商品获取效用而应当承担的碳排放责任[3]。

将碳排放流应用于商贸网络中,宏观上可计算国家在各类生产过程与消费过程中对应碳排放的差异,微观上还可成为商品上的“碳标签”,告知消费者该件商品在生产过程和运输过程中的碳成本[4],鼓励消费者购买低碳商品,选择低碳的生活方式。

### 3. 碳排放流在能源网络中的应用

在商贸物流中进出口的商品,其耦合碳排放只能通过全生命周期方法进行分析。能源网络在人类社会中普遍存在,能源流的跨区域输送也将带来碳排放的流动与转移,并且能源流与碳排放有着更为直接的联系。在能源结构以化石燃料为主的我国,能源流对应了显著的碳排放流转移。文献[5]将碳排放与人类开发、运输与使用能源的各种行为相结合,对各种能源网络的共同特征进行了抽象与建模。该文献将网络流的分析方法引入碳排放的分析中,揭示了各种能源网络中隐含在能量流中的碳排放流的特征与本质规律,并提出了一般化的分析方法。碳排放流的分析方法让人们可以更加直观地分析人类社会各种能源网络中碳排放的源头、流动方向与分布状况,可以辨识出碳排放强度较高的网络节点,以指导低碳改造策略的制定。

以中国电力网络为例,文献[5]分析了不同区域间大规模电力传输对应的碳排放流,发现了不同区域间通过电量交换产生的碳排放流十分可观。与发电侧碳排放评价结果相比,2020年区域间的最大碳排放流转移量占发电碳排放量将达到近40%。由此可见,网络碳排放流分析方法作为一个基础性分析工具,具有明确的物理意义。

## 8.2 电力系统碳排放流的度量指标

### 8.2.1 电力系统碳排放流的引出

在电力系统中,不同的发电技术具有不同的碳排放特性,但各类电厂产生的潮流和碳排放(如果有)并无差异。相比在商贸物流中的应用,碳排放流在电力系统中有着更为简便和灵活的应用空间。电力系统具备构建碳排放流理论体系的良好基础。

电力系统中的潮流分布于由发电厂、变电站、输电线路等连接起来的电网中。抽象地讲,电力系统由一系列的节点和支路组成。可以给出如下定义。

电力系统碳排放流是依附于电力系统潮流存在且随系统潮流定向移动的耦合碳排放,是电力系统中的一类虚拟网络流[6~8]。在不引起歧义的前提下,在电力系统领域中可将电力系统碳排放流简称为碳排放流,或碳流。

直观上,电力系统碳排放流相当于给每条支路上的潮流加上碳排放的标签。碳排放流与潮流间存在依附关系,可以认为,在电力系统中,碳排放流从电厂(发电厂节点)出发,随着电厂上网功率进入电网,跟随系统中的潮流在电网中流动,最终流入用户侧的消费终端(负荷节点)。表面上,碳排放经由发电厂排入大气;而从依附关系上可等价地认为,碳排放是由碳排放流从电力用户处排放入大气的。碳排放流与电力系统潮流的关系如图8.1所示。

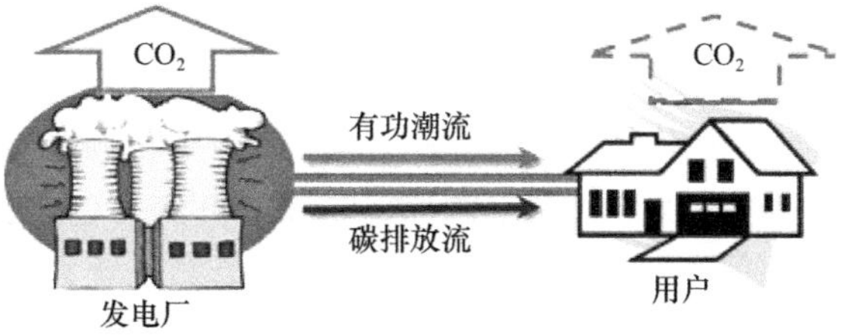


图 8.1　碳排放流与电力系统潮流的关系示意图

### 8.2.2　电力系统碳排放流的度量指标

电力系统碳排放流是基础性概念，为形成电力系统碳排放流分析的理论框架，需要建立若干相应指标。将所有与电力系统碳排放流相关的指标称为碳排放流指标，具体定义如下。

1. 碳流量

碳流量是描述碳排放流最基本的物理量，以表征系统中碳排放流的大小，用符号 $F$ 表示。在电力系统中，既存在与支路潮流对应的支路碳流量，也存在与发电机输出、用户负荷对应的节点碳流量，还有与网络损耗相对应的网损碳流量。

以支路碳流量为例，其定义为给定时间内通过某条支路的潮流对应的耦合碳排放的累积量。类似地，节点碳流量定义为给定时间内发电机发出功率中耦合碳排放的累积量或负荷中耦合碳排放的累积量。网损碳流量定义为给定时间内与网损相对应的潮流中耦合碳排放的累积量。

碳流量的单位与碳排放量相同，一般为 $tCO_2$ 或 $kgCO_2$。碳流量在数值上等于在给定时间内为产生和维持系统中某个发电机组、某条支路潮流供应用户负荷或者网损而在发电环节所产生的碳排放量。

2. 支路/节点碳流率

碳流率定义为单位时间内的碳流量，相当于“流速”的概念，用符号 $R$ 表示。在电力系统中，既存在与支路潮流对应的支路碳流率，也存在与发电机输出、用户负荷对应的节点碳流率。支路/节点碳流率的定义式为

$$R=\frac{\mathrm{d}F}{\mathrm{d}t} \tag{8.1}$$

支路/节点碳流率的单位一般为($tCO_2/h$ 或 $kgCO_2/s$)。显然，支路碳流量是支路碳流率在给定时间内的积分值。

3. 支路碳流密度

电力系统碳排放流依附于潮流而存在，潮流分为有功潮流和无功潮流。由于电力系统中的能耗和碳排放主要与电源的有功出力相关，受发电机组无功出力的影响甚微，故碳流主要受系统中有功潮流的影响。虽然系统无功分布会在一定程度上影响电网中有功功率的损耗，间接对系统碳排放量和碳流的分布产生影响，但当系统的有功无功潮流和网损的分布确定后，碳流的分布也将唯一确定。

因此，电力系统中碳排放与有功潮流直接相关，定义支路碳流密度为电力系统任一支路碳流率 $R$ 与有功潮流 $P$ 的比值[6]，以符号 $\rho$ 表示，定义式为

$$\rho=\frac{R}{P} \tag{8.2}$$

根据支路碳流量与支路碳流密度定义，可以得到支路碳流密度单位与发电侧碳排放强度的单位相同，一般为 $kgCO_2/(kW\cdot h)$。在发电厂出线中，支路碳流密度等于发电机组的碳排放强度，而在进入负荷终端的线路中，支路碳流密度等于支路传输单位电量消费所造成的发电侧的碳排放值，具有明确的物理意义。

由于支路碳流率与有功潮流描述的均为瞬时值，因此支路碳流密度在系统中随着潮流变化而时变。为了描述方便，可定义给定时间段内的平均支路碳流密度 $\bar{\rho}$，简称平均碳流密度：

$$\bar{\rho}=\frac{\int_{T_0}^{T}R\mathrm{d}t}{\int_{T_0}^{T}P\mathrm{d}t}=\frac{F}{G} \tag{8.3}$$

平均支路碳流密度的单位与支路碳流密度相同。相比支路碳流密度，平均支路碳流密度由累积量计算获得，即一段时间内的碳流量 $F$ 与通过该支路的电量 $G$ 的比值。

4. 节点碳势

支路碳流密度用于描述电力系统中支路上潮流与碳流的关系。对于系统中节点处的碳流和有功潮流的关系，将通过节点碳势的概念来描述。以符号 $e^{\mathrm{N}}$ 表示，节点 $n$ 的碳势定义式为

$$e_n^{\mathrm{N}}=\frac{\sum\limits_{i\in\Omega_n^+}P_i\rho_i}{\sum\limits_{i\in\Omega_n^+}P_i}=\frac{\sum\limits_{i\in\Omega_n^+}R_i}{\sum\limits_{i\in\Omega_n^+}P_i} \tag{8.4}$$

式中：$\Omega_n^+$ 为与节点 $n$ 相连的支路中潮流注入节点 $n$ 的所有支路的集合；$P_i$ 为支路

$i$ 的有功功率；$\rho_i$ 为支路 $i$ 的碳流密度；$R_i$ 为支路 $i$ 的碳流率。

节点碳势与支路碳流密度具有相同的单位，一般为 $kgCO_2/(kW\cdot h)$，数值上等于所有注入节点 $n$ 的支路的碳流密度 $\rho_i$ 以有功潮流 $P_i$ 为权重的加权平均值。节点碳势的物理意义为在该节点消费单位电力时所引起的发电侧的碳排放值。

接下来分析节点碳势与其相邻支路碳流密度的关系。假设电力系统中某一节点 $n$ 与其相邻支路如图 8.2 所示。

若有潮流注入和流出该节点的支路集合分别为 $\Omega_n^+$ 和 $\Omega_n^-$，从第 $i$ 条支路注入节点 $n$ 和从第 $j$ 条支路流出节点 $n$ 的有功潮流分别为 $P_i$ 和 $P_j$（$i\in\Omega_n^+$，$j\in\Omega_n^-$）。设流出潮流的支路 $j$ 中含有流入潮流中支路 $i$ 的分量为 $P_{j,i}$。根据比例共享原则[7]，在流出节点的任何一条支路的潮流中都包含所有流入节点支路的分量，并且满足

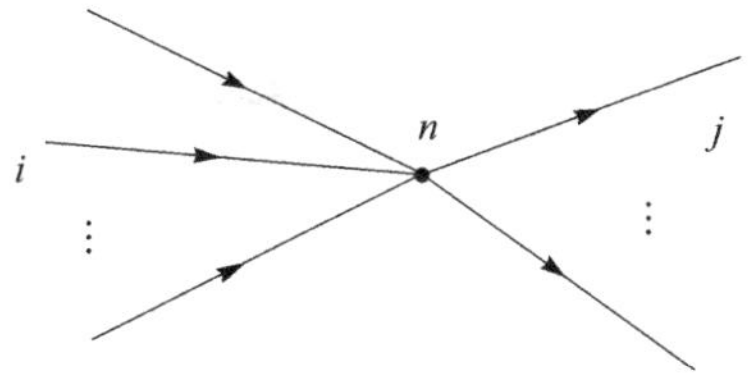


图 8.2　节点与支路连接示意图

$$\frac{P_{j,i}}{P_j}=\frac{P_i}{\sum\limits_{s\in\Omega_n^+}P_s} \tag{8.5}$$

设从线路 $i(i\in\Omega_n^+)$ 流入节点 $n$ 的有功潮流的碳流密度为 $\rho_i$，则第 $j$ 条流出支路有功潮流的碳流率应为所有 $\Omega_n^+$ 中支路对支路 $j$ 碳流率贡献之和，即

$$R_j=\sum_{i\in\Omega_n^+}P_{j,i}\rho_i \tag{8.6}$$

由此，支路 $j$ 的碳流密度 $\rho_j'(j\in\Omega_n^-)$ 为

$$\rho_j'=\frac{R_j}{P_j}=\frac{\sum\limits_{i\in\Omega_n^+}P_{j,i}\rho_i}{P_j} \tag{8.7}$$

由式(8.5)可得

$$P_{j,i}=P_j\frac{P_i}{\sum\limits_{s\in N^+}P_s} \tag{8.8}$$

将式(8.8)代入式(8.7)，消去 $P_{j,i}$，可得

$$\rho_j'=\frac{\sum\limits_{i\in\Omega_n^+}P_j\frac{P_i}{\sum\limits_{s\in\Omega_n^+}P_s}\rho_i}{P_j}=\frac{\sum\limits_{i\in\Omega_n^+}P_i\rho_i}{\sum\limits_{s\in\Omega_n^+}P_s}=\frac{\sum\limits_{s\in\Omega_n^+}R_s}{\sum\limits_{s\in\Omega_n^+}P_s}=e_n^{\mathrm{N}} \tag{8.9}$$

从式(8.9)可以看出,在比例共享原则下,所有流入节点的潮流与碳流密度(碳排放流)给定的情况下,流出潮流的碳流密度与支路无关,均为定值。并且所有从节点流出的潮流所对应的碳流密度与该节点的碳势相等。

5. 机组碳势

对于特定的发电厂或发电机组,也可以有碳势的概念。与节点碳势不同,特定发电机组的碳势等于其发电碳排放强度,物理意义为机组生产单位电量的碳排放量,统称为机组碳势,用 $e^{\mathrm{Ge}}$ 表示,单位为 $\mathrm{kgCO_2/(kW \cdot h)}$。

对于火电机组,机组碳势可通过机组发电效率和燃料参数计算得到,具体算法可参考文献[7]。对于碳捕集机组,碳势可结合碳捕集的技术参数和运行状态计算得到,具体算法可参考文献[9]和[10]。对于水电、核电、风电等低碳机组,碳势为零。

6. 网损碳流率

电力系统中网络损耗普遍存在,网损使得发电环节额外进行了电能生产而产生了碳排放,因此网损也应考虑在碳流的计算当中,与系统中的有功损耗相对应。电力系统中网损碳流率分为两类:线路上的损耗和节点上的损耗(如输变电设备损耗)。围绕线路损耗,有

$$R_{ij}^{\mathrm{loss}} = \rho_{ij} P_{ij}^{\mathrm{loss}} \tag{8.10}$$

式中:$P_{ij}^{\mathrm{loss}}$ 为支路 $i$-$j$ 有功损耗;$R_{ij}^{\mathrm{loss}}$ 为与有功损耗对应的碳流率;$\rho_{ij}$ 为该支路的碳流密度。

对位于系统节点上的设备损耗,可将其视为该节点上的等效负荷,有

$$R_n^{\mathrm{loss}} = e_n^{\mathrm{N}} P_n^{\mathrm{loss}} \tag{8.11}$$

式中:$P_n^{\mathrm{loss}}$ 和 $R_n^{\mathrm{loss}}$ 分别为节点 $n$ 处的有功损耗和与之对应的碳流率。

需要说明的是:与电能不同,碳流本身并非电力用户所需求的商品,而是附带于电能的额外成本,故商品在传输过程中存在损耗,而成本不存在损耗的概念。因此,此处采用与网损对应的碳流率或网损碳流率,而不采用“碳损”的说法,这一点与网损的概念不同。

网损计算与处理方法属于潮流计算的内容,在碳流计算与分析中不对网损计算做过多的分析与讨论。

### 8.2.3 碳排放流指标与交/直流潮流计算指标之间的对应关系

前面提出的碳排放流指标列于表 8.1 中进行综合分析。从表 8.1 中可以看出,碳流量与碳流率间存在时间的微分关系,在电力系统基于交流或直流的潮流分析中,电量和有功潮流间也存在这种关系,通过与支路碳流密度进行关联,这两对物理量具有对应关系。

**表 8.1　碳排放流与交/直流潮流计算指标之间的对应关系**

| 名称 | 单位 | 物理意义 | 潮流分析中的对应指标 | 适用范围 |
|---|---|---|---|---|
| 支路碳流量 | $kgCO_2$ | 一定时间内系统为维持有功潮流而在发电厂产生的碳排放累积量 | 支路传输电量 | 交/直流潮流 |
| 支路/节点碳流率 | $kgCO_2/s$ | 单位时间内系统为维持有功潮流而在发电厂产生的碳排放量 | 支路有功功率 | 交/直流潮流 |
| 支路碳流密度 | $kgCO_2/(kW \cdot h)$ | 支路中单位时间内随单位有功潮流通过的碳流量 | — | 交/直流潮流 |
| 节点碳势 | $kgCO_2/(kW \cdot h)$ | 在节点处消费单位电量对应发电环节的碳排放量 | — | 交/直流潮流 |
| 机组碳势 | $kgCO_2/(kW \cdot h)$ | 机组生产单位电量的碳排放量 | — | 交/直流潮流 |
| 网损碳流率 | $kgCO_2/s$ | 支路中单位时间内由有功损耗造成发电环节的碳排放量 | 有功网损 | 交流潮流 |

综上所述，碳排放流指标中支路碳流量、支路/节点碳流率、支路碳流密度、机组碳势、节点碳势和网损碳流率构成了电力系统碳排放流分析的理论基础。碳排放流分析与传统的电力系统交/直流潮流分析和碳排放分析三者的关系如图 8.3 所示。

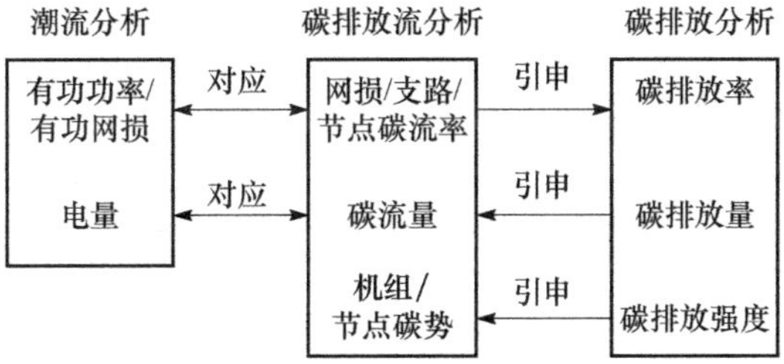


图 8.3　碳排放流理论与交/直流潮流分析和碳排放分析的关系图

从图 8.3 中可以看出，碳排放流分析中支路/节点/网损碳流率、碳流量与潮流分析中的有功功率/有功网损和电量彼此对应，均具有明确的物理意义。

在传统的碳排放分析中，碳流量由碳排放量的概念引申得到，而碳流率反向引申出碳排放率(系统单位时间碳排放量)的概念。在现有的碳排放分析基础上，由于宏观分析法计算周期长，时间尺度单一，因此碳排放率的概念并未广泛应用，而通过碳排放流理论的连接，电力系统碳排放的研究在时间尺度上得到拓展，依靠电力潮流与发电环节的数据支撑，碳排放流分析从秒、分钟、小时到年均可覆盖。

除机组碳势外，节点碳势可视为传统碳排放分析中发电碳排放强度的引申，通过碳排放流分析理论的连接,电网各个节点的电力消费碳排放强度便可通过计算得到,碳排放流分析理论使得电力系统碳排放在空间尺度上具有明确的物理内涵和研究意义。

另外,在交流潮流分析中网损不可忽略。在碳流概念提出之前,针对网损的碳排放计算只能基于电力系统平均发电碳排放强度和平均网损率估算得到,此方法相对粗略,无法考虑系统中流过不同线路的电能的差异。基于网损碳流率的概念,电力系统中由网损产生的碳排放量可以分摊到每一条线路,得到精确的统计。

综上所述,基于电力系统碳排放流理论,电力系统碳排放的分析方法在时间和空间层面均得到扩充,有效克服了宏观分析法的局限性。

## 8.3 基于交/直流潮流计算的碳排放流分析

借鉴电力系统潮流分析的理论基础,在本章接下来的内容中将讨论碳排放流计算及其与潮流计算间的联系,结合碳排放流的基础与性质,提出电力系统碳排放流的基本计算方法,以满足低碳电力相关问题的研究需要。

### 1. 基于交/直流潮流的碳排放流计算的本质与影响因素

电力系统交/直流潮流计算的本质是根据给定的运行条件和网络结构确定整个系统的运行状态。与潮流计算对应,电力系统碳排放流计算的本质是根据潮流分布定量确定系统碳排放的流动状态,以便辨识电力系统中碳排放的脉络。

交/直流潮流分析与碳排放流分析间存在以下联系和区别[7]:首先,碳排放流依附于潮流存在,影响系统潮流分布的因素均会对碳排放流分布产生影响,如网络拓扑、线路和变压器阻抗、机组出力和节点负荷等因素;其次,碳排放流与发电机组的碳排放特性相关,具有自身独特的流动性质。电力系统碳排放流分布除受潮流分布的约束外,还受其他与碳排放相关参数的影响。

因此,在电力系统碳排放流的计算过程中,既要考虑系统运行的潮流分布及其边界条件,又要考虑系统中各发电机组的碳排放特性。

### 2. 交/直流潮流计算与碳排放流计算的关系

潮流分析侧重于研究电力系统的运行方式;碳排放流侧重于分析电力系统碳成本的生产和转移。碳排放流计算基于已平衡的系统潮流,因此碳排放流的计算体系与潮流计算有所区别。

第一,在潮流计算中,为保证全系统的功率平衡,需要设立平衡节点。由于碳排放流与潮流一一对应，因此当系统的电力电量供需平衡时，碳排放流的注入与流出必然平衡。由此，基于已达稳态平衡的系统潮流分布进行碳排放流计算时，无须另设平衡节点。

第二，因碳排放流计算需基于潮流计算的结果展开，两者存在因果关系。当潮流计算完成时，系统中各个节点的所有变量均为已知，系统中各种节点的有功功率和无功功率在碳排放流计算中不存在已知量的差异，因此潮流计算中的节点分类对碳排放流计算无影响。

第三，电力系统潮流分析方法可分为交流潮流和直流潮流两大类，两者在计算结果上的区别主要体现在无功功率分布和网损分布上。相比交流潮流，直流潮流算法不考虑系统中无功功率的分布以及网络中的有功损耗。根据前面的分析，电力系统碳排放流仅与系统有功功率相关，并且支路网损和节点设备损耗可视为线路中间和节点上的等效负荷，所以基于不同潮流计算方法的碳排放流计算方法并无本质区别。实际上，碳排放流计算基于已经得到的潮流计算结果展开，当系统潮流分布确定时，碳排放流分布将被唯一确定。简洁起见，后续内容中对潮流计算的选择将取决于电力系统分析的实际问题。在计算精度要求不高的领域采用基于直流潮流的碳排放流计算，在直流潮流计算不适用的领域(如配电网优化运行)，采用基于交流潮流的碳排放流计算。

综上所述，交/直流潮流计算是碳排放流计算的基础，同时两者在计算体系上有所区别。碳排放流计算的目标是获得系统中碳排放流从发电环节注入系统，流经电网至用户侧的脉络。发电环节的机组碳势可根据机组参数直接得到，无须基于碳排放流求解，则电力系统碳排放流的具体求解目标可归纳为各支路的碳流密度、各节点的碳势、支路碳流率、负荷碳流率和系统网损碳流率。而求解碳排放流的已知条件，除系统拓扑和机组参数外，还有基于交/直流潮流计算得到的系统稳态潮流分布。根据电力系统的不同环节进行分类，整理得到表 8.2 所示内容。

**表 8.2　碳排放流计算的已知量和求解目标**

| 环节 | 已知条件 | 求解目标 |
| --- | --- | --- |
| 电网环节 | 系统潮流稳态分布 | 节点碳势<br>支路碳流率<br>网损碳流率 |
| 发电环节 | 发电机接入系统的位置<br>注入功率<br>机组碳势 | — |
| 用电环节 | 负荷在系统中的位置<br>负荷功率 | 负荷碳流率 |

# 8.4　电力系统碳排放流的矩阵计算方法

根据碳排放流的性质，当某节点的碳势已知时，对所有从该节点流出有功潮流的支路，这些支路上潮流的碳流密度均与该节点碳势相等。当系统中所有节点的碳势均为已知时，所有支路的碳流率可通过支路起始节点的碳势和支路潮流求得。若系统中各节点的碳势均可通过计算得到，则各条支路乃至关键断面的碳流率和碳流量均为可求。因此，系统各节点的碳势应为碳排放流计算的首要目标。为提出系统的电力系统碳排放流计算方法，将首先建立基于矩阵形式的碳排放流计算体系。

## 8.4.1　矩阵形式碳排放流计算中的基本概念与定义

已知某系统具有 $N$ 个节点，$K$ 个发电机组，$M$ 个负荷，网络拓扑结构已知（非降阶的节点-支路关联矩阵已知），网络潮流分布已知。若不考虑系统网损，则可通过直流潮流等方法计算得到系统潮流分布。

为清晰地描述电力系统碳排放流，需在已有的电力系统潮流计算体系下提出如下新概念及其定义[11,12]，为形成电力系统碳排放流计算的基本方法奠定基础。

1）支路潮流分布矩阵

支路潮流分布矩阵为 $N$ 阶方阵，用 $\boldsymbol{P}_{\mathrm{B}}=(P_{\mathrm{B}ij})_{N\times N}$ 表示。定义该矩阵的目的是描述电力系统的有功潮流分布，从电力网络层面给定碳排放流分布的边界条件。该矩阵既包含电力网络的拓扑结构信息，又包含系统稳态有功潮流的分布信息。支路潮流分布矩阵中的元素具体定义为：

若节点 $i$ 与节点 $j$（$i,j=1,2,\cdots,N$）间有支路相连，定义从 $i$ 到 $j$ 为潮流的正方向（下同），且经此支路流入节点 $j$ 的正向有功潮流为 $p$，则 $P_{\mathrm{B}ij}=p$，$P_{\mathrm{B}ji}=0$；若流经该支路的有功潮流 $p$ 为反向潮流，则 $P_{\mathrm{B}ij}=0$，$P_{\mathrm{B}ji}=p$；其他情况下 $P_{\mathrm{B}ij}=P_{\mathrm{B}ji}=0$。注意：对于所有对角元素，有 $P_{\mathrm{B}ii}=0$。

2）机组拓扑分布矩阵

机组拓扑分布矩阵为 $K\times N$ 矩阵，用 $\boldsymbol{J}=(J_{ki})_{K\times N}$ 表示，表示发电机组分布和接入系统中的情况。机组拓扑分布矩阵中的元素具体定义为：

若第 $k$ 台机组接入系统第 $i$ 个节点（$k=1,2,\cdots,K$；$i=1,2,\cdots,N$），则 $J_{ki}=1$，否则 $J_{ki}=0$。

注意：$\boldsymbol{J}$ 矩阵只与系统结构和参数有关，与运行状态无关。

3）负荷拓扑分布矩阵

负荷拓扑分布矩阵为 $M\times N$ 矩阵，用 $\boldsymbol{L}=(L_{mi})_{M\times N}$ 表示，表征系统中节点负荷的分布情况。负荷拓扑分布矩阵中的元素具体定义为：

若系统第 $i$ 个节点中存在第 $m$ 个负荷($i=1,2,\cdots,N;m=1,2,\cdots,M$),则 $L_{mi}=1$,否则 $L_{mi}=0$。

注意:与 $\boldsymbol{J}$ 矩阵相同,$\boldsymbol{L}$ 矩阵也只与系统结构和参数有关,与运行状态无关。

4) 机组注入分布矩阵

机组注入分布矩阵为 $K\times N$ 矩阵,用 $\boldsymbol{P}_{\mathrm{G}}=(P_{\mathrm{G}kj})_{K\times N}$ 表示。定义该矩阵的目的是描述所有发电机组与电力系统的连接关系以及机组向系统中注入的有功功率,同时也是便于描述系统中发电机组产生碳排放流的边界条件。机组注入分布矩阵中的元素具体定义为:

若第 $k(k=1,2,\cdots,K)$ 台发电机组接入节点 $j$,且从该机组注入节点 $j$ 的有功潮流为 $p$,则 $P_{\mathrm{G}kj}=p$,否则 $P_{\mathrm{G}kj}=0$。

若系统中所有机组出力序列向量为$[P_1^{\mathrm{Ge}} \quad P_2^{\mathrm{Ge}} \quad \cdots \quad P_K^{\mathrm{Ge}}]$,则有

$$\boldsymbol{P}_{\mathrm{G}}=\mathrm{diag}\{[P_1^{\mathrm{Ge}} \quad P_2^{\mathrm{Ge}} \quad \cdots \quad P_K^{\mathrm{Ge}}]\}\boldsymbol{J} \tag{8.12}$$

式中:diag{ · }为向量对角化函数。

5) 负荷分布矩阵

负荷分布矩阵为 $M\times N$ 矩阵,用 $\boldsymbol{P}_{\mathrm{L}}=(P_{\mathrm{L}mj})_{M\times N}$ 表示。定义该矩阵的目的是描述所有用电负荷与电力系统的连接关系以及有功负荷量,以描述系统中电力用户消费碳排放流的边界条件。负荷分布矩阵中的元素具体定义为:

若节点 $j$ 是第 $m(m=1,2,\cdots,M)$ 个存在负荷的节点,且有功负荷为 $p$,则 $P_{\mathrm{L}mj}=p$,否则 $P_{\mathrm{L}mj}=0$。

若系统中负荷序列向量为$[P_1^{\mathrm{L}} \quad P_2^{\mathrm{L}} \quad \cdots \quad P_M^{\mathrm{L}}]$,则有

$$\boldsymbol{P}_{\mathrm{L}}=\mathrm{diag}\{[P_1^{\mathrm{L}} \quad P_2^{\mathrm{L}} \quad \cdots \quad P_M^{\mathrm{L}}]\}\boldsymbol{L} \tag{8.13}$$

6) 网损分布矩阵

网损分布矩阵为 $N$ 阶方阵,用 $\boldsymbol{P}_{\mathrm{BL}}=(P_{\mathrm{BL}ij})_{N\times N}$ 表示。定义该矩阵的目的是描述电力系统的有功网损分布。该矩阵包含系统稳态有功网损的分布信息。网损分布矩阵中的元素具体定义为:

若节点 $i$ 与节点 $j(i,j=1,2,\cdots,N)$ 间有支路相连,经此支路流入节点 $j$ 的正向有功潮流不为零且该支路上有功损耗为 $\Delta p$,则 $P_{\mathrm{BL}ij}=\Delta p$,$P_{\mathrm{BL}ji}=0$;若流经该支路的有功潮流为反向潮流,则 $P_{\mathrm{BL}ij}=0$,$P_{\mathrm{BL}ji}=\Delta p$;其他情况下 $P_{\mathrm{BL}ij}=P_{\mathrm{BL}ji}=0$。特别地,对于所有对角元素,$P_{\mathrm{BL}ii}(i=1,2,\cdots,N)$表示节点 $i$ 处的总有功损耗。若研究对象为无损网络,则 $\boldsymbol{P}_{\mathrm{BL}}$ 为零矩阵。

7) 节点有功通量矩阵

节点有功通量矩阵为 $N$ 阶对角阵,用 $\boldsymbol{P}_{\mathrm{N}}=(P_{\mathrm{N}ij})_{N\times N}$ 表示。根据基尔霍夫电流定律,任何时刻对任意节点,所有流入、流出该节点的支路电流的绝对值相等,代数和恒等于 0。由此,在潮流分析中,任意节点的净注入功率均为 0。但在碳排放流计算中,节点碳势只受注入潮流的影响,从节点流出的潮流对节点碳势不产生影

响。因此，相比流经节点电流和潮流的代数和，碳排放流计算更关注考虑潮流方向下流入节点的有功潮流之和，称为节点有功通量。在潮流分析中，该概念未被使用和定义。在碳排放流计算中，此概念被用来描述系统中发电机组和其他节点对节点碳势的贡献。节点有功通量矩阵的元素具体定义为：

对于任一节点 $i$，令 $\Omega_i^+$ 表示有潮流流入节点 $i$ 的支路集合，$P_s$ 为支路 $s$ 的有功功率，则有

$$P_{\mathrm{N}ii}=\sum_{s\in\Omega_i^+}P_s+P_i^{\mathrm{Ge}} \tag{8.14}$$

式中：$P_i^{\mathrm{Ge}}$ 为接入节点 $i$ 的发电机组的有功出力（若该节点无发电机组或机组出力为 0，则 $P_i^{\mathrm{Ge}}=0$）。

注意：矩阵 $\boldsymbol{P}_{\mathrm{N}}$ 中所有非对角元素为 0，即 $P_{\mathrm{N}ij}=0(i\neq j)$。

根据支路潮流分布矩阵 $\boldsymbol{P}_{\mathrm{B}}$、机组注入分布矩阵 $\boldsymbol{P}_{\mathrm{G}}$、网损分布矩阵 $\boldsymbol{P}_{\mathrm{BL}}$ 和节点有功通量矩阵 $\boldsymbol{P}_{\mathrm{N}}$ 的定义，矩阵 $\boldsymbol{P}_{\mathrm{N}}$ 的第 $i$ 行对角元素等于矩阵 $\boldsymbol{P}_{\mathrm{B}}$ 和矩阵 $\boldsymbol{P}_{\mathrm{G}}$ 第 $i$ 列元素之和减去 $\boldsymbol{P}_{\mathrm{BL}}$ 矩阵的第 $i$ 列元素之和。

令 $\boldsymbol{P}_{\mathrm{Z}}=\begin{bmatrix}\boldsymbol{P}_{\mathrm{B}}-\boldsymbol{P}_{\mathrm{BL}}\\ \boldsymbol{P}_{\mathrm{G}}\end{bmatrix}$，有

$$\boldsymbol{P}_{\mathrm{N}}=\mathrm{diag}\{\zeta_{N+K}\cdot\boldsymbol{P}_{\mathrm{Z}}\} \tag{8.15}$$

式中：$\zeta_{N+K}$ 为 $N+K$ 阶行向量，向量中所有元素均为 1。

式(8.15)表明，当电力系统的 $\boldsymbol{P}_{\mathrm{B}}$ 矩阵、$\boldsymbol{P}_{\mathrm{L}}$ 矩阵、$\boldsymbol{P}_{\mathrm{G}}$ 矩阵以及 $\boldsymbol{P}_{\mathrm{BL}}$ 矩阵已知时，$\boldsymbol{P}_{\mathrm{N}}$ 矩阵可通过式(8.14)与式(8.15)直接生成。

8) 机组碳势向量

不同发电机组具有不同的碳势，在碳排放流计算中为已知条件，可组成系统的发电机组碳势向量。设第 $k(k=1,2,\cdots,K)$ 台发电机组的碳势为 $e_k^{\mathrm{Ge}}$，则机组碳势向量可表示为

$$\boldsymbol{E}_{\mathrm{G}}=[e_1^{\mathrm{Ge}}\quad e_2^{\mathrm{Ge}}\quad\cdots\quad e_K^{\mathrm{Ge}}]^{\mathrm{T}} \tag{8.16}$$

9) 节点碳势向量

电力系统碳排放流的首要计算目标为所有节点的碳势。设第 $i(i=1,2,\cdots,N)$ 个节点的碳势为 $e_i^{\mathrm{N}}$，则节点碳势向量可表示为

$$\boldsymbol{E}_{\mathrm{N}}=[e_1^{\mathrm{N}}\quad e_2^{\mathrm{N}}\quad\cdots\quad e_N^{\mathrm{N}}]^{\mathrm{T}} \tag{8.17}$$

10) 支路碳流率分布矩阵

计算得到节点碳势向量后，可进一步得到系统各个支路的碳流率。由此定义支路碳流率分布矩阵，用 $\boldsymbol{R}_{\mathrm{B}}=(R_{\mathrm{B}ij})_{N\times N}$ 表示。

支路碳流率分布矩阵元素定义与支路潮流分布矩阵相似。若节点 $i$ 和节点 $j$ $(i,j=1,2,\cdots,N)$ 间有支路相连，且经此支路从节点 $i$ 到节点 $j$ 流过正向碳流率为 $R$，则 $R_{\mathrm{B}ij}=R$，$R_{\mathrm{B}ji}=0$；若流经该支路的碳流率 $R$ 为反向碳流率，则 $R_{\mathrm{B}ij}=0$，$R_{\mathrm{B}ji}=$

$R$；其他情况下 $R_{Bij}=R_{Bji}=0$。注意：对于所有对角元素，有 $R_{Bii}=0$。

根据支路碳流率的定义可知 $R_{Bij}=P_{Bij}\cdot e_i^N$，写成矩阵形式可得

$$\boldsymbol{R}_B=\mathrm{diag}\{\boldsymbol{E}_N\}\cdot\boldsymbol{P}_B \tag{8.18}$$

11）负荷碳流率向量

计算得到节点碳势向量后，结合负荷分布矩阵，可得所有负荷对应的碳流率。物理意义为发电侧为了供应节点负荷单位时间产生的碳排放量。对于第 $m(m=1,2,\cdots,M)$ 个存在负荷的节点，设与其节点负荷相对应的碳流率为 $R_{Lm}$，则负荷碳流率向量可表示为

$$\boldsymbol{R}_L=[R_{L1}\quad R_{L2}\quad\cdots\quad R_{LM}]^T \tag{8.19}$$

根据负荷碳流率的定义，有

$$\boldsymbol{R}_L=\boldsymbol{P}_L\cdot\boldsymbol{E}_N \tag{8.20}$$

12）网损碳流率分布矩阵

网损碳流率分布矩阵为 $N$ 阶方阵，用 $\boldsymbol{R}_{BL}=(R_{BLij})_{N\times N}$ 表示。定义该矩阵的目的是描述电力系统中与网损相对应的碳流率分布。该矩阵中的元素定义与网损分布矩阵类似，具体为：

若节点 $i$ 与节点 $j(i,j=1,2,\cdots,N)$ 间有支路相连，且经此支路流入节点 $i$ 的正向碳流率不为零且该支路上由有功损耗产生的碳流率损耗为 $\Delta R$，则 $R_{BLij}=\Delta R$，$R_{BLji}=0$；若流经该支路的有功潮流为反向潮流，则 $R_{BLij}=0$，$R_{BLji}=\Delta R$；其他情况下 $R_{BLij}=R_{BLji}=0$。特别地，对于所有对角元素，$R_{BLii}$ 表示节点 $i$ 处的有功损耗相对应的网损碳流率。

### 8.4.2　节点碳势的计算方法

由节点碳势的定义，针对系统中的节点 $i$，其碳势 $e_i^N$ 应为

$$e_i^N=\frac{\sum\limits_{s\in\Omega_i^+}P_s\rho_s+P_i^{Ge}e_i^{Ge}}{\sum\limits_{s\in\Omega_i^+}P_s+P_i^{Ge}} \tag{8.21}$$

式(8.21)的物理意义为：节点 $i$ 的碳势由接入该节点的发电机组产生的碳排放流和从其他节点流入该节点的碳排放流共同作用决定。其中，等号右侧分子和分母的含义分别为节点 $i$ 受上述两类节点的碳排放流和潮流的贡献。根据碳排放流的性质，支路碳流密度 $\rho_s$ 可由支路始端节点碳势替代，将式(8.21)改写为以下矩阵形式：

$$e_i^N=\frac{\boldsymbol{\eta}_N^{(i)}\cdot(\boldsymbol{P}_B^T\cdot\boldsymbol{E}_N+\boldsymbol{P}_G^T\cdot\boldsymbol{E}_G)}{\sum\limits_{v=1}^{N}P_{Bvi}+\sum\limits_{t=1}^{K}P_{Gti}} \tag{8.22}$$

式中：$\boldsymbol{\eta}_N^{(i)}=[0\quad 0\quad \cdots\quad 1\quad \cdots\quad 0]$，为 $N$ 维行向量。其中，除第 $i$ 个元素为 1 外，其他元素都为 0。

根据节点有功通量矩阵的定义，可得

$$\sum_{v=1}^{N} P_{\mathrm{B}vi}+\sum_{k=1}^{K} P_{\mathrm{G}ki}=\boldsymbol{\eta}_N^{(i)}\cdot \boldsymbol{P}_{\mathrm{N}}\cdot(\boldsymbol{\eta}_N^{(i)})^{\mathrm{T}} \tag{8.23}$$

根据式(8.22)和式(8.23)，可得

$$\boldsymbol{\eta}_N^{(i)}\cdot \boldsymbol{P}_{\mathrm{N}}\cdot(\boldsymbol{\eta}_N^{(i)})^{\mathrm{T}}\cdot e_i^{\mathrm{N}}=\boldsymbol{\eta}_N^{(i)}\cdot(\boldsymbol{P}_{\mathrm{B}}^{\mathrm{T}}\cdot \boldsymbol{E}_{\mathrm{N}}+\boldsymbol{P}_{\mathrm{G}}^{\mathrm{T}}\cdot \boldsymbol{E}_{\mathrm{G}}) \tag{8.24}$$

考虑到 $\boldsymbol{P}_{\mathrm{N}}$ 矩阵为对角阵，将式(8.24)扩充至全系统维度，可得

$$\boldsymbol{P}_{\mathrm{N}}\cdot \boldsymbol{E}_{\mathrm{N}}=\boldsymbol{P}_{\mathrm{B}}^{\mathrm{T}}\cdot \boldsymbol{E}_{\mathrm{N}}+\boldsymbol{P}_{\mathrm{G}}^{\mathrm{T}}\cdot \boldsymbol{E}_{\mathrm{G}} \tag{8.25}$$

将式(8.25)进行整理后，可得系统节点的碳势计算公式为

$$\boldsymbol{E}_{\mathrm{N}}=(\boldsymbol{P}_{\mathrm{N}}-\boldsymbol{P}_{\mathrm{B}}^{\mathrm{T}})^{-1}\cdot \boldsymbol{P}_{\mathrm{G}}^{\mathrm{T}}\cdot \boldsymbol{E}_{\mathrm{G}} \tag{8.26}$$

### 8.4.3　基于交流潮流的网损碳流率计算方法

在基于直流潮流的碳排放流计算中不存在网损碳流率的计算问题，因此当系统中所有节点的碳势由式(8.26)求取后，根据式(8.18)和式(8.20)即可计算系统中所有支路的碳流率及负荷对应的碳流率。

当碳排放流计算基于交流潮流计算时，支路网损分布矩阵 $\boldsymbol{P}_{\mathrm{BL}}$ 不为零。当系统中所有节点的碳势由式(8.26)求取后，可根据支路网损碳流率分布矩阵的定义计算网损碳流率分布矩阵：

$$\boldsymbol{R}_{\mathrm{BL}}=\mathrm{diag}\{\boldsymbol{E}_{\mathrm{N}}\}\cdot \boldsymbol{P}_{\mathrm{BL}} \tag{8.27}$$

注意：支路潮流分布矩阵中的元素统一定义为流入节点的有功功率(即流出支路的有功功率)，因此在构建 $\boldsymbol{P}_{\mathrm{B}}$ 矩阵时，已经排除了由潮流计算方法不同产生的网损的差异。在同样的边界条件下，基于交/直流潮流计算得到的碳排放流计算矩阵存在差异，但无论基于何种潮流计算方法，碳排放流计算中节点碳势的计算步骤是统一的。

### 8.4.4　计算过程中的矩阵求逆问题分析

由于式(8.26)中需要对 $\boldsymbol{P}_{\mathrm{N}}-\boldsymbol{P}_{\mathrm{B}}^{\mathrm{T}}$ 求逆，本节主要讨论 $\boldsymbol{P}_{\mathrm{N}}-\boldsymbol{P}_{\mathrm{B}}^{\mathrm{T}}$ 的可逆性。

若系统为连通网络，且稳态时电力系统所有线路中均存在有功潮流，则 $\boldsymbol{P}_{\mathrm{N}}$ 中所有对角元素均不为 0。因为 $\boldsymbol{P}_{\mathrm{B}}$ 矩阵所有对角元素为 0，所以 $\boldsymbol{P}_{\mathrm{N}}-\boldsymbol{P}_{\mathrm{B}}^{\mathrm{T}}$ 的对角元素与 $\boldsymbol{P}_{\mathrm{N}}$ 对角元素相同。若 $\boldsymbol{P}_{\mathrm{N}}-\boldsymbol{P}_{\mathrm{B}}^{\mathrm{T}}$ 的下三角部分存在非零元素，则可从其第一列开始，从上到下，将该列所有非零元素通过线性变换消为零。根据 $\boldsymbol{P}_{\mathrm{B}}$ 矩阵的性质，$\boldsymbol{P}_{\mathrm{N}}-\boldsymbol{P}_{\mathrm{B}}^{\mathrm{T}}$ 的非对角位置若存在非零元素 $p_{\mathrm{N\text{-}B}ij}\neq 0$，则其对称位置必有 $p_{\mathrm{N\text{-}B}ij}=0$，则在下三角非零元素消去的过程中，不会改变对角元素的值。将此操作逐行逐列进行，可将 $\boldsymbol{P}_{\mathrm{N}}-\boldsymbol{P}_{\mathrm{B}}^{\mathrm{T}}$ 变换为上三角阵，而其对角元素不变。由此分析，$\boldsymbol{P}_{\mathrm{N}}-\boldsymbol{P}_{\mathrm{B}}^{\mathrm{T}}$ 的行列式

值即为对角线元素之积，其可逆性可以保证。

另外，若系统不连通(存在孤立节点)或者系统高度对称等使得稳态时与某一节点相连线路的潮流均为0，则 $\boldsymbol{P}_{\mathrm{N}}-\boldsymbol{P}_{\mathrm{B}}^{\mathrm{T}}$ 中相应的对角元素将出现零元素，使得其不可逆。为避免此类状况，应在计算前校验 $\boldsymbol{P}_{\mathrm{N}}$ 矩阵的对角元素，若存在零元素，应将零元素对应的节点和与该节点相连的机组及线路从电网中消去，更新所有计算矩阵和向量的值之后，再计算系统碳排放流分布。

### 8.4.5　整体算法框图

综上所述，电力系统碳排放流的矩阵分析法计算流程如图8.4所示。

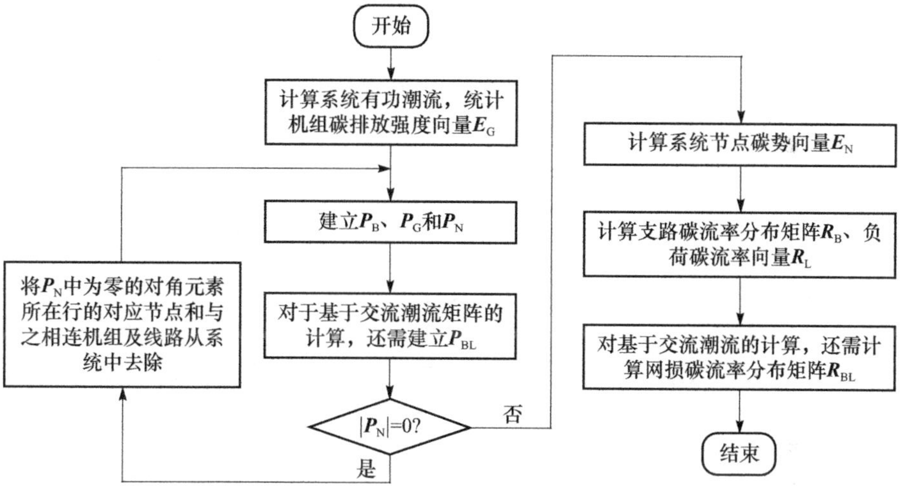


图8.4　电力系统碳排放流的矩阵分析法计算流程

### 8.4.6　算例分析

为了充分说明电力系统碳排放流的特点及计算方法，本章将主要列举两个算例。第1个算例为示例系统，考虑网损，主要展示电力系统碳排放流各项物理量间的关系与特点；第2个算例为IEEE-14节点标准系统，不计网损，主要用于验证电力系统碳排放流计算方法的合理性。

1. 示例系统分析

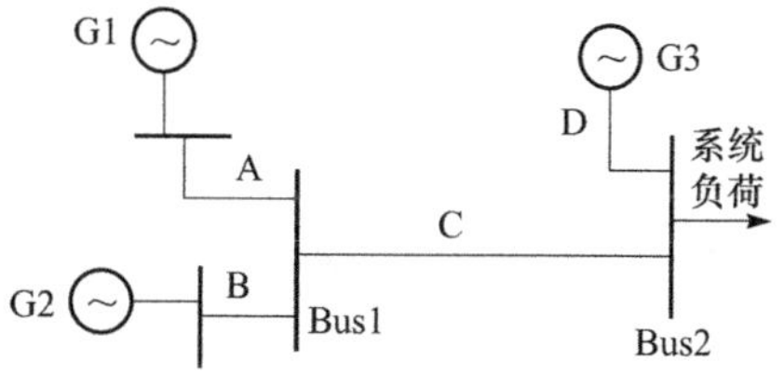


图8.5　电力系统碳排放流计算示例系统

本算例采用如图8.5所示的示例系统：系统中有两条母线，分别为Bus1和Bus2。系统负荷共由3个机组承担，其中G1为燃煤发电机组，总装机容量为600MW，机组碳势 0.85kg$CO_2$/(kW·h)；G2 为水电机组，总装机容量为 150MW，机组碳势为 0；G3 为燃气发电机组，总容量为 250MW，机组碳势为 0.5kg$CO_2$/(kW·h)。

设定典型日 96 点机组的出力累积曲线如图 8.6 所示。

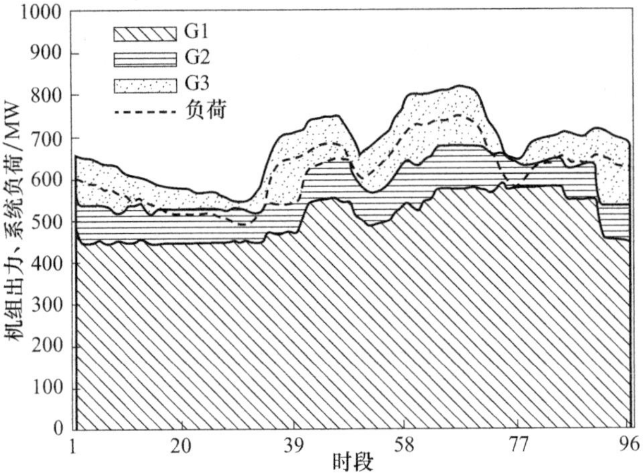


图 8.6　示例系统机组出力与负荷

选取 15:00(第 61 时段)的系统潮流数据进行分析，此时，三台机组 G1、G2、G3 的有功出力分别为 545MW、98MW、147MW。系统总负荷为 717MW。由此可知系统网损约为 73MW。支路 C 上有功潮流为 578MW。此时系统中碳排放流的分析结果分别如表 8.3 和表 8.4 所示。

**表 8.3　示例系统碳排放流分析结果**(支路部分)

| 支路 | 有功潮流/MW | 有功损耗/MW | 支路碳流率/($tCO_2$/h) | 支路碳流密度/[kg$CO_2$/(kW·h)] | 网损碳流率/($tCO_2$/h) |
|---|---|---|---|---|---|
| A | 520.69 | 27.40 | 442.59 | 0.85 | 23.29 |
| B | 94.56 | 3.94 | 0.00 | 0.00 | 0.00 |
| C | 578.34 | 36.92 | 415.83 | 0.72 | 26.55 |
| D | 138.51 | 8.84 | 69.26 | 0.50 | 4.42 |

**表 8.4　示例系统碳排放流分析结果**(节点部分)

| 节点 | 节点碳势/[kg$CO_2$/(kW·h)] |
|---|---|
| Bus1 | 0.72 |
| Bus2 | 0.68 |

从计算结果可以看出：

(1) 对于 A、B、D 三条支路，其各自的支路潮流均来自单一机组 G1、G2 和 G3，因此其支路碳流密度等于相应的机组碳势。同理，支路 C 上潮流来自 Bus1，支路碳流密度与 Bus1 节点碳势保持一致。

(2) 支路 C 上的潮流由支路 A 和支路 B 上潮流组成，受来自支路 B 零碳排放潮流的“稀释”效果影响，支路 C 上碳流密度小于支路 A，从 Bus2 碳势数值中同样可以看出这一点。

(3) 因各条支路均存在有功损耗，且有功损耗对应的碳流率的损耗为支路碳流密度和有功损耗之积，对于有功损耗和支路碳流密度均较高的支路 A 和支路 C，其网损碳流率显著高于其他两条支路。

进一步，选取支路 C，其全天碳流率变化曲线如图 8.7 所示(去除线损，碳流率为流出该支路的碳流率)。从图 8.7 可以看出，由于水电机组 G2 对系统没有碳排放贡献，且燃煤发电机组 G1 的碳势保持恒定，因网损影响较小，支路 C 的碳流率曲线形状与机组 G1 的有功出力曲线形状大体一致。

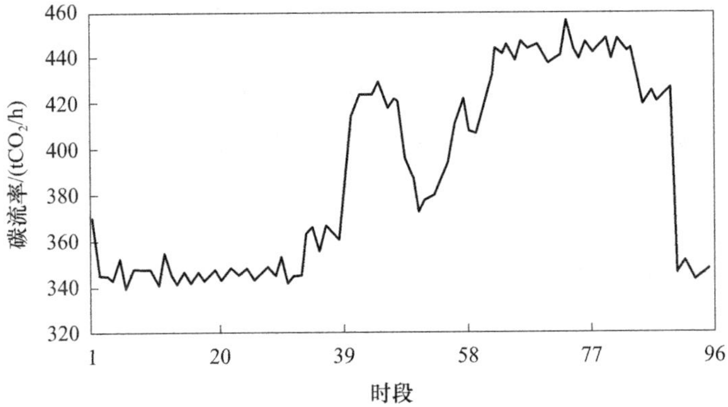


图 8.7　示例系统支路 C 碳流率变化曲线

支路 C 的碳流密度和母线 Bus2 碳势全天的变化曲线如图 8.8 所示。

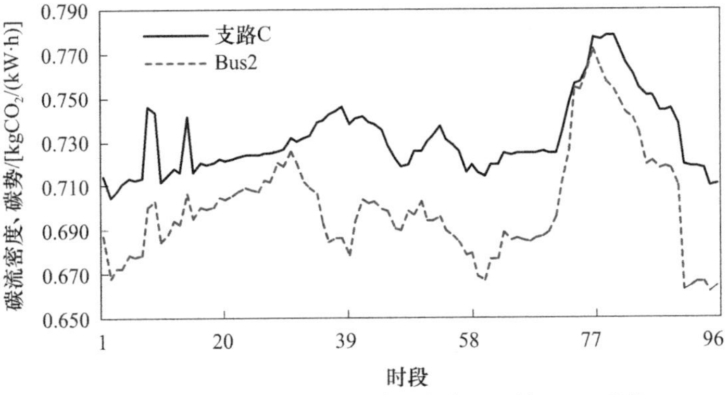


图 8.8　示例系统支路 C 的碳流密度和母线 Bus2 碳势

根据系统结构可知，Bus2 的节点碳势即为系统负荷电力消费的实时碳排放强度。从图 8.8 可以看出，由于燃气发电机组 G3 的存在，Bus2 的节点碳势始终低于支路C的碳流密度，清晰体现了机组G3出力对支路C碳流率的“稀释”效果。在第28和第77时段，机组G3接近零出力，使得Bus2的节点碳势约等于支路C的碳流密度。

选取3个典型时刻(00:15、9:30、19:00，分别对应第2、第39和第77时段)，对应的支路C的碳流率和两节点碳势如表8.5所示。

**表8.5　典型时刻系统中碳排放流指标对比**

| 时刻 | 支路C碳流率/($tCO_2$/h) | 节点碳势/[$kgCO_2$/(kW·h)] | |
|---|---|---|---|
| | | Bus1 | Bus2 |
| 00:15 | 369.29 | 0.71 | 0.67 |
| 09:30 | 360.10 | 0.74 | 0.68 |
| 19:00 | 447.16 | 0.78 | 0.78 |

表8.5中，碳排放流指标的大小取决于各个时刻系统的发电出力构成。当系统负荷较低时(00:15)，燃煤机组G1出力较小，使得支路C的碳流率和Bus1与Bus2的节点碳势较小；在系统负荷上升时(9:30)，机组G1出力增大，使系统碳排放流指标均有所上升；在负荷接近高峰的时刻(19:00)，系统碳排放流指标也上升到较大值。

2. 标准系统分析

本算例采用IEEE-14节点标准系统，且不考虑网络损耗，采用直流潮流计算。系统中各机组出力和各用户负荷，以及系统稳态有功潮流分布如图8.9所示，图中所有数值均为有功功率，单位为MW。

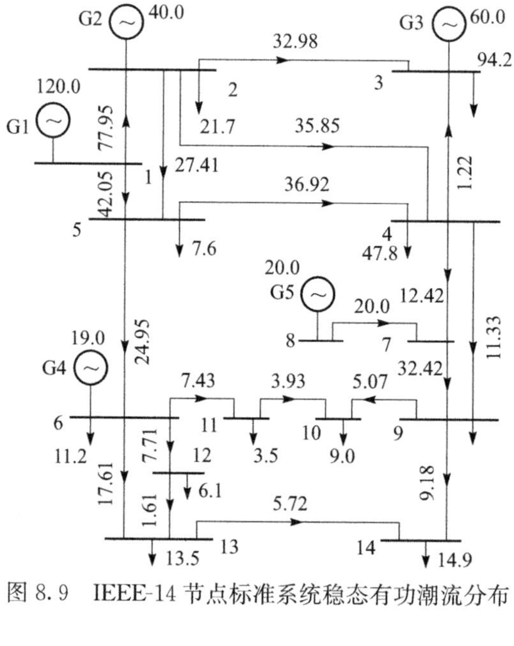

图8.9　IEEE-14节点标准系统稳态有功潮流分布

设定 G1 为燃煤发电机组，碳势较高，G2、G4 为燃气发电机组，碳势较低，G3、G5 为分布式风电和水电，碳势为 0。发电机组碳势向量如下[单位为 $gCO_2/(kW \cdot h)$]：

$$\boldsymbol{E}_G = [875.0 \quad 525.0 \quad 0 \quad 520.0 \quad 0]^T \tag{8.28}$$

由直流潮流计算结果可形成 $\boldsymbol{P}_B$、$\boldsymbol{P}_G$、$\boldsymbol{P}_N$、$\boldsymbol{P}_L$ 矩阵，此处不再赘述。

根据图 8.9 中的稳态潮流计算结果，校验得到 $\boldsymbol{P}_N \neq \boldsymbol{0}$，可根据式(8.12)～式(8.26)计算所有节点的有功通量、碳势和负荷碳流率，如表 8.6 所示。

**表 8.6　标准系统碳排放流计算结果**(节点部分)

| 节点 | 节点有功通量 /MW | 节点碳势 /[$kgCO_2/(kW \cdot h)$] | 负荷碳流率 /($tCO_2/h$) | 机组注入碳流率 /($tCO_2/h$) |
|---|---|---|---|---|
| 1 | 120.00 | 0.875 | 0.00 | 105.00 |
| 2 | 117.95 | 0.756 | 16.41 | 21.00 |
| 3 | 94.20 | 0.275 | 25.91 | 0.00 |
| 4 | 72.77 | 0.793 | 37.89 | 0.00 |
| 5 | 69.46 | 0.828 | 6.29 | 0.00 |
| 6 | 43.95 | 0.695 | 7.78 | 9.87 |
| 7 | 32.42 | 0.304 | 0.00 | 0.00 |
| 8 | 20.00 | 0.000 | 0.00 | 0.00 |
| 9 | 43.75 | 0.430 | 12.70 | 0.00 |
| 10 | 9.00 | 0.546 | 4.91 | 0.00 |
| 11 | 7.43 | 0.695 | 2.43 | 0.00 |
| 12 | 7.71 | 0.695 | 4.24 | 0.00 |
| 13 | 19.22 | 0.695 | 9.38 | 0.00 |
| 14 | 14.90 | 0.532 | 7.93 | 0.00 |

观察表 8.6 中的结果，流入节点 1、8、11 和 12 的潮流仅来源于某一台机组或某一个与之相邻的节点。因此，这些节点的节点碳势应与其上游提供有功潮流的发电机组或节点的碳势保持一致。从发电机组 G1～G5 出发，根据潮流流向逐个计算所有节点的碳势，所得结果与上述结果一致。可验证该算法的正确性。此外，系统注入碳流率与系统流出碳流率总和相等，均等于 135.87$tCO_2/h$，这说明基于已平衡的潮流计算得到的碳排放流自动平衡。

结合支路有功潮流和支路碳流密度，可计算支路碳流率分布矩阵 $\boldsymbol{R}_B$，得到所有支路的碳流率，计算结果如表 8.7 所示。

**表 8.7　标准系统碳排放流计算结果(支路部分)**

| 起始节点 $i$ | 终止节点 $j$ | 支路有功潮流/MW | 支路碳流密度/[kg$CO_2$/(kW·h)] | 支路碳流率/(t$CO_2$/h) |
|---|---|---|---|---|
| 1 | 2 | 77.95 | 0.875 | 68.21 |
| 1 | 5 | 42.05 | 0.875 | 36.79 |
| 2 | 3 | 32.98 | 0.756 | 24.94 |
| 2 | 4 | 35.85 | 0.756 | 27.11 |
| 2 | 5 | 27.41 | 0.756 | 20.73 |
| 4 | 3 | 1.22 | 0.793 | 0.97 |
| 5 | 4 | 36.92 | 0.828 | 30.58 |
| 4 | 7 | 12.42 | 0.793 | 9.85 |
| 4 | 8 | 11.33 | 0.793 | 8.98 |
| 5 | 6 | 24.95 | 0.828 | 20.66 |
| 6 | 11 | 7.43 | 0.695 | 5.16 |
| 6 | 12 | 7.71 | 0.695 | 5.36 |
| 6 | 13 | 17.61 | 0.695 | 12.24 |
| 8 | 7 | 20.00 | 0.000 | 0.00 |
| 7 | 9 | 32.42 | 0.304 | 9.85 |
| 9 | 10 | 5.07 | 0.430 | 2.18 |
| 9 | 14 | 9.18 | 0.430 | 3.95 |
| 11 | 10 | 3.93 | 0.695 | 2.73 |
| 12 | 13 | 1.61 | 0.695 | 1.12 |
| 13 | 14 | 5.72 | 0.695 | 3.98 |

本节通过单时段算例验证了计算方法的正确性和有效性。若针对多时段问题进行类似分析,上述方法可得到系统中不同节点碳势在不同时段的变化过程。在短时间尺度内,有助于指导含低碳电源的运行决策,增强系统运行的低碳化水平;在长时间尺度内,可通过对各节点碳流量的统计对系统的碳排放进行更为细致的界定与低碳责任划分。

## 8.5　电力系统碳排放流的递推算法

在电力系统中,通过利用本地与相邻区域的信息交换,可实现系统较为快速的分析与控制。电力系统碳排放流计算也可以利用这种邻接特性,下面具体阐述。

由式(8.21)可知,电网中某一节点的碳势只与其注入节点(注入支路的首端节点)的碳势及注入支路的有功功率相关,即碳排放流指标的计算具有邻接特性。利用此邻接特性,可实现碳排放流的递推计算,提升碳排放流计算的速度。

### 8.5.1　递推算法的基本原理

由于电力系统碳排放流计算的邻接特性，在已知潮流分布结果的前提下，计算某一节点碳势时，只需要获取相邻节点的碳排放流结果即可，不需要知道网络中其他节点的碳排放流信息，如图 8.10 所示。根据潮流分布的结果，可以获得节点之间的连接关系。对于每一个节点，可以将与其相连的节点分为注入节点和流出节点两类，分别表示向该节点注入潮流的节点和从该节点注入潮流的节点，即该节点的“源”和“汇”。由式(8.21)可知，只有得到某一节点所有注入节点的碳势以后，才能求解该节点的碳势。而从全网看，发电机组是整个电网的注入，且发电机组的碳排放强度已知，因此发电机组的碳排放流信息可以作为递推计算的边界条件[13]。

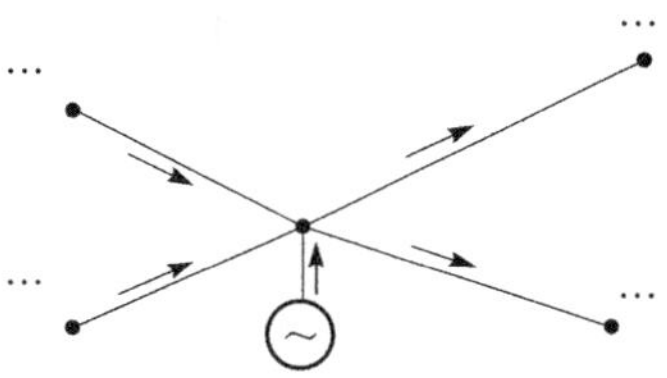


图 8.10　碳排放流的邻接特性示意图

⟶潮流流向；—电力线路

根据网络中的潮流分布，可以定义节点连接关系矩阵 $\bar{\mathbf{A}}$，其元素表达式为

$$\bar{A}_{ij}=\begin{cases}1, & \text{节点 } i \text{ 是节点 } j \text{ 的注入节点}\\ 0, & \text{其他}\end{cases} \tag{8.29}$$

根据节点连接关系矩阵 $\bar{\mathbf{A}}$，可以得到节点 $j$ 的注入节点集合：

$$\Omega_j=\{i \mid \bar{A}_{ij}=1\} \tag{8.30}$$

式中：$\Omega_j^{\mathrm{G}}$ 为向节点 $j$ 注入有功功率的发电机集合。因此可得到节点 $j$ 的碳势表达式为

$$e_j^{\mathrm{N}}=\frac{\sum\limits_{i\in\Omega_j}P_{\mathrm{B}ij}e_i^{\mathrm{N}}+\sum\limits_{k\in\Omega_j^{\mathrm{G}}}P_k^{\mathrm{Ge}}e_k^{\mathrm{Ge}}}{\sum\limits_{i\in\Omega_j}P_{\mathrm{B}ij}+\sum\limits_{k\in\Omega_j^{\mathrm{G}}}P_k^{\mathrm{Ge}}} \tag{8.31}$$

根据电力系统碳排放流的邻接特性，可以从与发电机相连的节点开始，采用递推的方式，依次求解网络中其他节点的碳势。每一次的递推过程中，若某一节点的所有注入节点碳势已知，则可求解得到该节点的碳势。因此，每次递推都可得到若干个节点的碳势。最终，通过有限次的递推，即可得到网络中全部节点的碳势。

每次递推过程，只需要依次轮询碳势未知的节点，碳势已知的节点作为该次递推的边界条件。因此，可定义节点集合 $\Pi_k$，表示第 $k$ 次递推开始前碳势未知的节点所组成的集合。定义该集合的大小，即碳势未知节点的个数为 $N_k$。每次递推过程中，只需要轮询集合 $\Pi_k$ 中的节点。

此外，在电力网络中，可能出现某些节点没有潮流流过的情况，这些节点称为悬空节点。由于悬空节点上没有潮流，这些节点对网络的碳排放流分布没有影响。

因此，在递推算法中可以将这些节点从网络中剔除，只计算除悬空节点以外的其他节点的碳势。这与 8.4 节的矩阵算法中需要剔除悬空节点以保证矩阵 $\boldsymbol{P}_{\mathrm{N}}-\boldsymbol{P}_{\mathrm{B}}^{\mathrm{T}}$ 的可逆性是一致的。

### 8.5.2 递推算法的计算流程

根据前面内容，可得到电力系统碳排放流递推算法的流程如图 8.11 所示[13]。

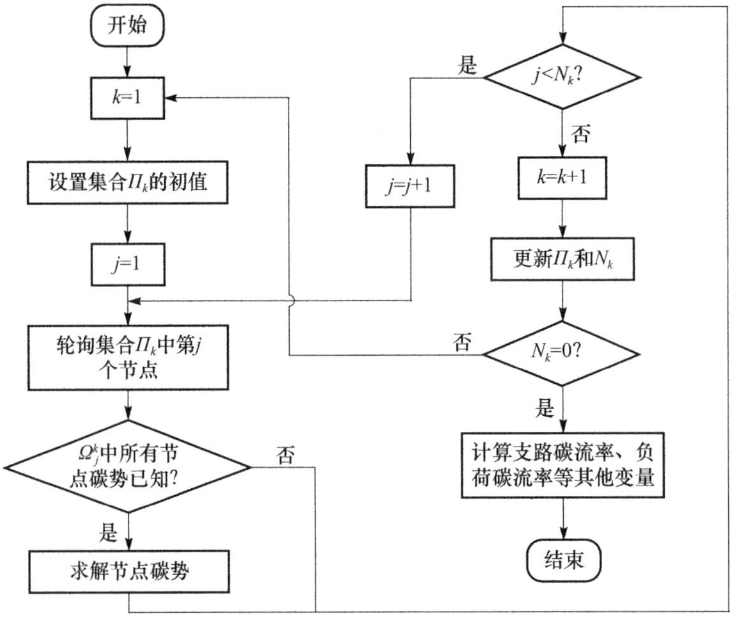


图 8.11 电力系统碳排放流递推算法的流程图

假设该电网中总共有 $N$ 个节点，其中悬空节点个数为 $M$，则递推算法的具体过程如下。

(1) 设置递推次数 $k$，并设置 $k$ 的初值为 1；设置集合 $\Pi_k$ 的初值为电网中除悬空节点外所有节点组成的集合，$N_k$ 的初值为 $N_1=N-M$。

(2) 按照集合 $\Pi_k$ 中节点编号的大小，依次轮询各节点，设置节点次序 $j$ 的初值为 1。

(3) 轮询集合 $\Pi_k$ 中第 $j$ 个节点：找到第 $j$ 个节点的注入节点集合 $\Omega_j^k$，若集合 $\Omega_j^k$ 中所有节点碳势已知，则根据式(8.31)计算节点 $j$ 的碳势，然后进入步骤(4)；若集合 $\Omega_j^k$ 中有节点碳势未知，则跳过本节点，进入步骤(4)；在第一次递推过程中，有可能出现 $\Omega_j^k=\varnothing$ 的情形，则说明只有发电机向该节点注入有功功率，此时同样可以根据式(8.31)计算该节点的碳势，该节点碳势等于向该节点注入有功功率的所有发电机组碳排放强度的加权平均值。

(4) 判断集合 $\Pi_k$ 是否还有节点未轮询到,即 $j<N_k$? 若是,则令 $j=j+1$,重复步骤(3),继续轮询下一个节点;否则,进入步骤(5)。

(5) 令 $k=k+1$,更新集合 $\Pi_k$ 及其大小 $N_k$。若 $N_k=0$,则所有节点的碳势都已求出,进入步骤(6);否则,进入步骤(2),进行下一次递推。

(6) 根据求得的所有节点碳势,求解网络中的支路碳流率、负荷碳流率等其他变量,计算结束。

### 8.5.3　算例分析

本节将分别以简单系统和大规模实际输电系统为例,说明递推算法的计算过程及计算结果。并将递推算法的结果与矩阵算法比较,说明该算法的有效性。

1. 简单系统中碳排放流的递推计算过程

发电机的碳排放强度及网络中的潮流分布给定以后,经过若干次的递推可求解得到全网中所有节点的碳势。

以图 8.12 所示的简单电力系统为分析对象,说明递推算法的计算过程。由于电力系统碳排放流计算的关键是求解节点碳势,因此此处只给出节点碳势的计算结果。图中箭头表示有功功率的分布,单位为 MW。发电机组 G1 和 G2 的碳排放强度分别为 0.8kg$CO_2$/(kW·h)和 0.5kg$CO_2$/(kW·h)。

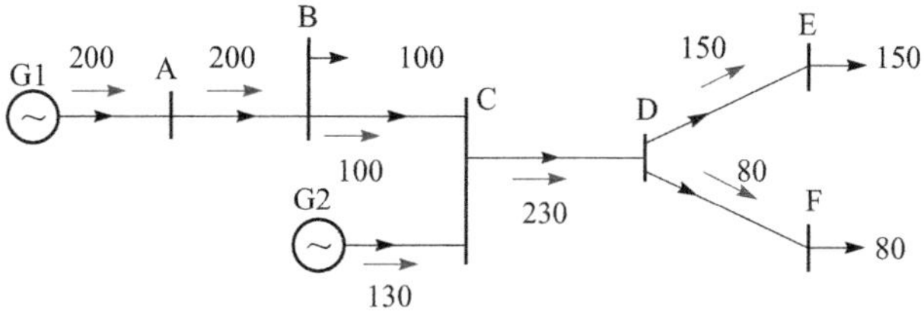


图 8.12　碳排放流计算示例系统

在某一时刻 $t$,初始状况下除发电机外其他节点处的碳流指标均未知。系统中碳排放流的分布可通过如下过程计算得到:

(1) 从节点 A 开始依次轮询各节点,在此次递推中节点 A 的碳势可以由式(8.31)求出,等于发电机组 G1 的碳排放强度,即 $e_A=0.8$kg$CO_2$/(kW·h),其他节点的碳势未知。集合 $\Pi_k=\{B,C,D,E,F\}$,进行下一次递推。

(2) 依次轮询节点 B～F,由于节点 A 的碳势已知,因此可以得到节点 B 的碳势:$e_B=0.8$kg$CO_2$/(kW·h)。由于在轮询节点 C 时,节点 B 的碳势仍然是未知的(集合 $\Pi_k$ 在每次递推结束后才更新),因此节点 C～F 的碳势仍然未知。更新集合 $\Pi_k$,进行下一次递推。

(3) 依次轮询节点 C～F,节点 C 的碳势可以根据节点 B 和发电机组 G2 的碳排放流信息获得，$e_C$＝0.63kg$CO_2$/(kW·h)。节点 D～F 的碳势仍然未知。更新集合 $\Pi_k$，进行下一次递推。

(4) 依次轮询节点 D～F，节点 D 的碳势可以根据节点 C 得到，$e_D$＝0.63kg$CO_2$/(kW·h)，节点 E、F 的碳势未知。更新集合 $\Pi_k$，进行下一次递推。

(5) 依次轮询节点 E、F，节点 E、F 的碳势可以根据节点 D 获得，$e_E$＝$e_F$＝0.63kg$CO_2$/(kW·h)。全部节点的碳势都已求出，求解结束。

节点碳势求出以后，可以得到网络中的碳排放流分布情况，包括支路碳流密度、支路碳流率、负荷碳流率、碳流量等指标。

2. 递推算法在大规模输电系统中的应用

电力系统碳排放流递推算法同样适用于大规模电力系统。下面分别通过 IEEE-24 节点标准系统和挪威 2383 节点标准系统进行说明。

首先，以 IEEE-24 节点标准系统为例，给出递推算法下节点碳势的计算结果。假设发电机组的碳排放强度和潮流分布已知，则节点碳势的递推计算过程如表 8.8 所示。

**表 8.8　IEEE-24 节点标准系统中节点碳势的递推计算过程**

[单位：kg$CO_2$/(kW·h)]

| 节点 | 递推次数 | | | | | | | | | |
|---|---|---|---|---|---|---|---|---|---|---|
| | 1 | 2 | 3 | 4 | 5 | 6 | 7 | 8 | 9 | 10 |
| 1 | — | — | — | — | 0.53 | 0.53 | 0.53 | 0.53 | 0.53 | 0.53 |
| 2 | — | — | — | — | 0.71 | 0.71 | 0.71 | 0.71 | 0.71 | 0.71 |
| 3 | — | — | — | 0.10 | 0.10 | 0.10 | 0.10 | 0.10 | 0.10 | 0.10 |
| 4 | — | — | — | — | — | — | — | — | 0.48 | 0.48 |
| 5 | — | — | — | — | — | — | — | — | 0.53 | 0.53 |
| 6 | — | — | — | — | — | — | — | — | 0.56 | 0.56 |
| 7 | — | — | — | — | — | — | — | — | — | 0.58 |
| 8 | — | — | — | — | — | — | — | — | 0.50 | 0.50 |
| 9 | — | — | — | — | — | — | — | 0.47 | 0.47 | 0.47 |
| 10 | — | — | — | — | — | — | — | 0.54 | 0.54 | 0.54 |
| 11 | — | — | — | — | — | — | 0.28 | 0.28 | 0.28 | 0.28 |
| 12 | — | — | 0.80 | 0.80 | 0.80 | 0.80 | 0.80 | 0.80 | 0.80 | 0.80 |
| 13 | — | 0.71 | 0.71 | 0.71 | 0.71 | 0.71 | 0.71 | 0.71 | 0.71 | 0.71 |
| 14 | — | — | — | — | — | 0.11 | 0.11 | 0.11 | 0.11 | 0.11 |
| 15 | — | — | 0.10 | 0.10 | 0.10 | 0.10 | 0.10 | 0.10 | 0.10 | 0.10 |
| 16 | — | — | — | — | 0.11 | 0.11 | 0.11 | 0.11 | 0.11 | 0.11 |
| 17 | — | — | — | 0.00 | 0.00 | 0.00 | 0.00 | 0.00 | 0.00 | 0.00 |
| 18 | — | — | 0.00 | 0.00 | 0.00 | 0.00 | 0.00 | 0.00 | 0.00 | 0.00 |
| 19 | — | — | — | — | 0.11 | 0.11 | 0.11 | 0.11 | 0.11 | 0.11 |

续表

| 节点 | 递推次数 | | | | | | | | | |
|---|---|---|---|---|---|---|---|---|---|---|
| | 1 | 2 | 3 | 4 | 5 | 6 | 7 | 8 | 9 | 10 |
| 20 | — | — | — | — | 0.53 | 0.53 | 0.53 | 0.53 | 0.53 | 0.53 |
| 21 | — | 0.00 | 0.00 | 0.00 | 0.00 | 0.00 | 0.00 | 0.00 | 0.00 | 0.00 |
| 22 | 0.00 | 0.00 | 0.00 | 0.00 | 0.00 | 0.00 | 0.00 | 0.00 | 0.00 | 0.00 |
| 23 | 0.84 | 0.84 | 0.84 | 0.84 | 0.84 | 0.84 | 0.84 | 0.84 | 0.84 | 0.84 |
| 24 | — | — | 0.10 | 0.10 | 0.10 | 0.10 | 0.10 | 0.10 | 0.10 | 0.10 |

注："—"代表在该次递推中该节点的碳势未知。

从表 8.8 中可以看出，经过 10 次递推过程即可以求得 IEEE-24 节点标准系统中所有节点的碳势，由此可以求得全网中碳排放流的分布。各节点的碳势一旦计算得到之后，即为该节点碳势的准确值，不存在多次迭代的过程，这一特性也可由图 8.12 中简单系统的计算过程看出。经过 10 次的递推以后，全网所有节点的碳势均可计算得到。

下面将所得结果与 8.4 节中的矩阵算法进行比较。矩阵算法所得到的各节点碳势结果如表 8.9 所示。对比表 8.9 与表 8.8 最后一列，可知递推算法与矩阵算法计算结果完全相同。

**表 8.9　矩阵算法下的节点碳势的计算结果**

| 节点 | 碳势/[$kgCO_2$/(kW·h)] | 节点 | 碳势/[$kgCO_2$/(kW·h)] |
|---|---|---|---|
| 1 | 0.53 | 13 | 0.71 |
| 2 | 0.71 | 14 | 0.11 |
| 3 | 0.10 | 15 | 0.10 |
| 4 | 0.48 | 16 | 0.11 |
| 5 | 0.53 | 17 | 0.00 |
| 6 | 0.56 | 18 | 0.00 |
| 7 | 0.58 | 19 | 0.11 |
| 8 | 0.50 | 20 | 0.53 |
| 9 | 0.47 | 21 | 0.00 |
| 10 | 0.54 | 22 | 0.00 |
| 11 | 0.28 | 23 | 0.84 |
| 12 | 0.80 | 24 | 0.10 |

为了进一步验证算法的有效性，本节采用 MATPOWER 软件包中的挪威电力系统进行测试，该系统一共包含 2383 个节点。具体计算过程与表 8.8 类似，不同递推次数下碳势未知的节点数的变化如图 8.13 所示。

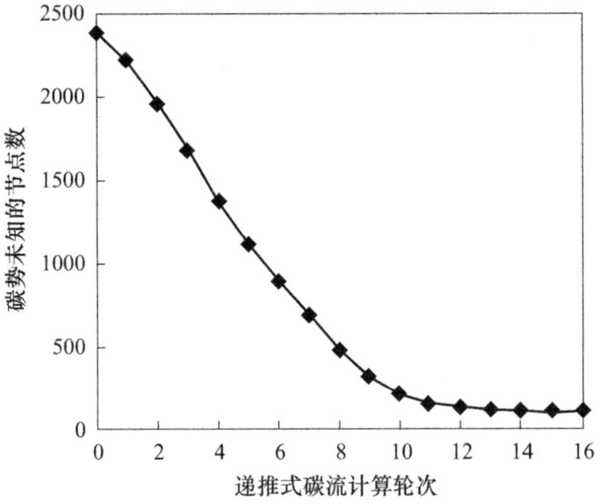


图 8.13　挪威 2383 节点标准系统中节点碳势的递推计算过程

从图 8.13 中可以看出，全网中大部分节点的碳势经过 15 次递推计算过程均已求得，但剩余 108 个节点的碳势在后面的轮次中均无法求出。经检查，发现剩余的 108 个节点均为悬空节点。在进行递推计算时可以直接将这些悬空节点去掉。基于挪威 2383 节点标准系统的算例分析可以充分表明递推算法在实际电力系统中的有效性。

## 8.6　递推算法与矩阵算法相结合的协同计算

### 8.6.1　递推算法与矩阵算法的适用性分析

递推算法充分利用了电力系统碳排放流的邻接特性，避免了大型电力系统中矩阵算法大规模矩阵的生成及运算。但是，该方法的每一次递推过程都需要获取注入节点的碳势，且只有全部注入节点的碳势都已知，才能得到该节点的碳势。因此，要求所实施的电网具有小世界网络特性[14]，即网络中任意两个节点间通过数目较少的支路即可建立联系。如果不属于小世界网络特性，则每次递推结束后可求解的节点数目较少，则需要多次递推才能求得全部节点的碳势。由于输电网的电压等级较高，一般具有小世界网络特性，覆盖范围广且输送功率大，因此递推算法适用于大部分输电网。

而配电网络往往具有辐射状网络结构，两个节点间的支路数目较多，由此会导致递推算法所需的递推次数较多，每次递推过程中需要轮询的节点数目也相应增加。因此，递推算法对配电网络的适用性弱于输电网络。另外，配电网络的覆盖范围一般较小，节点数目较少，因此适合采用矩阵算法进行计算，可以在避免递推算法多次递推的同时，充分计及本地负荷及分布式能源的碳排放特性。

### 8.6.2　协同计算方法

结合递推算法及矩阵算法的适用性分析结果，可以对电力系统碳排放流计算体系进行完善，进一步提出电力系统碳排放流的协同计算方法，如图 8.14 所示[13]。

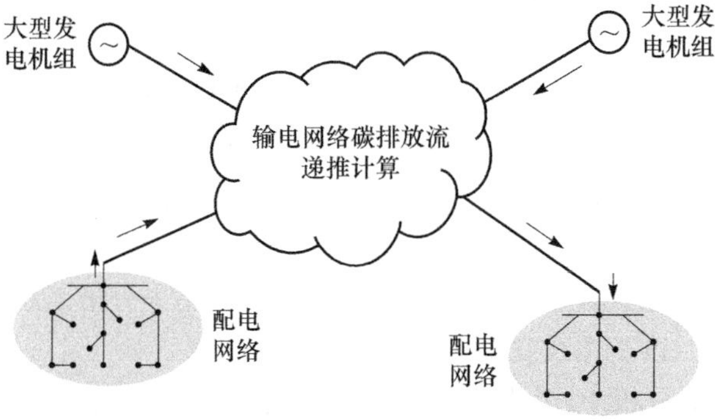


图 8.14　电力系统碳排放流的协同计算示意图[13]

⟶潮流流向；——电力线路

协同计算可考虑电网的结构特点，将递推算法与矩阵算法有机结合。首先，根据配电网与主网之间的功率交换方向及大小，判断配电网与主网之间的碳排放流计算次序。如果配电网向主网注入有功功率，那么可将该配电网看成主网的电源，反之则可看成主网的负荷。对于向主网注入有功功率的配电网，首先根据配电网中的分布式能源和传统火电机组的边界信息，采用矩阵算法计算配电网中的碳排放流分布。然后，将根节点的碳势和注入功率作为主网的边界条件，利用递推算法进行主网的碳排放流计算。对于从主网输入有功功率的配网，则根据主网的碳排放流计算结果，同样利用矩阵算法计算该配网中的碳排放流分布。因此，在碳排放流的协同计算流程中，将各地的配电网视为单独的子系统，采用矩阵算法进行碳排放流计算。而主网则采用递推算法。主网与配网之间通过根节点进行结果的传递与协调，即可得到全局网络中碳排放流的分布。碳排放流协同计算流程充分利用了递推算法和矩阵算法的优点，根据输电网和配电网的结构特点选择不同的算法，具有很好的实用性。

# 第9章　电力系统碳排放流的灵敏度分析

## 9.1　电力系统碳排放流灵敏度的主要分类

当电力系统运行状态给定时，通常还需要关注某些控制变量改变时引起的系统中其他变量的变化情况。例如，潮流分析的一个关注点就是系统中的机组对流过某支路的潮流或平衡某节点负荷的贡献，以便得到系统中负荷变化时为满足系统平衡且线路不过载需对某一台或某几台机组的调整量，这就需要进行相应的灵敏度分析[15]。电力系统灵敏度分析技术已经成功应用于分析系统安全稳定性[16]、可用输电能力[17,18]以及在线安全运行决策[19]等方面。

在碳排放流的分析中，电力系统的运行状态乃至系统结构改变所引起的碳排放流分布的变化规律同样需要研究，以便掌握电力系统碳排放的分摊依据，支撑相应的计算需要(如双边电量合约的结算)。

本章将参考直流潮流分布因子的定义和算法，建立基于直流潮流的碳排放流灵敏度的概念。对直流潮流灵敏度和碳排放流灵敏度的联系和区别进行讨论，进而得到碳排放流灵敏度的计算方法。

根据碳排放流计算体系中不同物理量间的变化关系，可有不同的碳排放流灵敏度指标。由于系统碳排放流的分布仅受系统潮流分布和机组碳势两方面的影响，根据自变量的不同，此处主要研究三类碳排放流灵敏度：机组碳势灵敏度、节点注入灵敏度和支路开断灵敏度[20]。

机组碳势灵敏度的含义是当系统潮流分布不变，仅发电机组碳势发生单位变化时所引起的支路碳流率、节点碳势等指标的变化。电力系统中发电机组出力不变而碳势变化的情况较为普遍：碳捕集电厂在碳捕集装置运行于不同状态时可实现机组出力不变而碳势改变；若将大型能源基地视为等效机组，其中风电、光伏与火电机组出力比例发生变化而总输出功率不变时，该等效机组的出力不变而碳势改变。

节点注入灵敏度的含义是当系统机组碳势不变而出力发生改变时系统碳排放流分布的变化情况。具体为当系统中出现节点注入功率发生波动时，系统中碳排放流分布的改变量。

支路开断灵敏度的含义是当系统节点注入功率和碳势均不发生变化而有支路发生开断时，系统碳排放流分布的变化情况。

除自变量外，碳排放流灵敏度在因变量上与直流潮流灵敏度也存在差异。直流潮流灵敏度仅关注运行边界发生改变时系统潮流分布的变化量，而碳排放流分布的变化既包含节点碳势的变化，又包含支路碳流率、负荷碳流率的变化。

## 9.2　机组碳势灵敏度分析

当系统中机组碳势改变而机组出力不变时，系统潮流分布不变，仅有支路和节点碳流率以及节点碳势随机组碳势的改变而变化。分析系统节点碳势随机组碳势的变化机理，进而得到系统中各机组碳势对系统碳排放流分布的影响规律，为机组碳势灵敏度的主要计算内容。根据因变量的不同，机组碳势灵敏度可分为机组碳势-节点碳势灵敏度、机组碳势-负荷碳流率灵敏度、机组碳势-支路碳流率灵敏度三类[20]。

### 1. 机组碳势-节点碳势变化分析

根据节点碳势的计算公式，当机组的碳势 $\boldsymbol{E}_{\mathrm{G}}$ 改变 $\Delta\boldsymbol{E}_{\mathrm{G}}$ 时，因系统潮流分布不变，易得节点碳势变化量 $\Delta\boldsymbol{E}_{\mathrm{N}}$ 为

$$\Delta\boldsymbol{E}_{\mathrm{N}}=(\boldsymbol{P}_{\mathrm{N}}-\boldsymbol{P}_{\mathrm{B}}^{\mathrm{T}})^{-1}\cdot\boldsymbol{P}_{\mathrm{G}}^{\mathrm{T}}\cdot\Delta\boldsymbol{E}_{\mathrm{G}}\tag{9.1}$$

因此，可得机组碳势-节点碳势灵敏度矩阵为

$$\boldsymbol{S}^{K\text{-}\mathrm{I}}=(\boldsymbol{P}_{\mathrm{N}}-\boldsymbol{P}_{\mathrm{B}}^{\mathrm{T}})^{-1}\cdot\boldsymbol{P}_{\mathrm{G}}^{\mathrm{T}}\tag{9.2}$$

式中：$\boldsymbol{S}^{K\text{-}\mathrm{I}}$为 $N\times K$ 矩阵，其中第 $i$ 行第 $k$ 列元素为节点 $i$ 的碳势对机组 $k$ 碳势变化的灵敏度。

### 2. 机组碳势-负荷碳流率变化分析

系统潮流分布不变，因此负荷碳流率的变化量 $\Delta\boldsymbol{R}_{\mathrm{L}}$ 仅取决于负荷所在节点碳势的变化：

$$\Delta\boldsymbol{R}_{\mathrm{L}}=\boldsymbol{P}_{\mathrm{L}}\cdot\Delta\boldsymbol{E}_{\mathrm{N}}\tag{9.3}$$

可得机组碳势-负荷碳流率灵敏度矩阵为

$$\boldsymbol{S}^{K\text{-}\mathrm{L}}=\boldsymbol{P}_{\mathrm{L}}\cdot(\boldsymbol{P}_{\mathrm{N}}-\boldsymbol{P}_{\mathrm{B}}^{\mathrm{T}})^{-1}\cdot\boldsymbol{P}_{\mathrm{G}}^{\mathrm{T}}\tag{9.4}$$

式中：$\boldsymbol{S}^{K\text{-}\mathrm{L}}$为 $M\times K$ 矩阵，其中第 $m$ 行第 $k$ 列元素为位于节点 $m$ 的负荷碳流率对机组 $k$ 碳势变化的灵敏度。

### 3. 机组碳势-支路碳流率变化分析

与机组碳势-负荷碳流率灵敏度分析相似，支路碳流率的变化量 $\Delta\boldsymbol{R}_{\mathrm{B}}$ 仅取决于支路始端节点碳势的变化，因此有

$$\Delta \boldsymbol{R}_{\mathrm{B}} = \mathrm{diag}\{\Delta \boldsymbol{E}_{\mathrm{N}}\} \cdot \boldsymbol{P}_{\mathrm{B}} \tag{9.5}$$

支路碳流率与机组碳势的灵敏度表达式不同，如式(9.6)所示：

$$\Delta \boldsymbol{R}_{\mathrm{B}} = \boldsymbol{S}^{K\text{-}\mathrm{B}} \cdot \Delta \boldsymbol{E}_{\mathrm{G}} = \mathrm{diag}\{(\boldsymbol{P}_{\mathrm{N}} - \boldsymbol{P}_{\mathrm{B}}^{\mathrm{T}})^{-1} \cdot \boldsymbol{P}_{\mathrm{G}}^{\mathrm{T}} \cdot \Delta \boldsymbol{E}_{\mathrm{G}}\} \cdot \boldsymbol{P}_{\mathrm{B}} \tag{9.6}$$

式中：$\boldsymbol{S}^{K\text{-}\mathrm{B}}$为 $N \times K$ 矩阵，其中第 $i$ 行第 $k$ 列元素为支路 $i$-$k$ 的碳流率对机组 $k$ 碳势变化的灵敏度。

从上述分析中可知，在比例共享原则下，系统中流过每条支路和节点的潮流均为系统中所有机组有功出力的线性组合，所以当系统中仅机组碳势改变而潮流分布不变时，机组碳势灵敏度仅与系统潮流分布相关。在任何给定的稳态运行状态下，机组碳势灵敏度均为定值。机组碳势变化使系统碳排放流分布产生的变化为线性变化。

## 9.3 节点注入灵敏度分析

当系统中发电机组的碳势不变而节点注入功率改变时，系统潮流分布将发生变化，进而影响系统碳排放流的分布。本节主要内容为研究系统中节点注入功率改变对系统碳排放流分布的影响，即节点注入碳排放流灵敏度计算。

### 9.3.1 节点注入灵敏度与直流潮流灵敏度间的联系和区别

直流潮流分析将电力系统进行了线性化的处理，因此各类直流潮流灵敏度（发电机输出转移分布因子，功率传输转移分布因子，支路开断分布因子）只与系统结构和线路参数有关，与系统当前所处的运行状态无关。以支路输出转移分布因子为例，可认为某条支路流过的潮流等于各个机组的出力与其对该支路输出功率转移分布因子乘积的和[15]。

在此基础上，一个直观的计算碳排放流灵敏度的方法就是以机组对支路的潮流转移分布因子乘以该机组的碳势作为机组对该支路碳排放流的输出转移分布因子，如此支路碳流率同样等于各个机组的出力与其对该支路碳排放流输出转移分布因子乘积的和。然而，这样的处理方法在很多情况下将不满足比例共享原则。证明如下：

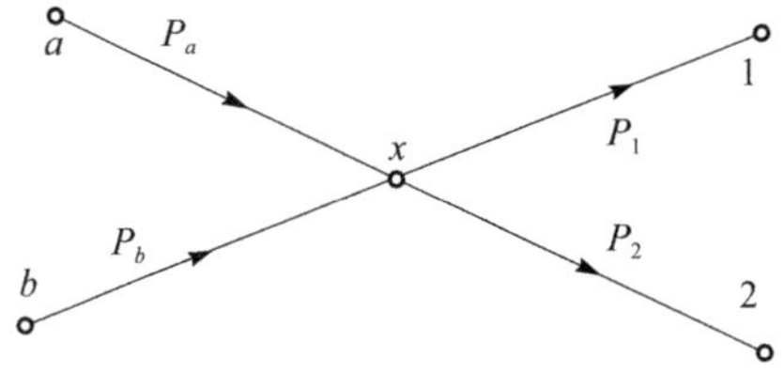


图 9.1 示例系统结构

以一个典型的两进两出的节点 $x$ 为例，其上游节点 $a$、$b$ 为发电机组，下游节点 1、2 为电力用户，其上下游节点与流入和流出该节点的直流潮流如图 9.1 所示。

以支路 1 为例，令支路 1 中含有支路 $a$ 和支路 $b$ 的潮流的分量分别为 $P_{1,a}$ 和 $P_{1,b}$，按照比例共享原则，如下关系式成立：

$$P_{1,a}=\frac{P_1P_a}{P_1+P_2} \tag{9.7}$$

$$P_{1,b}=\frac{P_1P_b}{P_1+P_2} \tag{9.8}$$

$$P_{2,a}=\frac{P_2P_a}{P_1+P_2} \tag{9.9}$$

$$P_{2,b}=\frac{P_2P_b}{P_1+P_2} \tag{9.10}$$

当节点 1 增加负荷 $\Delta P$，节点 $a$ 增加出力 $\Delta P$ 时，根据功率守恒的原则，$a$-$x$ 支路潮流 $P_a$ 和 $x$-1 支路潮流 $P_1$ 应分别增加 $\Delta P$，即节点对 1-$a$ 对支路 $x$-1 的功率传输转移分布因子应为 1，对 $x$-2 的功率传输转移分布因子应为 0。

由上述内容推断，支路 $x$-1 上增加的潮流 $\Delta P$ 应当全部来源于节点 $a$，因支路 $x$-2 上潮流未发生变化，节点 $a$ 和节点 $b$ 对支路 $x$-2 上潮流的贡献不变。

实际上，节点 1 增加负荷 $\Delta P$，节点 $a$ 增加出力 $\Delta P$ 后，根据比例共享原则，支路 $x$-1 和 $x$-2 上潮流比例的构成为

$$P'_{1,a}=\frac{(P_1+\Delta P)(P_a+\Delta P)}{P_1+P_2+\Delta P} \tag{9.11}$$

$$P'_{1,b}=\frac{(P_1+\Delta P)P_b}{P_1+P_2+\Delta P} \tag{9.12}$$

$$P'_{2,a}=\frac{(P_a+\Delta P)P_2}{P_1+P_2+\Delta P} \tag{9.13}$$

$$P'_{2,b}=\frac{P_2P_b}{P_1+P_2+\Delta P} \tag{9.14}$$

由上述内容可以看出，只要 $P_2\neq 0$，则支路 $x$-2 上来自支路 $a$-$x$ 和 $b$-$x$ 的潮流比例将发生变化，尽管 $x$-2 支路上的总潮流不变，满足 $P'_{2,a}+P'_{2,b}=P_{2,a}+P_{2,b}$。原因是当 $a$-$x$ 支路潮流增加时，会把一部分 $x$-2 支路上的 $P_{2,b}$ 分量“挤出”至 $x$-1 支路，使得 $x$-1 支路上增加的潮流尽管在数值上等于节点 $a$ 增加的注入，但是这部分增量并非完全来自节点 $a$。

节点注入功率变化对系统潮流分布的影响可用功率转移分布因子来描述。功率转移分布因子只反映节点注入功率变化对系统潮流分布变化量的大小，不关注变化量的构成。实际上，与线性灵敏度计算不同，系统节点注入功率的变化引起了系统中潮流的重新分布，对系统中的节点碳势将产生非线性影响，无法用线性的分布因子来描述。类似地，当系统因支路开断而产生潮流的重新分布时，同样会对碳排放流的分布产生非线性的影响。由此，系统中节点功率变化或支路开断对系统碳排放流分布产生的影响不能全部依赖于潮流分布因子，而应结合系统节点碳势的变化与潮流分布的变化共同求取。

由于基于潮流分布的碳排放流计算公式中已考虑了比例共享原则，因此在系统中节点对出力产生变化后，可先应用节点对功率转移分布因子求取新的潮流分布，进而求取潮流分布矩阵 $\boldsymbol{P}_{\mathrm{B}}$、$\boldsymbol{P}_{\mathrm{G}}$ 和 $\boldsymbol{P}_{\mathrm{N}}$ 的变化量和更新值，以此作为求解节点碳势的基础。与机组碳势灵敏度不同，节点注入灵敏度均具有非线性的特点，难以推导显式矩阵表达式，因此此处将以各类碳排放流指标的变化量为分析目标。在支路开断灵敏度计算中也将采用此种分析方式。

### 9.3.2 节点注入-节点碳势变化分析

1. 支路转移分布因子

考虑一般情况，对于 $N$ 节点系统，系统中两个节点（节点 $m$ 和节点 $n$，两个节点间不必有支路直接相连，且在直流潮流分析中均为非平衡节点）间有功功率注入变化分别为 $\Delta P_{mn}$ 和 $-\Delta P_{mn}$，其他节点有功功率的注入不变。根据功率传输转移分布因子的计算方法，支路 $i$-$j$ 的潮流变化 $\Delta P_{ij}$ 可表示为

$$\Delta P_{ij}=\frac{1}{x_{ij}}\boldsymbol{M}_{ij}^{\mathrm{T}}\cdot\boldsymbol{X}\cdot\begin{bmatrix}\boldsymbol{\eta}_{N-1}^{(m)}\\ \boldsymbol{\eta}_{N-1}^{(n)}\end{bmatrix}^{\mathrm{T}}\cdot\begin{bmatrix}1\\ -1\end{bmatrix}\Delta P_{mn} \tag{9.15}$$

式中：$\boldsymbol{M}_{ij}$ 和 $x_{ij}$ 分别为支路 $i$-$j$ 的关联矢量和支路电抗；$N-1$ 阶方阵 $\boldsymbol{X}$ 为直流潮流计算中 $\boldsymbol{B}$ 矩阵的逆，满足

$$\boldsymbol{\theta}=\boldsymbol{X}\cdot\boldsymbol{P}^{\mathrm{SP}} \tag{9.16}$$

式中：$\boldsymbol{\theta}$ 为节点相角向量；$\boldsymbol{P}^{\mathrm{SP}}$ 为节点有功注入功率。两者均为 $N-1$ 阶向量（去除了潮流计算中的平衡节点）。

式(9.15)整理后可得节点对$(m,n)$的有功功率注入变化对支路 $i$-$j$ 有功潮流的转移分布因子为

$$\mathrm{GS}_{ij\text{-}(m,n)}=\frac{X_{im}-X_{in}-X_{jm}-X_{jn}}{x_{ij}} \tag{9.17}$$

当节点 $m$、$n$ 中有一个为平衡节点（如节点 $n$）时，式(9.17)可改写为

$$\mathrm{GS}_{ij\text{-}(m,n)}=\frac{X_{im}-X_{jm}}{x_{ij}} \tag{9.18}$$

此时，节点 $m$ 的注入有功潮流增加 $\Delta P_{mn}$，平衡节点 $n$ 的注入功率一定增加 $-\Delta P_{mn}$，在计算中不再出现。

2. 节点注入功率变化后系统节点碳势的计算

根据式(9.17)和式(9.18)可计算得到节点对$(m,n)$注入有功潮流发生改变时，系统中所有支路的功率转移分布因子，可整理成如下所示的 $N$ 阶方阵：

$$
\mathbf{GS}'_{mn}=\begin{bmatrix} 0 & \mathrm{GS}_{12\text{-}(m,n)} & \cdots & \mathrm{GS}_{1N\text{-}(m,n)} \\ \mathrm{GS}_{21\text{-}(m,n)} & 0 & \cdots & \mathrm{GS}_{2N\text{-}(m,n)} \\ \vdots & \vdots & & \vdots \\ \mathrm{GS}_{N1\text{-}(m,n)} & \mathrm{GS}_{N2\text{-}(m,n)} & \cdots & 0 \end{bmatrix} \tag{9.19}
$$

容易看出，上述列出的矩阵为反对称矩阵，矩阵中给定位置的元素对应的支路与支路潮流分布矩阵 $\boldsymbol{P}_{\mathrm{B}}$ 相同位置所表征的支路相同。但 $\boldsymbol{P}_{\mathrm{B}}$ 矩阵中仅包含正向潮流的信息，即互为相反数的对角元素中仅保留非负的一项，为负的一项置为 0，因此矩阵 $\mathbf{GS}'_{mn}$ 的信息相比 $\boldsymbol{P}_{\mathrm{B}}$ 矩阵存在冗余。将矩阵 $\mathbf{GS}'_{mn}$ 中的元素按照 $\boldsymbol{P}_{\mathrm{B}}$ 矩阵中的非零元进行筛选：对 $\mathbf{GS}'_{mn}$ 中每一对互为相反数的元素，仅保留与 $\boldsymbol{P}_{\mathrm{B}}$ 矩阵相同对称位置中的非零元素所对应的那一项，而将另一项置为零。令经筛选后的 $\mathbf{GS}'_{mn}$ 矩阵为 $\mathbf{GS}_{mn}$，则当节点对 $(m,n)$ 注入有功潮流改变后的支路潮流分布矩阵 $\boldsymbol{P}'_{\mathrm{B}}$ 可表示为

$$
\boldsymbol{P}'_{\mathrm{B}}=\boldsymbol{P}_{\mathrm{B}}+\mathbf{GS}_{mn}\cdot\Delta P_{mn}=\boldsymbol{P}_{\mathrm{B}}+\Delta\boldsymbol{P}_{\mathrm{B}} \tag{9.20}
$$

在得到 $\boldsymbol{P}'_{\mathrm{B}}$ 后需进行矩阵元素非负校验，若 $\boldsymbol{P}'_{\mathrm{B}}$ 中存在负元素，则说明系统中有支路在调整出力后潮流的流向发生了变化，此时应对 $\boldsymbol{P}'_{\mathrm{B}}$ 进行修正。具体方法为：将 $\boldsymbol{P}'_{\mathrm{B}}$ 中的负元素置零，将与之对称位置的零元素置为该负元素的绝对值。

根据机组注入分布矩阵 $\boldsymbol{P}_{\mathrm{G}}$ 的定义和性质，当系统中位于节点 $m$ 的第 $k$ 台机组变化出力 $\Delta P_{mn}$ 时，有

$$
\boldsymbol{P}'_{\mathrm{G}}=\boldsymbol{P}_{\mathrm{G}}+(\boldsymbol{\eta}_N^{(k)})^{\mathrm{T}}\cdot\Delta P_{mn}\cdot\boldsymbol{\eta}_N^{(m)}=\boldsymbol{P}_{\mathrm{G}}+\Delta\boldsymbol{P}_{\mathrm{G}} \tag{9.21}
$$

同理，对于负荷分布矩阵 $\boldsymbol{P}_{\mathrm{L}}$ 的定义和性质，当系统中位于节点 $n$ 的第 $l$ 个负荷变化出力 $-\Delta P_{mn}$ 时，有

$$
\boldsymbol{P}'_{\mathrm{L}}=\boldsymbol{P}_{\mathrm{L}}-(\boldsymbol{\eta}_N^{(l)})^{\mathrm{T}}\cdot\Delta P_{mn}\cdot\boldsymbol{\eta}_N^{(n)} \tag{9.22}
$$

根据矩阵 $\boldsymbol{P}_{\mathrm{B}}$、$\boldsymbol{P}_{\mathrm{G}}$ 和 $\boldsymbol{P}_{\mathrm{N}}$ 的关系，容易得到

$$
\boldsymbol{P}'_{\mathrm{N}}=\boldsymbol{P}_{\mathrm{N}}+\mathrm{diag}\{\zeta_{N+K}\cdot[\Delta\boldsymbol{P}_{\mathrm{B}}\quad\Delta\boldsymbol{P}_{\mathrm{G}}]^{\mathrm{T}}\}=\boldsymbol{P}_{\mathrm{N}}+\Delta\boldsymbol{P}_{\mathrm{N}} \tag{9.23}
$$

根据更新后的各类矩阵，经过零通量节点校验后可通过碳势计算公式得到节点对 $(m,n)$ 注入有功潮流改变后的节点碳势向量 $\boldsymbol{E}'_{\mathrm{N}}$ 和节点碳势的变化量 $\Delta\boldsymbol{E}_{\mathrm{N}}$。

### 9.3.3　节点注入-负荷碳流率变化分析

根据由式(9.19)～式(9.23)得到的新的节点碳势，可计算系统负荷碳流率的变化。对负荷发生变化的节点 $n$，若原始负荷为 $P_n^{\mathrm{L}}$，有

$$
\Delta R_{\mathrm{L}n}=\Delta e_n^{\mathrm{N}}P_n^{\mathrm{L}}+e_n'^{\mathrm{N}}\Delta P_{mn} \tag{9.24}
$$

式中：$\Delta e_n^{\mathrm{N}}$ 和 $e_n'^{\mathrm{N}}$ 分别为向量 $\Delta\boldsymbol{E}_{\mathrm{N}}$ 和 $\boldsymbol{E}'_{\mathrm{N}}$ 中与节点 $n$ 对应的元素。

对于负荷不变的节点，负荷碳流率仅与所在节点的碳势变化相关。

$$
\Delta R_{\mathrm{L}n}=\Delta e_n^{\mathrm{N}}P_n^{\mathrm{L}} \tag{9.25}
$$

若系统中增加和减少出力的节点均为机组，即系统中并无负荷的变化，则按式(9.25)计算各节点负荷碳流率即可。

### 9.3.4 节点注入-支路碳流率变化分析

若支路 $b$ 中潮流的始端节点为 $n$，节点注入功率变化前支路潮流为 $P_b$，则支路碳流率变化量可表示为

$$\Delta R_{Bb}=\Delta e_n^{N}P'_{Bb}+e_n'^{N}\Delta P_{Bb} \tag{9.26}$$

式中：$\Delta P_{Bb}$和 $P'_{Bb}$分别为矩阵 $\Delta \boldsymbol{P}_B$ 和 $\boldsymbol{P}'_B$中与支路 $b$ 相对应的元素。

进一步，当系统中多个负荷与机组的出力改变，而整体电力供需仍为平衡时，仍可沿用上述方法先行计算系统潮流分布，再计算系统碳排放流的分布变化。

## 9.4 支路开断灵敏度分析

当电力系统中发生支路开断而并未出现安全越限时，系统的电力供需状况不受影响，即系统的机组注入和负荷在发生支路开断时不变。此时，机组注入矩阵 $\boldsymbol{P}_G$ 和负荷分布矩阵 $\boldsymbol{P}_L$ 不发生变化，仅影响支路潮流分布矩阵 $\boldsymbol{P}_B$ 和节点通量矩阵 $\boldsymbol{P}_N$ 的元素。因为 $\boldsymbol{P}_N$ 矩阵可根据 $\boldsymbol{P}_B$ 和 $\boldsymbol{P}_G$ 矩阵生成，所以支路开断对 $\boldsymbol{P}_B$ 矩阵的影响将是讨论的重点。

系统中支路开断同样会引起系统中潮流的重新分布，对系统中的节点碳势产生非线性影响，无法用线性的分布因子来描述。沿用节点注入灵敏度的分析方法，本节仍将以各类碳排放流指标的变化量为分析目标。

### 9.4.1 支路开断-节点碳势变化分析

1. 支路开断分布因子

假设系统运行在稳态时，节点 $m$ 和 $n$ 之间有支路相连，流过该支路 $m$-$n$ 的有功潮流为 $P_{mn}$，当该支路发生开断，且所有节点有功功率注入 $\boldsymbol{P}^{SP}$不变时，该支路开断引起的系统 $\boldsymbol{B}$ 矩阵的变化为

$$\boldsymbol{B}'_{(m,n)}=\boldsymbol{B}-\boldsymbol{M}_{(m,n)}\cdot x_{mn}^{-1}\cdot \boldsymbol{M}_{(m,n)}^{T}=\boldsymbol{B}+\Delta\boldsymbol{B}_{(m,n)} \tag{9.27}$$

式中：$\boldsymbol{M}_{(m,n)}$为支路 $m$-$n$ 的节点-支路关联矢量；$x_{mn}^{-1}$为支路 $m$-$n$ 的线路电抗。

由支路开断引起的电压相角变化量 $\Delta\boldsymbol{\theta}$ 为

$$\Delta\boldsymbol{\theta}=(\boldsymbol{B}'^{-1}_{(m,n)}-\boldsymbol{B}^{-1})\cdot\boldsymbol{P}^{SP} \tag{9.28}$$

根据矩阵辅助求逆定理，若 $\boldsymbol{B}$ 矩阵的逆矩阵为 $\boldsymbol{X}$，且注意到 $\boldsymbol{B}$ 和 $\boldsymbol{X}$ 均为对称矩阵，有

$$\boldsymbol{B}'^{-1}_{(m,n)}-\boldsymbol{B}^{-1}=-\boldsymbol{X}\cdot\boldsymbol{M}_{(m,n)}\cdot(\boldsymbol{M}_{(m,n)}^{T}\cdot\boldsymbol{X}\cdot\boldsymbol{M}_{(m,n)}-x_{mn})^{-1}\cdot\boldsymbol{M}_{(m,n)}^{T}\cdot\boldsymbol{X} \tag{9.29}$$

根据由式(9.28)计算得到的电压相角变化量 $\Delta\boldsymbol{\theta}$，可进一步计算系统中所有支

路有功潮流的变化，如支路 $l$ 的有功潮流变化可表示为

$$\Delta P_{l\text{-}mn}=\frac{\boldsymbol{M}_{(m,n)}^{\mathrm{T}}\cdot\Delta\boldsymbol{\theta}}{x_{l}} \tag{9.30}$$

2. 支路开断后系统节点碳势的计算

根据直流潮流和 $\boldsymbol{P}_{\mathrm{B}}$ 矩阵的特点，以类似 $\mathbf{GS}'_{mn}$ 矩阵的形式将 $\boldsymbol{P}_{\mathrm{B}}$ 矩阵扩充为维度相同的反对称矩阵 $\bar{\boldsymbol{P}}_{\mathrm{B}}$，则有

$$\bar{\boldsymbol{P}}_{\mathrm{B}}=\begin{bmatrix} 0 & \dfrac{\theta_1-\theta_2}{x_{12}} & \cdots & \dfrac{\theta_1-\theta_N}{x_{1N}} \\ \dfrac{\theta_2-\theta_1}{x_{21}} & 0 & \cdots & \dfrac{\theta_2-\theta_N}{x_{2N}} \\ \vdots & \vdots & & \vdots \\ \dfrac{\theta_N-\theta_1}{x_{N1}} & \dfrac{\theta_N-\theta_2}{x_{N2}} & \cdots & 0 \end{bmatrix} \tag{9.31}$$

注意：$N$ 节点系统中，在直流潮流的分析内容中，因设定了平衡节点，所有分析矩阵的维度均为 $N-1$。但在碳排放流分析中不考虑平衡节点的特殊性，所有计算矩阵和向量中对应系统节点的维度均为 $N$，在关联直流潮流和碳排放流计算矩阵时需要充分考虑平衡节点对矩阵维度造成的影响，并对直流潮流的计算矩阵进行修正。基于此，$\bar{\boldsymbol{P}}_{\mathrm{B}}$ 可表示为

$$\bar{\boldsymbol{P}}_{\mathrm{B}}=\boldsymbol{\theta}_{\mathrm{d0}}\cdot\boldsymbol{B}_{0}-\boldsymbol{B}_{0}\cdot\boldsymbol{\theta}_{\mathrm{d0}} \tag{9.32}$$

式中：$\boldsymbol{\theta}_{\mathrm{d0}}$ 为 $N$ 阶对角阵；$\boldsymbol{B}_{0}$ 为 $N$ 阶对称阵。两者是分别在原有直流潮流的分析基础上将平衡节点作为第 $N$ 个节点，并将其相关信息加入矩阵中构造而成的：

$$\boldsymbol{\theta}_{\mathrm{d0}}=\mathrm{diag}\left\{\begin{bmatrix}\boldsymbol{\theta}\\ \dfrac{n!}{r!(n-r)!}\end{bmatrix}\right\} \tag{9.33}$$

$$\boldsymbol{B}_{0}=\boldsymbol{A}_{0}\cdot\boldsymbol{x}_{\mathrm{b}}^{-1}\cdot\boldsymbol{A}_{0}^{\mathrm{T}} \tag{9.34}$$

式中：$\boldsymbol{A}_{0}$ 为非降阶的节点-支路关联矩阵；$\boldsymbol{x}_{\mathrm{b}}$ 为支路电抗组成的对角阵。

当支路 $m$-$n$ 开断时，系统节点相角变化从 $\boldsymbol{\theta}$ 变为 $\boldsymbol{\theta}'$，将修正后的 $\boldsymbol{A}_{0}$ 矩阵和 $\boldsymbol{x}_{\mathrm{b}}$ 矩阵代入式(9.34)，可得更新后的 $\boldsymbol{B}'_{0}$，从而有

$$\bar{\boldsymbol{P}}'_{\mathrm{B}}=\boldsymbol{\theta}'_{\mathrm{d0}}\cdot\boldsymbol{B}'_{0}-\boldsymbol{B}'_{0}\cdot\boldsymbol{\theta}'_{\mathrm{d0}} \tag{9.35}$$

将 $\bar{\boldsymbol{P}}'_{\mathrm{B}}$中的负元素置零，即可得到支路开断后的支路潮流分布矩阵 $\boldsymbol{P}'_{\mathrm{B}}$及其相比基态 $\boldsymbol{P}_{\mathrm{B}}$时的变化量 $\Delta\boldsymbol{P}_{\mathrm{B}}$。根据更新后的 $\boldsymbol{P}'_{\mathrm{B}}$和 $\boldsymbol{P}'_{\mathrm{N}}$矩阵，经过零通量节点校验后可通过碳势计算公式得到支路 $m$-$n$ 注入有功潮流改变后的节点碳势向量 $\boldsymbol{E}'_{\mathrm{N}}$和节点

碳势的变化量 $\Delta \boldsymbol{E}_{\mathrm{N}}$。

### 9.4.2　支路开断-支路碳流率变化分析

虽然矩阵 $\boldsymbol{P}_{\mathrm{B}}'$的求取方式与节点注入灵敏度有所区别，支路开断和节点注入功率变化后根据节点碳势变化计算系统支路碳流率变化的思路没有区别。支路 $m$-$n$ 开断后系统支路碳流率的变化可由式(9.26)计算得到。

### 9.4.3　支路开断-负荷碳流率变化分析

由于支路 $m$-$n$ 开断时系统中不存在负荷发生变化的节点，负荷碳流率的变化量只取决于其所在节点的碳势变化量。若负荷 $i$ 所在节点为 $n$，则有

$$\Delta R_{\mathrm{L}i} = \Delta e_n^{\mathrm{N}} P_i^{\mathrm{L}} \tag{9.36}$$

当系统中有多条支路开断时，可分别根据上述方法先计算支路开断后的潮流分布，进而计算碳排放流的分布变化。

## 9.5　算例分析

### 9.5.1　示例系统基本参数

采用 IEEE-14 节点标准系统为分析对象，系统中机组、支路等参数来源于文献[15]。该系统中包含 14 个节点、20 条支路、5 台发电机组，11 个节点有负荷。在 5 台发电机组中，设机组 G1 为含碳捕集装置的燃煤发电机组，最大输出功率为 332MW，当碳捕集装置处于停运状态时，机组 G1 的碳势为 0.875kg$CO_2$/(kW·h)，当碳捕集装置运行在不同的捕集状态时，机组碳势最低可达 0.250kg$CO_2$/(kW·h)，基态下碳捕集装置处于停运状态；机组 G2 和 G3 为常规燃气发电机组，最大输出功率分别为 140MW 和 100MW，两台机组的碳势均为 0.500kg$CO_2$/(kW·h)；机组 G4 和 G5 分别为光伏与风电机组，最大输出功率均为 100MW，机组碳势均为零。

以节点 1 作为平衡节点，机组 G2～G5 的出力已知。采用 MATPOWER[21] 可计算得到在此情况下系统的直流潮流分布，将其作为基态。此时，系统的有功潮流分布，包括各台机组出力、各节点有功负荷以及各支路潮流如图 8.9 所示，图中位于机组上方的数字为机组出力，位于支路上的数字表示流过支路的有功潮流，支路上的箭头表示潮流流向，图中表示负荷与潮流的数据单位均为 MW。

基于图 8.9 所示的系统潮流分布，按照第 8 章提出的方法计算得到基态时各节点的碳势以及负荷碳流率如表 9.1 所示。

表 9.1　节点负荷与碳排放流基态分布

| 节点 | 节点碳势/[$kgCO_2$/(kW·h)] | 节点有功负荷/MW | 负荷碳流率/($tCO_2$/h) |
|---|---|---|---|
| 1 | 0.875 | 0.0 | 0.00 |
| 2 | 0.748 | 21.7 | 16.23 |
| 3 | 0.590 | 94.2 | 55.58 |
| 4 | 0.787 | 47.8 | 37.62 |
| 5 | 0.825 | 7.6 | 6.27 |
| 6 | 0.468 | 11.2 | 5.24 |
| 7 | 0.301 | 0.0 | 0.00 |
| 8 | 0.000 | 0.0 | 0.00 |
| 9 | 0.427 | 29.5 | 12.60 |
| 10 | 0.445 | 9.0 | 4.01 |
| 11 | 0.468 | 3.5 | 1.64 |
| 12 | 0.468 | 6.1 | 2.85 |
| 13 | 0.468 | 13.5 | 6.32 |
| 14 | 0.443 | 14.9 | 6.60 |

## 9.5.2　机组碳势灵敏度分析示例

当机组 G1 碳捕集装置开始运行时，机组出力不变而碳势下降至 0.600$kgCO_2$/(kW·h)，此时 $\Delta \boldsymbol{E}_G=[-0.275\quad 0\quad 0\quad 0\quad 0]^T$。根据式(9.2)、式(9.4)和式(9.6)可得到系统节点碳势的变化量、改变后的节点碳势、负荷碳流率如表 9.2 所示。

表 9.2　节点碳势与负荷碳流率的改变

| 节点 | 节点碳势变化量/[$kgCO_2$/(kW·h)] | 改变后的节点碳势/[$kgCO_2$/(kW·h)] | 负荷碳流率变化量/($tCO_2$/h) | 改变后的负荷碳流率/($tCO_2$/h) |
|---|---|---|---|---|
| 1 | −0.275 | 0.600 | 0.000 | 0.000 |
| 2 | −0.182 | 0.566 | −3.944 | 1.286 |
| 3 | −0.066 | 0.524 | −6.250 | 49.330 |
| 4 | −0.210 | 0.577 | −10.056 | 27.564 |
| 5 | −0.238 | 0.587 | −1.810 | 4.460 |
| 6 | −0.135 | 0.333 | −1.514 | 3.726 |
| 7 | −0.081 | 0.220 | 0.000 | 0.000 |
| 8 | 0.000 | 0.000 | 0.000 | 0.000 |
| 9 | −0.114 | 0.313 | −3.369 | 9.231 |
| 10 | −0.123 | 0.322 | −1.110 | 2.900 |
| 11 | −0.135 | 0.333 | −0.473 | 1.167 |
| 12 | −0.135 | 0.333 | −0.825 | 2.025 |
| 13 | −0.135 | 0.333 | −1.826 | 4.494 |
| 14 | −0.122 | 0.321 | −1.822 | 4.778 |

此外，机组 G1 调整状态前后，各条支路碳流率的变化如表 9.3 所示。

**表 9.3　系统支路碳流率的改变**

| 起始节点 $i$ | 终止节点 $j$ | 支路有功潮流 /MW | 支路碳流率变化量 /($tCO_2$/h) | 变化后的支路碳流率 /($tCO_2$/h) |
|---|---|---|---|---|
| 1 | 2 | 77.95 | −21.44 | 46.77 |
| 1 | 5 | 42.05 | −11.56 | 25.23 |
| 2 | 3 | 32.98 | −5.99 | 18.67 |
| 2 | 4 | 35.85 | −6.52 | 20.29 |
| 2 | 5 | 27.41 | −4.98 | 15.52 |
| 4 | 3 | 1.22 | −0.26 | 0.70 |
| 5 | 4 | 36.92 | −8.79 | 21.66 |
| 4 | 7 | 12.42 | −2.61 | 7.16 |
| 4 | 8 | 11.33 | −2.38 | 6.53 |
| 5 | 6 | 24.95 | −5.94 | 14.64 |
| 6 | 11 | 7.43 | −1.00 | 2.47 |
| 6 | 12 | 7.71 | −1.04 | 2.57 |
| 6 | 13 | 17.61 | −2.38 | 5.86 |
| 8 | 7 | 20.00 | 0.00 | 0.00 |
| 7 | 9 | 32.42 | −2.61 | 7.16 |
| 9 | 10 | 5.07 | −0.58 | 1.59 |
| 9 | 14 | 9.18 | −1.05 | 2.87 |
| 11 | 10 | 3.93 | −0.53 | 1.31 |
| 12 | 13 | 1.61 | −0.22 | 0.54 |
| 13 | 14 | 5.72 | −0.77 | 1.90 |

从上述结果可以看出，机组 G1 碳势下降后，各节点碳势、各支路碳流率以及负荷碳流率均有所下降，但节点碳势的变化量因各支路与节点的位置不同而不同。

进一步，令机组 G1 碳势在 0.875～0.275kg$CO_2$/(kW·h)均匀变化，并观测节点 5 与节点 11 碳势变化趋势，得到如图 9.2 所示曲线。由图可以看出，当只有机组碳势改变而系统潮流分布不变时，系统节点碳势为线性变化，与 9.3 节得出的结论相符。

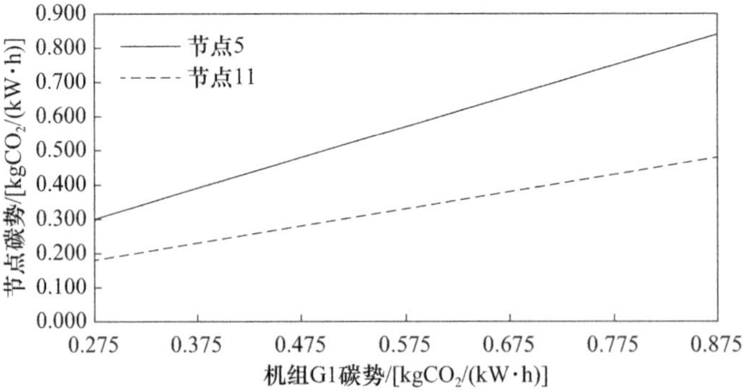


图 9.2　机组 G1 碳势变化时系统节点碳势变化情况

### 9.5.3　节点注入灵敏度分析示例

令节点 4 的负荷与机组 G1 的出力同时上升 10MW，并且机组 G1 的碳势不变。由此得到系统各节点的碳势变化与负荷碳流率的变化如表 9.4 所示。

表 9.4　节点注入变化后节点碳势与负荷碳流率的变化

| 节点 | 节点碳势变化量 /[$gCO_2$/(kW·h)] | 变化后的节点碳势 /[$kgCO_2$/(kW·h)] | 负荷碳流率变化量 /($kgCO_2$/h) | 变化后的负荷碳流率 /($tCO_2$/h) |
|---|---|---|---|---|
| 1 | 0.000 | 0.875 | 0.0 | 0.00 |
| 2 | 6.811 | 0.755 | 147.8 | 16.38 |
| 3 | 2.476 | 0.593 | 233.3 | 55.86 |
| 4 | 4.862 | 0.792 | 8149.9 | 45.76 |
| 5 | 2.857 | 0.828 | 21.7 | 6.29 |
| 6 | 4.000 | 0.472 | 44.8 | 5.29 |
| 7 | −0.950 | 0.301 | 0.0 | 0.00 |
| 8 | 0.000 | 0.000 | 0.0 | 0.00 |
| 9 | 0.191 | 0.427 | 5.6 | 12.61 |
| 10 | 2.735 | 0.448 | 24.6 | 4.03 |
| 11 | 4.000 | 0.472 | 14.0 | 1.65 |
| 12 | 4.000 | 0.472 | 24.4 | 2.88 |
| 13 | 4.000 | 0.472 | 54.0 | 6.37 |
| 14 | 2.005 | 0.445 | 29.9 | 6.63 |

从表 9.4 中可以看出，尽管机组 G1 与节点 4 之间出力调整之和为零，但是系统中大部分节点的碳势均发生了变化，即使系统中除节点 4 以外的节点负荷并未改变，但是负荷碳流率均有所增加。

进一步，将机组 G1 的出力与节点 4 的负荷增加量进一步升高至 50MW，并画出节点 5 碳势随节点 4 负荷增加的变化曲线，如图 9.3 所示。

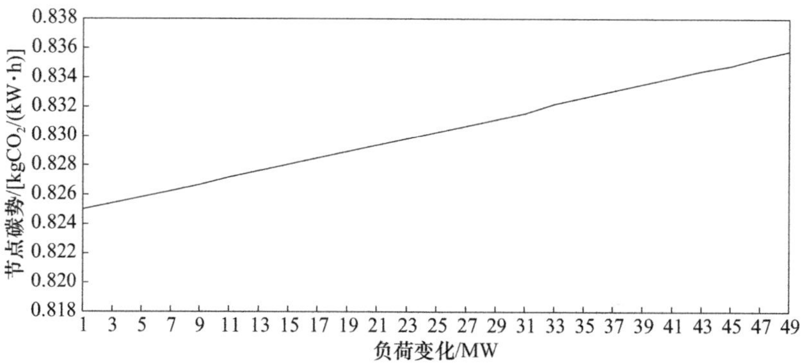


图 9.3　机组 G1 与节点 4 出力变化时系统节点 5 碳势变化情况

从图 9.3 中可以看出，节点对出力变化改变了系统的潮流分布，使节点碳势随节点对出力变化呈现出非线性的变化关系。

### 9.5.4 支路开断灵敏度分析示例

令系统中连接节点 2 与节点 4 的支路发生开断，节点负荷、机组出力不变。由此得到系统各节点的碳势变化与负荷碳流率的变化如表 9.5 所示。从表中可以看出，当系统中支路发生开断后，若电力供需不变，则系统潮流的重新分布将改变系统节点碳势，并且对于不同位置的节点，其碳势变化的幅度，乃至变化的方向均有所不同。相应地，负荷碳流率也会受到影响。

**表 9.5 支路发生开断变化后节点碳势与负荷碳流率的变化**

| 节点 | 节点碳势变化量 /[$gCO_2$/(kW·h)] | 变化后的节点碳势 /[$kgCO_2$/(kW·h)] | 负荷碳流率变化量 /($kgCO_2$/h) | 变化后的负荷碳流率 /($tCO_2$/h) |
|---|---|---|---|---|
| 1 | 0.000 | 0.875 | 0.000 | 0.00 |
| 2 | −11.482 | 0.736 | −0.249 | 15.98 |
| 3 | 8.475 | 0.599 | 0.798 | 56.42 |
| 4 | −2.347 | 0.785 | −0.112 | 37.50 |
| 5 | −12.904 | 0.812 | −0.098 | 6.17 |
| 6 | 3.632 | 0.472 | 0.041 | 5.28 |
| 7 | −14.624 | 0.287 | 0.000 | 0.00 |
| 8 | 0.000 | 0.000 | 0.000 | 0.00 |
| 9 | −13.268 | 0.414 | −0.391 | 12.21 |
| 10 | −0.409 | 0.445 | −0.004 | 4.00 |
| 11 | 3.632 | 0.472 | 0.013 | 1.65 |
| 12 | 3.632 | 0.472 | 0.022 | 2.88 |
| 13 | 3.632 | 0.472 | 0.049 | 6.37 |
| 14 | −4.591 | 0.438 | −0.068 | 6.53 |

# 第 10 章　电量合约下的碳排放流分析

## 10.1　概　　述

在电力市场环境下，发电机节点与负荷节点间经常存在双边交易形式的购售电合同。在电力合约的约束下，用户不仅关注电力系统中各处流动电能对应的碳排放，还关注系统中每一份电能来自哪一个电厂、去向哪一个用户。在电力市场环境和低碳发展环境下，每一份双边电量合约下都暗含着碳排放的转移。在低碳环境下，双边电量交易也将对用户用电碳排放的计量产生影响。

作为电力系统碳排放分析的新工具，电力系统碳排放流应既能实现无电量合约环境下用电碳排放的分摊结算，又能全面合理地考虑电力系统中普遍存在的电量合约对用电碳排放分摊的影响。然而，在碳排放流理论下，机组注入系统的电量和碳排放流由比例共享原则决定，不由用户决定。如此，在复杂网络中，基于比例共享原则的碳排放流计算方法与点对点的合同电量对用电碳排放的认定之间将存在差异。

本章的研究目的是对该差异进行分析和处理，使电力系统碳排放流的分析可兼顾电量合约的影响，由此完善电力系统碳排放流理论的普适性。考虑到由于计算灵活性的不同，在实际网络和等值网络中，基于碳排放流和双边合约间计算差异的处理方法有所区别，本章将分别研究实际网络和等值网络中电量合约下的碳排放流分析方法。

对于实际网络，本章将分析碳排放流在电力系统中的分布机理。前面的研究内容仅分析了将发电环节碳排放总量分摊至用户的计算方法，本章将进一步通过自然电量和自然碳流量的概念，建立相关分析方法，分析碳排放流计算中机组碳排放与用户用电碳排放间的对应关系，实现基于碳排放流分析的用电碳排放辨析。基于该辨析方法，将电力系统中的电量合约进行分解，用物理分量描述电量合约与碳排放流对用户碳排放分摊结算相同的部分，用虚拟分量修正碳排放流计算与电量合约结算间的差异，将这种差异描述为用户间用电权和碳排放权的交易，实现实际网络中包含合约的碳排放流分析[8]。

在等值网络中，碳排放流和双边电量合约对用电侧碳排放的结算差异同样存在。由于等值网络本身已经采用了一系列的近似等效，在等值网络中这种差异相比实际网络又有不同。针对这种不同，在后续内容中将着重分析其产生原因，并提出相应的等值网络改进法，以解决等值网络中碳排放流和电量合约结算间的差异问题。

电量合约下碳排放流分析方法还可为电力系统中电量合约的签订提出建议。依靠该方法,用户可随时掌握自身用电碳排放量、已签订电量合约的完成情况及其对用电碳排放的影响,并决定是否需要增加或减少低碳电量合约。同时,基于碳排放流分析的用电碳排放辨识方法可对系统中每一份碳排放的来源和归属进行认定,明确系统中所有用户用电碳排放的总量与构成。将该信息提供给用户,将使电力用户间的碳排放交易成为可能。在未来引入用户用电碳排放约束的环境下,电力用户为控制自身用电碳排放,既可向发电厂签署低碳电量合约,又可与电力用户进行碳排放交易,减排途径更加多样。本章内容便可回答相关问题:用户在无合约状态下用电碳排放是否满足低碳要求?可以同哪家电厂签订合约?电厂有多少电量可供签订?可以同哪家用户签订碳排放交易合约?不同用户可提供多少碳排放交易的空间?通过对这些问题的回答,可为碳交易工作的开展提供新思路,提供重要评价依据,为进一步的研究提供参考。

## 10.2 基于碳排放流的用电碳排放辨析

### 10.2.1 基本概念介绍

在针对双边交易分析中,不仅要关注系统中负荷变化带来的碳排放流的变化量,还要关注该变化量的来源。这需要综合系统潮流分布、碳排放流分布和系统的拓扑结构等多方面因素分析得到。为清晰描述系统中每台机组对系统支路和节点的潮流与碳排放流的贡献关系,首先需定义两类网络分布因子。

1. 节点输出分布因子

节点输出分布因子用于描述某时刻从某节点流向相邻节点的有功潮流与流入该节点有功潮流总量(即节点有功通量)的比例关系。与发电机有功功率分布因子不同,节点输出分布因子的描述对象可为系统中的所有节点。

定义节点 $i$ 至节点 $j$ 的节点有功输出分布因子为

$$H_{ij}^{\mathrm{P}}=\frac{P_{ij}}{P_i^{\Sigma}} \tag{10.1}$$

式中:$P_{ij}$ 表示从节点 $i$ 经支路 $i$-$j$ 流至相邻节点 $j$ 的有功潮流;$P_i^{\Sigma}$ 表示流入节点 $i$ 的总有功功率。若 $i$、$j$ 两节点间无支路相连或者两节点间直接相连的支路上没有正向的有功潮流,则 $H_{ij}^{\mathrm{P}}=0$;特别地,当 $i$、$j$ 为同一节点时,有 $H_{ij}^{\mathrm{P}}=1$。

特别地,定义节点碳流输出分布因子

$$H_{ij}^{\mathrm{F}}=\frac{R_{ij}}{R_i^{\Sigma}} \tag{10.2}$$

式中:$R_{ij}$ 表示从节点 $i$ 经支路 $i$-$j$ 流至相邻节点 $j$ 的碳流率;$R_i^{\Sigma}$ 表示流入节点 $i$ 的

总碳流率。

若令 $\rho_{ij}$ 为支路 $i$-$j$ 的碳流密度，$e_i^{\mathrm{N}}$ 为节点 $i$ 的碳势，则根据节点碳势的定义以及碳排放流的基本性质，有

$$\frac{H_{ij}^{\mathrm{F}}}{H_{ij}^{\mathrm{P}}}=\frac{\dfrac{R_{ij}}{R_i^{\Sigma}}}{\dfrac{P_{ij}}{P_i^{\Sigma}}}=\frac{R_{ij}}{P_{ij}}\frac{P_i^{\Sigma}}{R_i^{\Sigma}}=\frac{\rho_{ij}}{e_i^{\mathrm{N}}}=1 \tag{10.3}$$

由此可知，对于给定的节点和相邻的节点，碳排放流和有功潮流的输出分布因子相等，在碳排放流分析中可将两者统一称为节点输出分布因子，用符号 $H_{ij}$ 表示。对于 $N$ 节点系统，可定义系统的输出分布因子的矩阵 $\boldsymbol{H}$，其元素为

$$H_{ij}=\frac{P_{ij}}{P_i^{\Sigma}} \tag{10.4}$$

对于 $N$ 节点系统，$\boldsymbol{H}$ 矩阵为 $N$ 阶方阵，其中包含系统中所有节点向相邻节点的有功潮流和碳排放流的"分流"数据，从而表示系统在给定稳态运行方式下的潮流与碳排放流的分布信息。

根据 $\boldsymbol{P}_{\mathrm{B}}$、$\boldsymbol{P}_{\mathrm{G}}$ 的定义和性质，可以得到

$$\boldsymbol{P}_{\mathrm{N}}^{-1}\cdot\boldsymbol{P}_{\mathrm{B}}=\begin{bmatrix} 0 & \dfrac{P_{12}}{P_1^{\Sigma}} & \cdots & \dfrac{P_{1N}}{P_1^{\Sigma}} \\ \dfrac{P_{21}}{P_2^{\Sigma}} & 0 & \cdots & \dfrac{P_{2N}}{P_2^{\Sigma}} \\ \vdots & \vdots & & \vdots \\ \dfrac{P_{N1}}{P_N^{\Sigma}} & \dfrac{P_{N2}}{P_N^{\Sigma}} & \cdots & 0 \end{bmatrix} \tag{10.5}$$

因此有

$$\boldsymbol{H}=\boldsymbol{I}+\boldsymbol{P}_{N}^{-1}\cdot\boldsymbol{P}_{\mathrm{B}} \tag{10.6}$$

式中：$\boldsymbol{I}$ 为 $N$ 阶单位矩阵。

### 2. 路径输出分布因子

路径输出分布因子用于表示在某条（或某些）路径下从起始节点（通常是发电机组或等效发电机组）注入系统中的有功潮流对流入目标节点有功通量的贡献率。在路径分布因子中，不要求起始节点与目标节点一定有支路直接相连。

假设电网中从节点 $i$ 至节点 $j$ 存在一条潮流路径为 $l$，该路径中支路的集合为 $L(l)$，则从节点 $i$ 至节点 $j$ 的该条路径 $l$ 潮流的输出分布因子为

$$D_{ij}^{\mathrm{P}(l)}=\prod_{(r,s)\in L(l)}H_{rs}^{\mathrm{P}} \tag{10.7}$$

如果从节点 $i$ 至节点 $j$ 存在多条可行的潮流路径，设所有从节点 $i$ 至节点 $j$ 的这些潮流路径的集合为 $\Gamma$，则从节点 $i$ 至节点 $j$ 潮流的路径输出分布因子可表示为

$$D_{ij}^{\mathrm{P}} = \sum_{l \in \Gamma} \left( \prod_{(r,s) \in L(l)} H_{rs}^{\mathrm{P}} \right) \tag{10.8}$$

同理，可定义碳排放流的路径输出分布因子 $D_{ij}^{\mathrm{F}}$，由于路径输出分布因子通过节点输出分布因子计算得到，并且碳排放流与有功潮流的流向具有一致性。易得

$$D_{ij}^{\mathrm{P}} = D_{ij}^{\mathrm{F}} \tag{10.9}$$

与节点输出分布因子类似，可将两者统称为路径输出分布因子，以符号 $D_{ij}$ 表示。若系统节点数为 $N$，$K$ 个节点存在机组注入，建立以所有 $K$ 个有机组注入的节点为起始节点，以系统所有节点为目标节点的路径输出分布因子的矩阵：

$$\boldsymbol{D} = \begin{bmatrix} D_{11} & D_{12} & \cdots & D_{1N} \\ D_{21} & D_{22} & \cdots & D_{2N} \\ \vdots & \vdots & & \vdots \\ D_{K1} & D_{K2} & \cdots & D_{KN} \end{bmatrix} \tag{10.10}$$

对于 $N$ 节点系统，若 $K$ 个节点存在机组注入，则 $\boldsymbol{D}$ 矩阵为 $K \times N$ 矩阵，其中包含系统中所有节点的有功潮流和碳排放流的“贡献”数据，从而表征机组注入系统的潮流和碳排放流从机组所在节点至目标节点的贡献比例。

当系统中具有稳定的潮流与碳排放流分布时，根据矩阵 $\boldsymbol{D}$ 的定义有

$$\boldsymbol{R}_{\mathrm{N}} = \boldsymbol{D}^{\mathrm{T}} \cdot \boldsymbol{R}_{\mathrm{G}} \tag{10.11}$$

式中：$\boldsymbol{R}_{\mathrm{G}}$ 和 $\boldsymbol{R}_{\mathrm{N}}$ 分别为流入各个节点的碳流率和各机组发出的碳流率。

$$\boldsymbol{R}_{\mathrm{N}} = \boldsymbol{P}_{\mathrm{N}} \cdot \boldsymbol{E}_{\mathrm{N}} \tag{10.12}$$

$$\boldsymbol{R}_{\mathrm{G}} = \mathrm{diag}\{\boldsymbol{P}_{\mathrm{G}} \cdot \boldsymbol{\zeta}_N^{\mathrm{T}}\} \cdot \boldsymbol{E}_{\mathrm{G}} \tag{10.13}$$

式中：$\boldsymbol{\zeta}_N$ 为 $N$ 阶全 1 行向量。

由式(10.11)～式(10.13)可得

$$\boldsymbol{E}_{\mathrm{N}} = \boldsymbol{P}_{\mathrm{N}}^{-1} \cdot \boldsymbol{D}^{\mathrm{T}} \cdot \mathrm{diag}\{\boldsymbol{P}_{\mathrm{G}} \cdot \boldsymbol{\zeta}_N^{\mathrm{T}}\} \cdot \boldsymbol{E}_{\mathrm{G}} \tag{10.14}$$

由系统节点碳势计算公式

$$\boldsymbol{E}_{\mathrm{N}} = (\boldsymbol{P}_{\mathrm{N}} - \boldsymbol{P}_{\mathrm{B}}^{\mathrm{T}})^{-1} \cdot \boldsymbol{P}_{\mathrm{G}}^{\mathrm{T}} \cdot \boldsymbol{E}_{\mathrm{G}} \tag{10.15}$$

对比式(10.14)和式(10.15)，可得

$$\begin{aligned} \boldsymbol{D}^{\mathrm{T}} \cdot \mathrm{diag}\{\boldsymbol{P}_{\mathrm{G}} \cdot \boldsymbol{\zeta}_N^{\mathrm{T}}\} &= \boldsymbol{P}_{\mathrm{N}} \cdot (\boldsymbol{P}_{\mathrm{N}} - \boldsymbol{P}_{\mathrm{B}}^{\mathrm{T}})^{-1} \cdot \boldsymbol{P}_{\mathrm{G}}^{\mathrm{T}} \\ &= [(\boldsymbol{P}_{\mathrm{N}} - \boldsymbol{P}_{\mathrm{B}}^{\mathrm{T}}) \cdot \boldsymbol{P}_{\mathrm{N}}^{-1}]^{-1} \cdot \boldsymbol{P}_{\mathrm{G}}^{\mathrm{T}} \\ &= (\boldsymbol{I} - \boldsymbol{P}_{\mathrm{B}}^{\mathrm{T}} \cdot \boldsymbol{P}_{\mathrm{N}}^{-1})^{-1} \cdot \boldsymbol{P}_{\mathrm{G}}^{\mathrm{T}} \end{aligned} \tag{10.16}$$

式(10.16)两边取转置后，考虑到 $\boldsymbol{P}_{\mathrm{N}}$ 为对角阵，整理可得到

$$\boldsymbol{D} = \boldsymbol{G} \cdot (\boldsymbol{I} - \boldsymbol{P}_{\mathrm{N}}^{-1} \cdot \boldsymbol{P}_{\mathrm{B}})^{-1} \tag{10.17}$$

式中：$\boldsymbol{G}$ 矩阵为机组拓扑矩阵，在系统结构给定时，$\boldsymbol{G}$ 矩阵将被唯一确定。而在不同的系统运行方式下，因潮流分布不同，$\boldsymbol{P}_{\mathrm{N}}$、$\boldsymbol{P}_{\mathrm{B}}$ 矩阵将发生变化，所以 $\boldsymbol{G}$、$\boldsymbol{D}$ 矩阵均将被改变。

### 10.2.2　自然电量与自然碳流量的概念

前面介绍的灵敏度分析主要围绕基于潮流的碳排放流的计算。由于电量合约多以电量为结算对象，因此在处理合约时，碳排放流的计算与分析将侧重于碳排放流在时间上的累积计算，称为基于电量的碳排放流计算。在讨论基于合约的碳排放流分析方法前，还需要介绍几个与合约电量相关的概念。

1. 自然电量

自然电量是指在系统中两节点间依据比例共享原则从送电节点至受电节点间的输电量。当系统中发电机节点 $k$ 和负荷节点 $i$ 间存在可行的电能(碳排放)传输路径($D_{ki}\neq 0$)时，无论双方间是否存在合约，只要节点 $i$ 的输出电量与节点 $k$ 的输入电量均不为零，两者间便存在自然电量。在一段时间 $T$($T$ 可分为 $T_{\mathrm{C}}$ 个时段，每个时段长度为 $\Delta t$，在时段中认为系统运行状态不变，下同)内，发电机节点 $k$ 和负荷节点 $i$ 间的自然电量的计算方法为

$$G_{\mathrm{G}k\text{-}i}(T)=\sum_{t=1}^{T_{\mathrm{C}}}P_k^{\mathrm{Ge}}(t)D_{ki}(t)\Delta t \tag{10.18}$$

式中：$G_{\mathrm{G}k\text{-}i}(T)$ 为系统中发电机节点 $k$ 在时间 $T$ 内向负荷节点 $i$ 输送的自然电量；$P_k^{\mathrm{Ge}}(t)$ 和 $D_{ki}(t)$ 分别为第 $t$ 时段发电机节点 $k$ 的有功出力以及从节点 $k$ 至节点 $i$ 的路径输出分布因子。

当系统中发电机节点 $k$ 与负荷节点 $i$ 间有意向增加电量交易合约时，该两节点间须存在电能传输的可行路径，并且该路径的传输容量可满足系统在合约输电曲线下的安全运行。否则，此类交易将不能通过安全校核。

在此基础上，对负荷节点 $i$，其所有消费电量可分解为系统中所有机组对该节点自然电量的和：

$$G_{\mathrm{G}i}(T)=\sum_{k=1}^{K}\sum_{t=1}^{T_{\mathrm{C}}}P_k^{\mathrm{Ge}}(t)D_{ki}(t)\Delta t \tag{10.19}$$

2. 自然碳流量

自然碳流量为与自然电量相对应的碳排放流，在一段时间 $T$ 内，发电机节点 $k$ 和负荷节点 $i$ 间的自然碳流量的计算方法为

$$F_{\mathrm{G}k\text{-}i}(T)=\sum_{t=1}^{T_{\mathrm{C}}}P_k^{\mathrm{Ge}}(t)e_k^{\mathrm{Ge}}(t)D_{ki}(t)\Delta t \tag{10.20}$$

式中：$F_{\mathrm{G}k\text{-}i}(T)$ 为系统中发电机节点 $k$ 向负荷节点 $i$ 在时间 $T$ 内输送的自然碳流量；$e_k^{\mathrm{Ge}}(t)$ 为发电机节点 $k$ 在 $t$ 时段内的碳势。其余各项含义与式(10.18)相同。

同理，对于负荷节点 $i$，在一段时间 $T$ 内，其所有负荷碳流量可分解为系统中

所有机组对该节点自然碳流量的和：

$$F_{Gi}(T)=\sum_{k=1}^{K}\sum_{t=1}^{T_C}P_k^{Ge}(t)e_k^{Ge}(t)D_{ki}(t)\Delta t \tag{10.21}$$

### 10.2.3 自然电量与自然碳流量的计算方法

为了讨论电力系统中考虑合约的碳排放流分析方法，首先需要提出对系统中各台机组与各用户节点间自然电量与自然碳流量的计算方法，即分别从机组和用户角度对合约双方电量流和碳排放流“点对点”的传输实际进行分析，作为对合约完成情况的认定依据。

对于电力系统中的某节点 $i$，某时段内各机组对该节点自然电量与碳流率的贡献可由发电机组的有功功率、碳势以及路径输出分布因子表征。设电网中有机组注入的节点数量为 $K$，则在时段 $t(t\in T_C)$ 流入节点 $i$ 自然电量与自然碳流量的总量中来自第 $k$ 台机组的分量可由有功功率和碳流率表示：

$$P_{Gk\text{-}i}(t)=P_k^{Ge}(t)D_{ki}(t) \tag{10.22}$$

$$R_{Gk\text{-}i}(t)=P_k^{Ge}(t)e_k^{Ge}(t)D_{ki}(t) \tag{10.23}$$

将其扩充为矩阵形式，可得系统中所有发电机组对系统中所有节点流入电量与碳流量总量的对应情况。以 $K\times N$ 矩阵 $\boldsymbol{P}^{K\text{-}N}=(P_{Gk\text{-}j})_{K\times N}$ 和 $\boldsymbol{R}^{K\text{-}N}=(R_{Gk\text{-}j})_{K\times N}$ 为例，两矩阵第 $k$ 行第 $j$ 列元素为 $P_{Gk\text{-}j}$ 和 $R_{Gk\text{-}j}$。

$$\begin{aligned}\boldsymbol{R}^{K\text{-}N}&=\begin{bmatrix}R_{G1-1} & R_{G1-2} & \cdots & R_{G1-N}\\ R_{G2-1} & R_{G2-2} & \cdots & R_{G2-N}\\ \vdots & \vdots & & \vdots\\ R_{GK-1} & R_{GK-2} & \cdots & R_{GK-N}\end{bmatrix}\\ &=\begin{bmatrix}P_1^{Ge}e_1^{Ge}D_{11} & P_1^{Ge}e_1^{Ge}D_{12} & \cdots & P_1^{Ge}e_1^{Ge}D_{1N}\\ P_2^{Ge}e_2^{Ge}D_{21} & P_2^{Ge}e_2^{Ge}D_{22} & \cdots & P_2^{Ge}e_2^{Ge}D_{2N}\\ \vdots & \vdots & & \vdots\\ P_K^{Ge}e_K^{Ge}D_{K1} & P_K^{Ge}e_K^{Ge}D_{K2} & \cdots & P_K^{Ge}e_K^{Ge}D_{KN}\end{bmatrix}\\ &=\begin{bmatrix}P_1^{Ge}\cdot e_1^{Ge} & & & \\ & P_2^{Ge}\cdot e_2^{Ge} & & \\ & & \ddots & \\ & & & P_K^{Ge}\cdot e_K^{Ge}\end{bmatrix}\begin{bmatrix}D_{11} & D_{12} & \cdots & D_{1N}\\ D_{21} & D_{22} & \cdots & D_{2N}\\ \vdots & \vdots & & \vdots\\ D_{K1} & D_{K2} & \cdots & D_{KN}\end{bmatrix}\end{aligned} \tag{10.24}$$

简化后，可得

$$\boldsymbol{R}^{K\text{-}N}=\mathrm{diag}\{\boldsymbol{E}_G\}\cdot\mathrm{diag}\{\boldsymbol{P}_G\cdot\boldsymbol{\zeta}_N^{T}\}\cdot\boldsymbol{D} \tag{10.25}$$

式中：$\boldsymbol{P}_{\mathrm{G}}$ 为注入潮流分布矩阵；$\boldsymbol{\zeta}_N$ 为 $N$ 阶全 1 行向量。

同理可得

$$\boldsymbol{P}^{K\text{-}N}=\mathrm{diag}\{\boldsymbol{P}_{\mathrm{G}}\cdot\boldsymbol{\zeta}_N^{\mathrm{T}}\}\cdot\boldsymbol{D} \tag{10.26}$$

下面分析发电机组至负荷间的自然电量与自然碳流量。以自然碳流量为例，根据比例共享原则，若第 $i(i=1,2,\cdots,N)$ 个节点存在负荷 $P_{\mathrm{L}i}$，相应的碳流率为 $R_{\mathrm{L}i}$，则 $R_{\mathrm{L}i}$ 中来自第 $k$ 台机组的自然碳流率可表示为

$$R_{\mathrm{G}k\text{-}\mathrm{L}i}=R_{\mathrm{G}k\text{-}i}\frac{R_{\mathrm{L}i}}{R_i^{\Sigma}}=R_{\mathrm{G}k\text{-}i}\frac{P_{\mathrm{L}i}}{P_i^{\Sigma}} \tag{10.27}$$

将其扩充为矩阵形式，可得系统中发电机组对系统负荷碳流率的贡献情况。定义 $K\times N$ 系统自然电量分布矩阵 $\boldsymbol{P}^{K\text{-}\mathrm{L}}$ 和系统自然碳流量分布矩阵 $\boldsymbol{R}^{K\text{-}\mathrm{L}}$，两矩阵第 $k$ 行第 $j$ 列元素为 $P_{\mathrm{G}k\text{-}\mathrm{L}j}$ 和 $R_{\mathrm{G}k\text{-}\mathrm{L}j}$。以 $\boldsymbol{R}^{K\text{-}\mathrm{L}}$ 为例，有

$$\boldsymbol{R}^{K\text{-}\mathrm{L}}=\begin{bmatrix} R_{\mathrm{G1\text{-}L1}} & R_{\mathrm{G1\text{-}L2}} & \cdots & R_{\mathrm{G1\text{-}L}N} \\ R_{\mathrm{G2\text{-}L1}} & R_{\mathrm{G2\text{-}L2}} & \cdots & R_{\mathrm{G2\text{-}L}N} \\ \vdots & \vdots & & \vdots \\ R_{\mathrm{G}K\text{-}\mathrm{L1}} & R_{\mathrm{G}K\text{-}\mathrm{L2}} & \cdots & R_{\mathrm{G}K\text{-}\mathrm{L}N} \end{bmatrix} \tag{10.28}$$

将式(10.27)代入式(10.28)，且注意到负荷分布矩阵 $\boldsymbol{R}_{\mathrm{L}}$ 和有功通量矩阵 $\boldsymbol{P}_{\mathrm{N}}$ 的定义，式(10.28)可简化为

$$\boldsymbol{R}^{K\text{-}\mathrm{L}}=\boldsymbol{R}^{K\text{-}N}\cdot\mathrm{diag}\{\boldsymbol{\zeta}_M\cdot\boldsymbol{P}_{\mathrm{L}}\}\cdot\boldsymbol{P}_{\mathrm{N}}^{-1} \tag{10.29}$$

矩阵 $\boldsymbol{R}^{K\text{-}\mathrm{L}}$ 即为所求的系统中每一台机组和所有节点间负荷碳流率的对应关系。矩阵中每一行表示系统中机组对所有负荷节点的碳排放流输送量，每一列则表示系统中每个负荷节点碳流率受系统中所有机组节点的贡献情况。

在一段时间 $T$ 内，系统中机组和负荷间自然碳流量的对应关系即为对矩阵 $\boldsymbol{R}^{K\text{-}\mathrm{L}}$ 分时段求和：

$$\boldsymbol{F}^{K\text{-}\mathrm{L}}(T)=\sum_{t=1}^{T_{\mathrm{C}}}\boldsymbol{R}^{K\text{-}\mathrm{L}}\cdot\Delta t \tag{10.30}$$

类似地，可得发电机组与负荷节点间的自然电量的对应关系，以 $K\times N$ 矩阵 $\boldsymbol{G}^{K\text{-}\mathrm{L}}$ 表示，为

$$\boldsymbol{G}^{K\text{-}\mathrm{L}}(T)=\sum_{t=1}^{T_{\mathrm{C}}}\boldsymbol{P}^{K\text{-}\mathrm{L}}\cdot\Delta t \tag{10.31}$$

式中：

$$\boldsymbol{P}^{K\text{-}\mathrm{L}}=\boldsymbol{P}^{K\text{-}\mathrm{N}}\cdot\mathrm{diag}\{\boldsymbol{\zeta}_M\cdot\boldsymbol{P}_{\mathrm{L}}\}\cdot\boldsymbol{P}_{\mathrm{N}}^{-1} \tag{10.32}$$

当系统处于某稳态运行状态时，无论发电机节点 $k$ 和负荷节点 $i$ 是否存在合约，式(10.30)和式(10.31)都为认定两者间存在点对点电量流和碳排放流传输的依据。

## 10.3　系统电量与碳排放流中基础分量与合约分量的分解

电力系统中的电量分为合约电量与非合约电量，电力系统中的电量流与碳排放流均可分为基础分量与合约分量两部分。

### 10.3.1　基础分量

系统的基础分量($\boldsymbol{P}_{\mathrm{B}}^{K\text{-L}}$，$\boldsymbol{R}_{\mathrm{B}}^{K\text{-L}}$)为仅考虑各机组非合约电量(一般为年度基数电量)下自然电量与自然碳流量的分布。基于年度基数电量与典型运行方式，可通过式(10.30)和式(10.31)计算得到。用于表征各个节点与发电机组间的自然电量与自然碳流量的传输情况，以认定在不考虑任何合约的情况下系统中各个节点的负荷构成、碳排放构成以及来源的基本状态。

### 10.3.2　合约分量

合约分量仅考虑各机组与用户间的合约电量，不考虑系统的物理传输实际与比例共享原则。可按照系统自然电量分布矩阵的形式定义系统电量合约矩阵 $\boldsymbol{P}^{K\text{-C}}=(P_{\mathrm{GC}k\text{-}j})_{K\times N}$ 以表征系统电量合约的数据。具体定义为：若系统中第 $k$ 台机组与第 $j$ 个节点间存在额度为 $G$ 的电量合约，则 $P_{\mathrm{GC}k\text{-}j}=G$，否则 $P_{\mathrm{GC}k\text{-}j}=0$。

进一步，结合电力系统的运行实际，合约分量可分为物理分量与虚拟分量两部分。

#### 1. 合约物理分量

合约物理分量($\boldsymbol{P}_{\mathrm{C\text{-}P}}^{K\text{-L}}$，$\boldsymbol{R}_{\mathrm{C\text{-}P}}^{K\text{-L}}$)为当系统按照所有合约的要求进行可行的运行状态调整后，系统自然电量与自然碳流量的变化量，用于表征系统中所有合约双方对合约内容的实际完成情况。

当系统中的第 $k$ 台机组与第 $i$ 个节点的用户之间新增电量合约或合约出现变更时，发电机组 $k$ 的出力和负荷节点 $i$ 的负荷按照合同进行调整。根据调整后的系统运行状态，重新计算自然电量和自然碳流量即可得到考虑合约后系统自然电量的变化。当系统按照所有合约的要求进行可行的运行状态调整后，按式(10.30)和式(10.31)可得到考虑合约的系统自然电量分布矩阵 $\boldsymbol{P}^{K\text{-L}'}$ 和系统自然碳流量分布矩阵 $\boldsymbol{R}^{K\text{-L}'}$。则合约的物理分量可表示为

$$\boldsymbol{P}_{\mathrm{C\text{-}P}}^{K\text{-L}}=\boldsymbol{P}^{K\text{-L}'}-\boldsymbol{P}_{\mathrm{B}}^{K\text{-L}} \tag{10.33}$$

$$\boldsymbol{R}_{\mathrm{C\text{-}P}}^{K\text{-L}}=\boldsymbol{R}^{K\text{-L}'}-\boldsymbol{R}_{\mathrm{B}}^{K\text{-L}} \tag{10.34}$$

矩阵 $\boldsymbol{P}_{\text{C-P}}^{K\text{-L}}$和 $\boldsymbol{R}_{\text{C-P}}^{K\text{-L}}$中第 $k$ 行第 $i$ 列元素即为系统中第 $k$ 台机组与第 $i$ 个节点的用户之间由电量合约造成的自然电量与自然碳流量分布的变化。若第 $k$ 台机组与第 $i$ 个节点的用户之间存在合约，则矩阵中的元素可作为认定合约完成度的依据。因为潮流和碳排放流比例共享的特点，通常情况下 $D_{ij}\leqslant 1$（当且仅当两节点间仅有唯一支路直接相连时等号成立），所以当系统两节点间增加新的电量合同时，即使发电机端按照合约要求增加出力和发电量，负荷节点消费的电量中来自合约发电机部分的增量仍将小于合约规定的电量。此外，根据 9.4.2 节中对碳排放流非线性灵敏度的分析，系统中存在合约的节点对不含合约节点的自然电量与自然碳流量同样将产生影响。

2. 合约虚拟分量

合约的虚拟分量（$\boldsymbol{P}_{\text{C-S}}^{K\text{-L}}$，$\boldsymbol{R}_{\text{C-S}}^{K\text{-L}}$）为当系统按照所有合约的要求进行可行的运行状态调整后，合约的物理分量与合约规定电量（或碳流量）间的差异，基于合约信息以及合约物理分量的计算结果得到。若合约双方按照合约要求增加了机组出力与负荷，根据能量守恒，即使发电方增加的上网电量未能全部由受电方全部接收，外流的这部分“差异”电量也将被系统中其他用户所消费，并且这些消费了“差异”电量的用户和“差异”电量的多少均可通过对系统自然电量与碳流量的计算来获取。当系统中合约双方按照合约结算电量而合约物理分量不足以达到合约电量的要求时，为保证合约的执行以及电力系统的比例共享原则，在物理上未能传输的电量将被视为以用电权交易的形式在用户间进行的虚拟交换，这便是合约虚拟分量的物理含义，具体由式(10.35)和式(10.36)得到：

$$\boldsymbol{P}_{\text{C-S}}^{K\text{-L}}=\boldsymbol{P}^{K\text{-C}}-\boldsymbol{P}_{\text{C-P}}^{K\text{-L}} \tag{10.35}$$

$$\boldsymbol{R}_{\text{C-S}}^{K\text{-L}}=\boldsymbol{R}^{K\text{-C}}-\boldsymbol{R}_{\text{C-P}}^{K\text{-L}} \tag{10.36}$$

根据电量与碳流量的守恒，每台存在电量合约的机组按照合约多生产的电量以自然电量增量的形式由系统中相应的用户共同消费；对于不存在合约的机组，则合约的物理分量和虚拟分量相互抵消。因此在合约虚拟分量矩阵中，每一行的和均为零。以合约虚拟电量分布矩阵 $\boldsymbol{P}_{\text{C-S}}^{K\text{-L}}$为例，第 $k$ 行第 $j$ 列元素表示位于节点 $j$ 的用户受合约影响的交易来自第 $k$ 台机组的基础分量（用电权）。若该元素大于零，则说明节点 $j$ 的用户向该矩阵第 $k$ 行中小于零的元素对应的节点购买了来自第 $k$ 台机组的基础分量以达到自身与第 $k$ 台机组的合约要求；若该元素小于零，则说明节点 $j$ 的用户向该矩阵第 $k$ 行中小于零的元素对应的节点出售了来自第 $k$ 台机组的基础分量以达到合约要求。

将以上公式按照各个时段分别计算并求和，便可得到系统在一段时间内的合约虚拟电量和碳流量。如此，将电力系统中合约电量下的实际电能传输与虚拟电量交易的部分分清，使得系统中的合约既能够按要求结算又不影响系统基于比例共享原则的运行实际。

## 10.4 面向合约分析的等值网络改进

### 10.4.1 等值网络中碳排放流与电量合约间的差异

等值网络在电力系统分析中应用广泛，尤其在跨省跨地区的碳排放分析中。在等值网络中，每个地区的电力系统等值为一个节点，所有发电机组等效为一台机组。根据碳排放流的性质，该地区外送其他地区电能的碳排放强度为该地区的平均碳排放强度。根据电力系统的实际运行经验，电源规划时有明确的电源留存与外送方案，即哪些电源为地区电网自用而哪些电源主要负责外送，在外送通道规划时也要根据电源外送方案决定外送通道接入点。如此，一方面同一地区向不同地区送电时实际送出电源的结构可以不同，即同一地区沿不同联络线可同时送出碳排放强度不同的电能；另一方面，在不同的情景下，地区电网内部的运行状态与电能外送的运行状态可相对独立，即外送状态的改变在很多时候并不影响地区内用电。如此，原有的等值网络简化方法的分析虽然简单有效，但是相比实际系统，对地区电网的简化程度过高，会造成系统运行实际信息的丢失。

另外，地区(省际)电力系统间存在广泛的电量交换，并且此类电量交换通常经由固定的联络线完成。对于复杂度较低的网络，送受双方在签订电量合约时，该联络线即可成为监督合约完成情况的重要对象。在某些情况下，送受双方因商讨电价等因素可指定传输电力的能源比例构成，尽管这种指定会违背碳排放流理论的基础——比例共享原则，但这可以理解为电量交易下的碳排放交易，为电力系统碳排放的归属带来更为灵活的分配机制，而原有的等值网络简化方法难以体现合约在其中的影响。

为此，本节将结合碳排放流的分析方法，对原有等值网络的分析进行改进，提出既忠实于系统运行实际，又更为灵活的等值网络改进法，以方便碳排放流与合约电量的结算。

### 10.4.2 等值网络改进方法

1. 外送机组

传统的等值网络中，将所有系统等值为一个节点，将所有机组等值为一台机组，将所有负荷等效为一个负荷。如图 10.1 所示。

为了让基于等值网络的碳排放流分析更为灵活，在外送线路上设置虚拟电源，即增加等效外送机组，如图 10.2 所示。

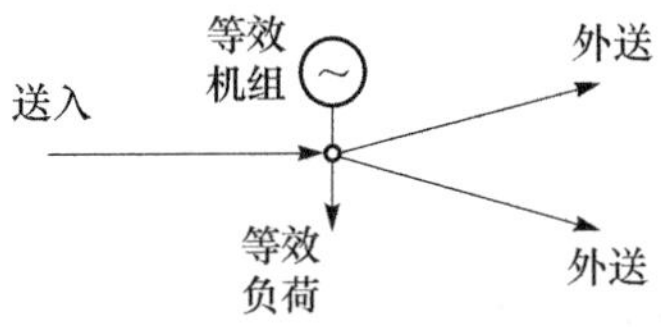


图 10.1　原有的等值网络

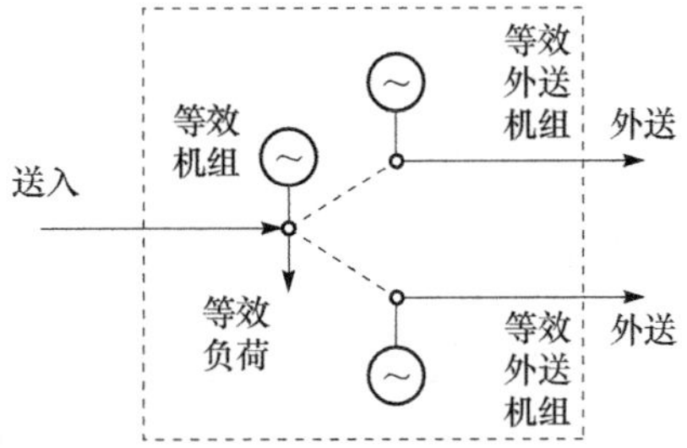


图 10.2　增加外送机组的改进等值网络

由图 10.2 可知，在原有外送通道的始端设置虚拟节点，增加等效的外送机组，以控制地区实际外送的电能构成。外送机组的出力和碳势可根据地区电网的电源留存与外送方案单独设定，也可根据地区间送受电协议设定。考虑到地区电网自身留存用电和外送电能间的独立，等效机组所在节点和外送机组所在节点间(图中虚线支路)可认为没有电量和碳排放流流过，如此设定更加便于分析。图 10.2 所示的等值方案主要用于送往不同地区电网的情况，若两地区间有多条联络线，即使联络线在送端电网的起点不同，仍可将其等效为一条联络线，仅需灵活设定外送机组的出力和碳势即可。图 10.2 中虚线方框中的部分即为原始的等效节点，相比原有系统，改进后的系统多了"等效外送机组"。

需要注意的是，在本方法的基础上，外送机组的参数需要严格按照地区电源留存与外送方案进行设置，系统所有外送机组与网内等效机组的等效容量、等效碳势等内容需与网内电源结构保持一致，以保证系统碳排放的守恒。

此外，在某些情况(比如季节性电能丰富的地区)下，送电通道会出现不同时间潮流方向改变的情况。此时，原来的送端电网成为受端电网，受端电网成为送端电网，通过建立双向的外送机组可以准确描述此类状况。以两节点系统为例，如图 10.3 所示。

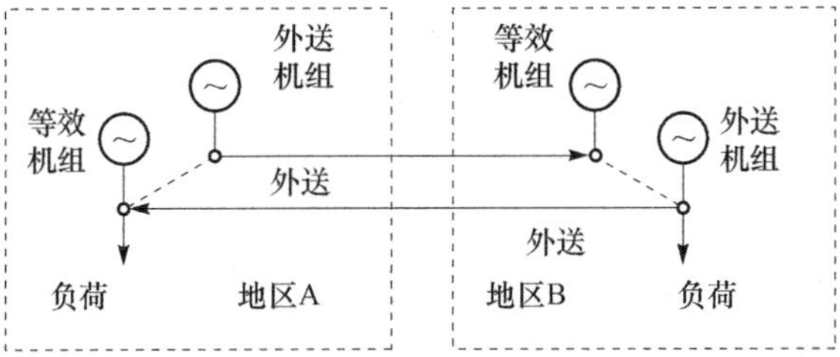


图 10.3　考虑送电通道潮流方向改变的改进等值网络

因为特定的送电通道不可能同时出现方向相反的潮流，所以在某一时刻图 10.3 中两地区电网中的外送机组的碳势与容量构成仅与地区自身的电源结构相关，两个外送机组的参数互相独立，且至多有一台外送机组出力不为零。当系统中存在由大规模季节性电能产生的送电通道潮流方向改变的情况时，只需根据系统运行实际，设定地区 A、B 两地外送机组的电量即可。

2. 直送虚拟线路

建立外送机组的思路可在很大程度上解决地区间电力传输的描述方法，而上述思路的一个假定前提是外区送入地区电网的电量全部用于地区自身。对于一条送电通道(联络线)上有多个受端节点的情况(见图 10.4)，则不能准确模拟电量流和碳排放流的分布。即使在设定外送机组参数时考虑送入电量的影响，计算时也会改变送出电量的归属，不利于考虑合约时的分析。

为解决此问题，本章将建立直送虚拟线路。即认为单一送电通道中的电量传输是点对点完成的，而不是顺次完成的，如图 10.5 所示。

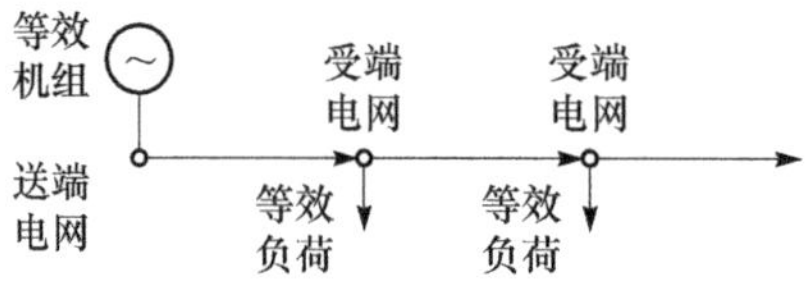


图 10.4　一条送电通道上多个受端节点的系统结构示例

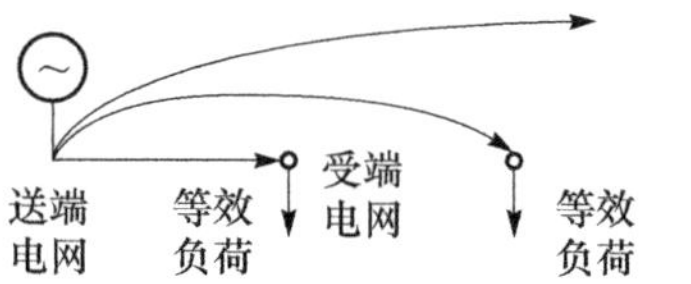


图 10.5　一条送电通道上多个受端节点的系统结构示例

在送端电网上设置直送虚拟线路，可将送端电网外送至各个地区的电量流与碳排放流进行区分，沿虚拟联络线送入受端电网的电量全部为受端电网自用。如此改进等值网络，一方面可以与建立外送机组的思路相结合，在不改变原有电力传输对应关系的基础上，对系统进行便于碳排放流分析的等值；另一方面，在从送端电网发出的虚拟直送联络线上灵活设置外送机组，对与碳排放流相对应的电量流的归属问题以及电量合约问题可做出更为详细的认定与分析。

虚拟线路等值方法的使用有三点需要注意：其一是电力守恒，即送端电网沿各虚拟线路送出的功率之和需与送端电网实际送出的总功率相等；其二是电量守恒，各受端电网收到的送入电量与联络线网损之和应与送端电网送出的电量相等，这里的相等既包括总电量的相等，也包括各类电量分别相等；其三是网损守恒，若在等值网络中考虑网损，各直送虚拟线路的网损之和需与实际送电通道的网损总量相等。

# 10.5　系统合约下碳排放流的分析示例

## 10.5.1　实际网络中有电量合约的碳排放流分析示例

### 1. 基础分量计算

根据本章介绍的方法，假定基态时不存在任何合约，以此时系统自然电量流与碳排放流的分布为基础分量，该时段内的计算结果如表 10.1 和表 10.2 所示（时段长度为 1h。G4 与 G5 为零碳排放机组，对系统中任何节点的负荷碳流率均无贡献，故在表中不再标明）。

表 10.1　系统电量中的基础分量

| 节点 | 自然电量来源/(MW·h) | | | | | 负荷电量/(MW·h) |
|---|---|---|---|---|---|---|
| | G1 | G2 | G3 | G4 | G5 | |
| 1 | 0.00 | 0.00 | 0.00 | 0.00 | 0.00 | 0.00 |
| 2 | 14.34 | 7.36 | 0.00 | 0.00 | 0.00 | 21.70 |
| 3 | 22.73 | 11.47 | 60.00 | 0.00 | 0.00 | 94.20 |
| 4 | 36.57 | 11.23 | 0.00 | 0.00 | 0.00 | 47.80 |
| 5 | 6.58 | 1.02 | 0.00 | 0.00 | 0.00 | 7.60 |
| 6 | 5.51 | 0.85 | 0.00 | 4.84 | 0.00 | 11.20 |
| 7 | 0.00 | 0.00 | 0.00 | 0.00 | 0.00 | 0.00 |
| 8 | 0.00 | 0.00 | 0.00 | 0.00 | 0.00 | 0.00 |
| 9 | 12.25 | 3.76 | 0.00 | 0.00 | 13.49 | 29.50 |
| 10 | 4.04 | 0.95 | 0.00 | 1.70 | 2.31 | 9.00 |
| 11 | 1.72 | 0.27 | 0.00 | 1.51 | 0.00 | 3.50 |
| 12 | 3.00 | 0.46 | 0.00 | 2.64 | 0.00 | 6.10 |
| 13 | 6.64 | 1.03 | 0.00 | 5.84 | 0.00 | 13.50 |
| 14 | 6.62 | 1.60 | 0.00 | 2.47 | 4.20 | 14.90 |
| 合计 | 120.00 | 40.00 | 60.00 | 19.00 | 20.00 | 259.00 |

表 10.1 和表 10.2 分别展示了示例系统基础分量的分布结果。机组 G1 承担了系统中大部分用电负荷与碳排放流，即使在距离机组 G1 较远的节点 13 和节点 14，来自机组 G1 的自然电量也占到其负荷电量的将近一半。然而，系统中用电负荷及相应碳流量最高的节点 3，其自然电量与负荷碳流量主要来自机组 G3。从表 10.1 中可以看出，由于机组 G3 直接接入节点 3，并且机组出力不足以平衡该节点负荷，因此机组 G3 的全部电量和碳流量均被节点 3 所消耗，这与系统实际的潮流分布规律相吻合。在不考虑网损的情况下，总的机组发电量与总的负荷电量相匹配，机组注入系统的总碳流量与负荷总碳流量相匹配，验证了本算法的合理性。

**表 10.2　系统碳流量中的基础分量**

| 节点 | 自然碳流量来源/$tCO_2$ | | | 负荷碳流率/$(tCO_2/h)$ |
|---|---|---|---|---|
| | G1 | G2 | G3 | |
| 1 | 0.00 | 0.00 | 0.00 | 0.00 |
| 2 | 12.55 | 3.68 | 0.00 | 16.23 |
| 3 | 19.89 | 5.74 | 30.00 | 55.62 |
| 4 | 32.00 | 5.62 | 0.00 | 37.61 |
| 5 | 5.76 | 0.51 | 0.00 | 6.27 |
| 6 | 4.82 | 0.43 | 0.00 | 5.24 |
| 7 | 0.00 | 0.00 | 0.00 | 0.00 |
| 8 | 0.00 | 0.00 | 0.00 | 0.00 |
| 9 | 10.71 | 1.88 | 0.00 | 12.60 |
| 10 | 3.53 | 0.47 | 0.00 | 4.01 |
| 11 | 1.51 | 0.13 | 0.00 | 1.64 |
| 12 | 2.62 | 0.23 | 0.00 | 2.86 |
| 13 | 5.81 | 0.51 | 0.00 | 6.32 |
| 14 | 5.80 | 0.80 | 0.00 | 6.60 |
| 合计 | 105.00 | 20.00 | 30.00 | 155.00 |

2. 合约分量讨论

若在该时段运行的基态下，系统中的用户和机组之间新增了三个电量合约，如表 10.3 所示。系统按照合约要求增加负荷和机组出力，节点 10 和机组 G1 在本时段(1h 内)增加出力 2MW，节点 9 与机组 G3 增加出力 5MW，节点 3 与机组 G5 在本时段增加出力 3MW。

**表 10.3　系统电量合约列表**

| 合约 | 发电方 | 用电方 | 合约量/(MW·h) |
|---|---|---|---|
| 1 | G1 | 节点 10 | 2 |
| 2 | G3 | 节点 9 | 5 |
| 3 | G5 | 节点 3 | 3 |

1) 合约物理分量

运行状态调整后系统电量的合约物理分量如表 10.4 和表 10.5 所示。

**表 10.4 系统电量的合约物理分量**

| 节点 | 电量来源/(kW·h) | | | | | 负荷电量变化量/(kW·h) |
|---|---|---|---|---|---|---|
| | G1 | G2 | G3 | G4 | G5 | |
| 1 | 0.0 | 0.0 | 0.0 | 0.0 | 0.0 | 0.0 |
| 2 | 67.4 | −67.4 | 0.0 | 0.0 | 0.0 | 0.0 |
| 3 | −1237.8 | −595.4 | 4833.2 | 0.0 | 0.0 | 3000.0 |
| 4 | −43.8 | −64.0 | 107.7 | 0.0 | 0.0 | 0.0 |
| 5 | 4.9 | −4.9 | 0.0 | 0.0 | 0.0 | 0.0 |
| 6 | 146.6 | 17.8 | 0.0 | −164.4 | 0.0 | 0.0 |
| 7 | 0.0 | 0.0 | 0.0 | 0.0 | 0.0 | 0.0 |
| 8 | 0.0 | 0.0 | 0.0 | 0.0 | 0.0 | 0.0 |
| 9 | 1788.3 | 529.9 | 41.4 | 0.0 | 2640.3 | 5000.0 |
| 10 | 927.7 | 189.0 | 7.2 | 389.8 | 486.3 | 2000.0 |
| 11 | 45.8 | 5.6 | 0.0 | −51.4 | 0.0 | 0.0 |
| 12 | 79.8 | 9.7 | 0.0 | −89.5 | 0.0 | 0.0 |
| 13 | 176.7 | 21.5 | 0.0 | −198.1 | 0.0 | 0.0 |
| 14 | 44.4 | −41.8 | 10.5 | 113.6 | −126.6 | 0.0 |
| 合计 | 2000.0 | 0.0 | 5000.0 | 0.0 | 3000.0 | 10000.0 |

**表 10.5 系统碳流量的合约物理分量**

| 节点 | 碳流量分布变化量/$kgCO_2$ | | | 负荷碳流量变化量/$kgCO_2$ |
|---|---|---|---|---|
| | G1 | G2 | G3 | |
| 1 | 0.0 | 0.0 | 0.0 | 0.0 |
| 2 | 58.9 | −33.7 | 0.0 | 25.3 |
| 3 | −1083.1 | −297.6 | 2416.6 | 1035.8 |
| 4 | −38.3 | −32.0 | 53.9 | −16.4 |
| 5 | 4.4 | −2.4 | 0.0 | 1.8 |
| 6 | 128.2 | 8.9 | 0.0 | 137.1 |
| 7 | 0.0 | 0.0 | 0.0 | 0.0 |
| 8 | 0.0 | 0.0 | 0.0 | 0.0 |
| 9 | 1564.7 | 264.9 | 20.7 | 1850.5 |
| 10 | 811.7 | 94.5 | 3.6 | 909.8 |
| 11 | 40.1 | 2.8 | 0.0 | 42.9 |
| 12 | 69.8 | 4.8 | 0.0 | 74.7 |
| 13 | 154.6 | 10.7 | 0.0 | 165.3 |
| 14 | 38.8 | −20.9 | 5.2 | 23.2 |
| 合计 | 1750.0 | 0.0 | 2500.0 | 4250.0 |

从表 10.4 和表 10.5 中可以看出系统新增加电量合约后对系统自然电量和自然碳流量的影响情况。虽然系统中新增的合约仅涉及三台机组和三个负荷节点，但是系统调整运行状态后，大部分负荷的自然电量与自然碳流量均受到影响。表 10.4 和表 10.5 中画横线的数据即为合约双方实际传输的自然电量(碳流量)的增量。根据前面内容的所述，因为路径输出分布因子 $D_{ij} \leqslant 1$，所以合约中向受电方输入的自然电量(碳流量)的增量通常不大于合约规定。特别地，合约中 G5 机组增加的出力全部被节点 9 与节点 10 的负荷增量所平衡，未有任何自然电量到达合约要求的节点 3。这说明合约 3 在系统实际的物理运行中是不可行的，仅能通过合约的虚拟分量来实现和认定。

2) 合约虚拟分量

系统运行状态调整后的合约虚拟分量，即系统中电量合约下隐含的用电权交易的分布情况，经计算如表 10.6 所示。

**表 10.6　系统电量的合约虚拟分量**

| 节点 | 电量合约虚拟分量/(kW·h) | | | | | 合计/(kW·h) |
|---|---|---|---|---|---|---|
| | G1 | G2 | G3 | G4 | G5 | |
| 1 | 0.0 | 0.0 | 0.0 | 0.0 | 0.0 | 0.0 |
| 2 | −67.4 | 67.4 | 0.0 | 0.0 | 0.0 | 0.0 |
| 3 | 1237.8 | 595.4 | −4833.2 | 0.0 | 3000.0 | 0.0 |
| 4 | 43.7 | 64.0 | −107.7 | 0.0 | 0.0 | 0.0 |
| 5 | −4.9 | 4.9 | 0.0 | 0.0 | 0.0 | 0.0 |
| 6 | −146.6 | −17.8 | 0.0 | 164.4 | 0.0 | 0.0 |
| 7 | 0.0 | 0.0 | 0.0 | 0.0 | 0.0 | 0.0 |
| 8 | 0.0 | 0.0 | 0.0 | 0.0 | 0.0 | 0.0 |
| 9 | −1788.4 | −529.9 | 4958.6 | 0.0 | −2640.3 | 0.0 |
| 10 | 1072.3 | −189.0 | −7.2 | −389.8 | −486.3 | 0.0 |
| 11 | −45.8 | −5.6 | 0.0 | 51.4 | 0.0 | 0.0 |
| 12 | −79.8 | −9.7 | 0.0 | 89.5 | 0.0 | 0.0 |
| 13 | −176.6 | −21.5 | 0.0 | 198.1 | 0.0 | 0.0 |
| 14 | −44.3 | 41.8 | −10.5 | −113.6 | 126.6 | 0.0 |
| 合计 | 0.0 | 0.0 | 0.0 | 0.0 | 0.0 | 0.0 |

先以机组 G3 所在列为例进行解读：由于机组 G3 已经按照合约实现发电量的增加，而根据系统自然电量的分布，实际上机组 G3 增加的电量并未完全增加至节点 9，而是由系统中多个节点的负荷分别消纳。因此，在合约结算的过程中，除物理分量外，节点 9 实际上向节点 3 购入了机组 G3 4833.2kW·h 的用电权，向节点 4 购入了机组 G3 107.7kW·h 的用电权，向节点 10 和节点 14 分别购入了机组 G3 7.2kW·h 和 10.5kW·h 的用电权，共计 4958.6kW·h，以保证合约按要求完成。

再以节点 10 所在行为例进行解读：首先，机组 G1 与节点 10 存在 2MW·h 的电量合约，因为物理分量不足以满足合约要求，所以合约的完成过程中有 1072.3kW·h 的电量通过虚拟的用电权购入交易而实现。其次，节点 10 与系统中其他机组并未建立合约，而在表 10.4 中系统运行状态调整使得节点 10 的负荷中来自其他机组的自然电量有所增加，并且这些增加的自然电量均使系统中与其他机组相关的合约在物理上不能完全实现。因此，表 10.6 中第 10 行与 G2～G5 相对应列的负数表示节点 10 在购入来自机组 G1 1072.3kW·h 电量的同时，还需要卖出来自机组 G2 的电量 189.0kW·h、来自 G3 机组的电量 7.2kW·h、来自机组 G4 的电量 389.8kW·h 以及来自机组 G5 的电量 486.3kW·h，以保证节点 10 的总用电量既与系统运行实际相符合，又与合约签订的要求相符合。

系统碳流量合约虚拟分量计算结果的解读方法与系统电量合约虚拟分量的解读方法相同，如表 10.7 所示，不同之处在于系统电量合约的物理和虚拟分量中每一行元素的和为零，而系统碳流量合约的物理分量和虚拟分量的计算结果不满足这一条件。这是因为虽然系统中不存在合约的节点在给定时段内的用电量不因系统其他合约的增加和变动而改变，但是节点负荷对应的碳流量在该时段因系统潮流的重新分布影响了系统的节点碳势，所以无合约节点的负荷碳流量也将产生变化，这是碳流量合约物理分量每行之和不全为零的原因，而碳流量的合约虚拟分量修正了这一误差。

**表 10.7　系统碳流量的合约虚拟分量**

| 节点 | 碳流量合约虚拟分量/$kgCO_2$ | | | 合计/$kgCO_2$ |
|---|---|---|---|---|
| | G1 | G2 | G3 | |
| 1 | 0.0 | 0.0 | 0.0 | 0.0 |
| 2 | −58.9 | 33.7 | 0.0 | −25.3 |
| 3 | 1083.1 | 297.7 | −2416.6 | −1035.8 |
| 4 | 38.2 | 32.0 | −53.9 | 16.4 |
| 5 | −4.3 | 2.4 | 0.0 | −1.8 |
| 6 | −128.2 | −8.9 | 0.0 | −137.1 |
| 7 | 0.0 | 0.0 | 0.0 | 0.0 |
| 8 | 0.0 | 0.0 | 0.0 | 0.0 |
| 9 | −1564.8 | −264.9 | 2479.3 | 649.5 |
| 10 | 938.3 | −94.5 | −3.6 | 840.2 |
| 11 | −40.1 | −2.8 | 0.0 | −42.9 |
| 12 | −69.9 | −4.8 | 0.0 | −74.7 |
| 13 | −154.6 | −10.7 | 0.0 | −165.3 |
| 14 | −38.8 | 20.8 | −5.2 | −23.2 |
| 合计 | 0.0 | 0.0 | 0.0 | 0.0 |

### 10.5.2　含电量合约的等值网络碳排放流分析示例

以某水平年南方五省区电力系统作为分析对象，初始的等值网络如图 10.6 所示。

根据南方电网(南网)实际，从云南省有多条直流线路将水电送往广东，从贵州也有线路经广西桂林和柳州送水电和火电入广东。特别地，在实际网络中云南至海南没有直送线路，但云南经广西送入广东的电量中有一部分经由海南联络线送入海南，云南和海南间存在的自然电量通道不可忽略。因此在改进的等值网络中建立一套云南至海南的外送机组和直送线路。综上所述，通过构建外送机组和直送虚拟线路，得到南方电网的等值网络如图 10.7 所示(缅甸送入云南的少量水电已等值入云南电网，鲤鱼江、三峡水电已等值入广东电网。另外，在本算例中暂不考虑送电通道在一年的不同时间中潮流方向发生改变的情况，即每条送电通道的送电方向不变)。

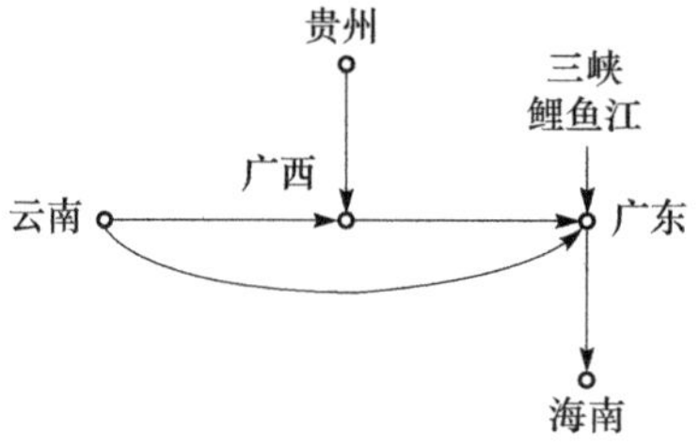


图 10.6　南方五省区简化网络(省略等效机组、等效负荷)

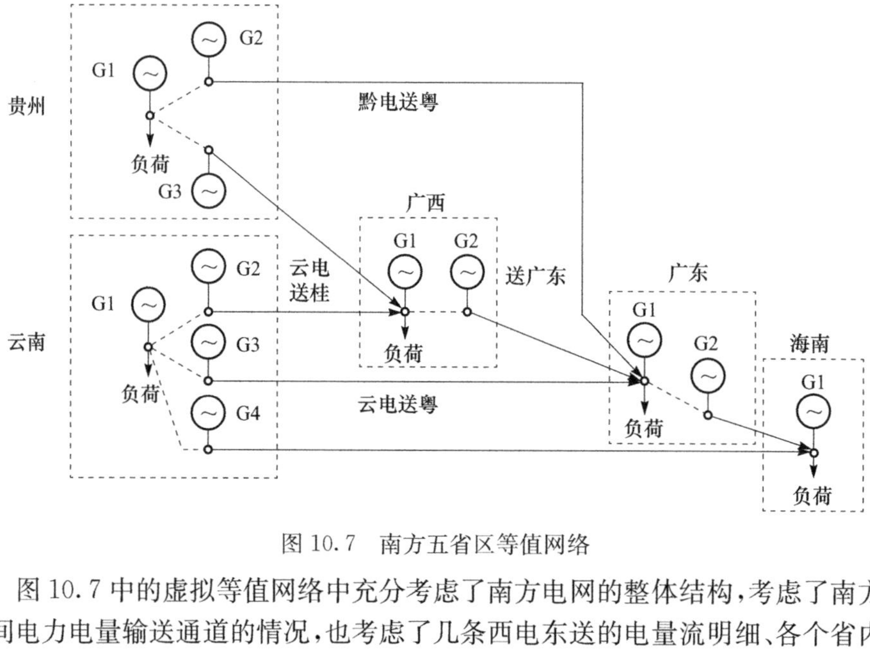


图 10.7　南方五省区等值网络

图 10.7 中的虚拟等值网络中充分考虑了南方电网的整体结构，考虑了南方各省间电力电量输送通道的情况，也考虑了几条西电东送的电量流明细、各个省内电源结构的特点以及外送电源与留存电源的明细。虽然该等值网络相比初始的等值网络显得复杂，但考虑到图中虚线支路无电量流，等值网络可按联络线分解为几个独立的部分，计算更为简便。

各省区该年的电量需求如表 10.8 所示，电源发展规划如表 10.9 所示。

表 10.8　南方电网电力需求　　（单位：亿 kW·h）

| 省区 | 广东 | 广西 | 云南 | 贵州 | 海南 | 南网 |
|---|---|---|---|---|---|---|
| 电量需求 | 6060 | 1800 | 2020 | 1520 | 300 | 11700 |

表 10.9　南方电网电源发展规划　　（单位：万 kW）

| 机组类型 | 广东 | 广西 | 云南 | 贵州 | 海南 | 南网 |
|---|---|---|---|---|---|---|
| 水电机组 | 1303 | 1575 | 6864 | 1800 | 84 | 11626 |
| 燃煤/燃油发电机组 | 6920 | 2123 | 1868 | 3545 | 345 | 14801 |
| 燃气发电机组 | 893 | 18 | — | — | 142 | 1053 |
| 核电机组 | 1288 | 200 | — | — | 130 | 1618 |
| 风电/光伏机组 | 322 | 60 | 497 | 200 | 20 | 1099 |
| 抽水蓄能机组 | 512 | — | — | — | 20 | 532 |
| 合计 | 11238 | 3976 | 9229 | 5545 | 741 | 30729 |

表 10.9 中画横线的部分为考虑了三峡、鲤鱼江送入广东的水电以及缅甸送入云南的水电后两省的等效水电容量。根据南网各省区的电源留存与外送方案，可得到各省省内用电与外送电量，如图 10.8 所示（图中数字表示送电通道年送电电量，单位为 $10^8$kW·h）。

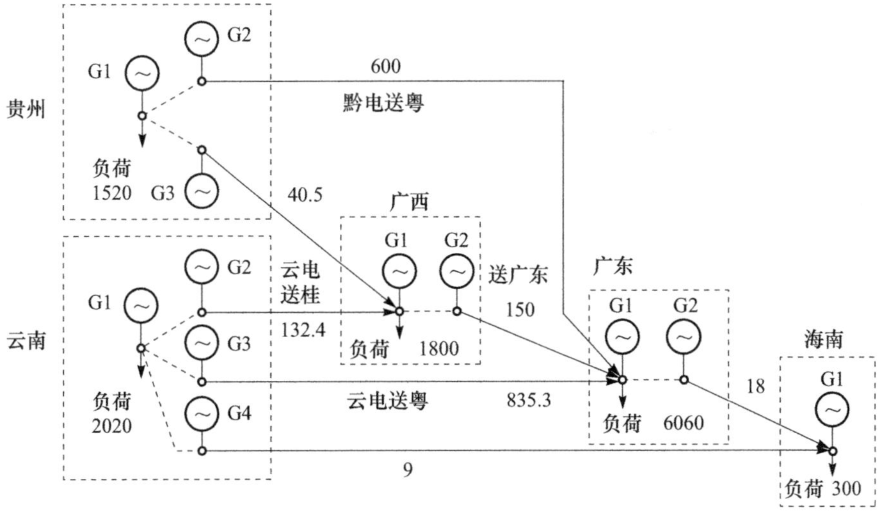


图 10.8　南方五省区电量流明细

根据以上数据，估算各类机组利用小时数以及各省区平均发电碳排放强度如表 10.10 所示。

**表 10.10　南方电网各省区电力生产状况**

| 指标 | 广东 | 广西 | 云南 | 贵州 | 海南 |
|---|---|---|---|---|---|
| 需发电量/(亿 kW·h) | 4492.7 | 1777.1 | 2996.7 | 2160.5 | 273 |
| 水电利用小时数/h | 3500 | 3500 | 3200 | 3500 | 2800 |
| 核电利用小时数/h | 7800 | 7500 | — | — | 7000 |
| 气电利用小时数/h | 3000 | 2500 | — | — | 2500 |
| 火电利用小时数/h | 3883 | 4984 | 3752 | 4193 | 3431 |
| 风电/光伏利用小时数/h | 2400 | 2200 | 2000 | 2200 | 2300 |
| 平均发电碳排放强度/[$kgCO_2$/(kW·h)] | 0.508 | 0.478 | 0.187 | 0.550 | 0.412 |

根据所得数据，结合南方电网各省区电源留存与外送方案，可得等值系统的参数模拟结果如表 10.11 所示。

**表 10.11　南方电网等值网络参数**

| 类别 | 机组和负荷 | 广东 | 广西 | 云南 | 贵州 | 海南 |
|---|---|---|---|---|---|---|
| 本地机组 | G1 碳势/[$kgCO_2$/(kW·h)] | 0.507 | 0.522 | 0.177 | 0.485 | 0.412 |
| | G1 电量/(亿 kW·h) | 4474.7 | 1627.1 | 2020 | 1520 | 273 |
| 外送机组 | G2 碳势/[$kgCO_2$/(kW·h)] | 0.8 | 0 | 0.4 | 0.7 | — |
| | G2 电量/(亿 kW·h) | 18 | 150 | 132.4 | 600 | — |
| | G3 碳势/[$kgCO_2$/(kW·h)] | — | — | 0 | 0.8 | — |
| | G3 电量/(亿 kW·h) | — | — | 835.3 | 40.5 | — |
| | G4 碳势/[$kgCO_2$/(kW·h)] | — | — | 0 | — | — |
| | G4 电量/(亿 kW·h) | — | — | 9 | — | — |
| 本地负荷 | 电量/(亿 kW·h) | 6060 | 1800 | 2020 | 1520 | 300 |

结合碳排放流计算方法，得到考虑碳排放流下南方电网各省区与电力消费对应的碳排放量以及省际碳排放流的明细，如表 10.12 所示。

**表 10.12　南方电网等值网络碳排放流计算结果**

| 指标 | 机组和用电碳排放 | 广东 | 广西 | 云南 | 贵州 | 海南 |
|---|---|---|---|---|---|---|
| 本地实体碳排放 | G1 碳排放量/$MtCO_2$ | 226.9 | 84.9 | 35.8 | 73.7 | 11.2 |
| 外送机组碳排放 | G2 碳排放量/$MtCO_2$ | 1.44 | 0 | 5.296 | 42 | — |
| | G3 碳排放量/$MtCO_2$ | — | — | 0 | 3.24 | — |
| | G4 碳排放量/$MtCO_2$ | — | — | 0 | — | — |
| 本地碳排放流 | 用电碳排放量/$MtCO_2$ | 268.9 | 93.5 | 35.8 | 73.7 | 12.7 |
| | 用电碳排放强度/[$kgCO_2$/(kW·h)] | 0.444 | 0.519 | 0.177 | 0.485 | 0.423 |

结合南方电网实际，云南送往广东的电量以水电为主，而贵州送往广西与广东的电能以火电为主。而根据云南和广东等地的电网实际结构，从云南送往广西和从广东送往海南的送端节点中有大火电接入，显著提高了该两条送电通道中的火电比例。以上内容在等值网络中可定量详细描述，以准确地对南方电网的省间电力和碳排放归属进行把握和认定。

若不考虑大区域电网间电力传输，仅按照各省区平均发电碳排放强度以及图 10.6 所示的简化网络进行计算，得到的结果和本章提出的方法对比，误差如表 10.13 所示。

**表 10.13　不考虑网络等值时的计算结果与对比**

| 指标 | 广东 | 广西 | 云南 | 贵州 | 海南 |
|---|---|---|---|---|---|
| 用电碳排放强度/[$kgCO_2$/(kW·h)] | 0.460 | 0.481 | 0.187 | 0.550 | 0.416 |
| 用电碳排放量/$MtCO_2$ | 278.760 | 86.580 | 37.774 | 83.600 | 12.480 |
| 用电碳排放误差/$MtCO_2$ | −9.860 | 6.920 | −1.974 | −9.900 | 0.220 |
| 用电碳排放相对误差/% | −3.5 | 8.0 | −5.2 | −11.8 | 1.8 |

从上述对比中可发现，若不考虑区域间送电的实际情况，对地区碳排放流的认定最高可产生 11.8%的误差，误差量约一千万吨 $CO_2$。此外，若地区间通过送电通道欲签订指定送电构成的协议，可通过人为根据送电合约指定等值系统中外送机组的电量与碳势，并作为电量结算与碳排放结算的依据，为电力系统内碳排放交易提供准确可信的评判依据。

# 参考文献


[1] Jeffrey R, Robert W, Allan D. et al. Carbon flow in four lake ecosystems: A structural approach. Science, 1978, 15: 1183-1186.

[2] Carbon flows: The emissions omitted—The usual figures ignore the role of trade in the world's carbon economy. http://www.economist.com/node/18618451[2011-04-28].

[3] Carbon footprints: Following the footprints. http://www.economist.com/ node/18750670 [2011-06-02].

[4] Atkinson G, Hamilton K, Ruta G, et al. Trade in 'virtual carbon': Empirical results and implications for policy. Global Environmental Change, 2011, 21: 563-574.

[5] Kang C, Zhou T, Chen Q, et al. Carbon emission flow in networks. Scientific Reports, 2012, 2: 479.

[6] 周天睿,康重庆,徐乾耀,等. 电力系统碳排放流分析理论初探. 电力系统自动化,2012, 36(7):38-43.

[7] 周天睿. 电力系统碳排放流理论与决策方法研究[博士学位论文]. 北京:清华大学,2014.

[8] Bialek J. Tracing the flow of electricity. IEE Proceedings: Generation, Transmission and Distribution, 1996, 143(4): 313-320.

[9] 陈启鑫,周天睿,康重庆,等. 节能发电调度的低碳化效益评估模型及其应用. 电力系统自动化,2009,33(16):24-29.

[10] 陈启鑫,康重庆,夏清,等. 低碳电力调度方式及其决策模型. 电力系统自动化,2010, 34(12):18-23.

[11] 周天睿,康重庆,徐乾耀,等. 电力系统碳排放流的计算方法初探. 电力系统自动化,2012, 36(11):44-49.

[12] Kang C, Zhou T, Chen Q, et al. Carbon emission flow from generation to demand: A network-based model. IEEE Transactions on Smart Grid, 2015, 6(5): 2386-2394.

[13] 康重庆,程耀华,孙彦龙,等. 电力系统碳排放流的递推算法. 电力系统自动化,2017, 41(18):10-16.

[14] Watts D J, Strogatzs H. Collective dynamics of 'small-world' networks. Nature, 1998, 393(6684): 440-442.

[15] 张伯明,陈寿孙,严正. 高等电力网络分析. 北京:清华大学出版社,2007.

[16] 孙卓新,朱永强,李传栋,等. 基于灵敏度综合分析的含光伏配电网无功补偿位置选择. 陕西电力,2013,(12):20-24.

[17] 董飞飞,刘涤尘,吴军. 基于改进电压灵敏度分析的大区电网间容量交换能力评估. 电网技术,2013,37(7):1862-1867.

[18] 杨菲,刘爽昕,王海霞,等. 大型互联电网可用输电能力分解计算法. 电网技术,2014, 38(1): 138-145.

[19] 李海涛,孙闻,赵兵,等. 基于交流灵敏度的在线安全控制策略. 电力系统及其自动化学

报,2012,24(1):32-36.

[20] 周天睿,康重庆,徐乾耀,等.碳排放流在电力网络中分布的特性与机理分析.电力系统自动化,2012,36(15):39-44.

[21] Zimmerman D, Murillo-Sánchez E, Thomas J. MATPOWER: Steady-state operations, planning, and analysis tools for power systems research and education. IEEE Transactions on Power Systems,2011,26(1):12-19.

# 第四篇　低碳电力调度专题

# 第 11 章　低碳电力调度方式及其决策模型

## 11.1　电力调度的不同阶段与对应模式

电力调度是指在负荷预测的基础上，对各类发电机等电气元件的运行方式、运行状态的决策和调用，并在对应时序上形成一定的调度计划[1]。在低碳环境下，除考虑传统的安全性、经济性之外，还应进一步关注电力系统运行中的碳排放，分析各类低碳电源的技术特性及其大规模运用对于电力系统运行的影响，并引入科学、高效的低碳电力调度方式。事实上，考虑我国现有的电源结构和发电技术，引入低碳电力调度几乎是当前在短期内有效控制电力碳排放的现实且唯一的选择[2]。

我国电力调度经历了三公调度、经济调度、节能调度等方式的演变。三公调度以公平性为目标，在确保各类设备发电完成率均匀性的原则下制定发电计划。经济调度以经济性为目标，以成本等微增率为原则制定发电计划，考虑了调度中显性的生产与运营成本。节能调度则以节能性为目标，优先调度可再生能源，并按火电机组能耗和污染物排放水平由低到高依次调用，从而最大限度地减少化石能源的消耗，并降低以 $SO_2$ 为主的污染物排放[3,4]。

然而，在低碳经济时代，传统的电力调度方式各有其局限性。三公调度和经济调度分别偏重于调度的公平性和经济性，没有考虑电能生产对于环境、资源的巨大外部性。节能调度尽管将能源的消耗纳入发电计划决策中，促进了资源节约和环境保护，但对于碳排放的忽视使其未能充分考虑电能生产对外部环境的影响，未能实现外部成本内部化；也没有考虑对于各类低碳电源（尤其是碳捕集电厂）的调度问题；而基于发电序位表的排序方式具有浓重的行政色彩，未能实现发电计划的优化决策。随着低碳经济的不断发展，对于电能生产外部性的关注也将持续升温。高效节约能源与减排 $CO_2$ 无疑是未来电力调度将面临的关键挑战；这就要求引入基于低碳经济、考虑低碳目标、综合各类低碳要素的新型、科学、高效的电力调度方式，即低碳电力调度。

## 11.2　节能发电调度的低碳化效益评估

### 11.2.1　节能发电调度提出的背景

电力工业是经济社会发展的重要支撑，也是能源消耗和污染物排放大户，是节能减排的重点领域。为此，国家针对电力工业出台了一系列调控措施，并于 2007

年 8 月由国务院办公厅印发了《关于转发发展改革委等部门节能发电调度办法(试行)的通知》，提出在全国范围内推行节能发电调度的改革工作[3]。

节能发电调度打破了我国以往平均分配发电小时数的传统调度模式，以节能、环保为目标，以全电力系统内的发、输、供电设备为调度对象，优先调度可再生和清洁发电资源，并按能耗和污染物排放水平，由低到高依次调用化石类发电资源，以最大限度地减少能源、资源消费和污染物排放，促进电力系统的高效、清洁运行[4]。

通常人们认为，开展节能发电调度的主要目标是降低能耗、减少 $SO_2$ 等污染气体的排放。实际上，节能发电调度还具有其更深的时代背景与更广泛的实施效益。全球气候变暖是当前人类社会所面临的最大挑战之一，而实施碳减排，则是控制温室效应，减缓全球变暖最为关键的举措。实施节能发电调度，在促进能耗降低，减少对于以煤炭为主的一次能源消耗的同时，还能够有效地减少电力行业的碳排放量。与此同时，电力行业是我国碳排放的主力军，其碳排放量占我国全部化石能源利用碳排放的比例高达 38.73%[5]。因此，在电力行业实施碳减排，无疑具有极其重大的意义。

### 11.2.2　适应节能调度模式的电力碳排放计算模型

为分析节能发电调度对于碳减排的贡献率，本节从电力生产的角度，建立一个电力碳排放计算模型，以实施对全国层面电力碳排放的计算与分析。

1. 模型的整体框架

模型主要由四个子功能模块组成，分别实现数据处理、计算控制、核心计算与结果分析的功能。模型的整体实施流程如图 11.1 所示[2]。

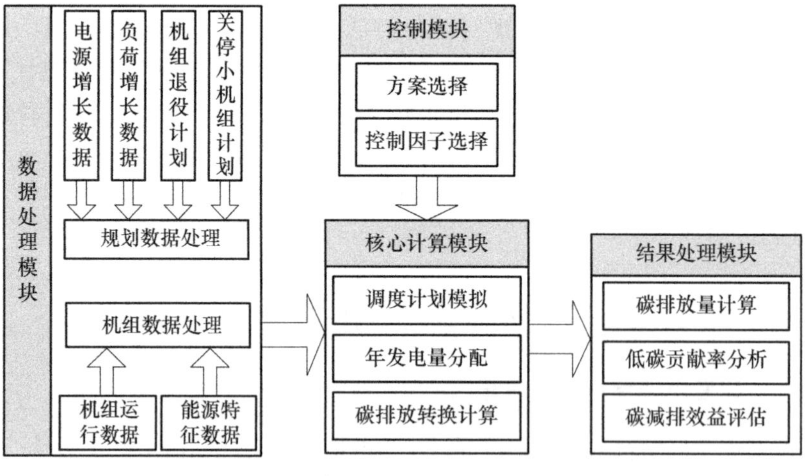


图 11.1　模型的整体实施流程框架图

模型采用精细建模的思路，将建模单位细化到单个机组层面；同时，综合考虑未来的电力负荷增长、发电装机规划、机组退役与小机组关停计划等。根据机组的运行特性与能量流的转换过程，计算各类机组的碳排放系数；通过调度计划模拟子模块，对不同原则下的发电调度方案进行模拟，进而在确保负荷与电量平衡约束、满足机组运行工况的前提下，将年发电量分配到所有机组。而计算控制模块则可以根据需要实现控制因子调整与多方案制定，进而控制模型的计算过程；并最终对模型的计算结果进行分析与评估。

2. 节能发电调度模式

对于水电、核电、风电等类型的机组，无论在传统调度模式，还是节能发电调度模式下，其年发电量都是既定的，或按其最大能力发电。而火电机组的年发电量则因调度模式的不同而有所差别。在节能发电调度模式下，有

$$g_i = c_i h_i(\Delta h) \tag{11.1}$$

式中：$g_i$ 为火电机组 $i$ 的发电量；$c_i$ 为机组 $i$ 的额定容量火电；$h_i$ 为火电机组 $i$ 的年发电小时数；$\Delta h$ 为节能发电调度的调度控制因子。

3. 节能发电调度方案

节能发电调度要求按照效率高低依次调用机组发电，直至满足负荷需求。然而，在实际调度中，由于各类约束条件的存在，如网络约束，系统调峰、调频与备用约束等，实际的调度方案往往与理想状态下的节能发电调度有较大偏离。

不同调度方案下火电厂的年发电利用小时数的分配方式如图 11.2 所示。按照煤耗由低到高对火电机组排序，并依次累加机组的发电容量，从而形成横轴。纵

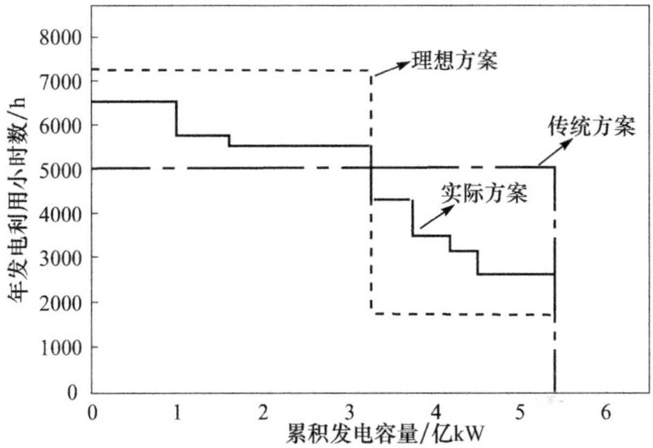


图 11.2　不同调度方案下的年发电利用小时数分配方式

坐标则表示对应机组的年发电利用小时数，即单阶梯曲线表示对不同机组平均分配发电小时数，对应于传统方案，记为 $H_{\mathrm{T}}$；理想方案则可用两阶段阶梯曲线近似表示，记为 $H_{\mathrm{I}}$，高阶梯表示对高效机组分配高的发电小时数，低阶梯表示对低效机组分配低的发电小时数，中间的转折容量则表示高效与低效之间的临界机组，记为 $u_{\mathrm{t}}$，在 $H_{\mathrm{I}}$ 下，$u_{\mathrm{t}}$ 一般仅为一台或数台机组，总容量往往较小，因而在图中忽略。由于各种约束条件的存在，实际的调度方案往往介于 $H_{\mathrm{T}}$ 与 $H_{\mathrm{I}}$ 之间。

由于火电机组具有相似的机组工况与检修要求，不失一般性，认为所有火电机组都具有相同的极限年最大发电小时数 $h^{\max}$；而对于低效机组，为确保对其的合理补偿，往往会按一定标准分配一定的最低发电小时数，记为 $h^{\min}$。

### 4. 节能发电调度控制因子

引入节能发电调度控制因子 $\Delta h$，以描述不同 $\Delta h$ 下的实施方案与相应的效益，定义为

$$\Delta h = \Big(\sum_{i \in I_S} |h_i - h_0| c_i\Big) \Big/ \sum_{i \in I_S} c_i \tag{11.2}$$

式中：$I_S$ 为火电机组集合。

从式(11.2)可以看出，$\Delta h$ 的数值等于系统中所有火电机组每单位装机容量所调整的平均发电小时数（相比于传统方案）。它反映了实际操作的节能发电调度方案与传统平均分配方案之间的差异。$\Delta h$ 具有明确的物理意义，并且直观易懂，因而在实际工作中具有很强的指导价值。

### 5. 煤耗-发电小时数分配函数

为得到 $\Delta h$，首先需要得到不同机组的年发电小时数 $h_i$。在节能发电调度模式下，机组的煤耗越低，则分配的发电小时数越小；而随着节能调度实施力度的增大，当机组煤耗趋近最低煤耗时，发电小时数将加速趋近最大的可分配小时数，反之亦然。煤耗和发电小时数的分布关系可用一个标准的两阶段指数函数表示，以实现基于煤耗差异的发电小时数分配，从而对节能调度方案实施调控。函数定义如下：

$$h = \begin{cases} h^{\max}\left(\dfrac{l^{\max} - a(\lambda) l}{l^{\max}}\right)^{\lambda}, & l \leqslant l_{\mathrm{t}} \\ h_0\left[\dfrac{l^{\max} + b(\lambda')(l_{\mathrm{t}} - l)}{l^{\max}}\right]^{\lambda'}, & l > l_{\mathrm{t}} \end{cases} \tag{11.3}$$

式中：$h$ 为年发电小时数；$l$ 为发电煤耗；$l^{\max}$ 为所有机组的最大煤耗；$l_{\mathrm{t}}$ 为临界机组 $u_{\mathrm{t}}$ 的煤耗；$\lambda$ 为函数的形状控制参数，$\lambda'$、$a$ 与 $b$ 也是函数参数，它们均可通过 $\lambda$ 表示，以满足函数曲线的标准性与平滑性，并使得控制参数更加直接与明确。

$$\begin{cases} a=\dfrac{l^{\max}}{l_{\mathrm{t}}}\left[1-\left(\dfrac{h_0}{h^{\max}}\right)^{\frac{1}{\lambda}}\right] \\ b=\dfrac{l^{\max}}{l^{\max}-l_{\mathrm{t}}}\left[1-\left(\dfrac{h^{\min}}{h_0}\right)^{\frac{1}{\lambda'}}\right] \end{cases} \tag{11.4}$$

为确保电量平衡，调度方案需满足如下约束条件：

$$\sum_{i\in I_S} h_i(l_i)c_i+\sum_{j\in I_C} h_j c_j = G \tag{11.5}$$

式中：$I_C$ 为非火电机组集合。

可用 $\lambda$ 表示 $\lambda'$，省略求解过程，简记为 $\lambda'=f(\lambda)$，则得到图 11.3 所示的煤耗-发电小时数分配曲线。

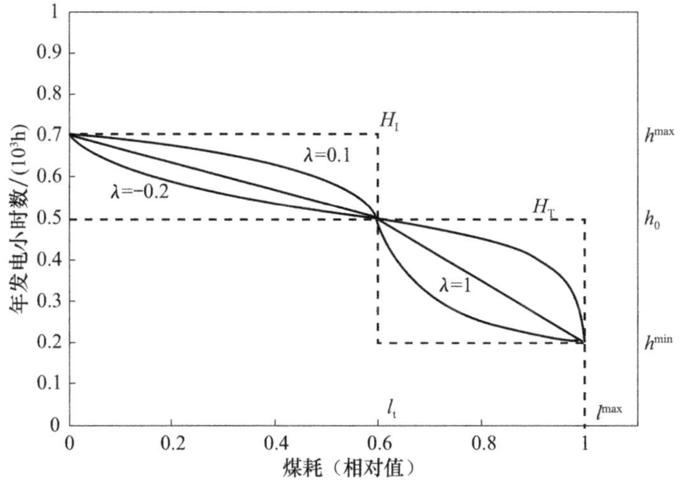


图 11.3　煤耗-发电小时数分配曲线

图 11.3 中横坐标表示煤耗的相对值，最小煤耗为 0，最大煤耗为 1；纵坐标表示机组的年发电小时数；各实线分别表示不同 $\lambda$ 取值水平下的煤耗-发电小时数分配曲线。显然，$\lambda$ 的取值决定了分配曲线的凹凸程度，通过调整 $\lambda$，可以控制函数形状，从而得到不同的调度方案。

将 $\lambda'$、$a$ 与 $b$ 关于 $\lambda$ 的函数关系式联立，可得到 $\lambda$ 与 $\Delta h$ 的函数关系，省略求解过程，简记为 $\lambda=g(\Delta h)$。即给定一定的控制因子 $\Delta h$，便可得到函数的形状控制参数 $\lambda$，进而得到相应的煤耗-发电小时数分配函数，从而明确各机组的年发电小时数。

观察图 11.3 可发现，当 $\Delta h=0$ 时，所有机组均分配相同的发电小时数，即 $H_{\mathrm{T}}$；分配曲线越接近 $H_{\mathrm{I}}$，$\Delta h$ 值越大（根据 $\Delta h$ 的定义），对应的调度方案也越接近理想的节能发电调度模式，$\Delta h$ 的最大取值因电源结构与平均发电小时数而异。反之，越接近 $H_{\mathrm{T}}$，$\Delta h$ 值越小，离理想节能发电调度模式也越远。因此，$\Delta h$ 与实际节能发电调度模式的实施程度之间存在明确的单调递增关系。

### 11.2.3 节能调度模式的碳减排效益分析

按照理想节能发电调度的原则，依次调用发电序列表上的机组发电，直至满足负荷要求。在此基础上，以全国电力系统为研究对象，计算 2009～2015 年总的碳排放量可知，若能够实现理想的节能发电调度，则确实可以带来显著的碳减排效益：减排量可达到 14.5 亿 $tCO_2$，减排率为 6.3%。

1. 不同节能调度实施程度下的碳减排分析

分析 $\Delta h$ 与实际碳减排率之间的关系。显然，在传统调度方式下，$\Delta h$ 与减排率均为 0；而在理想节能调度模式下，$\Delta h$ 可达到最大值 2114h，减排率也达到最大值 6.3%。改变 $\Delta h$ 取值并反复计算，可得到图 11.4 所示的曲线。

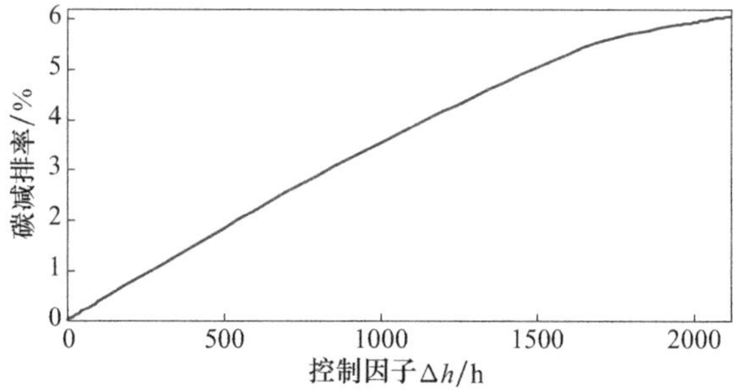


图 11.4　不同调度控制因子 $\Delta h$ 下的碳减排率

图 11.4 揭示了碳减排率与 $\Delta h$ 间的单调递增关系。曲线大致呈现两阶段特征。当 $\Delta h$ 处于 0～1500h 时，两者基本呈线性正相关关系；而当 $\Delta h$ 超过 1500h 之后，曲线逐渐呈现饱和态势。这是由于在此区间，高效机组的利用程度已趋于饱和，使得减排率也趋于饱和，即提高单位 $\Delta h$ 所带来的边际减排效益将逐渐下降。为更直观表现两者之间的关系，画出边际减排量与 $\Delta h$ 之间的关系，如图 11.5 所示。

图 11.5 的纵坐标表示在不同 $\Delta h$ 下，调整单位发电小时数所降低的碳排放量。曲线在 $\Delta h=1500$h 时如期出现拐点。该图在实际的节能发电调度工作中具有重要的指导意义。现实中，随着 $\Delta h$ 的提高，节能发电调度工作的实施难度也会逐步增加，甚至影响电网运行的安全裕度，或造成关停小机组的补偿不足；同时，当 $\Delta h$ 提高到一定程度后，减排效益会逐步递减。因此，有必要寻找一个综合考虑实施效益与实施难度的平衡点，该平衡点即为考虑实际情况的最佳节能发电调度方案。

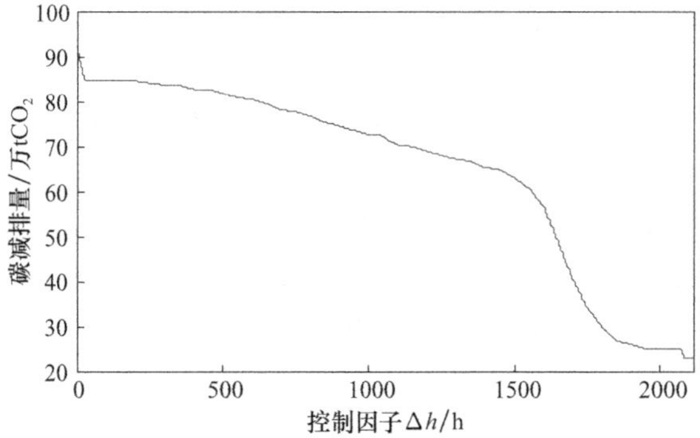


图 11.5　不同 $\Delta h$ 下的边际减排量曲线

2. 基于平衡点的节能发电调度方案

取 $\Delta h$=1500h 作为平衡点，此时的年发电小时数分配方案如表 11.1所示。

**表 11.1　年发电小时数分配方案**

| 机组容量/万 kW | 平均发电小时数/h | $\Delta h$/h |
|---|---|---|
| 60 及以上 | 7039 | 2339 |
| 30～60 | 4690 | －10 |
| 20～30 | 2868 | －1832 |
| 10～20 | 2532 | －2168 |
| 10 以下 | 2204 | －2496 |

在该方案中，60 万 kW 以上机组的平均年发电小时数为 7039h；30 万～60 万 kW 机组称为过渡机组，30 万 kW 以下机组则基本被压到最低的 2000h 附近。考虑到实际中备用、调峰等约束条件，在该方案基础上继续优化的空间已然不大。此时，减排率为 5％，实现了理想减排效果的 80％。

3. 节能发电调度模式实现的经济效益分析

节能发电调度在有效减少电力碳排放的同时，也实现了可观的经济收益。以 2015 年的情况为例，传统调度方式下全年电力碳排放为 38.0 亿 $tCO_2$；在节能发电调度模式下，取 $\Delta h$=1500h，则碳排放量为 36.2 亿 $tCO_2$，减排 1.8 亿 $tCO_2$。

尽管当前的 CDM 不支持该类碳减排量的交易，但发展地看，随着全球变暖效应的日趋严重，CDM 的交易范围必将不断拓广；而在我国开始承担碳减排承诺之后，对参与全球碳排放额度交易(emission trading，ET)也将有所预期[6]。假设将节能发电调度所减少的碳排放量通过 CDM 或者 ET 进行交易，以 80 元/$tCO_2$ 作为基准价格,减排可实现的经济效益最高可达到144亿元/年。

## 11.3 低碳电力调度的内涵剖析

低碳电力调度实现了对传统电力调度方式的继承和发展;在兼顾公平性、经济性、节能性的基础上,深入分析电能生产的碳排放特性和减排潜力,充分考虑电能的外部成本,确保社会福利的最大化。其概念组成如图11.6所示[7]。

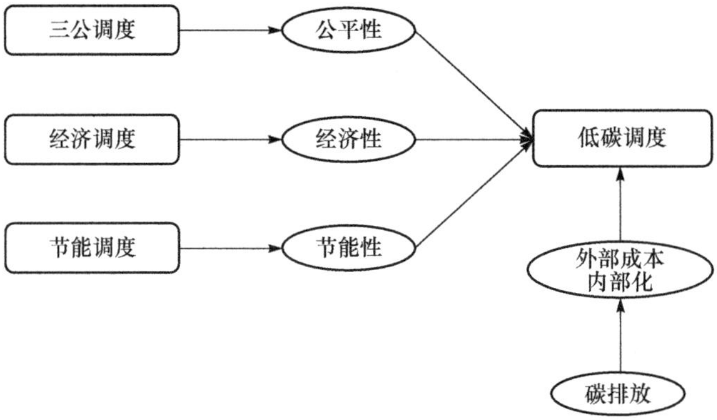


图11.6 低碳电力调度方式的概念组成

与传统的调度方式相比,低碳电力调度具有显著的特点与内涵,分析如下:

首先,传统电力调度的关注点都在于电能本身,没有关注电力碳排放。事实上,碳交易与碳价的引入,将赋予碳排放经济价值,使碳排放成为与电能并列的新型可调度资源。因此,在低碳电力调度中,应同时兼顾电能生产与电力碳排放,分析两者的相互关系,实现电平衡与碳平衡的协调和衔接。

其次,随着可再生能源与碳捕集电厂等低碳电力技术的蓬勃发展,将增加电力系统运行中的电源品种,需要深入研究各类元件的电碳关系与技术特性,挖掘发、输、配、用环节中的碳减排潜力,在调度运行中最大限度地减少碳排放;碳成本的引入将显著改变各类电源的发电成本,改变发电序位;碳约束的引入将改变电力调度的决策空间;而碳减排目标的引入将提高发电计划决策的复杂度。

## 11.4 电源的电碳调度特性分析

在低碳电力调度中,除关注发电计划之外,还应兼顾相应的碳排放。因此,分析各类电源在系统调度中的发电-碳排放关系,即电碳调度特性,无疑是开展低碳电力调度的基础。

以某类电源的发电量 $G$ 为自变量，以其在发电过程中同时产生的碳排放量 $E$ 为因变量，定义因变量与自变量之间的函数关系，$E=f(G)$，为电碳调度函数，该函数即描述了该类电源的电碳调度特性。不同类型电源具有不同的电碳特征函数，大致可分为如下三类。

### 1. 近零碳排放电源

近零碳排放电源包括水电、核电、风电和光伏等。顾名思义，此类电源在电能生产中不排放或仅排放极低的 $CO_2$，可忽略不计。其电碳特征函数可表示为

$$E=f(G)=0 \tag{11.6}$$

### 2. 普通化石燃料类电源

普通化石燃料类电源，主要为基于煤炭、石油与天然气等化石燃料的火力发电厂。在实现从化石能向电能变换的过程中，化石燃料中的碳基将通过在 $O_2$ 中燃烧形成气态的 $CO_2$，并直接排放到大气中。此类电源碳排放量的计算公式可表示为

$$E=Ff \tag{11.7}$$

式中：$F$ 为电源在燃烧过程中所消耗的燃料量；$f$ 为该电源所用燃料的碳排放因子，即单位燃料充分燃烧所排放的 $CO_2$ 量。

此类电源的发电量为

$$G=Fq\eta \tag{11.8}$$

式中：$q$ 为燃料热值；$\eta$ 为发电机组的效率。

联立式(11.7)与式(11.8)，可以得到该类电源的电碳特征函数为

$$E=\frac{fG}{q\eta} \tag{11.9}$$

可以看出普通化石燃料类电源在系统调度中的发电-碳排放关系可以用一一对应的函数式表示。对于不同类别的火电厂，其电碳特征函数将因其燃料类别与发电技术而异。而对于选定了某类燃料的特定发电机组，其发电效率 $\eta$ 通常会随着机组发电水平的变化而在一个较小的区间内波动。为了分析简单，在本章的建模中运用合理的简化，认为特定发电机组的 $\eta$ 在运行中将一直保持为一定的常数。图 11.7 即描述了此类电源的典型电碳特征函数关系。

### 3. 碳捕集电厂

在传统火电厂原有发电设备的基础上，引入单独的碳捕集系统，即形成碳捕集电厂。碳捕集电厂可以将 $CO_2$ 从电厂的排放尾气中分离出来，输送到安全的封存

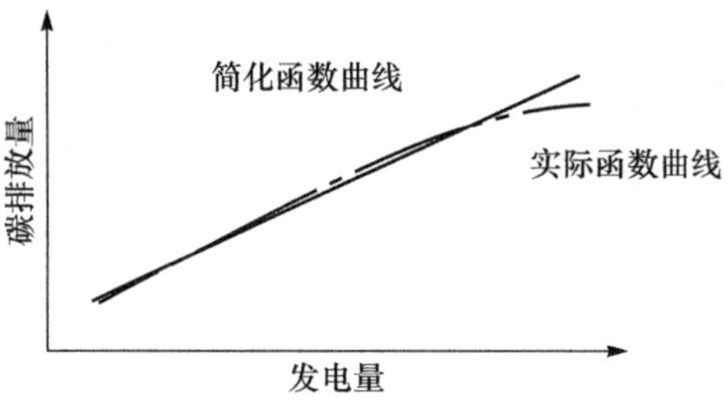


图 11.7 普通化石燃料类电源的典型电碳特征函数关系

地点，实现其与大气的长期隔绝。因此，可以控制电厂的碳排放量。

对于碳捕集电厂，其净发电功率 $P^{N}$ 与净碳排放量 $E^{N}$ 将不再是一一对应的关系，而是存在一定的电碳运行区间。这就意味着碳捕集电厂可以选择区间内的任意一点作为其运行状态，因此 $E^{N}$ 将作为模型的一类决策变量。

以第 5 章的碳捕集电厂模型为基础，其电碳运行区间的边界都由线性函数构成，则该区间为凸集。采用顶点的凸组合来描述凸集内的任意一个点[8]。如图 11.8所示，碳捕集电厂的电碳运行区间共有四个顶点，引入新的决策变量 $x_i(i=1,2,3,4)$，四个变量分别对应于四个顶点，并有

$$\begin{cases}0\leqslant x_i\leqslant 1\\ \sum_{i=1}^{4}x_i=1\end{cases}\tag{11.10}$$

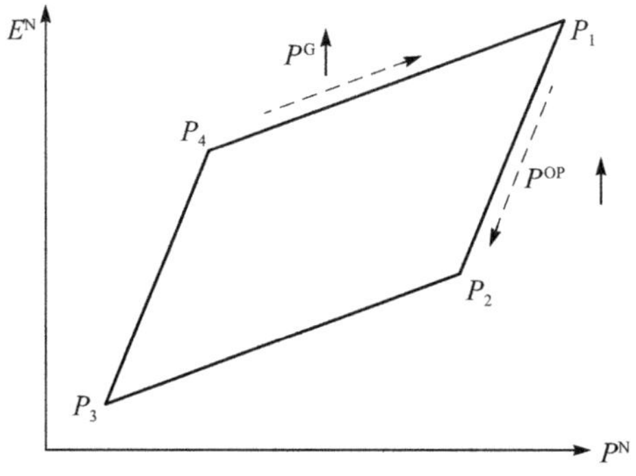


图 11.8 碳捕集电厂的电碳运行区间

记各个顶点的坐标分别为$(P_i^{N},E_i^{N})$，则每一套决策变量 $x_i$ 的取值决定了图 11.8 中一个运行点的坐标$(P^{N},E^{N})$，并有

$$\begin{cases}P^{N}=\sum_{i=1}^{4}x_iP_i^{N}\\ E^{N}=\sum_{i=1}^{4}x_iE_i^{N}\end{cases}\tag{11.11}$$

## 11.5　低碳电力调度的决策模型

传统的电力调度决策模型往往以系统中各类电源的出力曲线为决策内容，所得到的调度方案应满足电源的技术特性、网络传输条件、系统负荷需求与调峰约束等条件，并确保总发电成本最小化。而在低碳电力调度方式下，原有的调度决策模型将产生重大变化，主要归结为以下三方面。

(1) 扩充模型的决策变量：碳捕集等低碳技术的引入，增加了待决策的电源品种；并需进一步考虑各类电源的电碳调度特性，将碳排放作为一类重要的可调度资源引入决策；从而使模型的决策变量得到扩充。

(2) 增加目标函数的组成项：碳交易、碳税等政策要素的引入，赋予了电力碳排放相应的经济价值，并将成为决策模型目标函数中的一个重要组成。

(3) 增加模型的约束条件：碳减排承诺与强制减排目标等要素的引入，将增加系统调度中的约束条件，使得调度决策需同时协调电平衡与碳平衡的关系。

低碳电力调度决策模型的框图如图 11.9 所示。图中非填充模块代表传统电力调度决策的模型框图，而填充模块则代表引入低碳元素所带来的新内容。

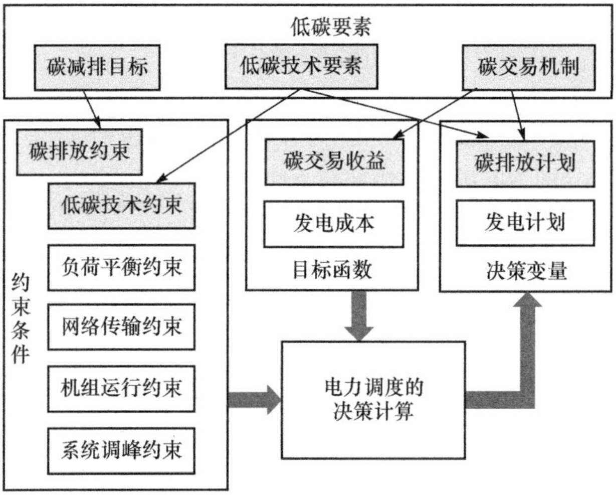


图 11.9　低碳电力调度决策模型框图

### 1. 决策变量

决策变量主要包括两类：发电量与碳排放量。对于近零碳排放电源，碳排放恒为零；对于普通化石燃料类电源，碳排放与发电量一一对应，不需作为单独的决策变量。而对于碳捕集电厂，其发电量与碳排放量将分别作为单独的决策变量出现。以 $P_{k,t}^{N}$ 与 $E_{k,t}^{N}$ 分别表示电源 $k$ 在第 $t$ 时间段的发电出力与碳排放量。

2. 目标函数

目标函数综合考虑发电成本与碳成本，表示为

$$\min\sum_{t=1}^{T_D}\sum_{k=1}^{N_U}(c_k^N P_{k,t}^N+\pi_t E_{k,t}^N) \tag{11.12}$$

式中：$c_k^N$ 为电源 $k$ 的发电成本，$c_k^N$ 可以是一个固定的成本值，也可以是发电出力的函数；$\pi_t$ 为当前的碳价；$T_D$ 为日决策时段数量；$N_U$ 为待决策电源的数量。

3. 约束条件

1）负荷平衡约束

$$\sum_{k=1}^{N_U}P_{k,t}^N=D_t,\quad t=1,2,\cdots T_D \tag{11.13}$$

式中：$D_t$ 为时刻 $t$ 的系统负荷。

2）最大最小出力约束

$$P_k^{N\min}\leqslant P_{k,t}^N\leqslant P_k^{N\max},\quad t=1,2,\cdots,T_D;k=1,2,\cdots,N_U \tag{11.14}$$

式中：$P_k^{N\max}$ 与 $P_k^{N\min}$ 分别为电源 $k$ 的最大、最小出力。

3）爬坡速率约束

$$-P_{R,k}^D\leqslant P_{k,t+1}^N-P_{k,t}^N\leqslant P_{R,k}^U,\quad t=1,2,\cdots,T_D-1;k=1,2,\cdots,N_U \tag{11.15}$$

式中：$P_{R,k}^U$ 与 $P_{R,k}^D$ 分别为电源 $k$ 上爬坡与下爬坡速率的极限。

4）水电发电量约束

对于有调节能力的水电厂，一般会赋予其一定的日总发电量约束，即

$$\sum_{t=1}^{T_D}P_{h,t}^N\leqslant P_h^{Cap} \tag{11.16}$$

式中：$P_{h,t}^N$ 为水电厂 $t$ 时刻的发电出力；$P_h^{Cap}$ 为日总发电量。

5）碳排放约束

$$\sum_{t=1}^{T_D}\sum_{k=1}^{N_U}E_{k,t}^N\leqslant E^{Cap} \tag{11.17}$$

式中：$E^{Cap}$ 为待决策日的最大允许碳排放量。

6）碳捕集电厂储存单元的容量约束

碳捕集电厂的储存单元（如溶液储存器）可以对运行中的富液与贫液差额进行存储。然而，由于储存器的容量往往有限，因此捕集电厂不可能一直运行在储存状态或者去储状态，所以需要关注电厂储存单元的容量变化。

参照第 5 章的碳捕集电厂调度模型，在任意时刻 $t$，捕集能量 $P_{\mathrm{R},t}^{\mathrm{CC}}$ 的表达式为

$$P_{\mathrm{R},t}^{\mathrm{CC}}=P_t-P_t^{\mathrm{N}}-P_{\mathrm{M}}^{\mathrm{CC}} \tag{11.18}$$

对应的匹配捕集容量即为

$$P_{\mathrm{E},t}^{\mathrm{C}}=\frac{\eta_{\mathrm{G0}}}{\eta_{\mathrm{R0}}^{\mathrm{CC}}}(P_t-P_t^{\mathrm{N}}-P_{\mathrm{M}}^{\mathrm{CC}}) \tag{11.19}$$

式(11.18)与式(11.19)的变量含义与第 5 章一致。一般情况下，碳捕集电厂的最大匹配捕集容量即为其最大出力 $P_0$；以储存单元可满足电厂在基准状态下对于富液流的存储时间来衡量其最大储量，记为 $T_{\max}^{\mathrm{S}}$，称为最大存储小时数(h)；富液储存器的去储量可以用匹配捕集容量等效表示为 $P_{\mathrm{E},t}^{\mathrm{C}}-P_t$；储存单元的容量约束可描述为

$$P_{\mathrm{T0}}+\sum_{t=1}^{t=i}(P_{\mathrm{E},t}^{\mathrm{C}}-P_t)\leqslant P_0T_{\max}^{\mathrm{S}},\quad \forall i=1,2,\cdots,T_{\mathrm{D}} \tag{11.20}$$

式中：$P_{\mathrm{T0}}$ 为存储单元的初始储量。

式(11.20)表示存储单元的储量在日内任意时刻始终处于其容量上限以内。

7) 碳捕集电厂电碳运行区间约束[见式(5.25)和式(5.27)]

为简化模型求解，取电厂发电成本 $c_k^{\mathrm{N}}$ 为整个运行工况的平均数，即忽略发电成本随机组出力的波动。则该模型为典型线性规划模型，其求解算法不具有特殊性。

## 11.6 算例分析

以我国某省电力系统的实际数据构造算例，并对其电源结构中 4 台 60 万 kW 的燃煤发电机组实施碳捕集改造，将低碳电力调度方式运用于日发电计划的决策中。

### 11.6.1 算例描述

为更好反映低碳电力调度与传统电力调度方式的差异，本算例将基于以上模型定义，简化与低碳相关程度较弱的因素，力求在降低模型复杂度与计算规模的同时，不对模型本质内容产生太大的影响。

(1) 实施组团式归并，将一类机组作为一个决策单元，如将燃煤发电机组分为 10 万 kW、20 万 kW、30 万 kW 与 60 万 kW 四个基本决策单元，水电分为有调节能力水电与无调节能力水电两类基本决策单元。

(2) 系统的可用发电容量中已扣除检修机组，并将阻塞出力与必开机组等非决策量归结在指定出力的基本单元中，直接指定其日发电计划。

(3) 以机组出力为决策目标，在日内 96 点运行曲线的背景下展开分析。

(4) 忽略系统中的网络约束。

### 11.6.2 基本数据

算例系统的典型日负荷曲线如图 11.10 所示，日可调装机、电源发电成本与发电效率参数则如表 11.2 所示。

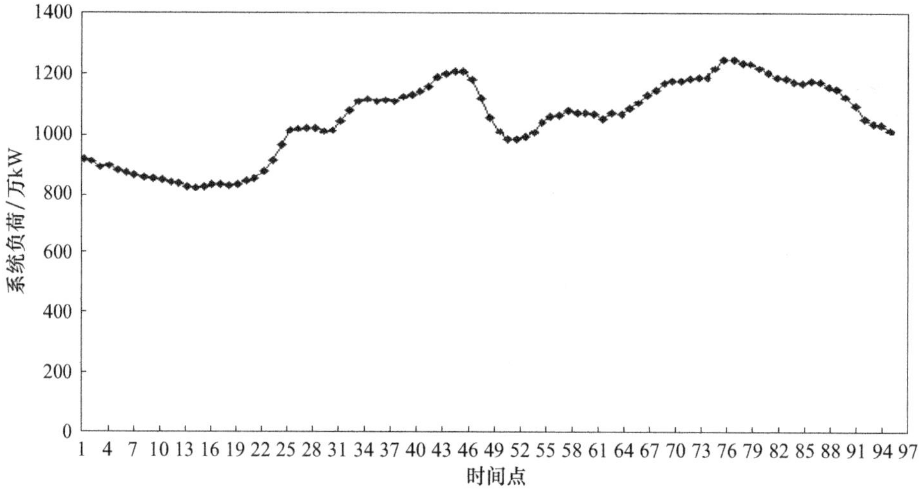


图 11.10 算例系统的典型日负荷曲线

**表 11.2 算例系统的典型日可调装机、电源发电成本与发电效率**

| 参数 | 指定出力 | 燃煤发电机组/万 kW | | | | 水电机组 | |
|---|---|---|---|---|---|---|---|
| | | ≥60 | 30～60 | 20～30 | 10～20 | 调节 | 无调节 |
| 装机容量/万 kW | 125 | 300 | 180 | 60 | 20 | 267 | 207 |
| 最小出力系数①/% | — | 50 | 60 | 70 | 75 | — | — |
| 发电成本②[元/(kW·h)] | — | 0.195 | 0.208 | 0.228 | 0.241 | 0③ | 0③ |
| 发电效率/% | — | 43 | 40 | 38 | 36 | — | — |

① 最小出力系数为机组最小出力与最大出力的比值。
② 发电成本为机组的变动发电成本，不包括建设、维护等固定成本的折算。
③ 水电的可变成本较小，可以忽略不计，故取值为 0。

将不同煤种的发热量折算到标准煤单位，统一取 $q$ 为 8.13kW·h/kg 标准煤，并取 $f$ 为 2.62kg$CO_2$/kg 标准煤。取各类火电机组每分钟的调峰能力为其容量的 1%，不区分上调与下调能力。水电的日总发电量约束 $P_h^{Cap}$ 取其日最大发电量的 40%。

碳捕集电厂的 $CO_2$ 捕集率为 85%，捕集能量损失为 0.31kW·h/kg$CO_2$。CCS 技术改会对原有机组的发电效率带来轻微影响，本算例中取其比常规 60 万 kW 燃煤发电机组下降 1%，即 42%；同理，发电成本将有所增加，取值为 0.200 元/(kW·h)；碳排放额度的价格为 80 元/$tCO_2$，而每单位捕集 $CO_2$ 的运输与封存成本则为 40 元/$tCO_2$。

### 11.6.3 计算结果

在基准场景上，不设碳排放约束目标，则在低碳电力调度方式下，可得到最优日发电计划，如图 11.11 所示。

图 11.11 给出了 60 万 kW 燃煤电厂(组团)、碳捕集电厂与可调节水电的发电计划；其他容量等级火电均运行于最小出力水平；不可调节水电没有出现弃水现象，运行于固定出力点。由图 11.11 可以看出，可调节水电将作为主要的调峰电源，碳捕集电厂在发电序位上处于临界位置，也将在调峰上有所贡献，60 万 kW 燃煤电厂(组团)则需在负荷低谷时段压负荷运行。

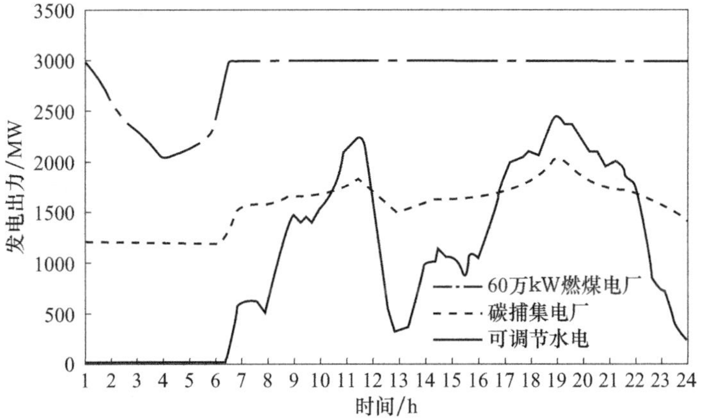


图 11.11　基准场景下的系统最优日发电计划

由于基准场景下碳价较低，不足以补偿碳捕集的运行、运输与封存成本，因此碳捕集电厂的捕集装置将一直处于关闭状态。此时，系统的总碳排放量为 55.0 万 $tCO_2$，碳排放强度为 0.549$kgCO_2$/(kW·h)。

### 11.6.4 比较分析

1. 高碳价场景

在基准场景的基础上，将碳价调高为 160 元/$tCO_2$，所得到的最优日发电计划如图 11.12 所示。较高的碳价将促使电厂的碳捕集装置运行于其最大水平上，以捕集尽可能多的 $CO_2$；并使得调度碳捕集电厂运行比调度 60 万 kW 燃煤电厂更为经济。因此，60 万 kW 电厂将参与调峰；而碳捕集电厂只在负荷低谷时段压负荷运行。

高碳价场景下碳捕集电厂共捕集 11.2 万 $tCO_2$，系统总碳排放量为 43.9 万 $tCO_2$，碳排放强度为 0.438$kgCO_2$/(kW·h)，与基准场景相比下降了 20.2%。

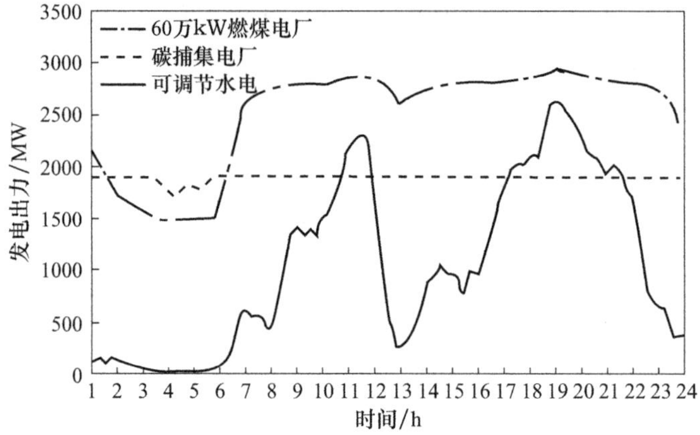


图 11.12　高碳价场景下的系统最优日发电计划

2. 碳排放约束场景

在基准场景的基础上引入碳排放约束，在原有碳排放强度基础上下调 10%，即设定系统的碳排放强度应不高于 0.500kg$CO_2$/(kW·h)。所得到的最优日发电计划如图 11.13 所示。

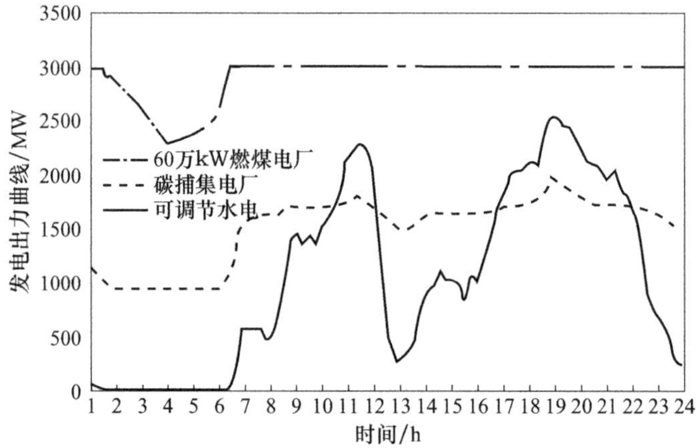


图 11.13　碳排放约束场景下的系统最优日发电计划

在碳排放约束场景下，实施碳捕集将无利可图；但为了满足约束条件，碳捕集电厂不得不适度运行，并参与系统调峰。碳捕集电厂捕集共计 4.9 万 t$CO_2$，系统的总碳排放量则为 50.2 万 t$CO_2$。

3. 不同场景下碳捕集电厂的运行分析

图 11.14 给出了不同场景下碳捕集电厂 $CO_2$ 捕集量的日计划曲线。提高碳价与引入碳排放约束将对提高电厂的 $CO_2$ 捕集水平起推动作用。本质上，提高碳价相当于为电厂的碳减排提供了经济激励，将改变各类电源的发电序位；引入碳排放约束则相当于在确保系统供需电平衡的基础上，增加碳平衡的约束条件；为实现电平衡与碳平衡的协调，应权衡调整各类电源的电能生产与碳排放。

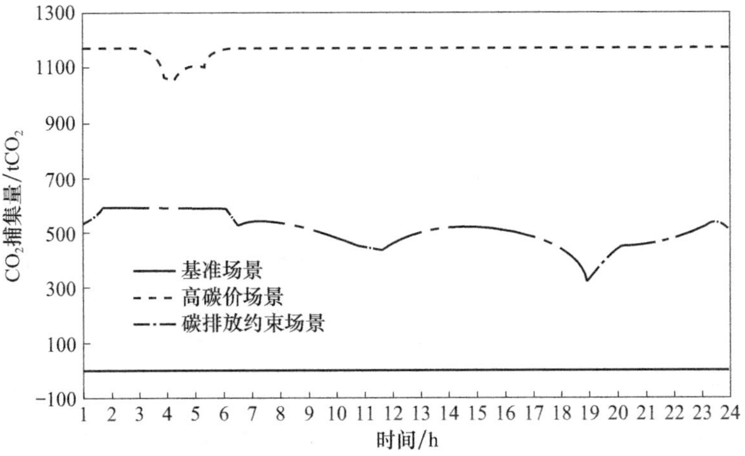


图 11.14　不同场景下碳捕集电厂 $CO_2$ 捕集量的日计划曲线

由此可得，低碳经济为传统的电力调度方式带来了新的挑战，要求发展基于低碳经济、考虑低碳目标、综合各类低碳要素的新型、高效的低碳电力调度方式。本章在深入剖析低碳电力调度内涵定义的基础上，描述了不同类别电源的电碳调度特性，并建立了初步的低碳电力调度决策模型。

以实际系统为背景的算例分析表明，低碳电源的引入将为传统电力系统的调度计划决策带来新的内容与复杂度，而碳排放将成为低碳电力调度方式下电力系统重要的调度资源，也将影响电力系统的整体运行效益。因此，在调度决策中应同时兼顾电能生产与电力碳排放，考虑两者间的相互关系，实现电平衡与碳平衡的协调与衔接。

# 第 12 章　考虑碳捕集电厂的电力系统低碳运行

## 12.1　碳捕集电厂在电力系统中的运行特性

第 11 章在低碳电力调度的决策模型中，简单地考虑了碳捕集电厂的运行特性。本章将深入分析碳捕集电厂复杂的运行特性，及其在电力系统低碳运行中的作用与新的调度方式。

考虑到碳捕集电厂多方面的运行特性和技术性能，其在低碳电力系统的运行调度中将具备多样化的运行方式和调控策略，能够灵活响应系统的实时需求和调度指令，从而为电力系统运行调度带来不同方面的效益：

(1) 碳捕集电厂的低碳排放特性，将为电力系统实现低碳调度贡献力量、降低系统整体的碳排放、减少相关的碳排放成本以及缓解碳排放约束带来的巨大压力。

(2) 碳捕集电厂的发电出力和碳排放的独立控制特性，将提高电力系统的灵活性，能够根据实时负荷需求、减排压力等协调整体的发电成本与碳排放成本。

(3) 碳捕集电厂的能量存储特性，能够实现类似于抽水蓄能的削峰填谷特性，提高系统的调节能力，降低系统的调峰压力。

(4) 碳捕集电厂的快速调整特性，能够提高系统的爬坡能力，同时可以快速平衡间歇式能源的波动性出力，减少其对电力系统运行的影响。

(5) 碳捕集电厂提供额外备用容量的能力，可以提升系统的上调峰能力，降低系统的备用成本，提高电力系统的安全裕度以及对不确定性因素的适应性。

(6) 碳捕集电厂更低的最小发电出力，可以提升系统的下调峰能力，降低系统的调峰成本，在负荷低谷时段减少其他机组的启停，减少弃风、弃光，提高能源利用率。

碳捕集电厂在低碳调度中的运行特性和带来的效益总结如表 12.1 所示[9]。

**表 12.1　碳捕集电厂在低碳调度中的运行特性和带来的效益**

| 碳捕集电厂运行特性 | 为系统带来的效益 |
| --- | --- |
| 低碳属性 | 降低碳排放，减少碳排放成本 |
| 发电出力和碳排放的独立控制 | 提高系统灵活性，协调发电与碳排放 |
| 能量存储特性 | 削峰填谷，提高系统调节能力 |
| 快速调整特性 | 平抑间歇式能源的波动 |
| 提供额外备用容量的能力 | 提升系统上调峰能力，提高安全裕度 |
| 更低的最小发电出力 | 提升系统下调峰能力，减少机组启停和弃风、弃光 |

如何在电力系统运行调度中充分利用碳捕集电厂的运行特性和技术性能，实现其与其他电源的协调运行与优化调度，并为系统带来最大化的效益提升，将是含碳捕集电厂的低碳电力调度的核心问题与关键技术之一。

## 12.2　考虑碳捕集电厂的电力系统低碳运行模型

本章的模型在电力系统运行中同时考虑碳捕集电厂和可再生能源。不失一般性，此处仅引入风电作为间歇性可再生能源的代表。

### 12.2.1　决策变量

$P_{i,t}$——常规火电机组 $i$ 第 $t$ 时段发电出力，$i\in\Omega_{NP}$。

$P_{i,t}^{G}$——碳捕集机组 $i$ 第 $t$ 时段等效发电出力，$i\in\Omega_{CP}$。

$P_{i,t}^{N}$——碳捕集机组 $i$ 第 $t$ 时段净发电出力，$i\in\Omega_{CP}$。

$E_{i,t}^{N}$——碳捕集机组 $i$ 第 $t$ 时段净碳排放量，$i\in\Omega_{CP}$。

$W_{i,t}$——风电机组 $i$ 第 $t$ 时段实际出力，$i\in\Omega_{WP}$。

$I_{i,t}$——常规火电机组 $i$ 或碳捕集机组 $i$ 第 $t$ 时段的状态，1 表示开机，0 表示关机，$i\in\Omega_{NP}\cup\Omega_{CP}$。

$U_{i,t}^{U}$，$U_{i,t}^{D}$——常规火电机组 $i$ 或碳捕集机组 $i$ 第 $t$ 时段的启动、停机指示变量，$U_{i,t}^{U}=1$ 表示机组 $i$ 第 $t$ 时段由停机状态变为开机状态，否则 $U_{i,t}^{U}=0$，$i\in\Omega_{NP}\cup\Omega_{CP}$。

其中，$\Omega_{NP}$、$\Omega_{CP}$、$\Omega_{WP}$分别为常规火电机组、碳捕集机组、风电机组的集合。

### 12.2.2　碳捕集电厂其他参数

$P^{BA}$——碳捕集电厂基本能耗。

$P^{OP}$——碳捕集电厂运行能耗，$P^{OP}$ 与 $CO_2$ 捕集量基本呈正比关系，其由吸收能耗 $P^{AB}$、解析能耗 $P^{DE}$和压缩能耗 $P^{CO}$组成。

$P_{B}^{AB}$、$P_{B}^{DE}$ 和 $P_{B}^{CO}$——分别为基准状态下碳捕集电厂的吸收能耗、解析能耗和压缩能耗。

$w_{CC}$——处理单位 $CO_2$ 所需的运行能耗。

$e_{E}$——碳捕集电厂等效碳排放强度或常规火电厂碳排放强度。

$\alpha_{C}$——$CO_2$ 捕集率。

### 12.2.3　目标函数

含碳捕集电厂的低碳电力调度模型以调度时段内的系统总运行成本最小为目标，包括机组发电成本、机组启停成本以及碳排放成本等，即

$$\min\left\{\begin{aligned}&\sum_{t\in\Omega_{\mathrm{T}}}\sum_{i\in\Omega_{\mathrm{NP}}}(C_i^{\mathrm{G}}(P_{i,t})+\pi_{\mathrm{C}}e_{\mathrm{E},i}P_{i,t}\Delta t)\\&+\sum_{t\in\Omega_{\mathrm{T}}}\sum_{i\in\Omega_{\mathrm{CP}}}(C_i^{\mathrm{C}}(P_{i,t}^{\mathrm{G}})+\pi_{\mathrm{C}}E_{i,t}^{\mathrm{N}})+\sum_{t\in\Omega_{\mathrm{T}}}\sum_{i\in\Omega_{\mathrm{NP}}\cup\Omega_{\mathrm{CP}}}(c_i^{\mathrm{SU}}U_{i,t}^{\mathrm{U}}+c_i^{\mathrm{SD}}U_{i,t}^{\mathrm{D}})\end{aligned}\right\}\tag{12.1}$$

式中：$\Omega_{\mathrm{T}}$ 为调度时段集合；$\Delta t$ 为基本调度时段间隔；$C_i^{\mathrm{G}}$ 为常规火电机组 $i$ 的发电成本，是常规火电出力 $P_{i,t}$ 的函数；$e_{\mathrm{E},i}$ 为常规火电机组 $i$ 的碳排放强度；$C_i^{\mathrm{C}}$ 为碳捕集机组的发电成本，是碳捕集电厂等效出力 $P_{i,t}^{\mathrm{G}}$ 的函数；$c_i^{\mathrm{SU}}$ 和 $c_i^{\mathrm{SD}}$ 分别为机组的单次启动成本和停机成本；$\pi_{\mathrm{C}}$ 为碳价。

### 12.2.4 约束条件

1) 系统负荷平衡

$$\sum_{i\in\Omega_{\mathrm{NP}}}P_{i,t}+\sum_{i\in\Omega_{\mathrm{CP}}}P_{i,t}^{\mathrm{N}}+\sum_{i\in\Omega_{\mathrm{WP}}}W_{i,t}=\sum_{k\in\Omega_{\mathrm{N}}}D_{k,t}\tag{12.2}$$

式中：$\Omega_{\mathrm{N}}$ 为节点集合；$D_{k,t}$ 为节点 $k$ 的负荷；$P_{i,t}^{\mathrm{N}}$ 为碳捕集电厂净出力。

2) 系统备用需求约束

$$\left\{\begin{aligned}&\sum_{i\in\Omega_{\mathrm{NP}}}I_{i,t}P_i^{\max}+\sum_{i\in\Omega_{\mathrm{CP}}}I_{i,t}P_i^{\mathrm{Nmax}}+\sum_{i\in\Omega_{\mathrm{WP}}}W_{i,t}\geqslant\sum_{k\in\Omega_{\mathrm{N}}}(1+R_t^{\mathrm{U}})D_{k,t}\\&\sum_{i\in\Omega_{\mathrm{NP}}}I_{i,t}P_i^{\min}+\sum_{i\in\Omega_{\mathrm{CP}}}I_{i,t}P_i^{\mathrm{Nmin}}+\sum_{i\in\Omega_{\mathrm{WP}}}W_{i,t}\leqslant\sum_{k\in\Omega_{\mathrm{N}}}(1-R_t^{\mathrm{D}})D_{k,t}\end{aligned}\right.\tag{12.3}$$

式中：$P_i^{\max}$ 和 $P_i^{\min}$ 分别为常规火电机组的最大、最小发电出力；$P_i^{\mathrm{Nmax}}$ 和 $P_i^{\mathrm{Nmin}}$ 分别为碳捕集机组的最大、最小净发电出力；$R_t^{\mathrm{U}}$ 和 $R_t^{\mathrm{D}}$ 分别为系统的正旋转备用和负旋转备用。

3) 线路潮流约束

$$-f_l^{\max}\leqslant f_{l,t}\leqslant f_l^{\max}\tag{12.4}$$

式中：$f_l^{\max}$ 为第 $l$ 条线路的有功传输容量限值；$f_{l,t}$ 为第 $l$ 条线路在第 $t$ 时段的有功潮流，其表达式为

$$f_{l,t}=\sum_{k\in\Omega_{\mathrm{N}}}g_{lk}\Big(\sum_{i\in\Omega_{\mathrm{NP}}}a_{ki}^{\mathrm{G}}P_{i,t}+\sum_{i\in\Omega_{\mathrm{CP}}}a_{ki}^{\mathrm{C}}P_{i,t}^{\mathrm{N}}+\sum_{i\in\Omega_{\mathrm{WP}}}a_{ki}^{\mathrm{W}}W_{i,t}-D_{k,t}\Big)\tag{12.5}$$

式中：$g_{lk}$ 为发电机输出功率负荷转移分布因子矩阵中的第 $l$ 行第 $k$ 列元素，表明第 $k$ 节点单位有功注入功率引起第 $l$ 条线路有功潮流变化量；$a_{ki}^{\mathrm{G}}$、$a_{ki}^{\mathrm{C}}$ 和 $a_{ki}^{\mathrm{W}}$ 分别为常规火电机组、碳捕集电厂机组以及风电机组的节点关联矩阵的第 $k$ 行第 $i$ 列元素，若机组 $i$ 接入节点 $k$，则 $a_{ki}=1$，对于 $a_{ki}$ 所在列的其他元素，有 $a_{kj}=0(j\neq i)$。

4) 机组启停状态变量、启停指示变量关联约束

机组启停状态变量和启停指示变量需满足

$$\left\{\begin{aligned}&0\leqslant I_{i,t}\leqslant 1\\&0\leqslant U_{i,t}^{\mathrm{U}}\leqslant 1\\&0\leqslant U_{i,t}^{\mathrm{D}}\leqslant 1\end{aligned}\right.\tag{12.6}$$

机组启停状态变量与启停指示变量的关联可表示为

$$\begin{cases}U_{i,t}^{\mathrm{U}} \geqslant I_{i,t} - I_{i,t-1} \\ U_{i,t}^{\mathrm{D}} \geqslant I_{i,t-1} - I_{i,t}\end{cases} \tag{12.7}$$

5）机组出力范围约束

$$\begin{cases}I_{i,t}P_i^{\min} \leqslant P_{i,t} \leqslant I_{i,t}P_i^{\max} \\ I_{i,t}P_i^{\min} \leqslant P_{i,t}^{\mathrm{G}} \leqslant I_{i,t}P_i^{\max} \\ 0 \leqslant W_{i,t} \leqslant W_{i,t}^{\mathrm{F}}\end{cases} \tag{12.8}$$

式中：$W_{i,t}^{\mathrm{F}}$为风电机组最大可调度出力的预测值。

6）机组爬坡速率约束

对于常规火电机组，有

$$\begin{cases}P_{i,t} - P_{i,t-1} + I_{i,t-1}(P_i^{\min} - R_{\mathrm{P},i}) + I_{i,t}(P_i^{\max} - P_i^{\min}) \leqslant P_i^{\max} \\ P_{i,t-1} - P_{i,t} + I_{i,t}(P_i^{\min} - R_{\mathrm{P},i}) + I_{i,t-1}(P_i^{\max} - P_i^{\min}) \leqslant P_i^{\max}\end{cases} \tag{12.9}$$

式中：$R_{\mathrm{P},i}$为机组 $i$ 的爬坡速率（认为上、下爬坡速率一致）。

对于碳捕集机组，则有

$$\begin{cases}P_{i,t}^{\mathrm{G}} - P_{i,t-1}^{\mathrm{G}} + I_{i,t-1}(P_i^{\mathrm{Gmin}} - R_{\mathrm{P},i}) + I_{i,t}(P_i^{\mathrm{Gmax}} - P_i^{\mathrm{Gmin}}) \leqslant P_i^{\mathrm{Gmax}} \\ P_{i,t-1}^{\mathrm{G}} - P_{i,t}^{\mathrm{G}} + I_{i,t}(P_i^{\mathrm{Gmin}} - R_{\mathrm{P},i}) + I_{i,t-1}(P_i^{\mathrm{Gmax}} - P_i^{\mathrm{Gmin}}) \leqslant P_i^{\mathrm{Gmax}} \\ P_{i,t}^{\mathrm{N}} - P_{i,t-1}^{\mathrm{N}} + I_{i,t-1}(P_i^{\mathrm{Nmin}} - R_{\mathrm{N},i}) + I_{i,t}(P_i^{\mathrm{Nmax}} - P_i^{\mathrm{Nmin}}) \leqslant P_i^{\mathrm{Nmax}} \\ P_{i,t-1}^{\mathrm{N}} - P_{i,t}^{\mathrm{N}} + I_{i,t}(P_i^{\mathrm{Nmin}} - R_{\mathrm{N},i}) + I_{i,t-1}(P_i^{\mathrm{Nmax}} - P_i^{\mathrm{Nmin}}) \leqslant P_i^{\mathrm{Nmax}}\end{cases} \tag{12.10}$$

式中：$R_{\mathrm{N},i}$为碳捕集机组 $i$ 的净出力爬坡速率（认为上下爬坡速率一致）；$P_i^{\mathrm{Gmax}}$ 和 $P_i^{\mathrm{Gmin}}$ 分别为碳捕集机组的最大、最小等效发电出力。

上述机组爬坡速率约束式考虑了机组在不同启停状态的情况。

7）机组最小启停约束

$$\begin{cases}(I_{i,t} - I_{i,t-1})T_{\mathrm{ON},i}^{\min} + \sum\limits_{j=t-T_{\mathrm{ON},i}^{\min}}^{t-1} I_{i,j} \geqslant 0 \\ (I_{i,t-1} - I_{i,t})T_{\mathrm{OFF},i}^{\min} + \sum\limits_{j=t-T_{\mathrm{OFF},i}^{\min}}^{t-1} (1 - I_{i,j}) \geqslant 0\end{cases} \tag{12.11}$$

式中：$T_{\mathrm{ON},i}^{\min}$和 $T_{\mathrm{OFF},i}^{\min}$分别为机组 $i$ 的最小启停时间。

8）机组启停次数约束

$$\begin{cases}\sum\limits_{t\in\Omega_{\mathrm{T}}} U_{i,t}^{\mathrm{U}} \leqslant U_i^{\mathrm{Umax}} \\ \sum\limits_{t\in\Omega_{\mathrm{T}}} U_{i,t}^{\mathrm{D}} \leqslant U_i^{\mathrm{Dmax}}\end{cases} \tag{12.12}$$

式中：$U_i^{\mathrm{Umax}}$ 和 $U_i^{\mathrm{Dmax}}$ 分别为机组 $i$ 在调度周期内的最小启停次数。

9）碳捕集电厂发电出力与碳排放的变量关联约束

如前所述，碳捕集电厂的等效发电出力 $P_{i,t}^{\mathrm{G}}$、净发电出力 $P_{i,t}^{\mathrm{N}}$和净碳排放量 $E_{i,t}^{\mathrm{N}}$

三者之间存在线性关联，从而构成低碳调度模型的等式约束，即

$$P_{i,t}^{\mathrm{G}}-\frac{\alpha_{\mathrm{C},t}}{\alpha_{\mathrm{C},t}-w_{\mathrm{CC},t}e_{\mathrm{E},t}}P_{i,t}^{\mathrm{N}}+\frac{w_{\mathrm{CC},t}}{\alpha_{\mathrm{C},t}-w_{\mathrm{CC},t}e_{\mathrm{E},t}}E_{i,t}^{\mathrm{N}}=\frac{\alpha_{\mathrm{C},t}}{\alpha_{\mathrm{C},t}-w_{\mathrm{CC},t}e_{\mathrm{E,i}}}P_{i}^{\mathrm{BA}} \tag{12.13}$$

10）碳捕集电厂电碳运行区间约束

碳捕集电厂的运行状态必须始终保持在其电碳运行区间范围内，对应的约束表达式已由式(5.25)和式(5.27)给出。

11）碳捕集电厂溶液存储器最大储量约束

以富液中的 $CO_2$ 含量来表征溶液储量，则富液存储器单位时间内的储量增量可表示为 $e_{\mathrm{E}}P^{\mathrm{G}}-P^{\mathrm{OP}}/w_{\mathrm{CC}}$；对应的，贫液存储器的单位时间储量增量可表示为 $P^{\mathrm{OP}}/w_{\mathrm{CC}}-e_{\mathrm{E}}P^{\mathrm{G}}$。碳捕集电厂溶液存储器容量约束可表示为

$$\begin{cases}0\leqslant\beta_{\mathrm{R},i}e_{\mathrm{E},i}P_{\mathrm{B},i}^{\mathrm{G}}T_{\mathrm{S}}^{\max}+\sum\limits_{j=1}^{t}\left(e_{\mathrm{E},i}P_{i,j}^{\mathrm{G}}-\dfrac{P_{i,j}^{\mathrm{OP}}}{w_{\mathrm{CC}}}\right)\Delta t\leqslant e_{\mathrm{E},i}P_{\mathrm{B},i}^{\mathrm{G}}T_{\mathrm{S}}^{\max}\\0\leqslant\beta_{\mathrm{L},i}e_{\mathrm{E},i}P_{\mathrm{B},i}^{\mathrm{G}}T_{\mathrm{S}}^{\max}+\sum\limits_{j=1}^{t}\left(\dfrac{P_{i,j}^{\mathrm{OP}}}{w_{\mathrm{CC}}}-\mathrm{e}_{\mathrm{E},i}P_{i,j}^{\mathrm{G}}\right)\Delta t\leqslant e_{\mathrm{E},i}P_{\mathrm{B},i}^{\mathrm{G}}T_{\mathrm{S}}^{\max}\end{cases} \tag{12.14}$$

式中：$\beta_{\mathrm{R},i}$ 和 $\beta_{\mathrm{L},i}$ 分别为富液、贫液存储器初始储量占其最大储量的比例。

12）碳捕集电厂溶液存储平衡约束

碳捕集电厂的溶液存储器需在决策周期的始末保持相同的储量，从而为下一个决策周期的良好运行做好准备，即

$$\sum_{t\in\Omega_{\mathrm{T}}}\left(e_{\mathrm{E},i}P_{i,t}^{\mathrm{G}}-\frac{P_{i,t}^{\mathrm{OP}}}{w_{\mathrm{CC}}}\right)=0 \tag{12.15}$$

式(12.1)～式(12.15)构成了含碳捕集电厂的低碳电力系统运行决策模型。

## 12.3　算例分析

采用经过部分修改的 IEEE-118 节点标准系统对本章提出的低碳电力系统运行决策模型进行算例分析。

### 12.3.1　基础数据

1. 系统基本参数

调度周期设置为 24h，基本调度时段间隔设置为 $\Delta t=15\mathrm{min}$。

算例采用 IEEE-118 节点标准系统，系统的 96 点（每 15min 一个点，共 96 个点）负荷曲线如图 12.1 所示[10]。

系统正、负旋转备用率为 $R_t^{\mathrm{U}}=R_t^{\mathrm{D}}=20\%$。碳价设置为 $\pi_{\mathrm{C}}=126.5$ 元/$tCO_2$。

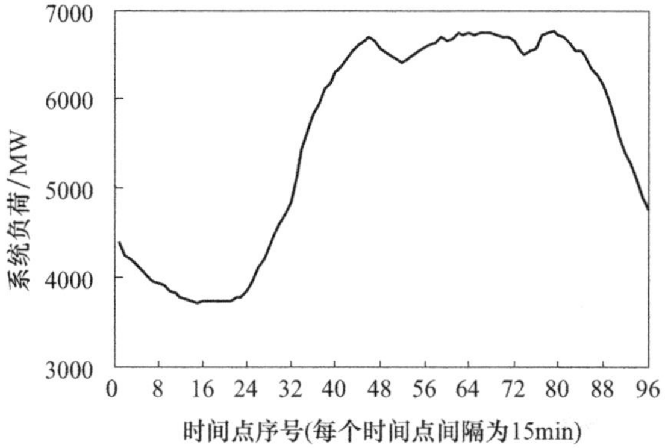


图 12.1　系统负荷曲线

2. 机组和线路参数

IEEE-118 节点标准系统包含 54 台发电机组，其中包括 19 台燃煤发电机组以及 35 台燃气发电机组。各机组的发电成本函数设置为发电出力的二次函数：

$$C_i^G(P_{i,t}) = a_i\,(P_{i,t})^2 + b_i P_{i,t} + c_i \tag{12.16}$$

二次发电成本函数将在程序中转换为分段线性函数。各机组的参数设置如表 12.2 所示。

在基础场景中，将其中 4 台最大的燃煤发电机组(分别位于节点 10＃、69＃、80＃和 89＃)改造为溶液存储运行方式的碳捕集机组，并配置相应的溶液存储器。捕集单位 $CO_2$ 的运行能耗 $w_{CC,i}=0.269\text{MW·h/tCO}_2$[11]；固定能耗 $P_i^{BA}=0.5\%P_{B,i}^G$[12]；$CO_2$ 捕集率 $\alpha_{C,i}=90\%$[13]；解析塔和压缩机的最大处理能力相对于基准状态的比例因子 $\gamma_{C,i}=120\%$[11]；贫、富液存储器的最大存储小时数 $T_{S,i}^{max}=4\text{h}$；贫、富液存储器初始储量占其最大存储量的比例 $\beta_{R,i}=\beta_{L,i}=0.5$；碳捕集系统的爬坡速率比例 $R_P$ 为 5%/min[14]。

同时，在节点 13＃和节点 16＃两地分别增加一个风电场，其可调度的风电出力的预测值如图 12.2 所示。风电参数取自实际运行数据，并进行一定的数据变换。为了更好地体现碳捕集电厂的调峰性能以及与风电协调运行的能力，所选取的风电数据具有反调峰的特性，即在负荷低谷时段出力较高，而在负荷高峰时段出力较低。

### 12.3.2　求解结果

对本章所提出的低碳电力调度决策模型进行求解，得到各机组的机组组合状态和最优出力计划，以及碳捕集电厂关键变量的最优控制策略。以位于节点 89＃的碳捕集机组为例，其最优等效发电出力计划和净发电出力计划如图 12.3 所示。

该碳捕集电厂的净碳排放量和溶液存储器的存储状态(以富液中的 $CO_2$ 含量表征溶液储量)如图 12.4 所示。

表 12.2　IEEE-118 节点测试系统各机组的参数

| 节点编号 | 机组类别 | $a$/[元/(MW·h)$^2$] | $b$/[元/(MW·h)] | $c$/(元/h) | $P^{max}$/MW | $P^{min}$/MW | $R_P$/(%/min) | $c^{SU}=c^{SD}$/万元 | $T_{ON}^{min}=T_{OFF}^{min}$/h | $U^{Umax}=U^{Dmax}$/次 | $e_E$/[$tCO_2$/(MW·h)] |
|---|---|---|---|---|---|---|---|---|---|---|---|
| 略 | 燃气 | 0.0100 | 40 | 0 | 100 | 50 | 1 | 5.00 | 5 | 1 | 0.55 |
| 10 | 燃煤 | 0.0222 | 20 | 330 | 550 | 275 | 1 | 27.50 | 5 | 1 | 0.74 |
| 12 | 燃煤 | 0.1176 | 20 | 111 | 185 | 92.5 | 1 | 9.25 | 5 | 1 | 0.85 |
| 14 | 燃煤 | 1.4286 | 20 | 64 | 107 | 53.5 | 1 | 5.35 | 5 | 1 | 0.85 |
| 20 | 燃煤 | 0.5263 | 20 | 71.4 | 119 | 59.5 | 1 | 5.95 | 5 | 1 | 0.85 |
| 22 | 燃煤 | 0.2083 | 20 | 88.8 | 148 | 74 | 1 | 7.40 | 5 | 1 | 0.85 |
| 25 | 燃煤 | 0.0455 | 20 | 192 | 320 | 160 | 1 | 16.00 | 5 | 1 | 0.76 |
| 26 | 燃煤 | 0.0318 | 20 | 248 | 414 | 207 | 1 | 20.70 | 5 | 1 | 0.76 |
| 39 | 燃煤 | 2.5000 | 20 | 62 | 104 | 52 | 1 | 5.20 | 5 | 1 | 0.85 |
| 46 | 燃煤 | 0.2500 | 20 | 84 | 140 | 70 | 1 | 7.00 | 5 | 1 | 0.85 |
| 49 | 燃煤 | 0.0490 | 20 | 182 | 304 | 152 | 1 | 15.20 | 5 | 1 | 0.76 |
| 51 | 燃煤 | 0.2778 | 20 | 82 | 136 | 68 | 1 | 6.80 | 5 | 1 | 0.85 |
| 59 | 燃煤 | 0.0645 | 20 | 153 | 255 | 127.5 | 1 | 12.75 | 5 | 1 | 0.80 |
| 61 | 燃煤 | 0.0625 | 20 | 156 | 260 | 130 | 1 | 13.00 | 5 | 1 | 0.85 |
| 65 | 燃煤 | 0.0256 | 20 | 294 | 491 | 245.5 | 1 | 24.55 | 5 | 1 | 0.80 |
| 66 | 燃煤 | 0.0255 | 20 | 295 | 492 | 246 | 1 | 24.60 | 5 | 1 | 0.80 |
| 69 | 燃煤 | 0.0165 | 20 | 805 | 805 | 402.5 | 1 | 40.25 | 5 | 1 | 0.70 |
| 80 | 燃煤 | 0.0210 | 20 | 346 | 577 | 288.5 | 1 | 28.85 | 5 | 1 | 0.74 |
| 89 | 燃煤 | 0.0194 | 20 | 424 | 707 | 353.5 | 1 | 35.35 | 5 | 1 | 0.72 |
| 100 | 燃煤 | 0.0397 | 20 | 210 | 352 | 176 | 1 | 17.60 | 5 | 1 | 0.80 |

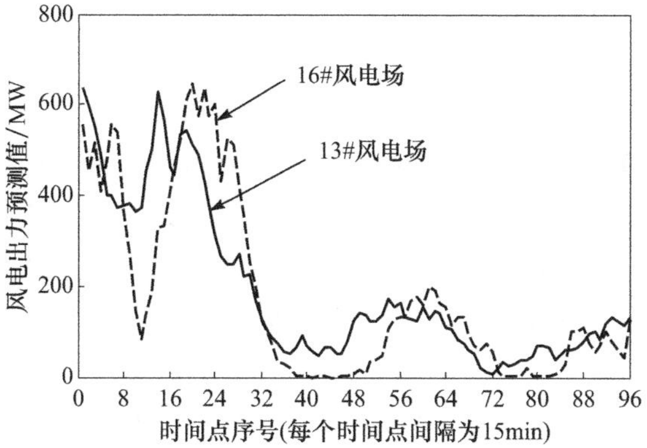


图 12.2　节点 13＃和 16＃风电场可调度的风电出力的预测值

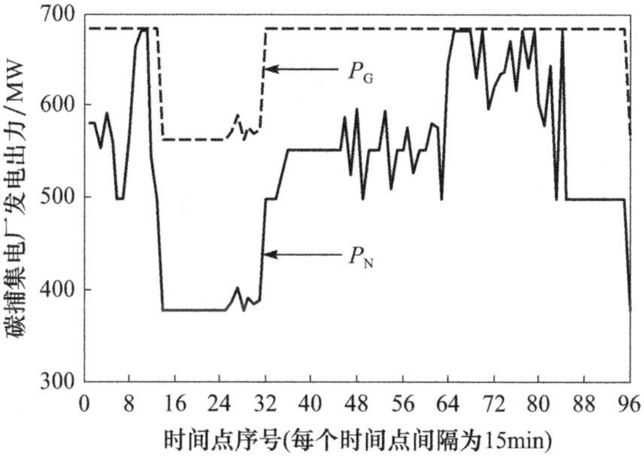


图 12.3　碳捕集电厂的最优等效发电出力和净发电出力计划

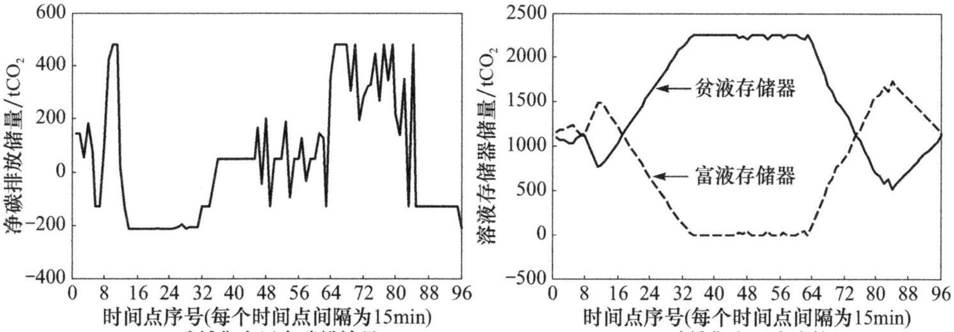


(a)碳捕集电厂净碳排放量　　(b)碳捕集电厂溶液储量

图 12.4　碳捕集电厂的净碳排放量和贫富液存储器的储量

图 12.3 中虚线表示碳捕集电厂的等效发电出力计划，实线表示其净发电出力计划，两条线之间的差值则表示碳捕集系统的能耗和运行水平的变化。由图 12.3

和图 12.4 可以看出，在峰荷时期，碳捕集电厂将提高等效发电出力并降低捕集力度，从而提高碳捕集电厂的净发电出力以满足系统的上调峰需求，与此同时，碳捕集电厂富液储量上升，贫液储量下降，处于高碳排放量状态；反之，在谷荷时期，碳捕集电厂将主动提升碳捕集系统的运行水平，并同时对当前排放烟气中的碳排放量以及富液存储器中的 $CO_2$ 存量进行捕集，降低净发电出力以满足系统的下调峰需求，同时降低整个系统的碳排放强度。此外，碳捕集电厂的净发电出力在短时间尺度内出现明显的波动现象，以跟随风电的间歇出力，为风电的大规模并网提供有力支撑。

位于节点 13＃、16＃的两个风电场的实际出力和弃风情况如图 12.5 所示。图 12.5 实心部分表示风电的弃风，总弃风比例为 0.42％。在最优的调度策略下，系统的整体碳排放曲线如图 12.6 所示。

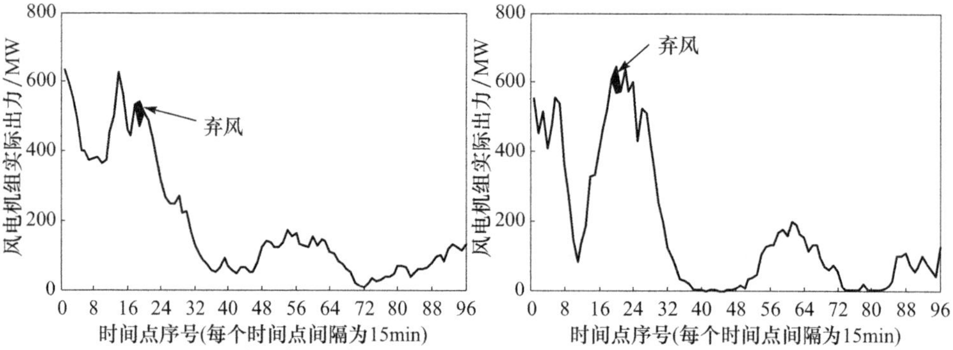


(a)13#风电场实际出力　　(b)16#风电场实际出力

图 12.5　风电场实际出力和弃风情况

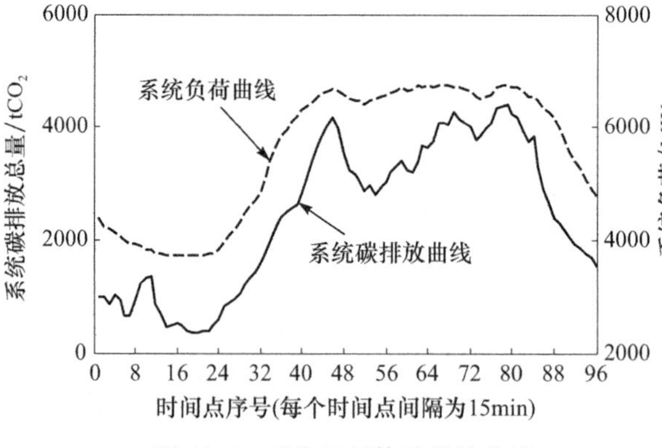


图 12.6　系统的整体碳排放曲线

在低碳电力调度模式中，碳排放将成为电力系统的可调度资源，并将受到多种因素的影响，包括风电以及不同碳排放强度的化石燃料发电机组的优化协调策略、碳捕集电厂及其碳捕集系统的控制策略等。因此，系统整体碳排放曲线将与系统负荷曲线产生一定的偏差，如图 12.6 所示。

### 12.3.3　结果分析

1. 不同调度模式的效益分析

为了评估引入低碳电力调度模式对电力系统运行的影响，将低碳电力调度模式下的优化求解结果与传统电力系统调度模式进行对比。在传统电力调度模式下，目标函数包含了式(12.1)中的机组发电成本和机组启停成本，但不将碳排放成本列入优化目标。与此同时，针对是否引入碳捕集电厂进行对比。不同调度模式、不同碳捕集引入场景下的系统调度决策优化结果如表 12.3 所示。

**表 12.3　不同调度模式、不同碳捕集引入场景下的系统调度决策优化结果**

| 场景 | 总成本/万元 | 发电成本/万元 | 碳排放成本/万元 | 启停成本/万元 | 碳排放强度/[$tCO_2$/(MW·h)] | 弃风比例/% |
|---|---|---|---|---|---|---|
| 常规调度(无碳捕集) | 4171 | 2627 | 1117 | 427 | 0.661 | 5.49 |
| 低碳调度(无碳捕集) | 4157 | 2638 | 1093 | 426 | 0.647 | 3.51 |
| 常规调度(含碳捕集) | 4083 | 2810 | 868 | 405 | 0.514 | 1.96 |
| 低碳调度(含碳捕集) | 4016 | 2870 | 741 | 405 | 0.439 | 0.42 |

对比表 12.3 中常规调度和低碳调度的结果，可以得到低碳电力调度模式相对于传统电力调度模式的效益，主要包括以下内容：

(1) 有效降低系统的碳排放总量。由于低碳电力调度模式更加关注系统的碳排放量，因而能够针对不同机组的发电碳排放强度和发电成本实现权衡和协调，降低系统整体的碳排放强度。在无碳捕集电厂和有碳捕集电厂的场景下，低碳调度模式带来的碳减排量分别为 1897$tCO_2$ 和 10040$tCO_2$，整体碳排放强度分别降低 0.014$tCO_2$/(MW·h)和 0.075$tCO_2$/(MW·h)。

(2) 降低系统的总运行成本。低碳电力调度模式能够大幅降低系统的碳排放成本，从而降低系统的总运行成本。在无碳捕集电厂和有碳捕集电厂的场景下，低碳调度模式分别能够带来 15 万元和 66 万元的效益提升。而且在有碳捕集电厂的情况下，由于系统具有更高的优化空间，低碳电力调度模式带来的效益提升效果更加明显。

(3) 提高清洁能源的利用率。在低碳调度模式下，碳排放量直接与成本关联，在保证系统的安全性和可靠性的前提下，系统将更加优先调用无碳排放的风电，提高风能资源的利用率。

2. 碳捕集电厂并网效益

对比表 12.3 中含碳捕集电厂与无碳捕集电厂的调度结果，可以得到碳捕集电厂并网为电力系统运行调度带来的效益，主要包括以下内容：

(1) 碳捕集电厂的低碳排放特性，为降低系统的整体碳排放做出了重要贡献，在两种调度模式下，碳捕集电厂带来的碳减排量分别为 19684t$CO_2$ 和 27826t$CO_2$，带来显著的低碳效益。

(2) 碳捕集电厂的能量存储特性、快速调整特性、更大的出力范围等运行特性，能够提高系统的调节能力和爬坡速率，减少调峰压力，减少其他机组的启停，快速平衡间歇式能源的波动性出力，减少负荷低谷时段的弃风等。由表 12.3 可以看出，在两种调度模式下，碳捕集电厂的引入分别能够降低系统启停成本 22 万元和 21 万元，并分别降低弃风 3.53％和 3.09％。

(3) 碳捕集电厂的引入能够为系统带来更大的优化空间，从而能够更加体现低碳调度模式的效益，与低碳调度模式互相促进，降低系统的总运行成本，为整个系统带来显著的效益提升。在常规调度模式和低碳调度模式下，碳捕集电厂分别能够降低系统总运行成本 88 万元和 141 万元。

3. 碳捕集电厂的并网容量灵敏度分析

碳捕集电厂的并网容量对电力系统运行调度结果具有较大程度的影响。将系统中容量最大的 12＃燃煤发电机组依次改造为碳捕集电厂，计算出不同碳捕集电厂并网容量下系统的总运行成本和整体碳排放强度，如图 12.7 所示。

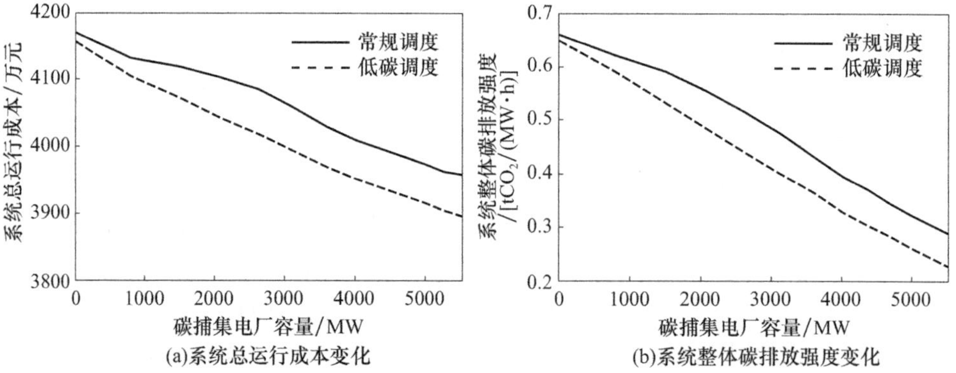


图 12.7　不同碳捕集电厂并网容量下系统的总运行成本和整体碳排放强度

可以看到,随着碳捕集电厂容量的增大,系统的总运行成本和整体碳排放强度呈现明显的递减效应。

4. 碳价灵敏度分析

碳价对低碳电力调度模式下电力系统的运行特性具有显著的影响。图 12.8 给出了不同碳价水平、不同电力调度模式及不同碳捕集引入场景下的系统总成本和整体碳排放强度曲线。

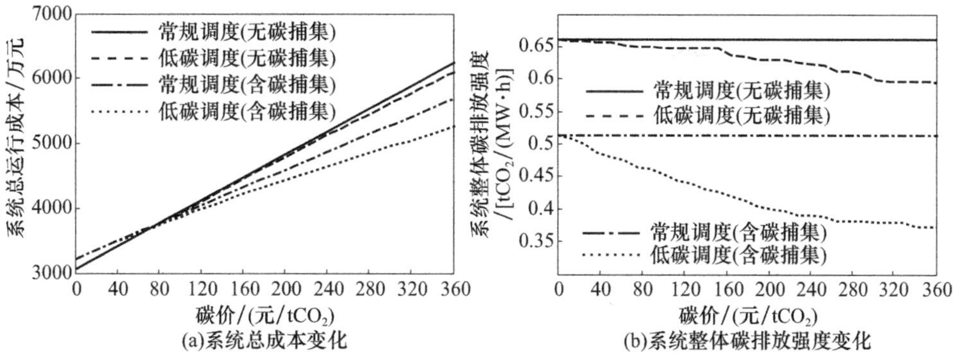


图 12.8　不同碳价水平、不同电力调度模式及不同碳捕集引入场景下的系统总成本和整体碳排放强度

由图 12.8 可以看出,碳价水平对电力系统运行调度结果具有较大的影响:

(1) 在常规调度模式下,随着碳价的升高,总运行成本随着碳排放成本所占的比例不断增大而逐渐升高,但整体碳排放强度基本不变;在低碳调度模式下,随着碳价升高总运行成本也将逐渐增长,但由于低碳调度模式的减排效益,其增大幅度比常规调度模式小;同时,整体碳排放强度随着碳价的升高而显著降低。

(2) 当碳价比较低时,由于碳捕集电厂存在固定能耗,因而含碳捕集电厂的系统总运行成本略高于无碳捕集电厂的系统总运行成本。但随着碳价的升高,碳捕集电厂的捕集力度将越来越大,碳排放成本带来的差异将占据主导地位,含碳捕集电厂的系统总成本将逐步小于不含碳捕集电厂的系统总运行成本,而整体碳排放强度也具有明显的下降趋势,呈现出显著的碳减排效益。

5. 碳捕集系统投资成本效益分析

将引入碳捕集电厂带来的效益与碳捕集系统(包括溶液存储器等额外设备)的投资成本进行比较分析,以评估建设碳捕集电厂的实际意义。采用现金流分析方法,贴现率设置为 10.3%[9];碳捕集系统和溶液存储器的投资成本分别设置为 5743.1 元/kW 和 145.5 元/kW[14,15];碳价的增长水平设置为每年增长 5%[14]。计算出不同碳价水平以及不同碳捕集电厂容量下碳捕集电厂的投资回收期,如

图 12.9 所示。

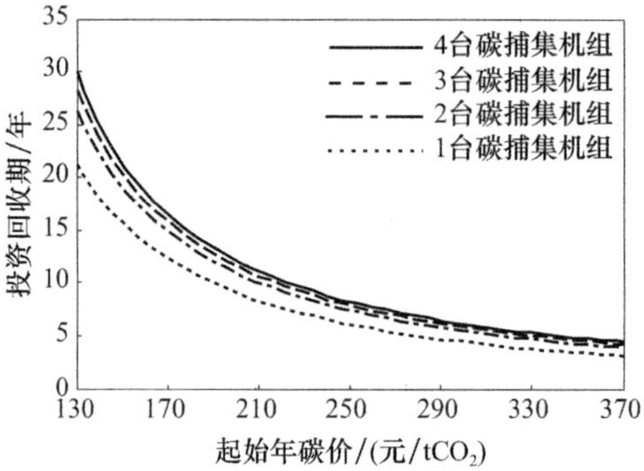


图 12.9　不同碳排放价格水平下的碳捕集电厂投资回收期

由图 12.9 可以看出，当起始年碳价为 200 元/$tCO_2$ 时，若引入 1 台碳捕集机组，系统仅需约 10 年即可通过碳捕集电厂所降低的运行成本收回碳捕集电厂的投资成本。随着碳捕集电厂容量的增大，投资回收期逐渐增大；同时，随着碳价的升高，投资回收期显著降低。

# 第 13 章　碳捕集电厂提供辅助服务的效益分析

## 13.1　碳捕集电厂对于系统调度的作用机制

碳捕集电厂良好的调节性能使其可实现与不同电源类型的协调运行，从而在系统调度中发挥重要作用，并获得相应的运行效益[16~18]。根据系统的典型电源结构特征，可将电力系统分为火电主导系统、水电主导系统与风电/光伏主导系统三个基本类别。碳捕集电厂在不同类别电力系统中的作用机制总结如表 13.1 所示[19]。

**表 13.1　碳捕集电厂在不同电力系统中的作用机制**

| 系统类别 | 协调方式 | 运行效益 |
| --- | --- | --- |
| 火电主导系统 | 当火电机组需要通过启停来满足系统的调峰需求时，提高捕集能量，大幅降低碳捕集电厂的净发电出力（小于非捕集机组的最小出力水平） | 减少火电机组的启停成本，增加系统运行的负备用容量与安全裕度 |
| | 当需要调度昂贵的燃气/燃油发电机组来适应系统的调峰需求时，调整碳捕集电厂的净发电出力 | 代替燃气发电机组与燃油发电机组发电，降低系统的运行成本 |
| | 当火电的爬坡能力无法满足负荷的爬坡速率时，相应调整碳捕集电厂的净发电出力，响应负荷变化 | 减少系统的切负荷量，提高系统的负荷跟踪能力 |
| 水电主导系统 | 当水电机组（径流式）不得不通过弃水来满足系统的谷荷需求时，提高捕集能量，大幅降低碳捕集电厂的净发电出力 | 减少弃水电量，提高水能的利用效率，利用弃水电量捕集 $CO_2$ |
| | 碳捕集电厂可在一定程度上代替抽水蓄能电厂的作用 | 减少引入抽水蓄能的投资，减少抽水蓄能电厂的运行成本 |
| 风电/光伏主导系统 | 当风电/光伏机组不得不通过弃风、弃光来满足系统的压负荷需求时，提高捕集能量，大幅降低碳捕集电厂的净发电出力 | 减少弃风、弃光电量，提高风能、太阳能的利用效率，利用弃风、弃光电量捕集 $CO_2$ |
| | 当风电/光伏机组的实时出力出现剧烈波动时，利用碳捕集机组快速的调整能力，跟踪风电/光伏出力的变化 | 提高系统的负荷跟踪能力，减少风电/光伏切机 |

由表 13.1 可以看出，尽管引入 CCS 技术将使发电机组的发电效率与同类非捕集机组相比有一定程度的下降，带来额外的发电成本，但可以利用其良好的调节能力，为电力系统的运行提供有价值的辅助服务，在某些极端情况下（如出现剧烈的负荷波动、突然的机组停运等）也可以发挥关键的作用。

整体上，碳捕集电厂对于整个电力系统运行的效益可从三个方面分类总结：首先，有利于提高电力系统运行的安全裕度与调度灵活性，能够更好适应各种不确定性因素的影响；其次，可以通过减少启停，并替代为满足系统调峰需求而引入的高成本电源发电（包括燃气、燃油与抽水蓄能电厂等），从而降低系统的运行成本；最后，有利于提高可再生能源的利用效率，并有效实施对碳排放的捕集。

然而，目前在动态与暂态层面上分析碳捕集电厂在电力系统中的调度特性面临较大的困难，主要原因是基础研究上的空白与基础数据上的匮乏，尽管第 5 章已经对碳捕集电厂在不同状态下的运行特征进行了深入的建模与分析，但是对于碳捕集电厂在状态切换过程中的动态性能仍需要开展进一步研究；而由于仍然缺乏大规模碳捕集电厂的运行实践，现有的相关数据仅能提供 15min 或者 1h 量级的电厂运行数据，这就使得开展针对电厂短时序运行的研究工作困难重重。基于以上分析，本章将从调峰服务的角度切入，在 24/96 点运行曲线的背景下，分析碳捕集电厂在调峰速率与调峰深度上的调度特性对于电力系统辅助服务的作用机制。

## 13.2 碳捕集电厂提供辅助服务的机理与潜力分析

CCS 技术的引入一方面为电力系统带来相当程度的能量损耗和效率降低；另一方面，灵活运行的碳捕集电厂的优良性能将为电力系统带来一些性能优化和效益提升，可以根据电力系统对电能质量和系统安全的要求，通过对其自身运行状态的有效决策和快速切换，为电力系统提供更加优质的辅助服务，主要包括以下内容。

1）调频

如前所述，灵活运行的碳捕集电厂一方面可以通过调整发电循环的运行状态实现净发电出力的变化，另一方面也可以通过调节抽取蒸汽的速率快速调整捕集能量，从而实现净发电出力的快速变化，使其具有提供电力系统调频服务的潜力。

2）备用容量

碳捕集电厂一方面可以通过使发电系统运行水平留有余量而为电力系统提供一定的发电备用容量；另一方面，可以在运行过程中随时通过降低捕集水平或者关闭碳捕集系统以增大发电出力，从而为电力系统提供一部分额外的备用容量，提高电力系统的安全裕度以及对不确定性因素的适应性。

3）调峰

碳捕集电厂具有较强的调峰能力，一方面，快速的调整特性赋予碳捕集电厂更快的调峰速率；另一方面，更低的稳定出力下限使其具有更大的调峰深度，尤其在提供下调峰容量方面具有出色的表现。

# 13.3　碳捕集电厂在系统调峰中的运行效益分析

## 13.3.1　电力系统的调峰方式介绍

由于系统较大的负荷峰谷差与机组调整特性的限制，在现有电力调度中往往需要考虑机组不同方式的调峰，从而带来一定的调峰成本[20]。电能供应具有普遍服务的义务，因此在实际系统运行中，确保电力供应往往是第一要务，即在一般情况下（不考虑供不应求及机组停运等极端情况），机组的启停与运行方式应确保满足系统的最大负荷需求。因此，系统的调峰问题将主要集中在负荷低谷时段的下调峰方面。根据调峰成本，可将不同的调峰方式分为常规压负荷调峰方式与高成本调峰方式两类；在引入碳捕集之后，增加了一类新的调峰手段，称为碳捕集调峰。

1. 常规压负荷调峰方式

常规压负荷调峰指代一般意义上的压负荷出力行为。尽管压负荷会使机组的出力水平出现调整，这势必影响机组的发电效率，从而影响机组的发电成本。然而，与机组启停等高成本的调峰方式相比，此类调峰方式的成本较小；而在高成本调峰方式中，机组的启停等行为往往会影响系统中其他机组的出力水平，从而改变了平均意义上的发电效率与成本。此影响在两类调峰措施中可以近似抵消。因此，往往认为常规压负荷调峰的成本很低。

2. 高成本调峰方式

高成本调峰方式主要包括常规火电机组的深度调峰、火电机组启停、抽水蓄能、水电弃水等方式。此类调峰方式往往具有较高的运行成本，从而区别于常规的压负荷调峰方式。

3. 碳捕集调峰

碳捕集电厂可通过调整捕集能量的方式，大幅降低碳捕集电厂的净发电出力，从而满足系统的调峰需求。碳捕集调峰事实上相当于从发电循环中抽取部分能量用于捕集 $CO_2$，从而带来额外的燃料成本与运行成本。

## 13.3.2　电力系统的调峰机制

结合典型日负荷曲线，电力系统的调峰机制如图 13.1 所示[21]。

图 13.1 中，上调峰极限与最大负荷的差值表示系统预留的正旋转备用，以确

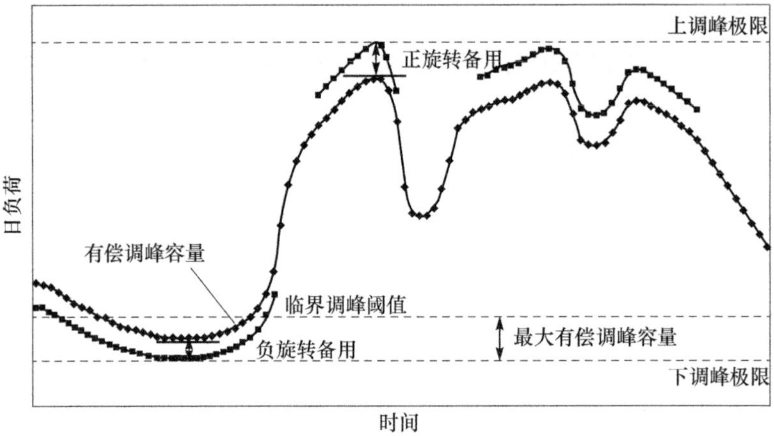


图 13.1 电力系统的调峰机制

保在非计划停运情景下的稳定运行，正旋转备用一般取系统最大机组的额定容量或总负荷的 3%～5%。下调峰极限与最小负荷之间的差值则为系统的负旋转备用，同样，负旋转备用一般取最小负荷的 3%～5%。临界调峰阈值代表常规压负荷调峰容量与其他调峰容量之间的分界线，即表示在投入所有常规压负荷调峰容量的情况下，系统能够达到的最小出力水平。当下调峰极限位于临界调峰阈值之下时，则意味着需要投入高成本的调峰手段或者碳捕集调峰(统称为有偿调峰手段)，方可满足系统的调峰需求。本书定义临界调峰阈值与下调峰极限之间的差值为最大有偿调峰容量。

以 $N_{\mathrm{TV}}$ 表示需要投入有偿调峰手段的时段集合，则有 $t_i \in N_{\mathrm{TV}}(i=1,2,\cdots,n_{\mathrm{TV}})$，$n_{\mathrm{TV}}$ 表示 $N_{\mathrm{TV}}$ 集合的个数，$t_i$ 可以是连续的，也可以是离散的时间序列。以 $P_{\mathrm{R}}^{\mathrm{up}}$ 表示系统的上调峰极限，$P_{\mathrm{R}}^{\mathrm{down}}$ 表示下调峰极限，$P_{\mathrm{R}}^{\mathrm{C}}$ 表示临界调峰阈值，$P_{\mathrm{RV}}^{\max}$ 表示最大有偿调峰容量。

### 13.3.3 有偿调峰方式的作用机制

1. 深度调峰

将火电机组的出力水平降至正常运行区间的最小出力之下，即为深度调峰。在深度调峰状态下，机组的发电成本将显著增加，这主要由两方面原因造成：首先，机组的发电效率将有较为显著的下降；其次，在深度调峰状态下，燃煤发电机组往往需要额外燃烧一部分燃油，从而增加了综合的发电成本。记第 $m$ 类机组在时刻 $t$ 的深度调峰容量为 $P_{m,t}^{\mathrm{RV}}$，单位容量的调峰成本为 $c_m^{\mathrm{RV}}$。

2. 燃气/燃油发电机组启停

对于燃气/燃油发电机组，尽管原则上此类机组可以快速频繁启停，但考虑到机组工况与实际运行情况，一般一天内最多只启停一次。因此，对下调峰而言，当决定在时间 $t_1$ 关停第 $m$ 类机组容量 $P_{m,t1}^{\mathrm{GOf}}$ 时，在 $t \geqslant t_1$ 的时段内，该启停容量都将是有效的。记第 $m$ 类机组的启停成本为 $c_m^{\mathrm{GOf}}$。

从我国的实际情况来看，燃气/燃油发电机组的发电成本要远高于常规燃煤发电机组，因此当不需要通过燃气/燃油发电机组启停来满足系统的调度要求时，则从经济性的角度看，肯定不会优先安排燃气/燃油发电机组发电。因此，安排燃气/燃油发电机组启停将带来额外的发电成本增量，该增量即为燃气/燃油发电机组与常规燃煤发电机组发电成本的差值，记为 $\Delta c_m^{\mathrm{FR}}$；以时段长度 $n_{\mathrm{G}}$ 表示燃气/燃油发电机组 $m$ 在关停前的等效发电时间，则其替代发电量为 $n_{\mathrm{G}} P_{m,t}^{\mathrm{GOf}}$。

3. 燃煤发电机组启停

对于燃煤发电机组，其启停往往需要较长时间，因此在一天的时间跨度上最多启或停一次，其启停成本较大，作用机制与燃气/燃油发电机组的启停基本一致。记时间 $t$ 关停第 $m$ 类机组的容量为 $P_{m,t}^{\mathrm{FOf}}$，第 $m$ 类机组的启停成本为 $c_m^{\mathrm{FOf}}$。由于燃煤发电机组多为发电主力，因此不存在替代电量的说法。需要注意的是，一般情况下燃煤发电机组的深度调峰成本小于启停成本，所以深度调峰往往先于启停，即机组的启停容量需从其深度调峰下限往下减。

无论对于燃气/燃油发电机组启停还是燃煤发电机组启停，由于时刻 $t$ 的启停容量将同样能够为后续时段提供调峰容量，因此毋庸置疑，当需要实施机组启停时，在有偿调峰时段开始时即安排机组启停是最佳的，其产生的效益将与系统的有偿调峰时段成正比，即可近似地认为其产生的总调峰容量为 $P_{m,t1}^{\mathrm{GOf}} n_{\mathrm{TV}}$，而单位启停容量的调峰成本则需除以 $n_{\mathrm{TV}}$。

4. 水电弃水

一般情况下，水电是不允许弃水的，这既来自于政策规定，以确保电源发电的清洁性，又来自于经济层面，因为水电的发电成本几乎为零。然而，当实施少量弃水可以有效避免机组启停或者深度调峰时，则水电弃水将成为一个暂时性的、有效的调峰手段。事实上，水电弃水的成本主要体现在间接成本上，每单位的弃水电量需要由其他机组替代发电，而此时替代其发电的机组主要为濒临启停的临界火电，记其发电成本为 $c^{\mathrm{Hy}}$，时刻 $t$ 的弃水电量为 $P_t^{\mathrm{Hy}}$。

5. 抽水蓄能

抽水蓄能电厂可在负荷低谷时蓄水，并在负荷高峰时发电，从而提高系统的调节能力。当电厂处于蓄水状态时，其用电功率多为定值 $\mathrm{Cap}^{\mathrm{S}}$，为充分发挥其调峰能力，设在调峰前电厂处于其最大发电状态 $\mathrm{Cap}^{\mathrm{G}}$。记时刻 $t$ 抽水蓄能电厂提供的

调峰容量为 $P_t^{\mathrm{Pu}}$,引入决策变量 $\mu_t^{\mathrm{Pu}}$,$t\in N_{\mathrm{TV}}$,$\mu_t^{\mathrm{Pu}}$ 为 0-1 变量,当 $\mu_t^{\mathrm{Pu}}=0$ 时,电厂处于发电状态,而 $\mu_t^{\mathrm{Pu}}=1$ 时,则为蓄水状态。一般情况下,$\mathrm{Cap}^{\mathrm{S}}$ 与 $\mathrm{Cap}^{\mathrm{G}}$ 之间的抽蓄比为 1.1～1.2,记为 $\alpha^{\mathrm{Pu}}$,则在时刻 $t$,有

$$P_t^{\mathrm{Pu}}=\mu_t^{\mathrm{Pu}}(1+\alpha^{\mathrm{Pu}})\mathrm{Cap}^{\mathrm{G}} \tag{13.1}$$

与水电弃水同理,抽水蓄能本身并没有产生直接的调峰成本,但抽水蓄能电厂本身会有发电效率损失,记为 $\eta^{\mathrm{Pu}}$,即电厂每次存储单位电量,将同时消耗 $\eta^{\mathrm{Pu}}$ 的单位电量,大致为蓄电量的 1/4～1/3;该部分电量可等效于由系统其他的所有机组供给,因此替代发电成本即为系统的平均发电成本,记为 $c^{\mathrm{Pu}}$。

6. 碳捕集电厂

碳捕集电厂的运行机制与抽水蓄能有异曲同工之妙,可在负荷高峰时关停捕集系统,或降低捕集能量;并在负荷低谷时提高捕集能量,以提供下调容量。若未对电力行业实施碳排放限额分配并开展碳交易,则碳捕集电厂不会主动捕集 $CO_2$,此时,在有偿调峰时段捕集 $CO_2$,将带来额外的发电成本;而对捕集的 $CO_2$ 进行运输与储存同样将花费高昂的成本。记单位时间的捕集电量为 $P_t^{\mathrm{CC}}$,消费每单位电量所捕集的 $CO_2$ 为 $\omega_{\mathrm{GE}}$,则碳捕集电厂的调峰成本 $C_{\mathrm{P}}^{\mathrm{C}}$ 为

$$\begin{cases}C_{\mathrm{P}}^{\mathrm{C}}=P_t^{\mathrm{CC}}\left[c_{\mathrm{G0}}+\omega_{\mathrm{GE}}(c_{\mathrm{S}}^{\mathrm{TS}}-\pi_{\mathrm{E}})\right]\\ \omega_{\mathrm{GE}}=\dfrac{\lambda_{\mathrm{G}}}{\lambda_{\mathrm{E}}}=\dfrac{e_{\mathrm{G0}}\gamma_{\mathrm{A}}\eta_{\mathrm{G0}}^{\mathrm{OFF}}}{\eta_{\mathrm{R0}}^{\mathrm{CC}}}\end{cases} \tag{13.2}$$

式中:$c_{\mathrm{G0}}$、$c_{\mathrm{S}}^{\mathrm{TS}}$、$\eta_{\mathrm{G0}}^{\mathrm{OFF}}$、$\eta_{\mathrm{R0}}^{\mathrm{CC}}$、$e_{\mathrm{G0}}$、$\gamma_{\mathrm{A}}$ 和 $\pi_{\mathrm{E}}$ 分别为单位电量的等效发电成本、运输与储存每单位 $CO_2$ 的成本、等效发电效率、碳捕集的效率损失、单位电量的碳排放因子、$CO_2$ 捕集率与市场碳价。

综上所述,对各类有偿调峰手段的调峰成本总结如表 13.2 所示。

**表 13.2　各类有偿调峰手段的调峰成本**

| 方式 | 深度调峰 | 燃气/燃油发电机组启停 | 燃煤发电机组启停 | 水电弃水 | 抽水蓄能 | 碳捕集电厂 |
|---|---|---|---|---|---|---|
| 成本 | $c_m^{\mathrm{RV}}$ | $\dfrac{c_m^{\mathrm{GOf}}+n_{\mathrm{G}}\Delta c_m^{\mathrm{FR}}}{n_{\mathrm{TV}}}$ | $\dfrac{c_m^{\mathrm{FOf}}}{n_{\mathrm{TV}}}$ | $c^{\mathrm{Hy}}$ | $\eta^{\mathrm{Pu}}c^{\mathrm{Pu}}$ | $c_{\mathrm{G0}}+\omega_{\mathrm{GE}}(c_{\mathrm{S}}^{\mathrm{TS}}-\pi_{\mathrm{E}})$ |

### 13.3.4　基于电力调峰成本曲线的决策方法

在给定日负荷曲线与可用电源结构的情况下,为实现调峰成本的最小化,应通过对不同调峰手段的选择与安排,决策最优的有偿调峰方案,并确保系统在负荷低谷时段的下调峰能力,以满足负旋转备用要求,即有

$$P_{m,t}^{\mathrm{RV}}+\sum_{i=1,i\in N_{\mathrm{TV}}}^{t}P_{m,i}^{\mathrm{GOf}}+\sum_{i=1,i\in N_{\mathrm{TV}}}^{t}P_{m,i}^{\mathrm{FOf}}+P_t^{\mathrm{Hy}}+P_t^{\mathrm{Pu}}+P_t^{\mathrm{CC}}\geqslant P_t^{\mathrm{RV}} \tag{13.3}$$

式(13.3)中的 6 项分别对应各类有偿调峰方式在时刻 $t$ 的调峰容量，$P_t^{\mathrm{Pu}}$ 与 $C_{\mathrm{P}}^{\mathrm{C}}$ 的表达式分别见式(13.1)与式(13.2)；而 $P_t^{\mathrm{RV}}$ 则表示系统在时刻 $t$ 需要投入的有偿调峰容量(见图 13.1)，$P_t^{\mathrm{RV}}$ 的最大值即为 $P_{\mathrm{R}}^{\mathrm{C}}-P_{\mathrm{R}}^{\mathrm{down}}$。

为提高制定最优调峰方案的直观性，并优先利用高效、低成本的调峰手段，确保系统的安全运行，引入电力调峰成本曲线的概念。曲线的形成过程为：先比较不同调峰手段的成本，并按照成本的大小形成有偿调峰序列，根据序列依次累积各类调峰方式的最大可调容量，即形成电力调峰成本曲线。其大致形状如图 13.2 所示。

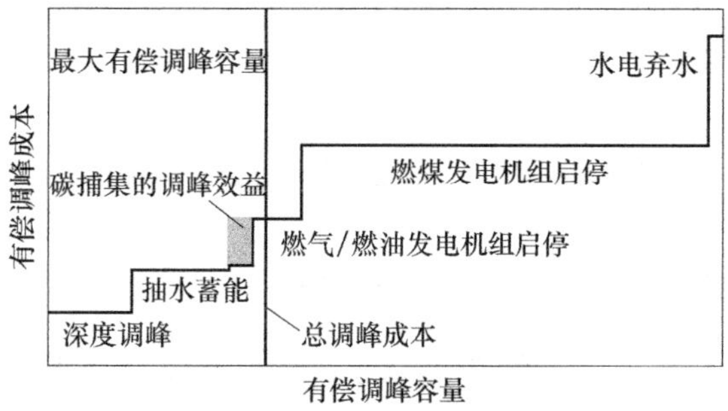


图 13.2　电力调峰成本曲线

在曲线上找到系统当日最大有偿调峰需求所对应的容量与调峰成本，低于该成本的调峰手段组合即为满足当日最大有偿调峰容量所需调用的优化调峰方案。若该方案包含机组启停安排，则认为启停将在当日第 1 个有偿调峰时段开始实施，并作用于随后的所有时段；若该方案不包含机组启停安排，则意味着在该日任何时段均不需要实施机组启停；从而首先确定了系统当日的启停计划。

在扣除以上启停调峰容量的基础上，对于任意其他时刻 $t$ 且 $t\in N_{\mathrm{TV}}$，同样寻找曲线上该时刻有偿调峰容量所对应的临界调峰成本，低于该成本的调峰组合即为对应的优化调峰方案；遍历 $N_{\mathrm{TV}}$集合内的每一个时间点，各时刻的调峰方案集合即形成最终的优化调峰方案。

电力系统的调峰决策本质上是一个多时段协调优化问题，以上基于调峰成本曲线的决策方法，原理上相当于将一个协调优化问题分解为多个单时段优化问题的集合，此简化仅当各种调峰手段在时段间不存在耦合关系时成立。分析以上各类有偿调峰手段，火电深度调峰将面临时段间爬坡能力的约束，而由于深度调峰的成本在各种手段中往往是最低的，因此在有偿调峰时段往往会被确保第一个调用，而深度调峰本身的幅度较小，所以忽略爬坡约束并不会对优化结果造成太大的影响；对于机组启停，由于统一将启停时间处理在时段开始的时刻上，因此也忽略了时段间的关联关系；而水电、抽水蓄能与碳捕集电厂均具有很强的调整特性，其时段耦合关系可以忽略。因此，基于调峰成本曲线决策的简化方法适度而合理，可以得到优化程度较高的调峰方案。

### 13.3.5　碳捕集电厂的调峰效益分析

当碳捕集电厂的调峰成本低于其他调峰方式且被调用时，系统的总调峰成本将得到有效降低。以图 13.2 为例，碳捕集的调峰成本位居深度调峰与抽水蓄能之后，而在机组启停与水电弃水之前，处于调用序列之中。与无碳捕集电厂的场景对比，相当于替代了部分燃气/燃油发电机组启停，两者的调峰成本差与碳捕集调峰容量的乘积即度量了碳捕集电厂的调峰效益。碳捕集电厂对于系统运行的其他效益分析详见表 13.1。

## 13.4　碳捕集电厂在联合市场中的运行效益

### 13.4.1　碳捕集电厂在联合市场中的运行模式

碳捕集电厂灵活的运行特性和调控方式，使其可以在不同的市场机制中灵活调整其运行状态，从而获取更多的潜在效益。

在电能市场中，碳捕集电厂主要可借助自身的灵活调整特性和能量存储特性实现对电价波动的实时响应。在电价低谷时段，碳捕集电厂可以降低发电循环的运行水平，并使碳捕集系统处于高位运行状态，等效将此时多余的电能通过溶液存储器存储起来以转移到电价高峰时段进行出售，并利用此时廉价的电能尽量多地捕集 $CO_2$；而在电价高峰时段，碳捕集电厂则可以提高发电运行水平而减少捕集运行水平，获得更高的售电收入。

在辅助服务市场中，碳捕集电厂可以通过提供旋转备用获得一定的辅助服务收益。碳捕集电厂可以通过两种方式快速增大发电出力，从而为电力系统提供相应的旋转备用容量：一种方式与常规火电厂的方式一致，事先保留一定的发电出力容量，在被调用时通过调整发电循环快速提升发电出力；另一种方式如前面内容所述，碳捕集电厂可以在运行过程中，通过降低捕集水平或关闭碳捕集系统，以实现发电出力的快速提升，该方式可以获取额外的备用容量。碳捕集电厂的前一种提供备用的方式需要承担一定的机会成本，导致在电能市场的收益降低，而后一种方式所提供的备用容量则是碳捕集电厂所持有的一种潜在能力，在备用未被调用时该部分能量并未被闲置，而是用于 $CO_2$ 的捕集，这部分能量的转换将改变碳捕集电厂在碳交易市场上的收益。

在碳交易市场中，碳捕集电厂则可以利用自身的发电出力与碳排放独立控制的特性，协调并优化自身的发电出力与碳排放的关系，获得更优的整体运行收益。

在电价较高而碳价较低的时刻，碳捕集电厂将降低捕集水平，在电能市场获得更高的收益；反之，则提升捕集水平，使用更多的电能换取碳排放的降低，从而获得更高的碳排放配额交易收益。

碳捕集电厂在不同市场中的运行模式和效益如表 13.3 所示。

**表 13.3　碳捕集电厂在不同市场中的运行模式和效益**

| 市场环境 | 碳捕集电厂特性 | 碳捕集电厂运行模式 | 效益分析 |
|---|---|---|---|
| 电能市场 | 能量存储特性 | 协调发电成本与售电收入 | 灵活响应电价和需求波动获得更高售电收入 |
| 辅助服务市场 | 快速调整特性 | 协调主辅市场能量分配 | 灵活控制捕集系统降低备用容量的机会成本 |
| 碳交易市场 | 发电与碳排放独立控制特性 | 协调发电出力与碳排放 | 灵活控制电碳关联获得更高碳交易收益 |

### 13.4.2　算例分析：碳捕集电厂在联合市场中的运行效益

碳捕集电厂的参数与第 12 章相同，此处不再赘述。

1. 基础结果

通过联合市场运行优化决策模型，可得到旋转备用未被调用时的碳捕集电厂的最优等效发电出力和净发电出力曲线，如图 13.3 所示[9]。其中，实线部分为等效发电出力，虚线部分为净发电出力，两者之间的差值代表碳捕集电厂的运行能耗。

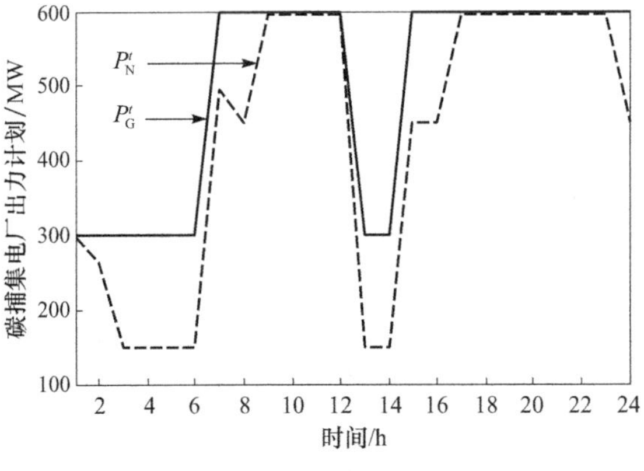


图 13.3　碳捕集电厂的最优发电出力计划

碳捕集电厂的碳捕集系统的最优控制策略如图 13.4 所示[9]。其中，实线部分为烟气分流比，虚线部分为解析速率因子。

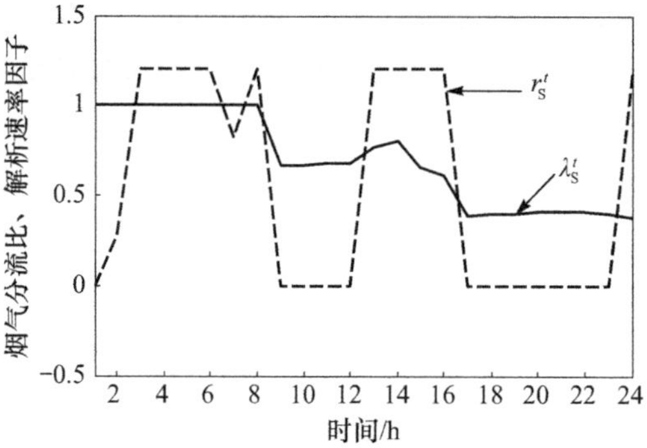


图 13.4　碳捕集系统的最优控制策略

碳捕集电厂的净碳排放量和溶液存储器的贫液和富液储量如图 13.5 所示[9]。

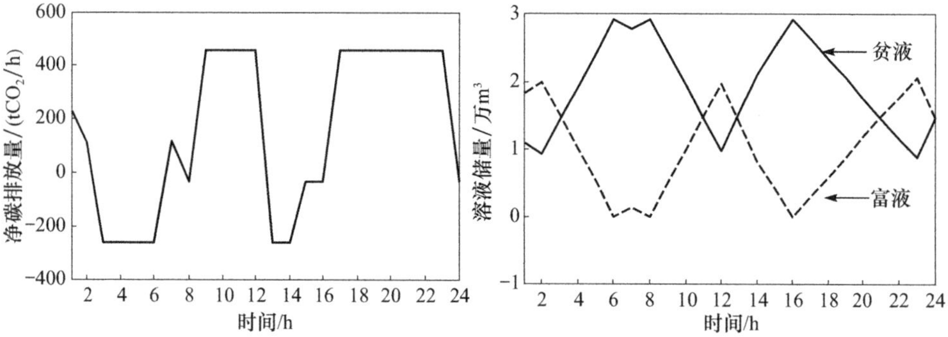


(a)净碳排放曲线　　(b)溶液储量曲线

图 13.5　碳捕集电厂的净碳排放量和溶液存储器的贫液和富液储量

由图 13.3～图 13.5 可以看出，在联合市场中，碳捕集电厂可借助自身的灵活运行特性协调并优化自身的发电出力与碳排放的关系，获得更优的整体运行收益。在电价低谷时段，碳捕集电厂将降低发电水平，提升捕集水平，将此时多余的电能通过溶液存储器存储起来，富液储量降低，贫液储量升高，碳排放水平降低，碳捕集电厂在碳交易市场获得更高的收益；而在电价高峰时段，碳捕集电厂则可以提高发电运行水平而减少捕集水平，获得更高的售电收入。

碳捕集电厂提供的备用容量变化曲线如图 13.6 所示[9]。由图 13.6 可以看出，在辅助服务市场中，碳捕集电厂能提供的旋转备用容量为各时刻等效发电出力的裕度 $R_{GE}^t$ 与碳捕集系统运行能耗 $R_{CC}^t$ 之和。碳捕集电厂借助捕集系统的调整提供旋转备用的方式使其提供辅助服务的机会成本显著减小，从而在市场中获得更高的运行收益。

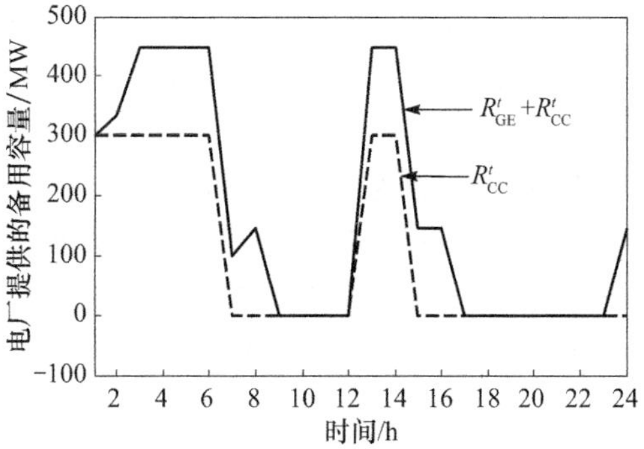


图 13.6　碳捕集电厂提供的旋转备用容量

2. 场景对比

1）碳捕集电厂与常规火电厂对比

将碳捕集电厂与常规火电厂在联合市场中的运行决策结果进行对比，得到两种场景下的各项运行指标如表 13.4 所示。

**表 13.4　碳捕集电厂与常规火电厂在联合市场中的运行指标**

| 电厂类型 | 总收益/万元 | 售电收益/万元 | 辅助服务收益/万元 | 碳交易收益/万元 | 发电成本/万元 | 其他成本/万元 | 碳排放量/$tCO_2$ |
|---|---|---|---|---|---|---|---|
| 碳捕集电厂 | 221.3 | 461.2 | 4.1 | 7.1 | 240.5 | 10.6 | 3815 |
| 常规火电厂 | 202.3 | 482.4 | 3.1 | −54.6 | 228.6 | 0 | 8687 |

由表 13.4 可以看出，相对于常规火电厂，碳捕集电厂的碳排放量显著下降（比常规火电厂下降约 56.1%）；另外，尽管捕集能耗降低了售电收入，但碳捕集电厂能够在辅助服务市场和碳交易市场中获得更高的收益，从而提升在联合市场的总收益（总收益比常规火电厂提升约 9.4%），凸显碳捕集电厂的重要意义。

2）碳捕集电厂不同运行方式对比

将不同运行方式的碳捕集电厂在联合市场中的运行决策结果进行指标对比，如表 13.5 所示。

**表 13.5　碳捕集电厂不同运行方式下的运行指标**

| 碳捕集电厂运行方式 | 总收益/万元 | 售电收益/万元 | 辅助服务收益/万元 | 碳交易收益/万元 | 发电成本/万元 | 其他成本/万元 | 碳排放量/$tCO_2$ |
|---|---|---|---|---|---|---|---|
| 非灵活运行 | 186.9 | 443.9 | 5.0 | 40.5 | 283.3 | 19.2 | 1175 |
| 分流式 | 194.9 | 505.6 | 1.9 | −15.6 | 286.4 | 10.6 | 5603 |
| 溶液存储式 | 217.1 | 417.3 | 6.3 | 44.0 | 234.5 | 16.0 | 891 |
| 综合灵活式 | 221.3 | 461.2 | 4.1 | 7.1 | 240.5 | 10.6 | 3815 |

由表 13.5 可以看出，非灵活运行的碳捕集电厂由于不能独立调节碳捕集系统，需消耗大量能量用于碳捕集，故碳排放量较低，总收益最低；碳捕集电厂在分流运行方式下，可根据市场价格调节分流比，当电价较高时将降低或关闭捕集系统，因而碳排放量较大，碳交易收益为负值，而售电收入较高；碳捕集电厂在溶液存储运行方式下，可以在始终保持较高碳捕集水平的前提下实现能量在不同时间的转移，从而呈现出比分流运行方式更高的总运行收益；碳捕集电厂在综合灵活运行方式下，兼具分流式与溶液存储式的优点，因而获得了最高的运行收益。

3）不同市场环境的对比

为全面分析碳捕集电厂在不同市场环境下的运行策略和控制方法，设定如下四种不同的外部市场环境：①电能市场；②电能市场＋碳交易市场；③电能市场＋辅助服务市场；④电能市场＋辅助服务市场＋碳交易市场。不同市场环境下碳捕集电厂的最优出力计划如图 13.7 所示。不同市场环境下的运行指标对比如表 13.6 所示。

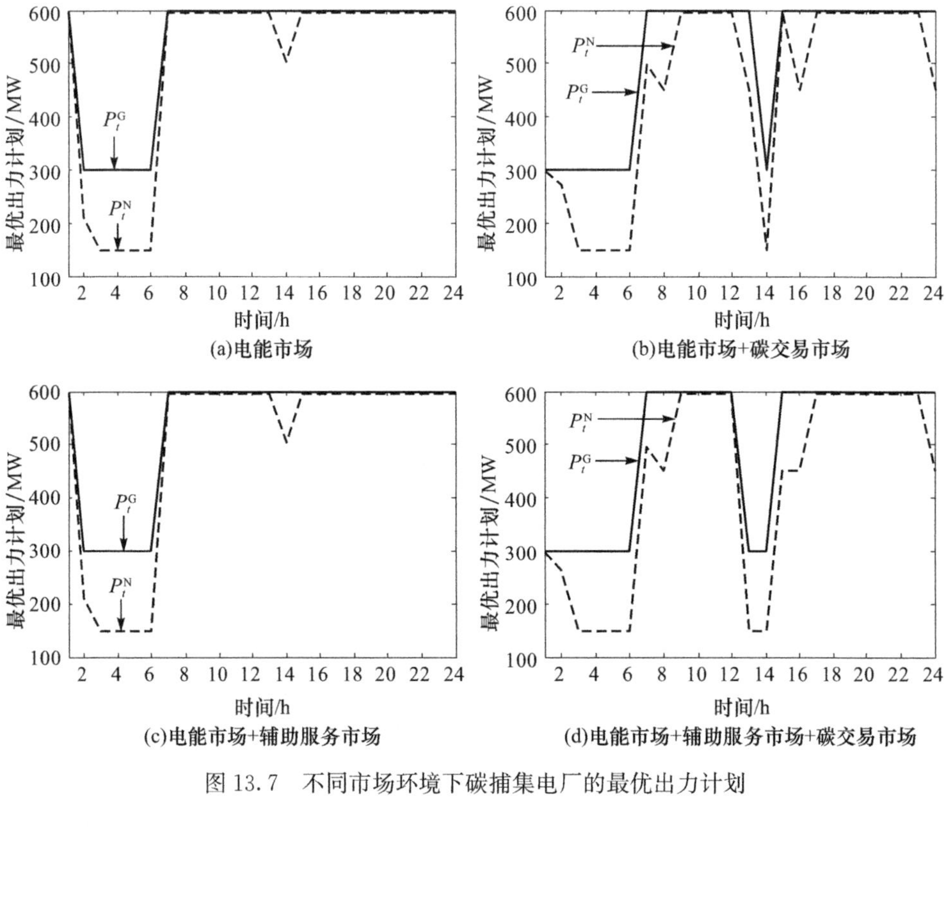


图 13.7　不同市场环境下碳捕集电厂的最优出力计划

**表 13.6　碳捕集电厂不同市场环境下的运行指标**

| 市场环境 | 总收益/万元 | 售电收益/万元 | 辅助服务收益/万元 | 碳交易收益/万元 | 发电成本/万元 | 其他成本/万元 | 碳排放量/$tCO_2$ |
|---|---|---|---|---|---|---|---|
| 电 | 249.5 | 512.6 | 0 | 0 | 258.0 | 5.1 | 7236 |
| 电＋碳 | 218.2 | 475.6 | 0 | −1.7 | 246.0 | 9.7 | 4505 |
| 电＋辅 | 250.7 | 512.5 | 1.6 | 0 | 258.3 | 5.1 | 7245 |
| 电＋辅＋碳 | 221.3 | 461.2 | 4.1 | 7.1 | 240.5 | 10.6 | 3815 |

由图 13.7 和表 13.6 可以看出，当不引入碳交易市场时，碳捕集电厂无须承担超额的碳排放成本，因而将在总碳排放约束范围内尽量多地增大发电出力，从而获得较高的售电收入，并提高总运行收益；当不引入辅助服务市场时，碳捕集电厂提供额外辅助服务的收益将不能得以体现，从而总运行收益降低。

# 第14章 基于碳排放流的配电网优化调度及其工程应用

## 14.1 概 述

配电网是连接输电网和终端用户的桥梁。随着智能电网的建设，各类分布式能源和储能装置广泛应用于配电网中，这些可控的器件为配电网的优化运行带来了新的特点。在低碳发展的环境下，配电网应将低碳目标作为优化运行的考虑要素。然而，在引入碳排放流计算方法前，配电网所在主网的碳排放强度未知，难以从低碳角度指导分布式能源与储能装置的优化运行。即使主网的电源结构已知，根据电源结构估算主网平均碳排放强度的方法过于粗略，也难以根据各类电源的实时出力确定分布式能源与储能装置的运行策略。当主网碳势可通过碳排放流计算得到时，配电网的用电碳排放得以准确计算，这是配电网低碳优化运行的基础。由此，本章基于碳排放流理论，提出面向低碳目标的配电网优化运行方法。

事实上，应用碳排放流分析时会发现，当主网运行状态改变时，主网的各节点碳势(此处专指配电网与主网相连节点的碳势，后面将统称为主网碳势)会发生变化。即使配电网从主网中获得同样的电量，由于主网节点碳势的不同，配电网导致主网增加的碳排放也是有差异的。因此，当主网与配电网相连节点的碳势改变时，配电网面向低碳目标的运行策略也将发生变化。

另外，除分布式能源外，储能装置在配电网中的应用越来越广泛，其运行目标多以削峰填谷、提高负荷率为主。从低碳角度，储能装置充放电的过程也会对配电网的碳排放产生影响。当储能装置充电时，其积累电量的过程同时也是积累碳排放的过程；当储能装置放电时，其放电的过程又是将之前充电的碳排放注回配电网的过程，其中还需考虑储能的转换效率。为了能提出全面的配电网面向低碳目标的运行策略，有必要结合储能装置的特性建立其充放电过程的碳排放流分析模型。

本章将结合配电网的特点，研究碳排放流在配电网中的分布特点以及计算方法，建立储能装置的碳排放流分析模型，分析在低碳目标下储能装置的运行策略，进而提出面向低碳目标的配电网优化运行策略。最后，本章还将分析碳排放流在某智能配用电园区示范工程中实际应用的情况。

## 14.2　配电网中碳排放流计算的特殊问题

### 1. 配电网碳排放流计算的特点

相比输电网，大部分配电网具有显著的辐射状特征。从潮流计算角度，配电网不具备线路电抗远大于电阻的特征，使得配电网潮流计算，特别是网损分布有其自身的特点。从碳排放流计算的角度，配电网开环运行的特点使网络中不存在环流，当网络中不存在储能以及分布式能源时，任何一节点仅接受来自唯一上游节点的潮流流入，在此情况下，网损不影响系统节点碳势，所有节点的碳势均等于主网的节点碳势[22]。

当系统中存在分布式机组以及处于放电状态的储能装置时，分布式发电机组和储能装置所在节点的碳势会受到该机组及储能装置的影响，但在该节点的下游，若无其他分布式机组及储能装置，则其下游所有其他节点碳势均等于该节点的碳势。

### 2. 储能装置的碳排放流分析模型

应用于配电网中的储能装置既可处于放电状态也可处于充电状态。在电力系统运行中，通常关注储能装置的以下几类参数：最大充电功率($P_{\mathrm{Imax}}$)、最大放电功率($P_{\mathrm{Omax}}$)、最大充电电量($Q_{\max}$)、综合效率($\eta$)、响应时间($\tau$)和储能装置向配电网注入的功率($P_{\mathrm{s}}$)。

简化起见，此处认为储能装置共有三个工作状态：充电状态($P_{\mathrm{s}}$ 满足 $0<P_{\mathrm{s}}\leqslant P_{\mathrm{Imax}}$)、放电状态($P_{\mathrm{s}}$ 满足 $-P_{\mathrm{Omax}}\leqslant P_{\mathrm{s}}\leqslant 0$)和准离网状态($P_{\mathrm{s}}=0$)，并且认为储能装置的响应时间足够快，在单个时段中可从最大充(放)电功率的状态转换至准离网状态。

储能装置在充电状态下，可将其视为负荷，其电碳特性与其所在节点的实时碳势以及充电功率相关，通过计算可得到其在充电过程中累积的电量与碳流量；在放电过程中，储能装置将被视为分布式机组，而该机组的碳势是储能装置碳排放流建模的主要问题。

根据储能装置的性质，当其处于充电状态时，其内部的电量和碳流量随时间累积。设 $Q_0$ 和 $F_0$ 表示储能设备在上一次由放电状态变为充电状态时($T_0$ 时刻)，其中剩余的电量与碳流量，充电时间从 $T_0$ 时刻至 $T$ 时刻。当 $T$ 时刻储能装置充电结束，变为放电状态时，放电碳势可通过式(14.1)计算：

$$e_{\mathrm{s}}(T)=\frac{F_0+\int_{T_0}^{T}R(t)\,\mathrm{d}t}{\eta\left(Q_0+\int_{T_0}^{T}P(t)\,\mathrm{d}t\right)} \tag{14.1}$$

式中：$e_{\mathrm{s}}(T)$为在时刻 $T$ 储能装置充电结束，变为放电状态时的放电碳势；$\int_{T_0}^{T}P(t)\mathrm{d}t$ 和

$\int_{T_0}^{T} R(t)\,\mathrm{d}t$ 分别为储能设备在充电过程中累积的电量与碳流量；$\eta$ 为储能充放电的转换效率。

将式(14.1)中的积分项转化为求和项，可表示为

$$e_s(N)=\frac{1}{\eta}\frac{F_0+\sum_{i=1}^{N}P_i e_i \Delta t}{Q_0+\sum_{t=1}^{N}P_i \Delta t} \tag{14.2}$$

式中：$e_s(N)$为在第 $N$ 个充电时段后储能装置从充电状态转换为放电状态时的放电碳势；$P_i$、$e_i$ 分别为第 $i$ 个充电时段的充电功率和碳势；$\Delta t$ 为时段长度。

## 14.3　面向低碳的配电网优化运行方法

### 14.3.1　单时段优化模型描述

1. 目标函数

设配电系统中共有 $K$ 台分布式机组。优化运行模型以考虑碳排放成本的总碳排放最小为目标，具体表述为

$$\min \quad E=P_{G0}e_{G0}+\sum_{k=1}^{K}P_{Gk}e_{Gk} \tag{14.3}$$

式中：$P_{GK}$、$e_{GK}$分别为第 $k$ 台分布式机组的有功出力和机组碳势；$P_{G0}$、$e_{G0}$分别为来自主网的有功功率和主网碳势。

2. 约束条件

1) 潮流方程约束

首先，模型需要满足配电网潮流方程，即

$$\begin{cases} P_i=V_i\sum_{j=1}^{n}V_j(G_{ij}\cos\theta_{ij}+B_{ij}\sin\theta_{ij}) \\ Q_i=V_i\sum_{j=1}^{n}V_j(G_{ij}\sin\theta_{ij}-B_{ij}\cos\theta_{ij}) \end{cases} \tag{14.4}$$

式中：$P_i$、$Q_i$ 分别为节点 $i$ 注入的有功功率与无功功率；$V_i$、$V_j$ 分别为节点 $i$ 与节点 $j$ 的电压；$G_{ij}$、$B_{ij}$分别为节点 $i$、$j$ 的电导、电纳；$\theta_{ij}$ 为节点 $i$、$j$ 间的相角差。

2) 线路潮流约束

$$S_l \leqslant S_l^{\max} \tag{14.5}$$

式中：$S_l$ 为流过第 $l$ 条支路上的复功率；$S_l^{\max}$ 为第 $l$ 条支路可传输的最大功率。

3）电压约束

$$V_i^{\min} \leqslant V_i \leqslant V_i^{\max} \tag{14.6}$$

式中：$V_i^{\max}$、$V_i^{\min}$ 分别为节点 $i$ 的电压上下限。

4）分布式能源发电功率约束

$$P_{Gk}^{\min} \leqslant P_{Gk} \leqslant P_{Gk}^{\max} \tag{14.7}$$

式中：$P_{Gk}^{\max}$和 $P_{Gk}^{\min}$分别为第 $k$ 台分布式能源的最大和最小容许出力。

5）储能运行约束

储能约束主要分为容量约束和电量约束两类，容量约束为储能的充放电功率限制，对于第 $m$ 个储能装置，有

$$-P_{\mathrm{Omax}} \leqslant P_{sm} \leqslant P_{\mathrm{Imax}} \tag{14.8}$$

同理，电量约束如下所示：

（1）当储能装置处于充电状态时，有

$$P_{sm} \leqslant \frac{Q_{\max} - Q_0}{\Delta t} \tag{14.9}$$

（2）当储能装置处于放电状态时，有

$$|P_{sm}| \leqslant \frac{Q_0}{\Delta t} \tag{14.10}$$

3. 求解思路

该模型的计算要点是确定分布式机组以及储能的出力，以得到最优解。从低碳运行的角度，可从以下思路对优化问题进行简化：

首先，分布式能源机组具有固定的机组碳势。若系统中分布式机组所接入节点的碳势高于或等于分布式能源的机组碳势，则分布式机组应当并网发电，并且在不影响配电网电压稳定的前提下以最大可能出力发电，此时会对系统产生正的低碳效益。同理，若系统中分布式机组所接入节点的碳势低于分布式能源的机组碳势，则分布式机组应当离网。

其次，与分布式机组类似，储能装置的工作状态也与其所在节点的碳势相关。当储能装置所在节点的碳势高于储能装置当前状况下的放电碳势，并且储能装置所存电量不为零时，储能装置将被置为放电状态；当储能装置所在节点的碳势低于储能装置当前状况下的放电碳势，并且储能装置所存电量小于最大值时，储能装置将被置为充电状态；当储能装置所在节点的碳势等于储能装置当前状况下的放电碳势时，储能装置将被置为准离网状态。当储能装置内电量为零时，储能装置无法放电，放电碳势无意义，此时储能装置将被置为充电状态，以确保在下一个时段放电碳势存在，并决定储能装置的运行策略。

由以上分析可知，该模型求解的具体步骤如下：

(1) 先假定储能装置均处于准离网状态，通过求解上述模型得到各分布式能源和主网注入功率。

(2) 计算配电网各节点碳势，得到储能装置所在节点的碳势。

(3) 根据前述内容确定储能装置的运行状态。

(4) 当所有储能装置的状态确定后，将置为充电状态的储能装置设为可控负荷，将置为放电状态的储能装置设为分布式机组，碳势为放电碳势。

(5) 重新求解上述模型得到各分布式能源、主网注入功率以及储能装置的充(放)电功率。

(6) 校验各储能装置所在节点是否满足步骤(3)的判断。若不满足，则重新执行步骤(3)～(5)；若满足，则求解结束。

### 14.3.2 多时段优化问题求解

多时段优化问题的求解基于单时段优化模型实现。对于多时段问题，采取如下方法处理：

(1) 模型认为分布式燃气发电机组的启停速度和爬坡速率突出，无须考虑时段间爬坡约束。模型仅考虑储能装置的时段间耦合约束，即前一时段优化决策后储能装置中电量和碳流量的剩余值作为下一时段初储能装置的 $Q_0$ 和 $F_0$，作为储能装置运行约束的计算依据。

(2) 模型只考虑相邻时段间的耦合。对每个时段逐次应用上述单时段优化模型进行求解，得到的结果即为多时段优化问题的最优解。

## 14.4 算例分析

### 14.4.1 基础数据

算例采用经过修改的 IEEE-33 节点标准系统，如图 14.1 所示。系统中增加了三台分布式燃气发电机组 G1、G2 和 G3，以及一台储能装置 S。

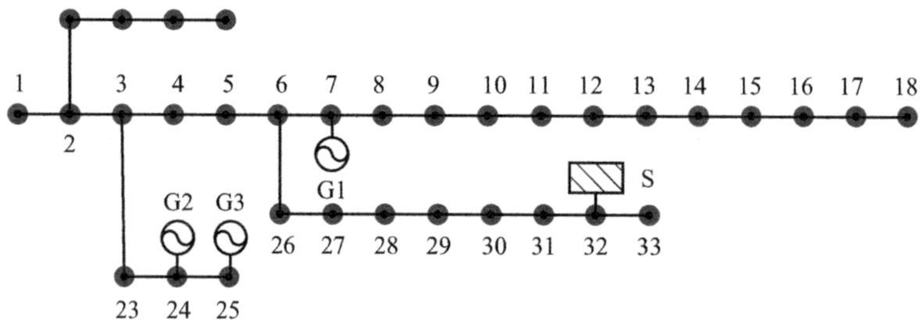


图 14.1　系统示意图

按标准系统参数，系统最大负荷为 3715kW，电压额定值为 12.6kV。系统中各分布式机组的参数如表 14.1 所示。

**表 14.1　系统中分布式机组的参数**

| 参数 | G1 | G2 | G3 |
|---|---|---|---|
| 最大输出功率/kW | 150 | 200 | 100 |
| 最小输出功率/kW | 0 | 0 | 0 |
| 机组碳势/[$kgCO_2$/(kW·h)] | 0.55 | 0.6 | 0.65 |

设定系统中储能装置 S 的最大充电功率为 50kW，最大放电功率为 50kW，充放电转换效率为 75%，最大可存储电量为 1000kW·h。初始状态下，储能元件荷电状态为 20%，所含碳流量为 105$kgCO_2$/h，折合放电碳排放强度为 0.7$kgCO_2$/(kW·h)。

优化决策变量为一天 24h 内的分布式燃气发电机组和储能装置的运行状态，共 24 个时段。优化运行目标为全系统全天的总碳排放量最低。

系统中节点 1(主网)碳势在每个时段的取值已给定，如图 14.2 所示。

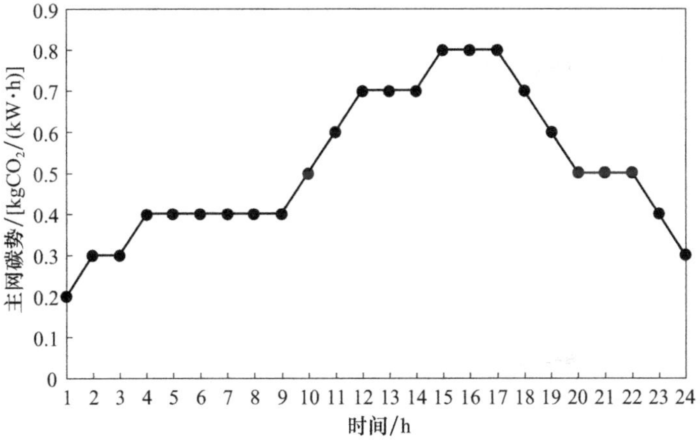


图 14.2　参考系统所在主网碳势

### 14.4.2　优化结果

本算例采用 MATLAB 软件进行求解，得到各时段分布式燃气发电机组的出力序列如图 14.3 所示。

从图 14.3 中可以看出，在 1:00～9:00、20:00～24:00(称为主网低碳时段，下同)来自主网的电能中含有较高比例的低碳电能，主网碳势较低，此时，分布式机组开机会挤占主网低碳电能在配电网中的消纳空间，所以在主网低碳时段分布式燃气发电机组不向系统输入电能。而在 10:00～19:00(称为主网高碳时段，下同)，主网碳势开始升高，说明此时来自主网的电能中火电比例开始上升。为降低全系统碳排放，分布式燃气发电机组在这些时段中需逐步增加出力以降低来自主网的高碳火电的使用。

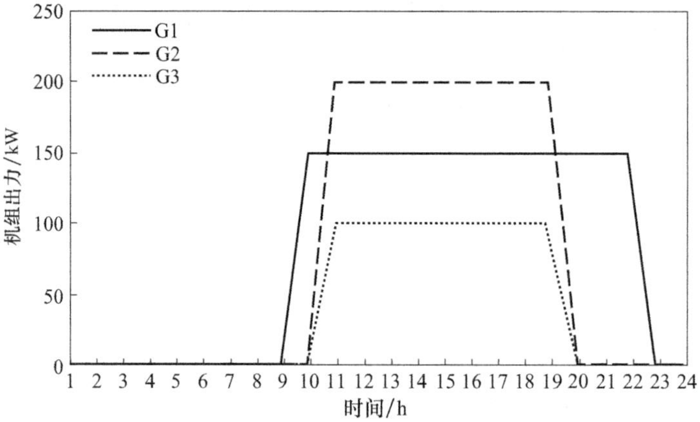


图 14.3　分布式燃气发电机组出力序列

图 14.4 为系统储能装置的运行优化结果。从图 14.4 中可以看出，在主网低碳时段，储能装置处于充电状态，吸纳低碳电能，在主网高碳时段，储能装置将释放其中存储的低碳电能，降低主网高碳时段的高碳电能使用，实现低碳减排。

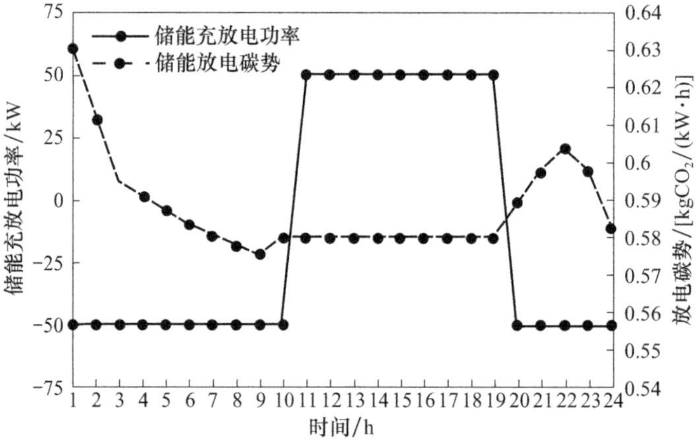


图 14.4　系统储能装置的运行优化结果

从储能装置放电碳势的变化中也可以看出，当储能装置处于充电状态时，其放电碳势高于其所在节点的碳势，使得其在充电过程中的放电碳势不断下降。当储能装置的放电碳势低于其所在节点的碳势(11:00～19:00)时，储能将处于放电状态，并且其放电碳势保持恒定，直至 20:00，其所在节点碳势低于放电碳势，储能装置将重新置为充电状态，而放电碳势将根据式(14.2)重新计算。根据本算例的计算结果，当储能所在节点碳势低于 0.55kg$CO_2$/(kW·h)时储能装置就可置为充电状态，考虑到式(14.2)中储能装置充放电效率对放电碳势的影响，在开始充电的一段时间里储能装置的充电碳势将有所上升。

经过优化后，系统平均用电碳排放强度和主网碳势的对比如图 14.5 所示。

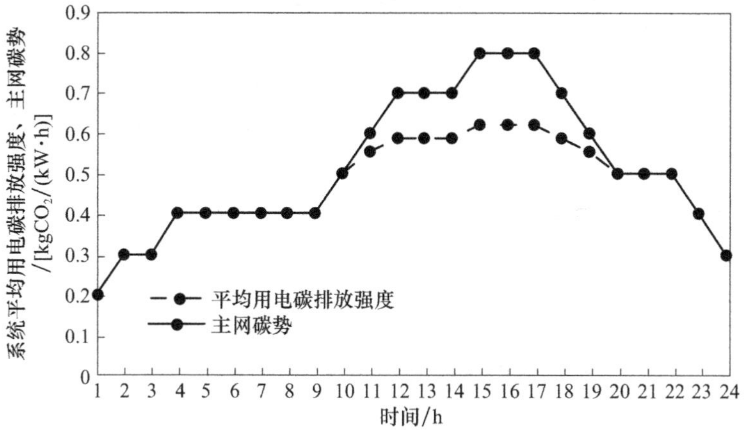


图 14.5　系统优化运行结果

从图 14.5 可以看出，在主网低碳时段(1:00～9:00，20:00～24:00)，系统充分吸纳主网低碳电能，平均用电碳排放强度和主网碳势相等；而在主网高碳时段(11:00～19:00)，系统充分调用自身相对低碳的资源，以实现系统在全时段内的低碳优化。

## 14.5　工 程 应 用

### 14.5.1　示范工程概述

本章提出的方法已经应用于江西省共青城智能配用电示范园区。该智能配用电示范园区是国家级智能电网示范项目，与上海崇明岛、天津滨海新区等示范工程齐名。项目内容为建设一个兼顾低碳发展与经济发展的智能电网技术示范区。该示范工程区域为共青城区中心，包括七条母线。电网等级为 10kV，最大负荷为 19MW。基于该示范工程的共青城智能电网可视化平台在 2013 年 7 月底已经通过国家电网有限公司科技部的验收，本章工作的工程应用便依托该可视化平台建立。

### 14.5.2　碳排放流监测与低碳效益分析系统

整体上，碳排放流理论在示范工程中的应用主要体现在三个方面：①在规划层面，对节点碳势高的线路和用户实施节能措施，加装分布式能源，在获得预期经济效益的同时可获得更大的低碳效益；②在运行层面，根据主网碳强度对示范区内分布式能源、储能装置、电动汽车和可控负荷进行优化控制，在满足供电需求的同时实现低碳运行；③从用户角度，可根据碳排放流的强度信号灵活调整自身用电行为，鼓励碳强度低的区域多用电能替代其他能源，在满足自身用电需求的同时承担更少的碳成本。另外，在统计电能耗费的同时，统计电网以及用户侧碳排放的累积，在未来碳配额、碳交易等新机制引入之后，可以为准确评价智能电网示范工程的低碳效益提供依据。

限于篇幅，本节主要介绍相关内容在共青城示范工程可视化平台中的应用。主要体现在三个界面中：碳排放动态分析模块中的宏观碳排放分析、碳排放流实时分析以及低碳效益模拟仿真中的碳排放流模拟分析。

### 1. 宏观碳排放分析

基于电力系统碳排放流理论，实现了对示范园区中消费电量构成的分解以及用电碳排放的统计。在系统中可以查看示范园区的整体用电及碳排放情况，图 14.6 显示的内容包括实时的电源结构明细，还可以查看年、月、日不同时间维度的累计用电量和累计碳排放量。

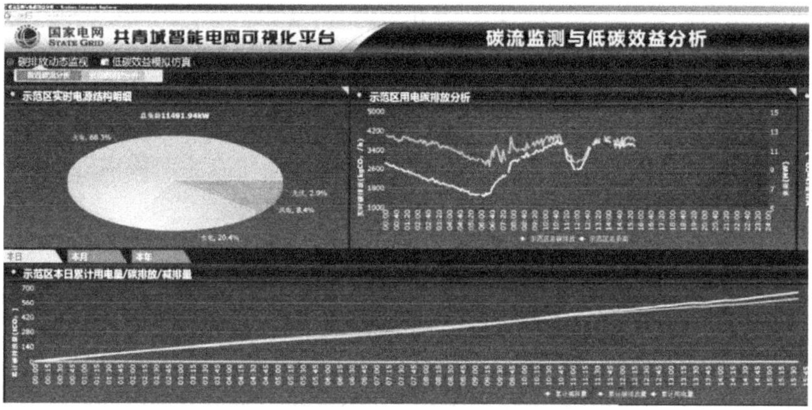


图 14.6　示范工程平台宏观碳排放分析界面

### 2. 碳排放流实时分析

基于电力系统碳排放流理论，在示范工程中提出了根据配电网潮流计算碳排放流的方法，实现了示范园区配电和用电环节碳排放的计算，可指导电网面向低碳目标的优化运行，引导用户面向低碳目标的用电行为。这是传统碳排放统计方法所不能达到的。

通过系统潮流信息的采集，可视化平台对示范区内各节点和线路碳排放流进行实时监测，并显示系统中各个用户单位用电和线路损耗产生的碳排放。

图 14.7 中，左边是对示范区各节点和线路碳排放密度的实时监测图（5min 的更新频度），根据支路碳流密度的大小，划分不同的节点和线路碳排放流密度等级，

由大到小分别用不同的颜色标识，以获得更直观的可视化效果。

在碳排放流实时分析界面中，系统中仅有分布式光伏发电装机，根据当前的优化结果，所发电量全部上网。由于分布式装机容量较小，因此从系统示意图中看不出碳排放流分布的显著变化。

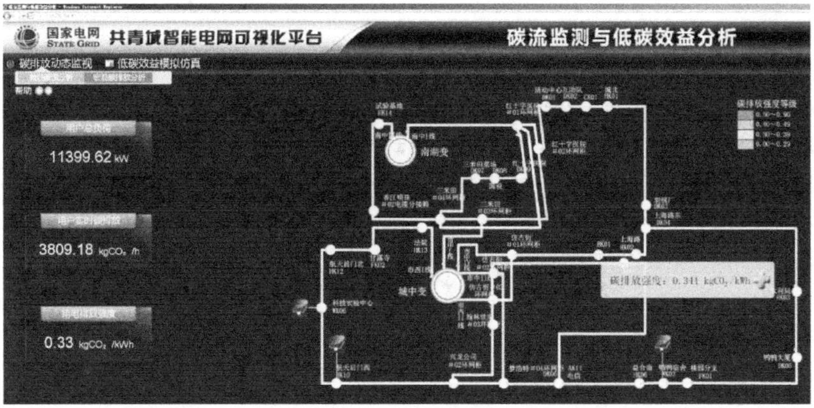


图 14.7　示范工程平台碳排放流实时分析界面

3. 碳排放流模拟分析

低碳效益模拟仿真模块实现了对示范园区未来运行的场景模拟，由此进行低碳效益的分析。该模块可以针对工程实施过程中的不同时间进行设置和仿真计算。设定相应的分布式能源接入点和接入容量、电动汽车的接入点和接入容量等，即可计算示范园区未来的碳排放量，并得到相关规划方案的低碳效益测算结果，如图 14.8 所示。

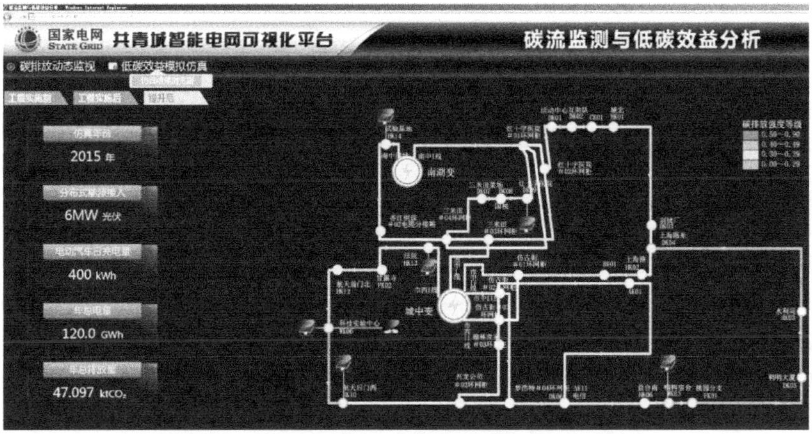


图 14.8　示范工程平台碳排放流模拟分析界面

# 参考文献


[1] 张伯明.高等电力网络分析.北京:清华大学出版社,2007.

[2] 陈启鑫,周天睿,康重庆,等.节能发电调度的低碳化效益评估模型及其应用.电力系统自动化,2009,33(16):24-29.

[3] 国务院办公厅关于转发发展改革委等部门节能发电调度办法(试行)的通知.http://www.sdpc.gov.cn/2cfb/2cfbqt/2007qita[2007-12-23].

[4] 施建华,谭素梅.节能发电调度发电计划编制算法.电力系统自动化,2008,32(24):48-51.

[5] 魏一鸣,刘兰翠,范英,等.中国能源报告(2008):碳排放研究.北京:科学出版社,2008.

[6] Boemare C,Quirion P,Sorrell S. The evolution of emission trading in the EU:Tensions between national trading schemes and the proposed EU directive. Climate Policy,2006,3(S2):105-124

[7] 陈启鑫,康重庆,夏清,等.低碳电力调度方式及其决策模型.电力系统自动化,2010,34(12):18-23.

[8] Rong A Y,Lahdelma R,Grunow M. An improved unit decommitment algorithm for combined heat and power systems. European Journal of Operational Research,2009,195(1):552-562.

[9] 季震.含碳捕集电厂的电力系统规划与运行决策方法研究[硕士学位论文].北京:清华大学,2013.

[10] Ji Z,Kang C,Chen Q,et al. Low-carbon power system dispatch incorporating carbon capture power plants. IEEE Transactions on Power Systems,2013,28(4):4615-4623.

[11] Cohen S M,Rochelle G T,Webber M E. Optimal operation of flexible post-combustion $CO_2$ capture in response to volatile electricity prices//The 10th International Conference on Greenhouse Gas Control Technologies,Amsterdam,2010:2604-2611.

[12] Chen Q,Kang C,Xia Q. Modeling flexible operation mechanism of $CO_2$ capture power plant and its effects on power-system operation. IEEE Transactions on Energy Conversion,2010,25(3):853-861.

[13] International Energy Agency. $CO_2$ capture and storage—A key carbon abatement option. Paris:International Energy Agency,2008.

[14] Cohen S M,Rochelle G T,Webber M E. Optimizing post-combustion $CO_2$ capture in response to volatile electricity prices. International Journal of Greenhouse Gas Control,2012,8:180-195.

[15] International Energy Agency. Cost and performance of carbon dioxide capture from power generation. Paris:International Energy Agency,2011.

[16] Chalmers H,Lucquiaud M,Gibbins J,et al. Flexible operation of coal fired power plants with postcombustion capture of carbon dioxide. Environmental Engineering,2009,135(6):449-458.

[17] Chalmers H, Gibbins J, Leach M. Initial assessment of flexibility of pulverised coal-fired power plants with $CO_2$ capture//International Conference on Clean Coal Technologies for our Future, Sardinia, 2007.

[18] Chalmers H, Leach M, Lucquiaud M, et al. Valuing flexible operation of power plants with $CO_2$ capture//The 9th International Conference on Greenhouse Gas Control Technologies, Washington DC, 2008.

[19] 陈启鑫. 低碳电力系统的理论与方法研究[博士学位论文]. 北京:清华大学,2009.

[20] 何光宇,王稹,裴哲义,等. 三峡电力系统调峰问题的研究. 电网技术,2003,27(10):12-16.

[21] 陈启鑫,康重庆,夏清. 碳捕集电厂的运行机制研究与调峰效益分析. 中国电机工程学报,2010,30(7):22-28.

[22] 周天睿. 电力系统碳排放流理论与决策方法研究[博士学位论文]. 北京:清华大学,2014.

# 第五篇　低碳电力规划专题

# 第 15 章　基于碳排放轨迹模型的电力行业碳减排模式分析

## 15.1　电力行业的碳排放前景

### 1. 全球碳排放前景

关于气候变化的科学研究表明，为有效控制全球气候变暖效应，应在 21 世纪末将大气中的 $CO_2$ 浓度控制在 $550\times10^{-6}$ 以内，即等效于将全球气温的平均上升幅度控制在 2.3℃以内[1,2]。

讨论全球碳排放场景时，常取 1990 年为计算的基准年与起始年。为达到以上目标，1990～2100 年全球温室气体排放的温室效应当量应控制在3000～3300Gt 等效 $CO_2$ 气体的水平上[2]。上述结论为后京都时代确定全球各国碳排放额度提供了客观依据，是未来国际社会分摊减排义务与制定减排目标的关键因素。

### 2. 我国电力行业碳排放额度的测算

在以上总碳排放额度的基础上，若按照当前人口平均分摊的原则分配碳排放量，则我国在 1990～2100 年可分配到 600～660$GtCO_2$ 的等效碳排放量。由于我国的现代化进程较晚，历史累计碳排放总量较低，据统计，20 世纪我国 $CO_2$ 的累计排放约占全球总碳排放的 8%的份额[3]。因此，若执行历史累计碳排放量人均分摊的原则，我国分得的等效碳排放额度可上浮 100～150$GtCO_2$。然而，由于当前国际社会尚未对碳排放额度的分配原则达成共识，以上分析只能从范围上给出我国大致的碳排放额度区间，即 600～800$GtCO_2$，取其为区间均值，即 700$GtCO_2$。扣除历史碳排放量，从 2011 年到 2100 年，中国剩余的碳排放额度约为 550$GtCO_2$。

从国际主要碳减排国的减排实践与规划情况来看，电力行业对碳减排的贡献率基本上与其所占总碳排放量的比例持平。据此原则，可折合得到我国电力行业在 2010～2100 年的总碳排放额度，其值约为 110Gt 的等效碳排放。

### 3. 我国电力行业的碳减排形势分析

我国 1995～2013 年电力碳排放的历史轨迹如图 15.1 所示[4]。

由图 15.1 可以看出，1995～2013 年，中国电力行业的碳排放飞速增长，年平均增长率高达 9%，2013 年的碳排放量达到了 3.7 亿 $tCO_2$，约为 1995 年的 4.7

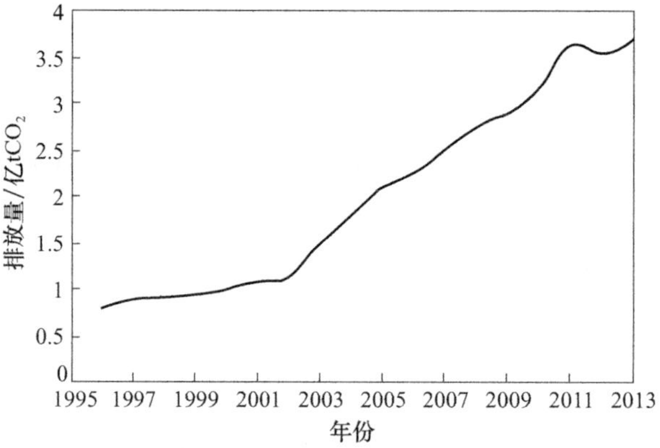


图 15.1 1995～2013 年中国电力行业的碳排放曲线

倍。与此同时，随着国民经济的快速发展，我国电力行业在未来一段时间内势必仍继续保持高速增长态势，若按现有的速度发展，2030 年之前将用完本世纪所有的碳排放额度。如果加以控制，即使能稳定在当前的碳排放水平上，到 2050 年，碳排放额度也会消耗完毕。由此可见，我国电力行业将面临极其严峻的减排形势。

## 15.2 基于总碳排放额度约束的碳排放轨迹模型

### 15.2.1 碳排放轨迹模型的提出

强制性的政策减排目标是促进碳减排的重要手段。当前运用最多的方式是对特定的目标年施加一定的减排比例，如 2020 年减排 20%。这种方式相对简单且易于描述和比较，但目标年的数量往往较少，时间间隔比较长，因此不利于对整个碳排放期实施过程进行控制。

导致全球气候变暖最为关键与直接的因素在于大气中温室气体浓度的不断上升。而人类在不同时期的温室气体排放行为会持续地改变大气中的温室气体浓度[1,2]。由此可知，2100 年气温的上升幅度不仅与 2100 年温室气体的排放量相关，而且由之前历年的排放量共同决定。因此在制定减排目标时，不仅应关注最终的减排幅度，还必须对该期间的碳排放总量和不同年份的碳排放量做出规定与限制，从而形成特定的碳排放轨迹。

在满足总额度约束的前提下，引入碳排放轨迹模型，将碳排放量分配到约束期内每一年，要求每年的碳排放量都不能超过该轨迹。相对于传统的基于目标年减排比例的方式，该模型具有以下优越性：

(1) 碳排放轨迹的制定直接基于总碳排放额度，把减排模式与 $CO_2$ 浓度更直接地关联起来，从而提高减排模式的直接性与透明度。

(2) 基于碳排放轨迹模型的减排模式能够与当前国际上普遍采用的碳交易机制更好地结合,以欧盟 ETS 为例,欧盟成员国必须在每年年初公布本国的年度碳排放额度,并将其分配给不同的行业与企业,交易准入企业在此基础上进行限额交易,这就需要引入逐年的减排目标[5]。

(3) 明确碳排放轨迹,等同于将长期的减排计划分解到每一年,这有利于对实际的碳排放进行精确控制,减少实际碳排放与控制目标间的偏离幅度。

### 15.2.2　标准碳排放轨迹模型的数学描述

2008 年英国国家气候变化委员会发布的专题报告指出,在有效减排的前提下,世界各国的碳排放轨迹大致呈现以下模式:第 1 阶段为常态区,碳排放量以类似线性的趋势上升;第 2 阶段为减排区,轨迹到达峰值后进入第 2 阶段,呈现指数下降态势;第 3 阶段为平稳区,此时轨迹将保持在一定的低排放水平上。该碳排放轨迹大致描述了有效的碳减排路线形态,如图 15.2 所示[2]。

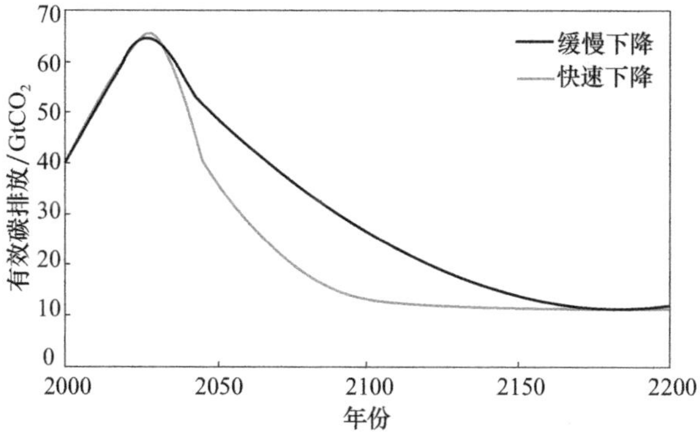


图 15.2　不同下降趋势下实现有效减排的碳排放轨迹

引入一个标准的碳排放轨迹模型,以精确描述图 15.2 的曲线形态。该模型以满足约束期内总碳排放额度 $E^{\text{Cap}}$ 为约束,主要控制参数包括:碳排放峰值年 $Y_\text{m}$ 与峰值年碳排放量 $e_\text{m}$;平稳碳排放的起始年 $Y_\text{s}$ 与平稳年碳排放量 $e_\text{s}$;减排期年均递减率 $r$。

在标准模型中,以线性函数描述第 1 阶段的上升趋势,以指数函数描述第 2 阶段的下降趋势,记第 $y_i$ 年的碳排放量为 $e_i$,则有

$$e_i = \begin{cases} e_0 + \dfrac{e_\text{m} - e_0}{Y_\text{m} - Y_0}(y_i - Y_0), & y_i \in (Y_0, Y_\text{m}) \\ (1-r)^{y_i - Y_\text{m}} e_\text{m}, & y_i \in [Y_\text{m}, Y_\text{s}] \\ e_\text{s}, & y_i \in (Y_\text{s}, Y_\text{Z}] \end{cases} \tag{15.1}$$

式中:$Y_0$ 为约束期起始前的基准年(不包括在约束期内);$Y_\text{Z}$ 为约束期终止年(包括在约束期内);$e_0$ 为 $Y_0$ 年的碳排放基数。

$e_s$ 的表达式如下：

$$e_s = (1-r)^{Y_s - Y_m} e_m \tag{15.2}$$

对式(15.2)在区间$[Y_0, Y_Z]$求和，则模型参数需满足式(15.3)约束：

$$\frac{(e_m + e_0)(Y_m - Y_0 - 1)}{2} + e_m \frac{1-(1-r)^{Y_s - Y_m + 1}}{r} + e_s(Y_Z - Y_s) = E^{Cap} \tag{15.3}$$

## 15.3 基于标准碳排放轨迹模型的碳减排模式分析

综上所述，标准模型共有五个控制变量与两个等式约束，因此模型的自由度为3。在实际减排工作中，往往给出一定的减排目标或期望，这就相当于明确了模型的一些控制参数，称为目标参数。选择不同的目标参数则反映了不同的减排模式，而目标参数的不同取值水平则体现了不同的减排思路。

1. 给定 $Y_m$ 与 $e_m$

这种模式给定了碳排放峰值年及其碳排放量，在明确了常态区碳排放轨迹的同时，也确定了减排区的排碳放基数，称该模式为定峰减排模式。从当前的减排形势来看，由于各种低碳技术大多存在成熟度不够或成本太高等局限性，未能实现大规模运用，因而减排形势较为严峻。为防止未来一段时间内的过度排放，需明确引入一个短期的碳排放控制目标，以对碳排放总量进行严格控制。定峰减排模式正好能够满足上述要求，因而在现阶段得到广泛运用。

在定峰减排模式下，不同的减排实体可以通过调整 $r$、$Y_s$ 与 $e_s$，来选择符合自身减排特性的标准碳排放轨迹。由于已经给定了两个目标参数，模型还剩下一个自由度，因而只能再对一个参数进行设置。不同的参数设置体现了不同的减排思路，当采取较高的减排速度 $r$ 时，$Y_s$ 就会提前；而当调低对于减排速率 $r$ 的预期时，$Y_s$ 则会推后。

2. 给定 $Y_m$ 与 $Y_s$

这种模式给定了碳排放的峰值年与平稳年，从而明确了减排区间，称为定期减排模式。该模式适用于对减排要素具有明确时间表的情况，尤其适用于对各类减排技术的开发、投产与运用具有明确预期的行业或环节。

同理，此时模型也剩下一个自由度。当碳排放峰值 $e_m$ 较宽裕时，对于减排速率 $r$ 的要求就相应提高；而在严格控制 $e_m$ 的情况下，对 $r$ 的要求会相对降低。$e_m$ 与 $r$ 大致呈现正比例关系。

3. 给定 $r$ 与 $e_s$

这种模式给定了碳排放的减排速率与最终的碳排放量，从而明确了减排区的轨迹形态与最终的碳排放水平，称为定速减排模式。该模式主要适用于对未来(稳定期)的碳排放形势较为明朗或已经对未来的碳排放预期达成共识的情况。

此时主要的调整参数为 $Y_m$ 与 $e_m$。提前 $Y_m$ 将使 $e_m$ 变宽裕，而推迟 $Y_m$ 将压缩 $e_m$ 的空间。因此，对于 $Y_m$ 的选择，体现了减排工作的迫切程度。

4. 与目标年减排比例的方式相结合

标准碳排放轨迹模型也可以与传统的基于目标年减排比例的方式相结合，称为定年减排模式。该模式对于目标参数的选择简单直观，可以很好地运用于国家、行业层面的宏观调控中。通常给定的目标年多为中长期的整数年份，如 2050 年。给定特定年份 $y_t$ 的碳排放控制目标 $e_t$，相当于为标准碳排放轨迹模型增加了约束条件，即

$$e_t = (1-r)^{y_t - Y_m} e_m \tag{15.4}$$

在此基础上，再赋予标准模型其他的目标参数，即可明确碳排放轨迹的曲线形态。

## 15.4　我国电力行业碳减排场景分析

1. 不同减排模式的选择

在短期减排压力大且前景不甚明朗的情况下，对于减排的关注将更多集中在前期，因而定峰减排模式具有更强的适应性。与此同时，考虑我国宏观调控的特点，定年减排模式在参数选择方面较为简单直观，因而在应用上具有优势。

事实上，减排模式的选择与制定往往呈现滚动更新的特点。随着全球气候变暖的预期与低碳技术发展前景的逐渐明朗，对于未来碳排放形势的关注会逐渐增强，碳排放额度也会分配到更细的环节中，因而定期减排模式与定速减排模式将会得到更多的运用。在下面的分析中，主要结合当前我国电力行业碳排放的实际情况，在定峰减排模式与定年减排模式下展开分析。

2. 定峰减排模式下的分析

取我国电力行业 2010～2100 年总的碳排放额度 $E^{Cap}$ 为 $110GtCO_2$，$Y_0$ 为 2010 年，$e_0$ 为 $2.76GtCO_2$。分别取 $Y_m$ 为 2020 年、2025 年与 2030 年，将 $e_m$ 在 $e_0$ 的基础上以 10%为单位上浮至 50%；根据已发表的各类气候变化评估报告，对未来的碳排放量 $e_s$ 进行估计，大致在 $e_0$ 的基础上削减 75%～90%，取 80%。因此得到在不同 $Y_m$ 与 $e_m$ 组合下，对减排速率 $r$ 与碳排放平稳年 $Y_s$ 的要求。

由表 15.1 可以看出，即使在最乐观的模式下，从 2020 年开始进入减排期，减排速率仍需达到 3.3%，并延续 48 年。若按照这个减排速率发展，刚好能够满足我国一个“五年规划”减排 10%的目标。然而，根据现有的行业规划、负荷增长预测以及各类低碳技术的运用前景，预计在未来几年内，我国电力碳排放仍将保持增长，这就意味着我国电力行业可能要面临在 2020 年开始以 130%$e_0$ 的速率减排的形势，此时对于减排速率的要求高达 5.5%以上。而在最差的形势下，如果到 2030 年才能开始减排，则要求减排速率达到 20%～50%，这很难实现。因此，在现阶段尽量延缓排放增长，并在各类低碳技术成熟后实施快速减排，将是我国电力行业唯一有效的减排选择。

**表 15.1　基于定峰减排模式的减排场景分析**

| 碳排放峰值 $(e_m/e_0)$/% | 碳排放峰值年 $Y_m$=2020 | | 碳排放峰值年 $Y_m$=2030 | |
|---|---|---|---|---|
| | 减排速率 $r$/% | 排放平稳年 $Y_s$ | 减排速率 $r$/% | 排放平稳年 $Y_s$ |
| 100 | 3.30 | 2068 | 7.36 | 2052 |
| 110 | 3.98 | 2062 | 10.1 | 2047 |
| 120 | 4.73 | 2057 | 14.0 | 2042 |
| 130 | 5.53 | 2053 | 20.1 | 2039 |
| 140 | 6.41 | 2050 | 30.6 | 2036 |
| 150 | 7.35 | 2047 | 53.5 | 2033 |

3. 定年减排模式下的分析

为便于宏观调控，结合国家的减排目标，引入定年减排模式，对电力碳排放制定中长期减排目标。以 2050 年为目标年，取其减排目标分别为 60%、70%与 80%，保持 $e_s$ 为 $e_0$ 的 20%，则可得到不同的减排路线，如图 15.3 所示。

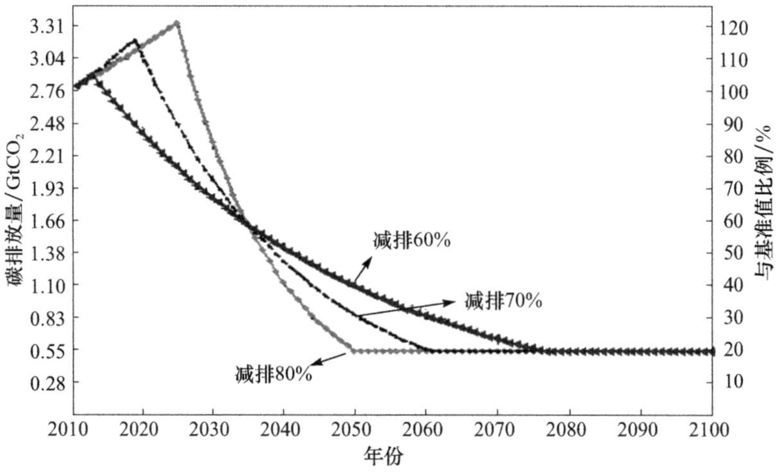


图 15.3　以 2050 年为减排目标年的碳排放轨迹

由图 15.3 可以看出，为满足总的碳排放额度约束，60％几乎已经是 2050 年的最低减排要求。随着减排目标的提升，对于减排速率的要求也逐渐上升，当目标定为 80％时，减排速率逼近 7％；相应地，碳排放峰值年也可以往后推移至 2025 年左右。

4. 不同减排思路的适应性分析

不同的目标参数设置体现了不同的减排思路，以定年减排模式为例，当在 2050 年设置较低的减排目标时，减排压力将集中在前期，在缩短常态区的同时，也拉长了减排区，因而曲线形态呈现出典型的前紧后松的特点；相应地，在 2050 年设置较高的减排目标时，减排压力会转移到后期，在对常态区持宽容态度的同时，显著挤压了减排区的长度，这样一旦开始实施减排，曲线形态就呈现出典型的前松后紧的态势。

相比而言，前松后紧模式着眼未来，将减排寄望于未来对低碳技术的大规模运用；而前紧后松则着眼现在，通过逐步引入各类低碳技术，实施对碳排放总量的控制。两种模式各有利弊，适应于不同的减排场景，具体分析如下：

(1) 前紧后松模式对于碳排放曲线的控制力更好，由于将减排的日程表提前，减排工作面临的不确定性较小，对于峰值的削减更有力，从而有利于缓解与日俱增的减排压力。

(2) 前松后紧模式则将在减排的经济性与持久性上有更好的表现，推迟的减排行为将有利于在未来的新增装机中采用更先进的低碳技术，从而降低成本，并减缓非低碳电源装机的碳锁定效应。

事实上，实际的电力碳减排路线图往往是两者的折中，既着眼现在，又着眼未来，在兼顾工作实施力度与速度的前提下综合考虑减排的有效性与实施效益。

# 第16章 考虑各类低碳要素的宏观电源结构规划

## 16.1 传统电源规划

电源规划对于电力系统的发展与运行具有重要意义。传统电源规划往往以规划期内的电源投产计划为决策内容,决定何时何地投产何种类型的机组,并同时决定各种机组的扩展规模。所得到的电源规划方案应能够满足未来的电力负荷需求,满足宏观层面上的能源资源供应等各类约束条件;并以确保规划期内的整体投入成本最低,综合考虑新增发电装机的投资成本、在役机组运行和维护的固定成本与机组发电的变动成本[6]。

## 16.2 面向低碳目标的电源结构规划模式

我国电力生产所利用的一次能源以煤炭为主,电源结构的70%以上由煤电组成,生产单位电能的碳排放强度约为0.82kg$CO_2$/(kW·h),远高于发达国家的平均水平;与此同时,发电机组往往具有较长的服役年限,这就使得我国电力行业具有很强的碳锁定效应,即未来相当长一段时间内行业的碳排放将被当前的电源结构锁定[7,8]。因此,科学的电源结构将是我国电力行业有效实施低碳化发展的关键因素。实践表明,技术手段、经济激励与政策约束是促进全球碳减排最行之有效的"三驾马车",对于电力行业更是如此。低碳电力技术的引入、碳排放交易机制的开展、以及碳减排目标的制定,都将对未来电力行业的发展产生深刻的影响。这些低碳要素的引入,无疑会使传统的电源结构规划模式出现重大转变[1,9,10]。

### 16.2.1 低碳电源结构优化模型框架

各种低碳要素的引入,包括低碳电力技术的运用、碳交易机制的开展以及碳减排目标的制定等,将对传统的电源结构优化问题在模型上与内涵上产生深刻的影响。面向低碳目标的电源结构优化模型框架如图16.1所示[11]。

图16.1中的深色模块代表传统电源结构优化的模型要素,而浅色模块则代表引入低碳元素所带来的新功能。显然,各类低碳要素的引入,对传统模型的决策变量、约束条件与目标函数均产生了影响。由于考虑了未来的多种潜在发电技术与

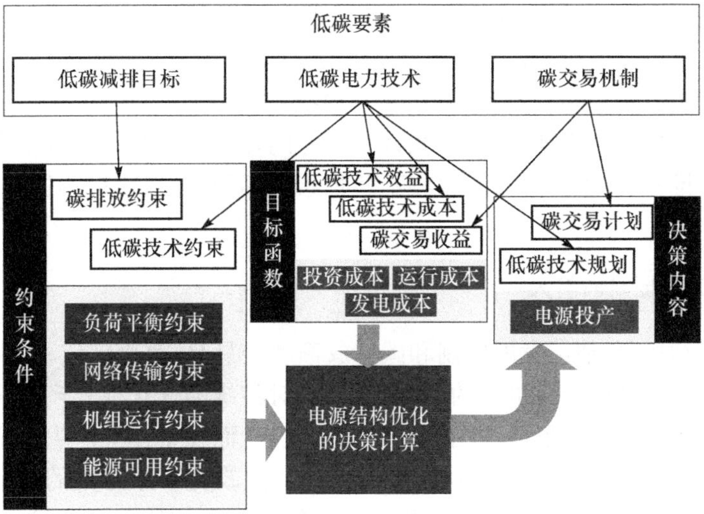


图 16.1　面向低碳目标的电源结构优化模型框架

低碳技术，面向低碳目标的电源结构优化模型在决策内容上得到了极大的扩充，提高了模型规模与复杂度；对于环境、能源、气候变化等多方面的考虑与低碳战略的实施将为电源结构的优化过程带来更小的可行空间与更紧的约束条件；而对于碳交易与减排成本等方面的考虑，又将极大地影响模型目标函数的组成与结构。

与传统以确保安全与经济效益为主的电源结构优化模型相比，面向低碳目标的电源结构优化模型从大能源系统的角度出发，将电力行业的发展与整个能源系统的发展、环境的可持续发展、全球气候变化的演化趋势等各类因素紧密结合，搭建能源-经济-环境三方面因素相协调的决策模型，从而形成了一个新的优化问题。

### 16.2.2　电源结构优化中低碳要素的引入及分析

1. 低碳电力技术的引入

当前主要的低碳电力技术包括各种高效发电技术、低碳电源技术和 CCS 技术等。在电源结构优化中引入各类低碳技术，扩充了模型的内涵，增加了模型所处理的变量规模与类型，并对模型的目标与约束条件产生了影响。

首先，对不同低碳技术的阶段性选择与运用程度决策，将成为优化模型新的决策变量；不同低碳技术的运用将改变各类电源在规划期内扩展的优先级，从而改变最终的规划结果。其次，不同低碳技术与电源品种的结合往往会产生各异的技术成本特性与相应的减排效益，这些都将对模型的目标函数产生重要影响。最后，低碳技术的发展往往具有明显的阶段性与不确定性，这就需要在规划中考虑各类技术的成熟度、开发规模与实施阶段等约束条件。

引入技术成熟年与年技术进步率两个关键因素来描述各类低碳技术的成熟度与成本。技术进步率的概念来源于“学习曲线效应”理论[12～14]。该理论常运用于描述单位生产成本与累计产量(或累计生产时间)之间的关系;随着生产的深入或研发时间的推移,技术的研发经验将不断积累,因而开发效率持续提高,生产成本持续下降。

2. 碳交易机制的引入

联合履约机制、清洁发展机制和碳排放额度交易是《京都议定书》设定的三个碳交易机制。各种碳交易机制的引入,无疑将对传统的优化模式产生影响。不同的电源结构优化方案将形成不同的碳排放轨迹,从而在整体上产生一定的碳交易额度,通过碳交易可获得相应的收益或支出,从而改变了原方案的经济性。这表明,若在决策中不考虑碳交易计划,则很有可能偏离了实质上的最优方案。因此,需要把不同碳交易平台上的交易额度与价格作为待决策变量引入模型,并相应满足各类交易机制本身的约束条件。

3. 碳减排目标的引入

以碳减排目标作为强制约束是控制碳排放最直接、最有效的途径,其作用原理相当于对传统的电源结构优化模型增加约束条件。

## 16.3 低碳电源结构规划的建模分析

### 16.3.1 建模思路

1. 电源结构优化的建模方式分析

电源结构的优化决策实质上也是一类典型的电源规划问题。传统的电源规划建模方式大致上可以归为两类,分别为微观方式与宏观方式。微观方式是电力行业自身在制定规划方案时常采用的经典方式,将模型构造为混合整数非线性模型,决策变量直接对应于每一台待建机组,以 0-1 变量表示机组的扩展状态,并考虑其选址与建设时限;规划计算与电力系统的典型日生产模拟相结合,并考虑网络约束、机组启停、运行可靠性等复杂因素[15～18]。一般来说,当规划前景明朗,且相关基础数据都基本可信时,采用微观方式建模将能够得到精确、细致的电源扩展方案。然而,当规划区域内电源数目众多时,将使规划模型十分复杂,造成求解困难。

宏观方式则一般运用在宏观经济领域,在引入大量简化条件之后,采用线性均衡模型来描述电力行业在规划期内的投入产出关系。目前已经有很多实用的计算模型可供选择，如 MARKAL、META Net 等[19~21]。这些模型往往以电厂或者机组作为模型的基本单元，采用自下而上的建模思路。然而，这类模型的开发往往并不是专门针对电力行业，而是针对宏观经济体系、能源行业、环境系统等大规模问题，可以处理单个行业的规划分析，也可用于分析多行业场景，具有良好的通用性。在此类模型中，对基本单元电厂的建模方式往往也是通用的，即认为其与交通行业中的汽车、石化行业中的炼油厂等没有显著区别；因此，电力系统中很多关键的技术特性将被忽略，从而导致最终方案的实用性与可信度显著降低。

2. 新建模方式的描述

基于以上分析，结合两类建模方式各自的优点与低碳电源结构优化模型的基本特征，本章提出一个新的建模思路，实现了建模复杂度与精确度的良好均衡。

首先，将决策层面从机组/电厂层面上升到某类机组的层面(同一发电区域内)，如超临界机组、风电、小火电等，从而消除了与机组扩展相关的 0-1 整数变量，认为每类机组的扩展容量都是连续的。实际上，尽管各类机组的装机容量往往为离散值，如火电的装机容量可能是 100 万 kW、60 万 kW、30 万 kW 等，而单台风机则可能是 6MW、3MW、1.5MW 等容量等级；但几乎每一个连续的扩展容量都可以用离散的机组容量组合形成，当所需处理的规划容量规模较大时更是如此。因此，该处理方式对于模型的精确性影响不大。

其次，将各类机组的发电量作为一类决策变量引入模型中，以替代微观方式下的生产模拟环节。模型将自动根据规划期内实时的电源结构与负荷需求，在各类机组间分配发电量，以确保供需平衡与系统的安全运行。该处理方式尤其适合运用于规划时序长、规模大、风险高的系统，可以克服微观方式下典型日选取与生产模拟的建模复杂度，也可以改进宏观方式下没有考虑电力系统运行方式的硬伤，提高了决策方案的可信度。将发电量作为新的决策变量引入模型，能够有效降低原模型的非线性程度。

此外，由于决策层面已上升到某类机组的层面(同一发电区域内)，而生产模拟环节也被最优的发电量分解计划所替代。因此，没有必要考虑机组间的物理连接与网络条件；相应地，可以用发电区域间的传输断面能力来描述电力系统的送受电行为，从而降低模型建模的复杂度。

综上所述，与微观方式相比较，新的建模方式充分考虑了低碳电源结构优化风险大、不确定性强的特点，并将原有的大规模混合整数非线性规划问题转化为标准的线性规划问题，在显著降低模型复杂度的同时，在精确度上却没有太大的损失。

与宏观方式相比，虽然两者最终均形成线性模型，但新的建模方式考虑了电力系统在运行方式、电量调度等方面的特性，从而提高了决策方案的可信度，同时保证了较高的求解速度。因此，新的建模方式充分融合了两种传统建模方式的优点，实现了建模复杂度与精确度的良好均衡。

### 16.3.2 模型框架

基于以上分析，低碳电源结构优化决策的模型的示意框图如图 16.2 所示。

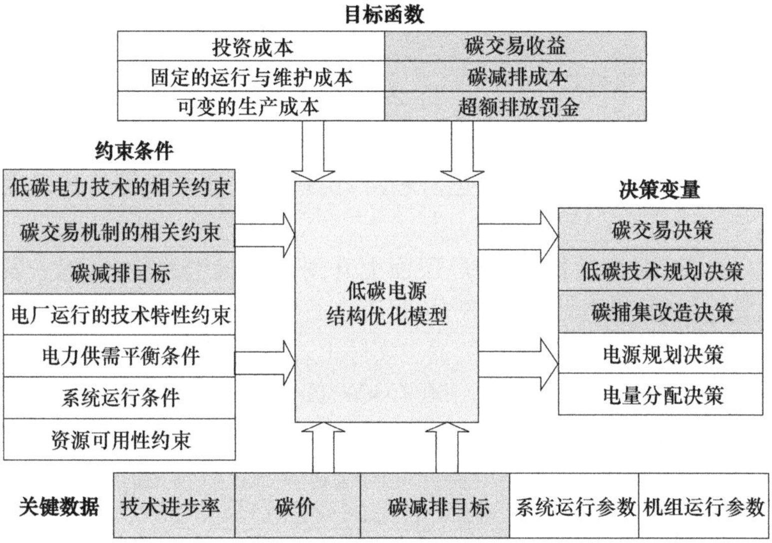


图 16.2 低碳电源结构优化决策模型的示意框图

图 16.2 中，白色模块表示传统电源结构优化模型的组成要素，灰色模块则表示低碳模型下所引入的新要素。在低碳模型下，目标函数除考虑电源建设的投资成本、固定运行与维护成本和发电成本之外，还需考虑碳交易收益、减排成本与超额排放时遭受的罚金；约束条件也得到了扩充，在传统模型的约束条件基础上，还需考虑与低碳技术、碳交易机制和碳减排目标相关的约束；而决策变量则增加了碳交易决策、低碳技术规划方案与碳捕集改造方案等重要内容，从而形成了一个全新的优化决策模型。

### 16.3.3 模型描述

1. 决策变量

以年作为基本的决策时间单元，模型主要包括四类决策变量：$X_{m,y}^{\mathrm{N}}$ 表示第 $y$ 年

电源种类 $m$ 的扩展容量，$X_{m,y}^{R}$ 表示第 $y$ 年将电源种类 $m$ 改造成碳捕集电厂的容量，$G_{m,y}$ 表示第 $y$ 年电源种类 $m$ 的年度发电量，$E_{n,y}$ 则表示整个系统在第 $y$ 年通过第 $n$ 种方式与系统外部交易的碳排放额度。合理地，认为碳价是外生变量，系统的碳交易不会对碳价产生显著影响，因而不作为模型的决策变量。

2. 目标函数

模型的目标函数为

$$\min C=\sum_{y\in Y}(1+\varepsilon)^{-y}(C_y^{I}+C_y^{R}+C_y^{O}+C_y^{G}-C_y^{E}+C_y^{P}) \tag{16.1}$$

式中：$C_y^{I}$、$C_y^{R}$、$C_y^{O}$、$C_y^{G}$、$C_y^{E}$ 与 $C_y^{P}$ 分别为系统在第 $y$ 年的总投资成本、碳捕集改造成本、运行成本、发电成本、碳交易收益与超额排放罚金；$Y$ 为待规划年份的集合；$\varepsilon$ 为通货膨胀率。

各个成本项的表达式为

$$\begin{cases}C_y^{I}=\sum\limits_{m\in\Omega^{U}}X_{m,y}^{N}c_{m,y}^{I}\\ C_y^{R}=\sum\limits_{m\in\Omega^{U}}X_{m,y}^{R}c_{m,y}^{R}\\ C_y^{O}=\sum\limits_{m\in\Omega^{U}}U_{m,y}c_{m,y}^{O}\\ C_y^{G}=\sum\limits_{m\in\Omega^{U}}G_{m,y}c_{m,y}^{G}\\ C_y^{E}=\sum\limits_{n\in T}E_{n,y}(\pi_{n,y}-c_{n,y}^{T})\\ C_y^{P}=E_y^{P}\pi_y^{P}\end{cases} \tag{16.2}$$

式中：$c_{m,y}^{I}$、$c_{m,y}^{R}$、$c_{m,y}^{O}$ 和 $c_{m,y}^{G}$ 分别为第 $y$ 年电源种类 $m$ 单位发电容量的投资、改造与运行费用，以及单位电量发电成本；$\pi_{n,y}$ 为第 $y$ 年在第 $n$ 种交易机制中的碳价；$c_{n,y}^{T}$ 为该交易方式的交易成本（包括各种手续费、中介费、认证费等）；$E_y^{P}$ 与 $\pi_y^{P}$ 分别为第 $y$ 年超额排放的碳配额与单位罚金；$U_{m,y}$ 为第 $y$ 年电源种类 $m$ 的在役发电容量；$\Omega^{U}$ 为待规划电源种类的集合；$T$ 为模型考虑的碳交易方式集合。

对于 $C_y^{I}$ 与 $C_y^{R}$，模型采用等年值分解的方式，将投资成本平摊到服役年限中的每一年，并将电源在规划期后的残值剔除在目标函数外。

对低碳技术的学习曲线效应主要有两种处理方式：一种认为成本将随着时间的推移呈指数下降；另一种则认为成本将随运用程度（产量）的扩大而呈指数下降[12~14]。在本模型中，主要采用第一种方式，因为规划主体难以对系统外相关技术的运用程度（产量）进行准确估计。以投资成本为例，有

$$c_{m,y}^{\mathrm{I}}=c_{m,0}^{\mathrm{I}}(1-r_m^{\mathrm{I}})^y \tag{16.3}$$

式中：$c_{m,0}^{\mathrm{I}}$表示起始年的基准投资成本；$r_m^{\mathrm{I}}$表示由学习曲线效应引起的成本下降系数。

事实上，式(16.3)的形式同样适用于运行成本与发电成本等成本项，不再赘述。

在役发电容量$U_{m,y}$的表达式为

$$U_{m,y}=\begin{cases}U_{m,0}+\sum_{i=1}^{y}X_{m,i}^{\mathrm{N}}-\sum_{i=1}^{y}X_{m,i}^{\mathrm{R}}-\sum_{i=1}^{y}U_{m,i}^{\mathrm{D}}, & m\in\Omega^{\mathrm{UN}}\\ U_{m,0}+\sum_{i=1}^{y}X_{m,i}^{\mathrm{R}}-\sum_{i=1}^{y}U_{m,i}^{\mathrm{D}}, & m\in\Omega^{\mathrm{UR}}\end{cases} \tag{16.4}$$

式中：$U_{m,0}$为规划起始年电源种类$m$的在役容量；$U_{m,i}^{\mathrm{D}}$为该电源在第$i$年的退役容量；$\Omega^{\mathrm{UN}}$为未进行碳捕集改造的电源种类集合；$\Omega^{\mathrm{UR}}$为已进行碳捕集改造的电源种类集合。

此外，超额排放的碳指标$E_y^{\mathrm{P}}$可表示为

$$E_y^{\mathrm{P}}=\max\left(0,\sum_{m\in\Omega^{\mathrm{U}}}G_{m,y}e_{m,y}-\sum_{n\in T}\sum_{i=1}^{\max(Y_n^{\mathrm{P}},y-1)}E_{n,y-i}-E_y^{\mathrm{Cap}}\right) \tag{16.5}$$

式中：$e_{m,y}$为第$y$年电源种类$m$单位电量的碳排放强度；$Y_n^{\mathrm{P}}$为碳交易品种$n$中交易合约的有效期(如CDM合约一般为长期合约，有效期可能达到10年及以上)；$E_{n,y}$为第$y$年碳交易品种$n$的交易额度；$E_y^{\mathrm{Cap}}$为系统的总碳排放上限，其取值一般由宏观的碳减排目标分解得到。

### 3. 约束条件

#### 1) 电厂的年发电量约束

电厂的年分配发电小时数不得超过其年最大可利用小时数$H_{m,y}^{\max}$，也不可低于一定的年最小利用小时数$H_{m,y}^{\min}$(来源于政策规定或维持电厂运营的需要)，因此有

$$H_{m,y}^{\min}U_{m,y}\leqslant G_{m,y}\leqslant H_{m,y}^{\max}U_{m,y} \tag{16.6}$$

对碳捕集电厂而言，捕集能量的消耗会使得电厂的净发电出力小于其额定出力，从而对电厂带来容量损失。尽管碳捕集电厂在短时间内可以通过灵活的策略改变其运行状态。但实际上，无论从政策层面还是环境风险上，均会要求新建碳捕集电厂保持较高的平均运行水平；从发电量的角度来看，可以等效认为碳捕集电厂的最大年发电小时数在对应常规火电厂的基础上打一定折扣，以$\Delta f_y$表示第$y$年的折扣系数，则有

$$H_{m1,y}^{\max}=\frac{H_{m2,y}^{\max}}{1+\Delta f_y} \tag{16.7}$$

式中：$H_{m1,y}^{\max}$与$H_{m2,y}^{\max}$分别为同类碳捕集电厂与非捕集电厂的年最大可用小时数。

2）最大的年平均发电小时数约束

由于模型的决策时序是“年”，只需确保系统在全年平均水平上具备足够的供应容量裕度。引入最大的年平均发电小时数 $H_y^A$，即有

$$H_y^A \sum_{m \in \Omega^U} U_{m,y} \geqslant D_y \tag{16.8}$$

式中：$D_y$ 为系统在第 $y$ 年的负荷电量需求。

3）发电容量充裕度约束

$$\sum_{m \in \Omega^U} U_{m,y} \geqslant (1+r) L_y \tag{16.9}$$

式中：$L_y$ 为系统在第 $y$ 年的最大电力需求；$r$ 为容量备用率。

4）发电地区间的断面传输能力约束

$$D_{r,y} - \mathrm{Im}_{r,y} + \mathrm{Ex}_{r,y} \leqslant \sum_{m \in \Omega_r^U} G_{m,y} \tag{16.10}$$

式中：$D_{r,y}$为地区 $r$ 在第 $y$ 年的负荷电量需求；$\mathrm{Ex}_{r,y}$与 $\mathrm{Im}_{r,y}$为地区 $r$ 在第 $y$ 年的断面输出与输入极限；$\Omega_r^U$ 为地区 $r$ 包括的所有电源种类的集合。

5）电力供需平衡约束

系统每年各类电源的发电量总和应与该年的负荷电量需求保持平衡，即

$$\sum_{m \in \Omega^U} G_{m,y} = D_y \tag{16.11}$$

6）碳捕集改造容量约束

对在役电厂实施碳捕集改造的容量不得超过其现有的在役容量，即保持

$$U_{m,y} \geqslant 0 \tag{16.12}$$

7）一次能源的可用性约束

电厂发电需要消耗一次能源，主要包括煤炭、石油与天然气。一次能源的消耗量不得超过最大的供给量，包括国内的产量与一定的进口量。以 $\varphi_{n,y}$表示在第 $y$ 年对一次能源 $n$ 的最大允许进口依存度，则有

$$\sum_{m \in F_n} (G_{m,y} f_{m,y}) \leqslant (1+\varphi_{n,y}) F_{n,y} \tag{16.13}$$

式中：$f_{m,y}$为第 $m$ 种类型电厂单位发电量的一次能源消耗量；$F_{n,y}$为一次能源 $n$ 的国内最大供应量；$F_n$ 为所有以一次能源 $n$ 作为能量输入的电厂集合。

8）最大可开发容量约束

对于水电与风电等可再生能源机组，存在最大可开发容量约束，即

$$U_{j,0} + \sum_{i=1}^{y} \sum_{m \in \mathrm{R}_j} X_{m,i}^{\mathrm{N}} \leqslant \sum_{i=1}^{y} R_{j,i} \tag{16.14}$$

式中：$R_{j,i}$为可再生能源种类 $j$ 在截至第 $i$ 年的最大可开发容量；$R_j$ 为可再生能源发电电源种类集合；$U_{j,0}$为在规划初始年基于能源种类 $j$ 的现役装机容量。

9）技术成熟年约束

对新技术而言，在技术成熟年 $Y_m^A$ 之前不会进行大规模商业运用，即有

$$X_{m,y}^N = 0, \quad \forall y \leqslant Y_m^A \tag{16.15}$$

10）技术过渡期的扩展规模约束

在某类技术成熟年后一定年限的过渡期 $Y_m^T$ 内，该技术将得到一定程度的商业运用，但由于与技术相关的产业生产能力尚未配套，或为了控制新技术的扩展风险，需对过渡期每年的最大扩展规模施加一定的上限，以确保该类技术扩展过程的平稳性，即有

$$X_{m,y}^N \leqslant \bar{X}_{m,y}, Y_m^A \leqslant y \leqslant Y_m^A + Y_m^T \tag{16.16}$$

式中：$\bar{X}_{m,y}$ 为电源种类 $m$ 在第 $y$ 年的最大扩展规模。

11）碳排放约束

碳排放约束将是低碳环境下电源结构优化决策所必须考虑的重要约束条件，一般将通过三种方式起作用，分别基于碳排放总量上限、碳排放强度上限与强制减排率。这三种作用方式的数学表达式为

$$\begin{cases} \sum\limits_{y \in Y} \sum\limits_{m \in \Omega^U} G_{m,y} e_{m,y} + \sum\limits_{n \in T} \sum\limits_{i=1}^{\max(Y_n^P, y-1)} E_{n,y-i} \leqslant E^{Cap} \\ \sum\limits_{m \in \Omega^U} G_{m,y} e_{m,y} + \sum\limits_{n \in T} \sum\limits_{i=1}^{\max(Y_n^P, y-1)} E_{n,y-i} \leqslant D_y e_y^{Cap}, \qquad y \in Y_E \\ \sum\limits_{m \in \Omega^U} G_{m,y} e_{m,y} + \sum\limits_{n \in T} \sum\limits_{i=1}^{\max(Y_n^P, y-1)} E_{n,y-i} \leqslant E_0^{Cap}(1 - \alpha_y^E), \quad y \in Y_E \end{cases} \tag{16.17}$$

式中：$E^{Cap}$ 为规划期内的碳排放总量上限；$e_y^{Cap}$ 为第 $y$ 年的碳排放强度上限；$\alpha_y^E$ 为第 $y$ 年的强制减排率；$E_0^{Cap}$ 为强制减排率下的基准碳排放水平；$Y_E$ 为减排目标年的集合。

12）碳交易额度上限约束

对于一些碳交易方式，业主方出售的碳减排额度不得超过其自身最大可能产生的减排量，即在宏观层面上，有

$$E_{m,y} \leqslant \sum_{m \in \Omega^{UT}} p_{m,y}^{\max} G_{m,y} (e_{m,y} - e_{m,y}^B) \tag{16.18}$$

式中：$E_{m,y}$ 为电源种类 $m$ 在第 $y$ 年的碳交易额度；$e_{m,y}^B$ 为电源种类 $m$ 在第 $y$ 年的基准排放强度；$\Omega^{UT}$ 为有资质参与碳排放交易的电厂集合；$p_{m,y}^{\max}$ 为成功交易的减排额度在总减排额度中的比例，$p_{m,y}^{\max}$ 将随着碳交易机制的逐步完善而不断提高。

13）电源扩展的波动性约束

电源扩展方案应保持平稳，以确保适当的供需形势，防止电源扩展的大起大

落，也确保年间电源投资规模保持在适度的波动率$\beta$之下，即有

$$(1-\beta)\sum_{m\in\Omega^{\mathrm{U}}}X_{m,y-1}^{\mathrm{N}}\leqslant\sum_{m\in\Omega^{\mathrm{U}}}X_{m,y}^{\mathrm{N}}\leqslant(1+\beta)\sum_{m\in\Omega^{\mathrm{U}}}X_{m,y-1}^{\mathrm{N}}\tag{16.19}$$

14）决策变量的非负性约束

$$X_{m,y}^{\mathrm{N}},X_{m,y}^{\mathrm{R}},G_{m,y}\geqslant 0\tag{16.20}$$

## 16.4　算例分析

### 16.4.1　低碳要素说明

运用以上模型分析我国电力行业从某起始年开始的未来 20 年（以下简称第 1 年，第 2 年，…，第 20 年）的电源扩展方案；为了突出低碳要素的作用机制并简化模型分析的复杂性，本算例以全国作为一个整体系统，不区分内部发电区域。

1. 待规划电源种类与低碳发电技术

煤炭是我国电力行业主要的一次能源，因此清洁、高效的燃煤发电技术必将在未来得到广泛应用。本算例主要考虑三类高效燃煤发电技术，分别为超临界、超超临界与 IGCC 发电技术。目前，超临界技术已经处于完全的商业成熟阶段，超超临界技术和 IGCC 技术也开始逐步进入生产实践，陆续进行投产。碳捕集电厂也是重要的待规划电源，分为碳捕集预留（carbon capture ready，CCR）电厂与正式的碳捕集电厂两类。CCR 电厂对于我国电力行业的碳减排具有重要意义，在 CCS 技术尚未完全成熟阶段，新建火电厂时可追加少量投资或者预留捕集配套的空间或技术接口，以在技术充分成熟之后再实施改造，从而降低电源扩展的碳锁定效应。发展可再生能源也是降低电力碳排放的重要途径，考虑规划期内的技术成熟条件与扩展规模，在本算例中主要考虑风电；其他种类的可再生能源以及燃气与燃油发电机组则由于规模与发展的潜力较小，不作为算例的待规划电源，而是用一定的固定扩展方案描述；水电与核电也将不作为算例的决策变量出现。

2. 碳交易机制与减排目标

算例主要考虑 CDM 与 ET 两类碳交易机制。我国的电力企业主要通过 CDM 实施碳交易，与国外的购买方签订长期合约（设合同执行期为 10 年）。设置第 1 年减排额度通过 CDM 交易的成功比例 $p_{m,y}^{\max}$为 20%，并到第 10 年逐渐上升到 100%。

假设在第 10 年开始承担量化的减排承诺，以第 1 年作为减排基准年，减排承诺为：第 10 年需将碳排放量保持在基准值上，而第 20 年下降 10%。将总碳排放额度分配给所有电力企业，有资质的企业可通过 ET 参加国际碳交易，参与方式与现

在欧洲碳交易市场的机制基本相同;由于国际碳交易市场具有良好的流动性,因此市场成员总可以在年度清算时将多余的额度卖出,并购入缺少的额度,从而可以避免缴纳超额排放的罚金。

CDM 中,设置碳额度的交易价格为 10 美元/$tCO_2$,ET 则为 15 美元/$tCO_2$;均价水平将紧随全社会的通货膨胀率变化,通货膨胀率 $\varepsilon$ 设为 3%。同样,认为算例中其他成本、价格数据也将随着通货膨胀率波动。

### 16.4.2 基础数据

1. 负荷与容量

规划第 1 年总电力需求为 3.43 万亿千瓦时(3430TW·h),规划期的年增长率保持在 3.1%。总装机容量为 9.20 亿 kW,其中 6.81 亿 kW 为火电装机,1.94 亿 kW 为水电装机,0.3 亿 kW 为风电装机,0.13 亿 kW 为核电装机。考虑规划期内的机组退役以及小机组关停计划,将有 2.88 亿 kW 的火电装机在第 20 年之前退出运行,占现有总火电装机的 42.3%。

2. 待规划电厂

本算例所有待规划电厂的基本数据如表 16.1 所示。

**表 16.1 待规划电厂的基本数据**

| 电源种类 | 投资成本/(元/kW) | | | 固定运行成本/(元/kW) | | | 发电成本/[元/(MW·h)] | | | 碳排放强度/[$kgCO_2$/(kW·h)] | | |
|---|---|---|---|---|---|---|---|---|---|---|---|---|
| | 第 1 年 | 第 10 年 | 第 20 年 | 第 1 年 | 第 10 年 | 第 20 年 | 第 1 年 | 第 10 年 | 第 20 年 | 第 1 年 | 第 10 年 | 第 20 年 |
| SC | 3550 | 3380 | 3210 | 238 | 224 | 211 | 143 | 136 | 129 | 0.75 | 0.72 | 0.69 |
| SC+CCR | 3658 | 3434 | 3264 | 238 | 224 | 211 | 143 | 136 | 129 | 0.75 | 0.75 | 0.69 |
| SC+CCS | 5766 | 4706 | 4298 | 394 | 320 | 292 | 177 | 156 | 150 | 0.09 | 0.085 | 0.08 |
| SC Ret | 2740 | 1571 | 1183 | 408 | 326 | 292 | 197 | 170 | 156 | 0.10 | 0.09 | 0.084 |
| SC+CCR Ret | 2543 | 1421 | 1088 | 388 | 313 | 292 | 184 | 163 | 150 | 0.094 | 0.087 | 0.082 |
| UC | 3652 | 3298 | 3142 | 245 | 218 | 211 | 136 | 122 | 116 | 0.70 | 0.67 | 0.65 |
| UC+CCR | 3754 | 3359 | 3189 | 245 | 218 | 211 | 136 | 122 | 116 | 0.70 | 0.67 | 0.65 |

续表

| 机组类型 | 投资成本/(元/kW) | | | 固定运行成本/(元/kW) | | | 发电成本/[元/(MW·h)] | | | 碳排放强度/[$kgCO_2$/(kW·h)] | | |
|---|---|---|---|---|---|---|---|---|---|---|---|---|
| | 第1年 | 第10年 | 第20年 | 第1年 | 第10年 | 第20年 | 第1年 | 第10年 | 第20年 | 第1年 | 第10年 | 第20年 |
| UC+CCS | 5930 | 4665 | 4257 | 401 | 313 | 286 | 170 | 143 | 129 | 0.086 | 0.08 | 0.075 |
| UC Ret | 2740 | 1571 | 1183 | 422 | 320 | 292 | 184 | 150 | 136 | 0.095 | 0.085 | 0.078 |
| UC+CCR Ret | 2543 | 1421 | 1088 | 401 | 313 | 286 | 177 | 143 | 136 | 0.09 | 0.082 | 0.076 |
| IGCC | 7602 | 4794 | 4121 | 279 | 177 | 156 | 156 | 116 | 102 | 0.81 | 0.69 | 0.59 |
| IGCC+CCR | 7997 | 5012 | 4291 | 279 | 177 | 156 | 156 | 116 | 102 | 0.81 | 0.69 | 0.59 |
| IGCC+CCS | 9520 | 5943 | 5059 | 313 | 197 | 170 | 170 | 122 | 109 | 0.089 | 0.081 | 0.073 |
| IGCC Ret | 2366 | 1462 | 1142 | 333 | 204 | 177 | 190 | 136 | 116 | 0.099 | 0.087 | 0.077 |
| IGCC+CCR Ret | 2033 | 1312 | 993 | 313 | 197 | 170 | 184 | 129 | 116 | 0.096 | 0.084 | 0.074 |
| 风电机组 | 8507 | 6276 | 5671 | 252 | 184 | 170 | 0 | 0 | 0 | 0 | 0 | 0 |
| 核电机组 | 9980 | 9513 | 9044 | 306 | 279 | 252 | 102 | 95 | 82 | 0 | 0 | 0 |
| 水电机组 | 5658 | 5386 | 5120 | 177 | 163 | 150 | 0 | 0 | 0 | 0 | 0 | 0 |
| 燃气发电机组 | 3998 | 3801 | 3618 | 252 | 224 | 204 | 197 | 177 | 163 | 0.059 | 0.056 | 0.054 |
| 燃油发电机组 | 4998 | 4753 | 4522 | 299 | 272 | 245 | 252 | 224 | 204 | 0.048 | 0.045 | 0.043 |

注：Ret表示碳捕集改造电厂，CCR表示碳捕集预留电厂，CCS表示碳捕集电厂，SC表示超临界机组，UC表示超超临界机组，SC+CCR表示实现了碳捕集预留的超临界机组，SC+CCS表示配备碳捕集装置的超临界机组，SC Ret表示已经实现碳捕集改造的超临界机组，SC+CCR Ret表示经过碳捕集改造的SC+CCR机组。

### 3. 其他

对于待规划的高效燃煤发电机组，设其年最大利用小时数为8000h，最小则为2000h；对于现有发电效率较低的机组，则逐年降低其最大发电小时数，从第1年的6000h逐步下降到第20年的2000h。

第1年电煤的最大供应量为13亿t，以后每年以3%的速率递增，最大的进口依存度设为10%。对风电而言，在第1年、第10年与第20年，最大可开发容量分别为0.3亿kW、1.2亿kW与2.2亿kW。

IGCC技术的成熟年为第5年，CCS技术则为第10年，过渡期均取5年。允许的最大年电源扩展波动率为20%。对于其他所有的非规划电源种类，扩展方案具体如表16.2所示。

表 16.2 非规划电源的扩展方案 （单位:亿 kW）

| 机组类型 | 第 1 年 | 第 10 年 | 第 20 年 |
|---|---|---|---|
| 传统燃煤发电机组 | 4.20 | 3.64 | 2.8 |
| 燃气发电机组 | 0.23 | 0.5 | 0.8 |
| 燃油发电机组 | 0.1 | 0.12 | 0.15 |
| 水电机组 | 1.94 | 3.28 | 4.3 |
| 核电机组 | 0.105 | 0.7 | 1.4 |
| 其他(风电之外的各类可再生能源发电) | 0.02 | 0.1 | 0.3 |

### 16.4.3 计算结果

1. 电源扩展的决策结果

图 16.3 给出了规划期内的电源扩展方案。风电因技术的逐渐成熟与极低的可变发电成本而在规划期内一直保持着适当的扩展规模，在第 8～10 年，风电有一个爆发式的增长阶段，以应对第 10 年开始承担的硬性减排指标。在第 6 年之前，超超临界机组将成为电源扩展的主要选择，而从第 7 年到第 10 年，常规 IGCC 机组将逐渐取代超超临界机组的地位，并得到大规模发展；第 10 年之后，随着 CCS 技术的逐渐成熟，常规 IGCC 机组的扩展容量将迅速下降，取而代之的是实现了碳捕集的 IGCC 电厂，呈现出迅猛的发展态势。

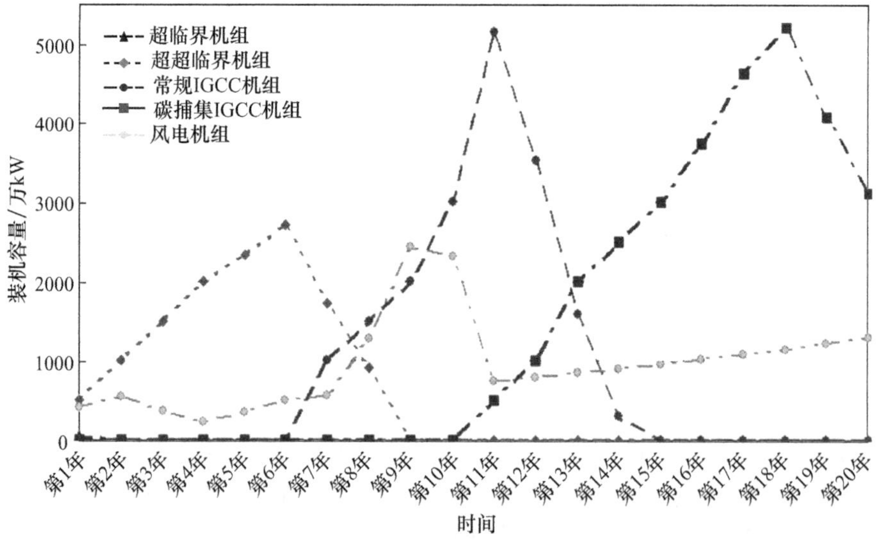

图 16.3 规划期内的电源扩展方案

规划期内电源结构的比例组成如图 16.4 所示。图 16.4 表明，规划期内常规燃煤电厂的比例逐年下降，从 43%逐渐下滑至 17%，这是整体发电碳排放强度下降的关键因素；超临界机组也呈现出一定的下降趋势，而超超临界机组的比例则在第7年之前上升，随后缓慢下降；风电的比例在前期呈现快速上升的趋势，在第10年之后基本保持比例不变；水电与核电的增长速度则一直与整体电源扩展的增长速度保持基本一致。电源结构中增长最为显著的电源品种无疑是常规IGCC机组与实现了碳捕集的IGCC机组，从第1年的0逐渐上升到第20年占系统总装机的9.4%与13.6%。

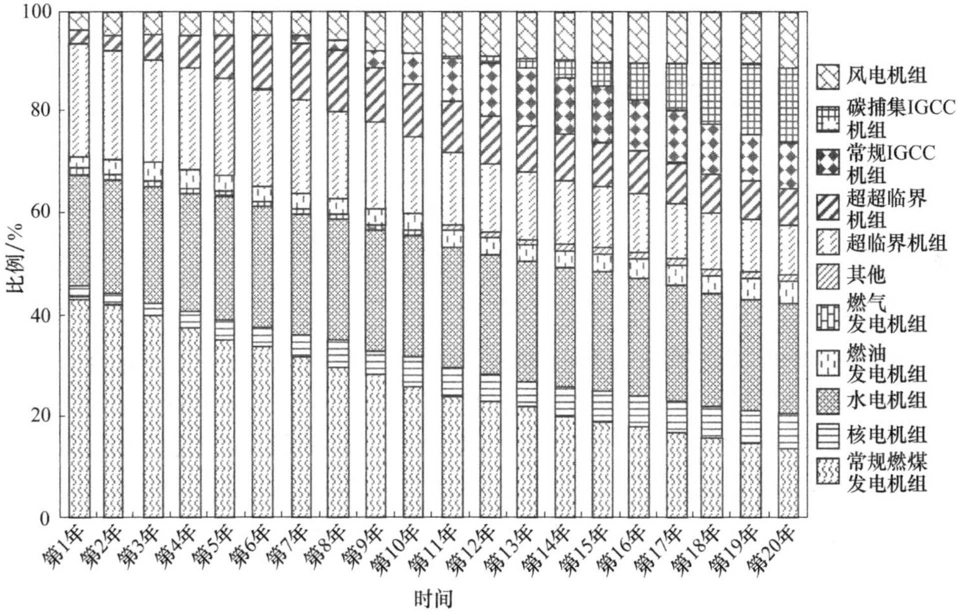


图16.4 电源结构中不同类型电厂的比例结构图

2. 碳交易决策

图16.5展示了规划期内的碳交易决策。第10年之前，只可以通过CDM交易，而在第10年之后，还可以参与ET交易，由于ET的价格高于CDM，且手续简单，交易费用低，因此将逐渐代替CDM成为主要的碳交易品种。

CDM的交易主体主要为风电、水电等电力企业，第10年之后的CDM交易量大部分为第10年之前签订的长期合约所遗留的执行量。从图16.5中可以看出，以第10年作为减排承诺起始年对于我国并不乐观，需要大量购入减排额度，以满足减排承诺的约束；第10年之后随着各项低碳技术的逐渐成熟与成本的下降，外购的碳排放额度将逐年下降，到第19年后甚至可转变为净出售状态。在第10年之前，我国通过CDM机制共出售了0.8Gt$CO_2$的碳排放额度，而在第10年之后，则需回购4.5Gt$CO_2$，为总出售额度的5.7倍，从而揭示了我国严峻的减排前景。

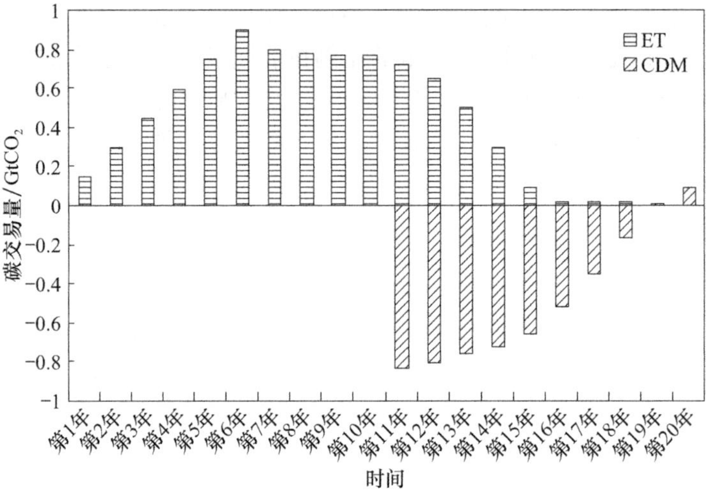

图 16.5 整体的碳交易决策示意图

3. 碳排放轨迹

图 16.6 给出了规划期内的电力碳排放轨迹(没有考虑碳交易),下方的半截线段标识了第 10 年后每年的碳排放控制目标。图 16.6 表明,采用以上扩展方案,我国的电力碳排放将在第 10 年达到峰值,随后缓慢下降,到第 15 年之后下降速度陡增。第 10 年的碳排放峰值为 3.48$GtCO_2$,到第 20 年将回落到 2.36$GtCO_2$,比基准年的碳排放水平下降了 14.5%。第 10~20 年的年平均下降率为 3.8%。

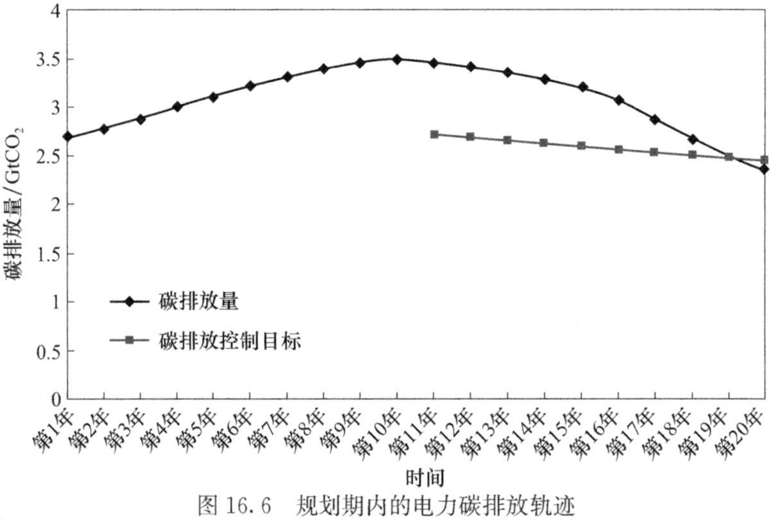

图 16.6 规划期内的电力碳排放轨迹

4. 对于 CCS 技术利用规模的讨论

CCS 技术是当前最有前途的低碳技术,其扩展规模将对未来电力行业的碳排放产生重要的影响。将以上电源扩展方案作为基准场景，再引入两个极端情景，以描述未来 CCS 技术可能实现的规模，并揭示其实施风险与潜力。

1）情景一：CCS 技术不可行

如图 16.7 所示，假设 CCS 技术在规划期内不可行，则整体的碳排放曲线将为图中最上方的曲线，总碳排放量将在第 10 年之后进入饱和期，尽管在其他方面做出了很多努力，但是也仅能够将碳排放量保持在一定水平上，而难以实现有效减排。此时，规划期内的总碳排放高达 66.4Gt$CO_2$，比基准情况下高出 7.5%，第 20 年的碳排放量为 3.54Gt$CO_2$，上升了 33.3%。

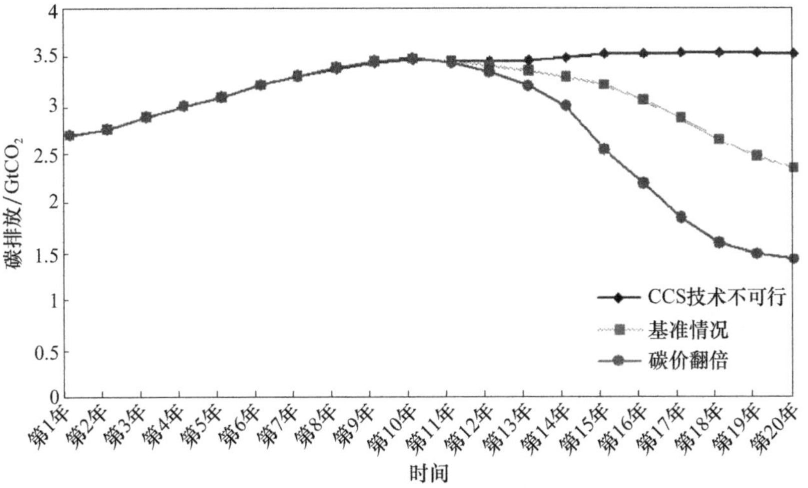


图 16.7　规划期的碳排放轨迹

2）情景二：碳价翻倍

如图 16.7 所示，假设碳价在规划期内翻一倍，则规划期末的碳捕集装机将达到 4.97 万 kW，占总装机的 23.3%，比基准场景下的 2.19 万 kW 高出一倍有余。这就意味着碳价翻倍将带来碳捕集装机的翻倍，即碳捕集装机对于碳价的敏感度很高。碳价翻倍场景下的碳排放轨迹如图中最下方的曲线所示，规划期内碳排放总量为 55.4Gt$CO_2$，比基准场景低了 10%；而第 20 年的碳排放量仅为 1.43Gt $CO_2$，比基准场景下降了 40%。

5. 经济成本分析

图 16.8 描述了规划期内的年平均发电成本，两条曲线分别表示考虑与不考虑碳交易收益下的情况。随着发电能效的改善与技术进步，年平均发电成本将呈现持续的下降趋势。第 10 年之前，CDM 收益将在一定程度上降低平均发电成本，幅度为 0.1%～0.5%；第 10 年之后，通过 ET 回购碳排放额度则增加了平均发电成本，该幅度在第 11 年达到 7%，并随后逐渐下降。

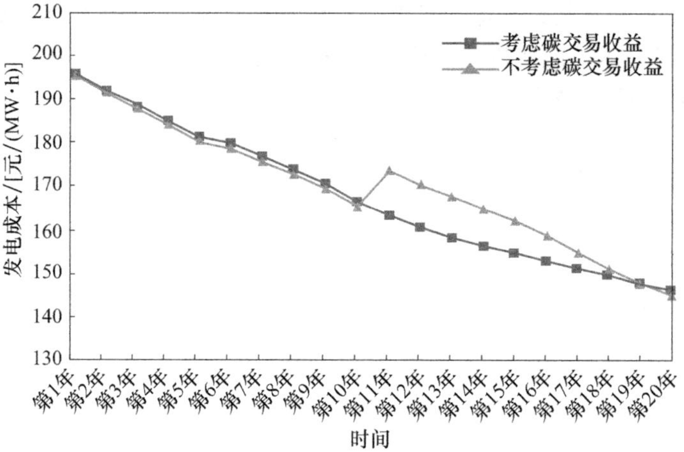


图 16.8 规划期内的年平均发电成本曲线

决策模型的整体目标函数，即规划期间的总付出成本达到 30.2 万亿元，平均每年为 1.51 万亿元。总付出成本由 4 部分组成，其中投资成本占 23.1%，运行成本占 19.9%，发电成本占 55.7%，而碳交易成本占 1.3%。

### 16.4.4 结果分析

1. 减排承诺与碳交易成本

尽管规划期内的碳交易成本仅占总付出成本的 1.3%，但其绝对值依然达到了 4563 亿元。除碳价之外，碳交易成本还将受到减排承诺幅度与基准减排水平的影响，如图 16.9 所示。图中，正值表示获得碳交易收益，负值表示付出碳排放成本。随着承诺减排率的下降与基准排放水平的上升，碳交易成本将显著下降。

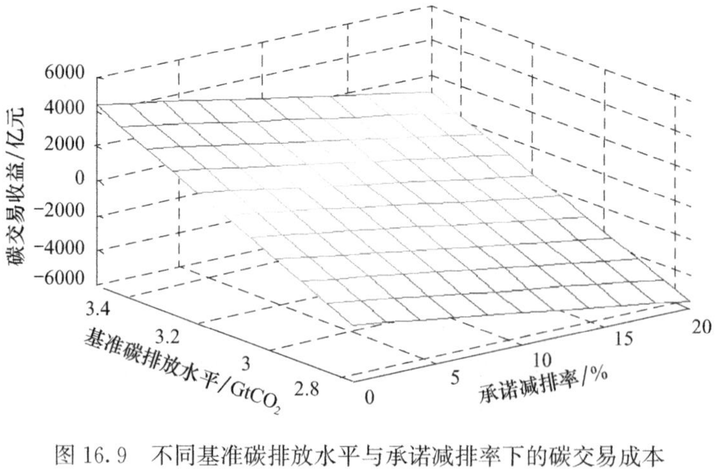


图 16.9 不同基准碳排放水平与承诺减排率下的碳交易成本

由图 16.10 可以看出推迟起始减排承诺年对于碳交易成本的影响。显然,推迟减排承诺年将可以在很大程度上降低我国付出的碳交易成本,这也从另一个侧面反映了我国碳减排前景的巨大风险与关键意义。

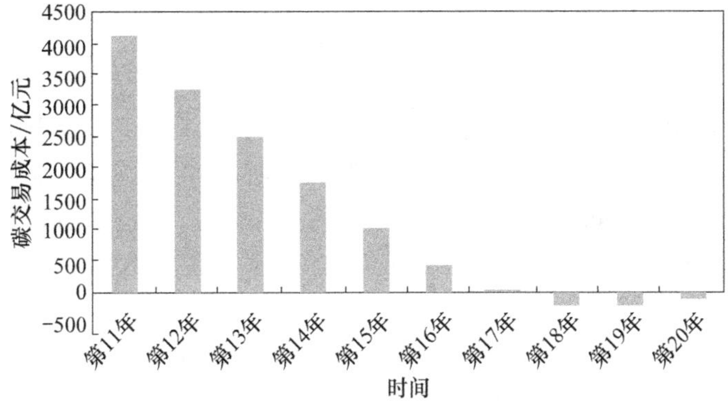


图 16.10 不同起始减排承诺年下的碳交易成本

2. 引入强制减排目标的影响

碳交易机制与减排承诺本质上是一种软约束,市场主体只需要付出一定的经济代价,便可以超额排放;在更加严峻的局势下,引入硬约束无疑具有更立竿见影的效果;而从国家宏观调控的角度看,对电力行业实施硬性的减排目标,也将是未来重要的发展趋势。分别对我国电力行业的碳排放在第 15 年与第 20 年施加一定的强制减排目标(以初始年为基准状态),不同减排目标下行业总付出成本的损失比例(与原来的总付出成本相比)如图 16.11 所示。

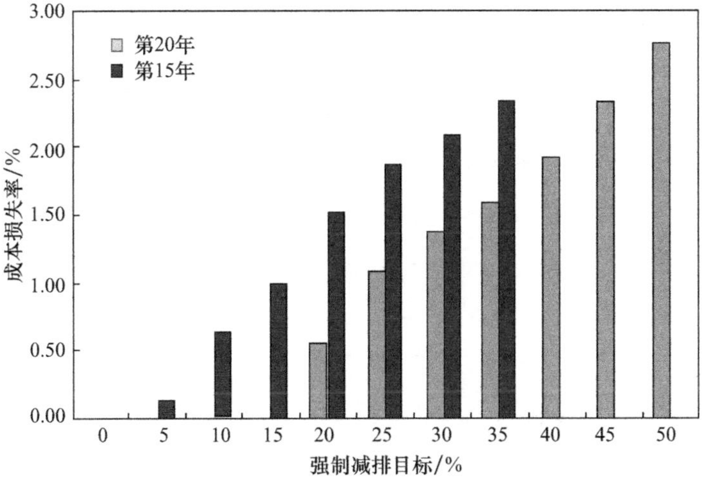


图 16.11 不同强制减排目标下的成本损失率

由图 16.11 可以看出，随着减排目标的上升，成本损失率也大致呈线性上升。以第 20 年为例，在 50%的减排目标下，总付出成本将增加 2.77%。比较同一个减排目标在不同年份的情况，当对第 15 年与第 20 年均施加 30%的减排目标时，成本分别增加 2.1%与 1.38%，差别高达 52%。

3. 碳捕集预留技术的作用

在算例的基准情景下，碳捕集预留与改造技术并没有得到广泛运用，这是因为直接新建碳捕集电厂将更加高效，成本也低。然而，若提前减排承诺年、退后 CCS 技术成熟年或者提高强制减排目标，则碳捕集预留与改造技术将发挥重要作用。规划前期的大量新建火电厂将成为碳捕集预留电厂，并在技术成熟后进行大规模改造，以快速降低电力行业的碳排放强度。

如图 16.12 所示，以第 15 年作为强制减排目标年，随着减排目标的上升，碳捕集预留电厂的装机容量也将持续上升，尤其当减排目标高于 25%时尤为明显。这意味着碳捕集预留与改造技术将是实现快速、大规模减排的重要手段，引入该技术可以有效应付国际碳减排局势的变化及相应的风险，以备不时之需。

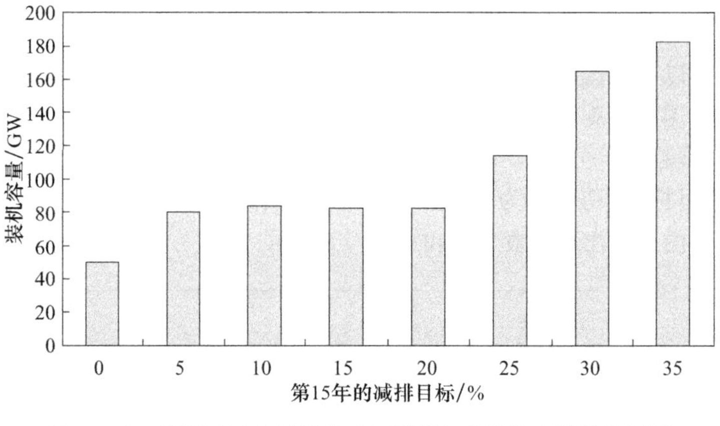


图 16.12　不同减排目标下碳捕集预留与改造技术的装机规模

# 第 17 章　含碳捕集电厂的低碳电源规划

## 17.1　建模思路与方法

第 16 章介绍的低碳电源规划模型，将发电机组上升到类型的层面统一考虑，可以降低模型的复杂度和求解难度。但是，没有考虑电力系统的运行约束以及网络安全约束。该模型适用于电源数目众多的电力系统的宏观电源结构规划问题，如国家层面的电源规划。本章面向规模较小的电力系统，建立含碳捕集电厂的电源规划模型，将电源规划决策与系统运行约束统一考虑，实现低碳电源规划问题的精细化决策。

### 1. 总体思路

本章建立的低碳电源规划模型采用统一协调规划方式，对投资子问题和运行子问题进行一体化优化[22]。投资决策模块的变量与各电源投产方案的建设、改造费用相关联；运行模拟模块则以电源投资决策变量为基础，选取规划期内的典型日与典型时段进行生产模拟，使其满足备用、出力、调峰、潮流、资源、排放等各项电网运行中的实际约束[23]，并根据典型日的系统运行情况计算各年电量组成、资源耗量、碳排放量等关键指标，进而计算规划期内总发电成本、启停费用、切负荷损失、碳排放成本等运行成本。并根据典型日的系统运行情况对各规划年的电量组成、资源耗量、碳排放量等重要信息进行估算，从而计算出规划期内的发电成本、启停费用、切负荷损失、碳排放成本等关键指标。因此，该模型的目标函数、约束方程均可由电源投资决策变量、典型日系统运行变量的组合进行表示，进而使整个面向低碳目标的电源规划模型形成标准的混合整数规划问题。在此基础上对规划期各年份进行一次性统一规划，实现各要素的全局优化和协调统一。与此同时，在运行模拟模块对各机组按所处区域和特性进行组团式建模，合理而有效地降低模型复杂度和求解难度[22]。

### 2. 低碳要素的建模

各类低碳相关的政策、法规、市场机制的引入，将为电源规划问题构建更加复杂的外部环境。这些因素将分别形成碳减排的目标项、碳排放的成本项和约束项等，需要通过一定的建模方法融入电源规划决策模型中[24]。本章以碳税机制为例，赋予碳排放一定的经济惩罚，使碳排放成本成为系统运行成本中的重要组成部分；同时，引入碳减排目标，通过碳排放约束使系统满足一定的碳减排要求。

3. 碳捕集配置路线的建模

CCS 技术和 CCR 技术将为 CCS 机组的规划与建设提供多种方案，也形成了不同的 CCS 技术配置路线，如图 17.1 所示，从而可以协调 CCS 技术在不同阶段的技术成熟度、投资成本等要素[25]。

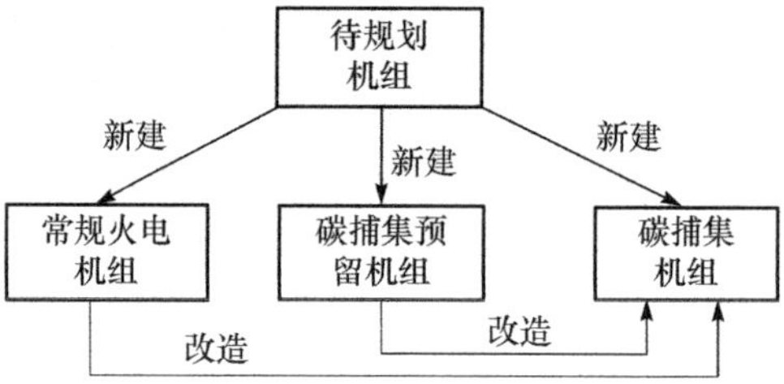


图 17.1 可配置 CCS 技术火电机组的投产路线

## 17.2 含碳捕集电厂的低碳电源规划模型

### 17.2.1 变量说明

为方便描述本章提出的低碳电源规划模型，先定义如下基本集合：

$\Omega^{Y}$——规划年份集合。

$\Omega^{TD}$——典型日集合。其中，$\Omega^{PD}$为最大负荷日集合，$\Omega^{VD}$为最小负荷日集合。

$\Omega^{TT}$——典型时段集合。其中，$\Omega^{PT}$为峰荷时段集合，$\Omega^{VT}$为谷荷时段集合。

$\Omega^{U}$——机组集合。其中，$\Omega^{CP}$为碳捕集机组集合，$\Omega^{W}$为风电机组集合。

$\Omega^{K}$——机组类集合。其中，$\Omega^{FI}$为火电机组类集合(包括常规燃煤发电机组、碳捕集机组、燃气发电机组、热电联产机组等类型)；$\Omega^{NU}$为核电机组类集合；$\Omega^{WP}$为风电机组类集合；$\Omega^{HY}$为水电机组类集合；$\Omega^{PU}$为抽水蓄能机组类集合。

$\Omega^{N}$——区域集合。

$\Omega^{L}$——线路集合。

### 17.2.2 决策变量

模型的决策变量包括投资决策变量(0-1 变量)和运行模拟决策变量(连续变量)。对于常规火电机组以及其他类型发电机组，其投资决策变量记为 $M^{B}_{y,u}$，表示第 $y$ 年是否投产机组 $u$，若投产，则 $M^{B}_{y,u}$为 1，否则为 0。

对于可配置 CCS 技术的火电机组，其投资决策变量则将扩展为 5 个，定义如下：

$M_{y,u}^{\mathrm{BN}}$——第 $y$ 年是否将待投产机组 $u$ 新建为常规火电机组(简称新建常规)。

$M_{y,u}^{\mathrm{BR}}$——第 $y$ 年是否将待投产机组 $u$ 新建为碳捕集预留机组(简称新建 CCR)。

$M_{y,u}^{\mathrm{BP}}$——第 $y$ 年是否将待投产机组 $u$ 新建为碳捕集机组(简称新建 CCS)。

$M_{y,u}^{\mathrm{RN}}$——第 $y$ 年是否将常规火电机组 $u$ 改造为碳捕集机组(简称常规改造)。

$M_{y,u}^{\mathrm{RR}}$——第 $y$ 年是否将碳捕集预留机组 $u$ 改造为碳捕集机组(简称 CCR 改造)。

为表述方便，在不需要具体区分时，以 $M_{y,u}$ 统一指代上述的 $M_{y,u}^{\mathrm{B}}$、$M_{y,u}^{\mathrm{BN}}$、$M_{y,u}^{\mathrm{BR}}$、$M_{y,u}^{\mathrm{BP}}$、$M_{y,u}^{\mathrm{RN}}$ 和 $M_{y,u}^{\mathrm{RR}}$ 中的任一决策变量。

同时，为了更好地进行模型表达，对每个投资决策变量设置与之对应的投资状态变量，以表示该投资(新建或改造机组)是否已经完成，分别标记为 $I_{y,u}^{\mathrm{B}}$、$I_{y,u}^{\mathrm{BN}}$、$I_{y,u}^{\mathrm{BR}}$、$I_{y,u}^{\mathrm{BP}}$、$I_{y,u}^{\mathrm{RN}}$ 和 $I_{y,u}^{\mathrm{RR}}$，其含义为第 $y$ 年是否已经新建或改造机组 $u$。若 $M_{y,u}=1$，则第 $y$ 年以及之后每年的 $I_{y,u}$ 均为 1，否则为 0。$I_{y,u}$ 表达式为

$$I_{y,u}=\sum_{y'=1}^{y'=y} M_{y',u} \tag{17.1}$$

### 17.2.3　目标函数

本章的规划模型以电源投资费用 $C^{\mathrm{INV}}$ 与规划期内系统运行成本 $C^{\mathrm{OPE}}$ 之和最小为目标函数，即

$$\min C^{\mathrm{SYS}}=C^{\mathrm{INV}}+C^{\mathrm{OPE}} \tag{17.2}$$

式中：电源投资费用 $C^{\mathrm{INV}}$ 采用动态投资费用进行计算，考虑资金的时间价值以及规划期末的残值，以现值为基准，$C^{\mathrm{INV}}$ 可表示为

$$C^{\mathrm{INV}}=\sum_{y\in\Omega^{\mathrm{Y}}}\sum_{u\in\Omega^{\mathrm{U}}}(1+i)^{-y}C_{\mathrm{A},u} \tag{17.3}$$

式中：$C_{\mathrm{A},u}$ 为机组 $u$ 投资费用等年值与投资状态变量的乘积，对于常规火电机组及其他类型机组，有

$$C_{\mathrm{A},u}=\frac{i(1+i)^n}{(1+i)^n-1}C_u^{\mathrm{BN}}I_{y,u}^{\mathrm{BN}} \tag{17.4}$$

式中：$i$ 为资金的折现率；$n$ 为机组的使用寿命。

对于可配置 CCS 技术的火电机组，有

$$C_{\mathrm{A},u}=\frac{i(1+i)^n}{(1+i)^n-1}(C_u^{\mathrm{BN}}I_{y,u}^{\mathrm{BN}}+C_u^{\mathrm{BR}}I_{y,u}^{\mathrm{BR}}+C_u^{\mathrm{BP}}I_{y,u}^{\mathrm{BP}}+C_u^{\mathrm{RN}}I_{y,u}^{\mathrm{RN}}+C_u^{\mathrm{RR}}I_{y,u}^{\mathrm{RR}}) \tag{17.5}$$

式中：$n$ 为机组服役年限；$C_u^{\mathrm{BN}}$、$C_u^{\mathrm{BR}}$、$C_u^{\mathrm{BP}}$、$C_u^{\mathrm{RN}}$、$C_u^{\mathrm{RR}}$ 分别为新建常规、新建 CCR、新建 CCS、常规改造、CCR 改造的静态投资费用。

系统运行成本主要包括机组发电成本、机组启停费用、系统切负荷损失、碳排放成本等，即

$$C^{\mathrm{OPE}}=\sum_{y\in\Omega^{\mathrm{Y}}}(C_y^{\mathrm{ELE}}+C_y^{\mathrm{STA}}+C_y^{\mathrm{CUT}}+C_y^{\mathrm{CAR}})(1+i)^{-y} \tag{17.6}$$

(1) $C_y^{\mathrm{ELE}}$ 为第 $y$ 年的发电成本，且有

$$C_y^{\mathrm{ELE}}=\sum_{n\in\Omega^{\mathrm{N}}}\sum_{k\in\Omega^{\mathrm{K}}}C_k^{\mathrm{Gen}}G_{y,n,k} \tag{17.7}$$

式中：$C_k^{\mathrm{Gen}}$ 为第 $k$ 类机组的单位发电成本；$G_{y,n,k}$ 为区域 $n$ 第 $k$ 类机组在第 $y$ 年的发电量。

对于利用小时数为确定值的机组，有

$$G_{y,n,k}=\sum_{u\in\Omega^{\mathrm{U}}}Z_{n,u}I_{y,u}U_uW_kH_k,\quad \forall y\in\Omega^{\mathrm{Y}},n\in\Omega^{\mathrm{N}},k\in\Omega^{\mathrm{K}}\cap\{k\,|\,W_k\neq 0\} \tag{17.8}$$

式中：$Z_{n,u}$ 为机组-区域关联变量，若机组 $u$ 位于区域 $n$，则 $Z_{n,u}=1$，否则为 0；$U_u$ 为机组 $u$ 的容量；$W_k$ 表示第 $k$ 类机组利用小时数是否确定，1 为确定，0 为不确定；$H_k$ 为第 $k$ 类机组的利用小时数。

对于利用小时数不确定的机组，有

$$G_{y,n,k}=8760\frac{\sum\limits_{d\in\Omega^{\mathrm{TD}}}\sum\limits_{t\in\Omega^{\mathrm{TT}}}A_{d,t}P_{y,d,t,n,k}}{\sum\limits_{d\in\Omega^{\mathrm{TD}}}\sum\limits_{t\in\Omega^{\mathrm{TT}}}A_{d,t}},\quad \forall y\in\Omega^{\mathrm{Y}},n\in\Omega^{\mathrm{N}},k\in\Omega^{\mathrm{K}}\cap\{k\,|\,W_k=0\} \tag{17.9}$$

式中：$A_{d,t}$ 为典型日 $d$ 典型时段 $t$ 的权重系数因子；$P_{y,d,t,n,k}$ 为区域 $n$ 的第 $k$ 类机组在典型日 $d$ 典型时段 $t$ 的有功出力。

(2) $C_y^{\mathrm{STA}}$ 为第 $y$ 年的启停成本，且有

$$C_y^{\mathrm{STA}}=365\frac{\sum\limits_{n\in\Omega^{\mathrm{N}}}\sum\limits_{k\in\Omega^{\mathrm{K}}}\sum\limits_{d\in\Omega^{\mathrm{TD}}}\sum\limits_{t\in\Omega^{\mathrm{TT}}}A_{d,t}C_k^{\mathrm{ST}}U_{y,d,n,k}^{\mathrm{ST}}}{\sum\limits_{d\in\Omega^{\mathrm{TD}}}\sum\limits_{t\in\Omega^{\mathrm{TT}}}A_{d,t}} \tag{17.10}$$

式中：$C_k^{\mathrm{ST}}$ 为第 $k$ 类机组单位容量的启停成本；$U_{y,d,n,k}^{\mathrm{ST}}$ 为区域 $n$ 的第 $k$ 类机组在典型日 $d$ 的启停容量。

(3) $C_y^{\mathrm{CUT}}$ 为第 $y$ 年的切负荷损失，且有

$$C_y^{\mathrm{CUT}}=8760\frac{\sum\limits_{n\in\Omega^{\mathrm{N}}}\sum\limits_{d\in\Omega^{\mathrm{TD}}}\sum\limits_{t\in\Omega^{\mathrm{TT}}}A_{d,t}C_n^{\mathrm{Cur}}D_{y,d,t,n}^{\mathrm{Cur}}}{\sum\limits_{d\in\Omega^{\mathrm{TD}}}\sum\limits_{t\in\Omega^{\mathrm{TT}}}A_{d,t}} \tag{17.11}$$

式中：$C_n^{\mathrm{Cur}}$ 为区域 $n$ 的单位切负荷损失；$D_{y,d,t,n}^{\mathrm{Cur}}$ 为区域 $n$ 在典型日 $d$ 典型时段 $t$ 的

切负荷量。

(4) $C_y^{\mathrm{CAR}}$ 为第 $y$ 年的碳排放成本，且有

$$C_y^{\mathrm{CAR}} = \sum_{n\in\Omega^{\mathrm{N}}}\sum_{k\in\Omega^{\mathrm{K}}}\pi_y e_k G_{y,n,k} \tag{17.12}$$

式中：$\pi_y$ 为第 $y$ 年的碳税；$e_k$ 为第 $k$ 类机组的碳排放强度。

### 17.2.4　约束条件

1. 投资决策相关约束

1) 机组投资决策变量上下限约束

$$0 \leqslant M_{y,u} \leqslant 1, \quad \forall u \in \Omega^{\mathrm{U}}, y \in \Omega^{\mathrm{Y}} \tag{17.13}$$

2) 机组投资决策变量全规划年之和约束

同一台机组同一类投资（新建或者改造）在规划期只能进行一次，即

$$\sum_{y\in\Omega^{\mathrm{Y}}} M_{y,u} \leqslant 1, \quad \forall u \in \Omega^{\mathrm{U}} \tag{17.14}$$

3) 可配置碳捕集机组的不同新建方式互斥性约束

同一台可配置碳捕集的机组有不同的新建方式，包括新建为常规火电机组、新建为碳捕集预留机组以及直接新建为碳捕集机组，三者之间只能取其一：

$$\sum_{y\in\Omega^{\mathrm{Y}}} (M_{y,u}^{\mathrm{BN}} + M_{y,u}^{\mathrm{BR}} + M_{y,u}^{\mathrm{BP}}) \leqslant 1, \quad \forall u \in \Omega^{\mathrm{CP}} \tag{17.15}$$

4) 可配置碳捕集机组的不同改造方式互斥性约束

改造为碳捕集机组具有从常规火电机组改造和从碳捕集预留改造两种不同的改造方式，对于同一台机组两者只能取其一，即

$$\sum_{y\in\Omega^{\mathrm{Y}}} (M_{y,u}^{\mathrm{RN}} + M_{y,u}^{\mathrm{RR}}) \leqslant 1, \quad \forall u \in \Omega^{\mathrm{CP}} \tag{17.16}$$

5) 可配置碳捕集机组的新建与改造的对应关系约束

可配置碳捕集机组的不同改造方式需与机组的新建方式对应，并满足时间先后关系

$$\begin{cases} M_{y,u}^{\mathrm{RN}} \leqslant \sum\limits_{y'=1}^{y'=y-1} M_{y',u}^{\mathrm{BN}}, \\ M_{y,u}^{\mathrm{RR}} \leqslant \sum\limits_{y'=1}^{y'=y-1} M_{y',u}^{\mathrm{BR}}, \end{cases} \quad \forall u \in \Omega^{\mathrm{CP}}, y \in \Omega^{\mathrm{Y}} \tag{17.17}$$

6) 机组最早投产年约束

$$M_{y,u} = 0, \quad \forall u \in \Omega^{\mathrm{U}}, y < Y_u^{\mathrm{EM}} \tag{17.18}$$

式中：$Y_u^{\mathrm{EM}}$ 为机组 $u$ 所允许的最早投产年份。

8）年度的发电容量充裕度约束

$$\sum_{u\in(\Omega^{\mathrm{U}}-\Omega^{\mathrm{W}}-\Omega^{\mathrm{CP}})} I_{y,u}U_u + \sum_{u\in\Omega^{\mathrm{CP}}} r_u^{\mathrm{CP}} I_{y,u}U_u + \sum_{u\in\Omega^{\mathrm{W}}} r_u^{\mathrm{W}} I_{y,u}U_u \geqslant (1+R_y^{\mathrm{M}})D_y^{\mathrm{M}}, \quad \forall y\in\Omega^{\mathrm{Y}} \tag{17.19}$$

机组在配置碳捕集技术之后，其最大发电容量将小于常规火电机组的发电容量，对该变化通过在其机组容量基础上乘以比例系数 $r_u^{\mathrm{CP}}$ 来表示；风电由于其随机性和不可控性，在计算年备用时同样不能足额考虑，也需在其机组容量基础上乘以一比例系数，以 $r_u^{\mathrm{W}}$ 表示；$R_y^{\mathrm{M}}$ 为第 $y$ 年的规划电力备用率；$D_y^{\mathrm{M}}$ 为第 $y$ 年的最大负荷。

2. 运行模拟相关约束条件

1）机组开机容量约束

开机容量上下限约束：启停开机容量 $U_{y,d,n,k}^{\mathrm{ST}}$ 和非启停开机容量 $U_{y,d,n,k}^{\mathrm{NS}}$ 均非负，同时两者之和不大于可用容量，即

$$\begin{cases} U_{y,d,n,k}^{\mathrm{ST}} \geqslant 0,\ U_{y,d,n,k}^{\mathrm{NS}} \geqslant 0, \\ U_{y,d,n,k}^{\mathrm{ST}} + U_{y,d,n,k}^{\mathrm{NS}} \leqslant U_{y,d,n,k}^{\mathrm{Ava}}, \end{cases} \quad \forall n\in\Omega^{\mathrm{N}}, k\in\Omega^{\mathrm{K}}, y\in\Omega^{\mathrm{Y}}, d\in\Omega^{\mathrm{TD}} \tag{17.20}$$

式中：$U_{y,d,n,k}^{\mathrm{Ava}}$ 为第 $y$ 年区域 $n$ 第 $k$ 类机组在典型日 $d$ 的可用容量。

$U_{y,d,n,k}^{\mathrm{Ava}}$ 的表达式如下：

$$U_{y,d,n,k}^{\mathrm{Ava}} = \sum_{u\in\Omega^{\mathrm{U}}} K_{u,k} Z_{u,n} I_{y,u} U_{y,d,u} \tag{17.21}$$

式中：$K_{u,k}$ 为机组 $u$ 是否属于第 $k$ 类机组。若属于，则 $K_{u,k}=1$，否则 $K_{u,k}=0$；$U_{y,d,u}$ 为第 $y$ 年机组 $u$ 在典型日 $d$ 的有效容量。

对于不可启停机组，其启停容量为 0，即

$$U_{y,d,n,k}^{\mathrm{ST}} = 0, \quad \forall n\in\Omega^{\mathrm{N}}, y\in\Omega^{\mathrm{Y}}, d\in\Omega^{\mathrm{TD}}, B_k^{\mathrm{Y}}=0 \tag{17.22}$$

式中：$B_k^{\mathrm{Y}}$ 为第 $k$ 类机组是否可启停，1 为可启停，0 为不可启停。

对于必开机组，启停与非启停开机容量之和等于可用容量，即

$$U_{y,d,n,k}^{\mathrm{ST}} + U_{y,d,n,k}^{\mathrm{NS}} = U_{y,d,n,k}^{\mathrm{Ava}}, \quad \forall n\in\Omega^{\mathrm{N}}, y\in\Omega^{\mathrm{Y}}, d\in\Omega^{\mathrm{TD}}, B_k^{\mathrm{ST}}=1 \tag{17.23}$$

式中：$B_k^{\mathrm{ST}}$ 为第 $k$ 类机组是否必开，1 为必开，0 为非必开。

2）系统日电力备用约束

在各典型日，系统需满足正、负备用约束。为了体现风电大规模并网对系统运行，尤其是调峰性能的影响，需考虑风电的反调峰特性。在计算系统正备用时，将风电机组的开机容量贡献看成零，而在计算系统负备用时，将风电机组的不可启停容量按其满出力情景考虑，取为一定置信水平下的最大出力，则可得到日电力备用

约束表达式如下：

$$
\begin{cases}
\sum_{n\in\Omega^{\mathrm{N}}}\sum_{k\in(\Omega^{\mathrm{K}}-\Omega^{\mathrm{WP}})} U_{y,d,n,k}^{\mathrm{Ava}} \geqslant (1+R_y^{\mathrm{U}})\left(D_{y,d}^{\max}-\sum_{n\in\Omega^{\mathrm{N}}} D_{y,d,t,n}^{\mathrm{Cur}}\right) \\
\sum_{n\in\Omega^{\mathrm{N}}}\left(\sum_{k\in(\Omega^{\mathrm{K}}-\Omega^{\mathrm{WP}})} J_k U_{y,d,n,k}^{\mathrm{Ava}}+\sum_{k\in\Omega^{\mathrm{WP}}}\gamma_{\mathrm{W}} U_{y,d,n,k}^{\mathrm{Ava}}\right) \leqslant (1-R_y^{\mathrm{D}})\left(D_{y,d}^{\min}-\sum_{n\in\Omega^{\mathrm{N}}} D_{y,d,t,n}^{\mathrm{Cur}}\right)
\end{cases}
\tag{17.24}
$$

式中：$J_k$ 为第 $k$ 类机组最小出力与最大出力比例；$\gamma_{\mathrm{W}}$ 为风电一定置信水平下的最大出力占装机容量的比例；$R_y^{\mathrm{U}}$、$R_y^{\mathrm{D}}$ 分别为系统的正、负备用需求；$D_{y,d}^{\max}$、$D_{y,d}^{\min}$分别为该典型日系统的最大负荷和最小负荷。

3）机组出力约束

对于火电机组（包括常规燃煤发电机组、碳捕集机组、燃气发电机组、热电联产机组等），其出力特性需满足如下条件：

（1）非启停出力 $P_{y,d,t,n,k}$范围在 $J_kU_{y,d,n,k}$与 $U_{y,d,n,k}$之间。

（2）在峰荷时段，启停出力 $P_{y,d,t,n,k}^{\mathrm{ST}}$在 $J_kU_{y,d,n,k}^{\mathrm{ST}}$与 $U_{y,d,n,k}^{\mathrm{ST}}$之间。

（3）在谷荷时段，启停出力 $P_{y,d,t,n,k}^{\mathrm{ST}}$为零。

故其出力约束表达式如下：

$$
\begin{cases}
J_kU_{y,d,n,k} \leqslant P_{y,d,t,n,k} \leqslant U_{y,d,n,k}, & \forall n\in\Omega^{\mathrm{N}}, y\in\Omega^{\mathrm{Y}}, d\in\Omega^{\mathrm{TD}}, k\in\Omega^{\mathrm{FI}}, t\in\Omega^{\mathrm{TT}} \\
J_kU_{y,d,n,k}^{\mathrm{ST}} \leqslant P_{y,d,t,n,k}^{\mathrm{ST}} \leqslant U_{y,d,n,k}^{\mathrm{ST}}, & \forall n\in\Omega^{\mathrm{N}}, y\in\Omega^{\mathrm{Y}}, d\in\Omega^{\mathrm{TD}}, k\in\Omega^{\mathrm{FI}}, t\in\Omega^{\mathrm{PT}} \\
P_{y,d,t,n,k}^{\mathrm{ST}} = 0, & \forall n\in\Omega^{\mathrm{N}}, y\in\Omega^{\mathrm{Y}}, d\in\Omega^{\mathrm{TD}}, k\in\Omega^{\mathrm{FI}}, t\in\Omega^{\mathrm{VT}}
\end{cases}
\tag{17.25}
$$

对于风电机组，如前所述，为了体现风电反调峰特性对系统运行和规划的影响，将其负荷高峰时段的非启停出力设置为 0，而将负荷低谷时段的出力设置为一定置信水平下的最大出力，即

$$
\begin{cases}
P_{y,d,t,n,k}=0, & \forall n\in\Omega^{\mathrm{N}}, y\in\Omega^{\mathrm{Y}}, d\in\Omega^{\mathrm{TD}}, k\in\Omega^{\mathrm{WP}}, t\in\Omega^{\mathrm{PT}} \\
P_{y,d,t,n,k}=J_kU_{y,d,n,k}, & \forall n\in\Omega^{\mathrm{N}}, y\in\Omega^{\mathrm{Y}}, d\in\Omega^{\mathrm{TD}}, k\in\Omega^{\mathrm{WP}}, t\in\Omega^{\mathrm{VT}}
\end{cases}
\tag{17.26}
$$

对于水电机组，其最高负荷日的非启停出力等于开机容量，最低负荷日的峰荷时段启停出力等于开机容量，最低负荷日的谷荷时段启停出力为零，即

$$
\begin{cases}
P_{y,d,t,n,k}=U_{y,d,n,k}, & \forall n\in\Omega^{\mathrm{N}}, y\in\Omega^{\mathrm{Y}}, d\in\Omega^{\mathrm{PD}}, k\in\Omega^{\mathrm{HY}}, t\in\Omega^{\mathrm{TT}} \\
P_{y,d,t,n,k}^{\mathrm{ST}}=U_{y,d,n,k}, & \forall n\in\Omega^{\mathrm{N}}, y\in\Omega^{\mathrm{Y}}, d\in\Omega^{\mathrm{VD}}, k\in\Omega^{\mathrm{HY}}, t\in\Omega^{\mathrm{PT}} \\
P_{y,d,t,n,k}^{\mathrm{ST}}=0, & \forall n\in\Omega^{\mathrm{N}}, y\in\Omega^{\mathrm{Y}}, d\in\Omega^{\mathrm{VD}}, k\in\Omega^{\mathrm{HY}}, t\in\Omega^{\mathrm{VT}}
\end{cases}
\tag{17.27}
$$

对于抽水蓄能机组，其非启停出力在峰荷时段为开机容量，而在谷荷时段为开机容量的负数，即

$$\begin{cases} P_{y,d,t,n,k} = U_{y,d,n,k}, & \forall n \in \Omega^{\mathrm{N}}, y \in \Omega^{\mathrm{Y}}, d \in \Omega^{\mathrm{TD}}, k \in \Omega^{\mathrm{PU}}, t \in \Omega^{\mathrm{PT}} \\ P_{y,d,t,n,k} = -U_{y,d,n,k}, & \forall n \in \Omega^{\mathrm{N}}, y \in \Omega^{\mathrm{Y}}, d \in \Omega^{\mathrm{TD}}, k \in \Omega^{\mathrm{PU}}, t \in \Omega^{\mathrm{VT}} \end{cases} \tag{17.28}$$

4) 电力平衡约束

$$\sum_{n\in\Omega^{\mathrm{N}}}\sum_{k\in\Omega^{\mathrm{K}}}(P_{y,d,t,n,k}+P_{y,d,t,n,k}^{\mathrm{ST}})=D_{y,d,t}-\sum_{n\in\Omega^{\mathrm{N}}}D_{y,d,t,n}^{\mathrm{Cur}}, \quad \forall y\in\Omega^{\mathrm{Y}}, d\in\Omega^{\mathrm{TD}}, t\in\Omega^{\mathrm{TT}} \tag{17.29}$$

式中：$D_{y,d,t}$为第 $y$ 年典型日 $d$ 典型时段 $t$ 的系统负荷。

5)线路潮流约束

$$-f_{y,l}^{\max}\leqslant f_{y,d,t,l}\leqslant f_{y,l}^{\max}, \quad \forall l\in\Omega^{\mathrm{L}}, y\in\Omega^{\mathrm{Y}}, d\in\Omega^{\mathrm{TD}}, t\in\Omega^{\mathrm{TT}} \tag{17.30}$$

式中：$f_{y,l}^{\max}$为第 $y$ 年线路 $l$ 的传输容量；$f_{y,d,t,l}$为第 $y$ 年典型日 $d$ 典型时段 $t$ 线路 $l$ 上的潮流，其表达式为

$$f_{y,d,t,l}=\sum_{n\in\Omega^{\mathrm{N}}}g_{ln}\Big(\sum_{k\in\Omega^{\mathrm{K}}}a_{nk}(P_{y,d,t,n,k}+P_{y,d,t,n,k}^{\mathrm{ST}})-D_{y,d,t,n}+D_{y,d,t,n}^{\mathrm{Cur}}\Big), \\ \forall l\in\Omega^{\mathrm{L}}, y\in\Omega^{\mathrm{Y}}, d\in\Omega^{\mathrm{TD}}, t\in\Omega^{\mathrm{TT}} \tag{17.31}$$

式中：$g_{ln}$为发电机输出功率负荷转移分布因子矩阵中的第 $l$ 行第 $n$ 列元素；$a_{nk}$为各类机组的区域关联矩阵的第 $k$ 行第 $n$ 列元素；$D_{y,d,t,n}$为第 $y$ 年典型日 $d$ 典型时段 $t$ 区域 $n$ 的负荷。

6)资源限制约束

电力生产需要消耗大量一次能源，为维持电力工业的可持续发展，需限制煤炭等资源消耗量不能超过一定的允许值，即

$$\sum_{n\in\Omega^{\mathrm{N}}}\sum_{k\in\Omega^{\mathrm{K}}}f_kG_{y,n,k}\leqslant Q_y^{\max}, \quad \forall y\in\Omega^{\mathrm{Y}} \tag{17.32}$$

式中：$f_k$ 为第 $k$ 类机组单位发电量的资源耗量；$G_{y,n,k}$表示区域 $n$ 第 $y$ 年第 $k$ 类机组的发电量；$Q_y^{\max}$ 为第 $y$ 年全系统的最大允许资源耗量。

7) 碳排放约束

碳排放约束具有不同的规定形式。以规定全系统每年的碳排放总量上限为例，其约束表达式如下：

$$\sum_{n\in\Omega^{\mathrm{N}}}\sum_{k\in\Omega^{\mathrm{K}}}e_kG_{y,n,k}\leqslant E_y^{\mathrm{Cap}}, \quad \forall y\in\Omega^{\mathrm{Y}} \tag{17.33}$$

式中：$E_y^{\mathrm{Cap}}$ 为第 $y$ 年全系统的最大允许碳排放量。

式(17.1)～式(17.33)即构成了含碳捕集电厂的低碳电源规划决策模型，是标准的混合整数线性规划问题。

# 17.3 算例分析

基于前面所提出的低碳电源规划模型，对我国某省级电力系统未来 7 年的电源结构进行优化决策。选取每年的最大负荷日和最小负荷日作为典型日，并选取每个典型日的最大负荷时段和最小负荷时段作为典型时段，对共 7 个规划年的投资决策和 14 个典型日 28 个典型时段的运行模拟进行一体化优化。

## 17.3.1 基础数据

1. 区域划分

按照地理位置，可将该电力系统划分为 7 个区域，分别简称为区域 1～7。各区域总电源装机容量（含区外送电）比例和负荷比例如图 17.2 所示。

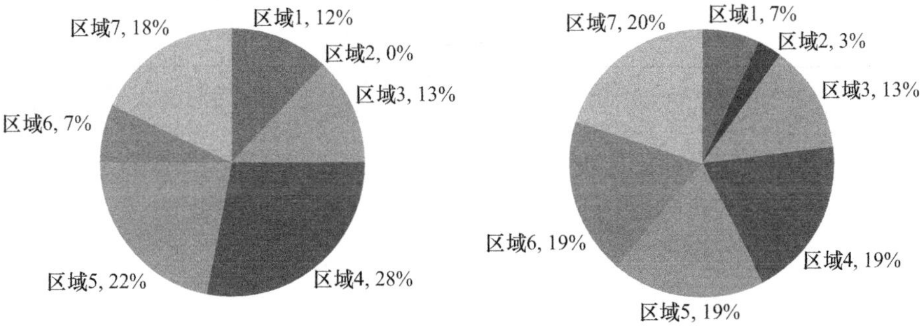


(a)各区域总装机比例　　(b)各区域负荷比例

图 17.2　各区域总电源装机容量比例和负荷比例

2. 负荷

在基准方案下，系统的负荷数据如表 17.1 所示。

**表 17.1　规划年系统负荷数据**

| 时间 | 最大负荷/MW | 平均峰谷差/MW | 最大峰谷差/MW |
|---|---|---|---|
| 第 1 年 | 84875 | 13031 | 34491 |
| 第 2 年 | 92322 | 15376 | 40833 |
| 第 3 年 | 98082 | 16782 | 44878 |
| 第 4 年 | 103842 | 18100 | 48375 |
| 第 5 年 | 109602 | 19498 | 52299 |
| 第 6 年 | 109602 | 20790 | 55869 |
| 第 7 年 | 121122 | 22211 | 59842 |

系统在第 1 年和第 7 年的最大负荷日和最小负荷日的负荷曲线如图 17.3 所示。

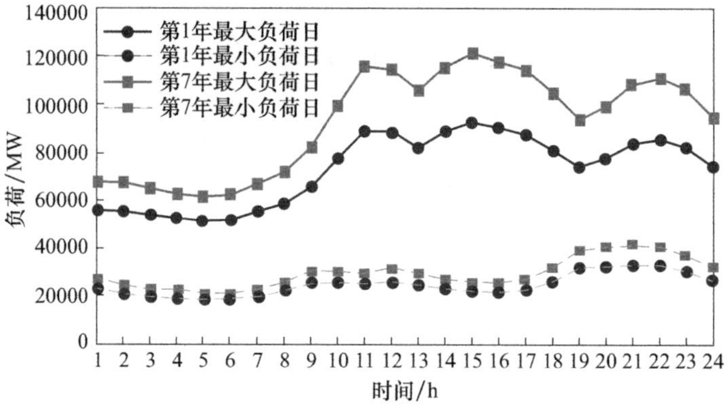


图 17.3　系统最大负荷日和最小负荷日的负荷曲线

3. 机组分类

对系统内所有机组进行组团式归并，各类机组的参数如表 17.2 所示。

**表 17.2　各类机组数据**

| 机组类型 | 是否可启停 | 启停费用/(元/MW) | 是否必开 | 利用小时/h | 最小出力率/% | 煤耗/[g/(kW·h)] | 运行成本/[元/(kW·h)] | 碳排放强度/[$tCO_2$/(MW·h)] |
|---|---|---|---|---|---|---|---|---|
| 核电机组 | 否 | 不启停 | 是 | 6500 | 100 | 0 | 0.0840 | 0 |
| 燃煤(大)发电机组 | 否 | 不启停 | 否 | 不定 | 55 | 280 | 0.2856 | 0.746 |
| 燃煤(小)发电机组 | 是 | 700 | 否 | 不定 | 70 | 340 | 0.3171 | 0.905 |
| CCR(大)机组 | 否 | 不启停 | 否 | 不定 | 55.0 | 280 | 0.2856 | 0.746 |
| CCR(小)机组 | 是 | 700 | 否 | 不定 | 70.0 | 340 | 0.3171 | 0.905 |
| CCS(大)机组 | 否 | 不启停 | 否 | 不定 | 43.8 | 362 | 0.3694 | 0.093 |
| CCS(小)机组 | 是 | 700 | 否 | 不定 | 62.5 | 443 | 0.4134 | 0.113 |
| 热电联产机组 | 否 | 不启停 | 是 | 8000 | 100 | 340 | 0.3171 | 0.905 |
| 燃气(E级)发电机组 | 否 | 不启停 | 是 | 7000 | 75 | 0 | 0.6584 | 0.462 |
| 燃气(F级)发电机组 | 是 | 不启停 | 是 | 3500 | 75 | 0 | 0.5933 | 0.431 |
| 水电机组 | 是 | 不启停 | 是 | 3000 | 0 | 0 | 0 | 0 |
| 抽水蓄能机组 | 否 | 不启停 | 是 | −250 | −100 | 0 | 0.1113 | 0 |
| 风电机组 | 否 | 不启停 | 是 | 2000 | 0 | 0 | 0 | 0 |
| 非统调机组 | 否 | 不启停 | 是 | 4000 | 40 | 340 | 0.3171 | 0 |

4. 装机容量

系统各年已投产和已确定投产计划的装机容量如图 17.4 所示。

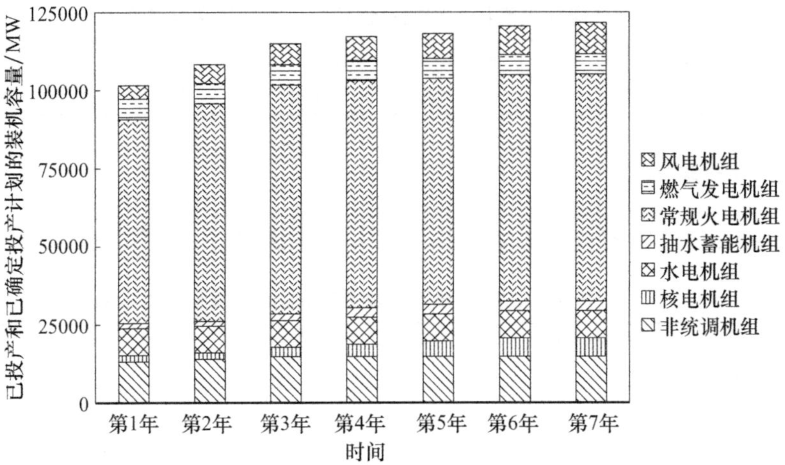


图 17.4　系统已投产和已确定投产计划的装机容量

系统待规划的发电机组数据如表 17.3 所示。

**表 17.3　待规划机组数据**

| 机组类型 | 单机容量/MW | 静态投资/亿元 | 数量/台 | 可否配置 CCS |
|---|---|---|---|---|
| 燃煤发电机组 | 1200 | 45.00 | 4 | 是 |
| | 1000 | 37.50 | 14 | 是 |
| | 600 | 22.20 | 1 | 是 |
| | 300 | 12.90 | 3 | 是 |
| 燃气发电机组 | 500 | 15.75 | 2 | 否 |
| | 390 | 12.29 | 14 | 否 |
| | 220 | 7.26 | 4 | 否 |
| | 220 | 6.60 | 5 | 否 |
| | 180 | 5.94 | 4 | 否 |
| 抽水蓄能机组 | 300 | 13.20 | 4 | — |
| | 225 | 9.90 | 6 | — |
| 核电机组 | 1000 | 115 | 6 | — |

注:“—”表示不适用。

其中,待投产燃煤电厂均符合碳捕集配置与改造的条件,而规划初始年已投产的火电厂不进行碳捕集改造。

5. 碳捕集和碳捕集预留相关数据

碳捕集电厂和碳捕集预留电厂的新建及改造成本[26,27]如表 17.4 所示。

**表 17.4　碳捕集电厂和碳捕集预留电厂的新建及改造成本**

| 类型 | 新建常规 | 新建 CCR | 新建 CCS | 常规改造 | CCR 改造 |
|---|---|---|---|---|---|
| 成本 | $C_u^{BN}$ | $1.005C_u^{BN}$ | $1.182C_u^{BN}$ | $0.186C_u^{BN}$ | $0.172C_u^{BN}$ |

6. 其他数据

各规划年的发电容量充裕度要求、燃煤约束和碳税等参数如表 17.5 所示。

**表 17.5　每年的发电容量充裕度要求、燃煤约束和碳税参数**

| 时间 | 规划电力备用率/% | 燃煤约束/亿 t | 碳税/(元/$tCO_2$) |
|---|---|---|---|
| 第 1 年 | 12 | 1.68 | 108 |
| 第 2 年 | 12 | 1.68 | 114 |
| 第 3 年 | 12 | 1.85 | 119 |
| 第 4 年 | 12 | 1.85 | 125 |
| 第 5 年 | 12 | 2.04 | 132 |
| 第 6 年 | 12 | 2.24 | 138 |
| 第 7 年 | 12 | 2.46 | 145 |

通货膨胀率 $\varepsilon$ 取为 8%；机组运行年限 $n=25$ 年；典型日 $d$ 典型时段 $t$ 的权重系数因子均取为 $A_{d,t}=0.25$；风电规划容量比例系数 $r_u^{W}=0.25$；碳捕集机组的规划容量比例系数 $r_u^{CP}=0.8$；系统运行正、负备用需求 $R_y^{U}=5\%$，$R_y^{D}=2\%$；日负备用约束风电容量比例系数 $\gamma_W=0.4$；各区域切负荷损失均为 1 万元/(MW·h)；在基准方案下，不设置硬性的减排目标。

### 17.3.2　求解结果

在基准方案下，求解本章建立的低碳电源规划决策模型，可得到规划期内新建电源的累计装机容量如图 17.5 所示。规划期内的 CCR 机组和 CCS 机组配置路线如图 17.6 所示。

在最优规划方案下，共投产了 20 台燃煤发电机组，其中新建了 10 台常规燃煤发电机组、6 台 CCS 机组和 4 台 CCR 机组，并有 2 台在规划期内进行了 CCR 改造。

由图 17.5 和图 17.6 可以看出，在规划前期，具有较低运行成本和近零碳排放的核电和抽水蓄能电站将优先投产，而发电成本较高的燃气发电机组则未能投产；其后，燃煤电厂的新建容量逐渐增大以应对系统负荷的增长；同时，为缓解减排压力并减少碳排放成本，一部分燃煤发电机组将开始配备碳捕集配置。

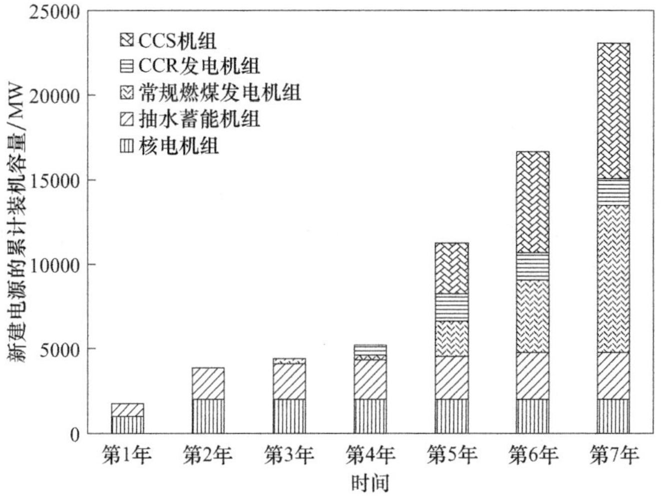


图 17.5　规划期内的新建电源的累计装机容量

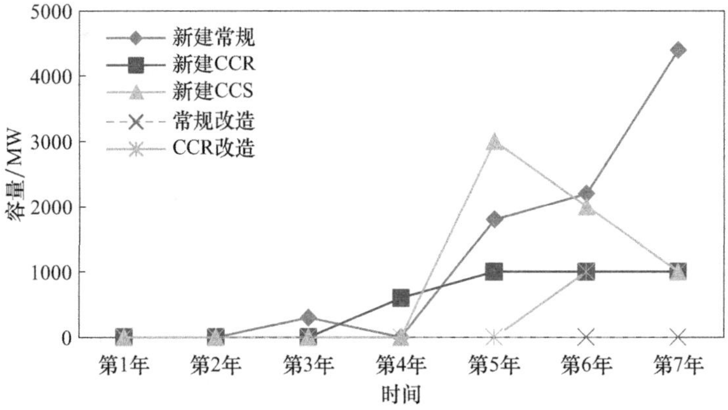


图 17.6　规划期内的 CCR 机组和 CCS 机组配置路线

规划期内系统的投资成本和运行成本如表 17.6 所示(各成本均折算到对应规划年,其中,投资成本为各机组投资等年值在规划年的累加)。

**表 17.6　规划期内系统的投资和运行成本**

| 时间 | 投资成本/亿元 | 发电成本/亿元 | 碳排放成本/亿元 | 启停成本/亿元 | 切负荷损失/亿元 |
|---|---|---|---|---|---|
| 第 1 年 | 34.0 | 1073 | 211.8 | 35.3 | 0 |
| 第 2 年 | 73.3 | 1140 | 240.4 | 42.3 | 0 |
| 第 3 年 | 99.5 | 1216 | 271.4 | 41.9 | 0 |
| 第 4 年 | 128.7 | 1275 | 302.5 | 41.5 | 0 |
| 第 5 年 | 168.6 | 1363 | 332.6 | 41.4 | 0 |
| 第 6 年 | 216.0 | 1446 | 363.2 | 41.4 | 0 |
| 第 7 年 | 253.8 | 1545 | 408.8 | 41.3 | 0 |

## 17.4 灵敏度分析

1. 不同负荷水平分析

将基准方案下预测的负荷水平分别上调 5%和下调 10%,形成高负荷方案和低负荷方案,分别实施低碳电源规划,得到不同负荷水平下规划期内新建电源的累计装机容量如图 17.7 所示。

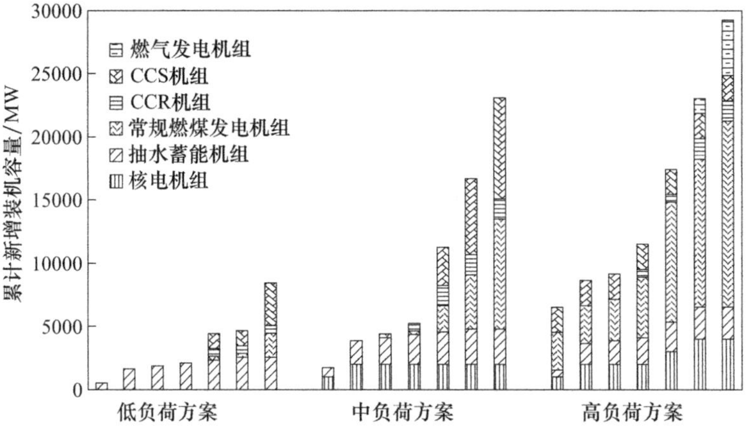


图 17.7 不同负荷水平下规划期内新建电源的累计装机容量

由图 17.7 可以看出,当负荷水平比较高时,大部分待投产机组将被投产;同时,由于系统装机容量裕度较小,为避免 CCS 技术带来的发电容量损失,大多数燃煤发电机组将不配置 CCS 技术;当负荷水平较低时,系统新增装机容量显著减小,由于装机容量裕度的增大,CCS 技术将得到较高比例的配置。

2. 网络约束分析

本章电源规划模型的运行模拟模块考虑了网络约束,校验了不同电源扩展方案下的网络潮流分布和线路传输能力,从而使电源扩展规划能够与当前的电网建设水平相适应,使规划结果更加准确、合理。

作为对比,将各线路传输容量减小为原先的 70%,作为电网建设的低方案,求解得到该方案设置下的系统运行指标与基准方案的对比,如表 17.7 所示。

**表 17.7 不同电网建设水平下的关键指标比较**

| 电网建设方案 | 总成本/亿元 | 投资成本/亿元 | 发电成本/亿元 | 碳排放成本/亿元 | 启停成本/亿元 | 切负荷损失/亿元 |
|---|---|---|---|---|---|---|
| 基准方案 | 9025.65 | 666.85 | 6613.87 | 1533.73 | 211.20 | 0 |
| 低传输容量方案 | 9222.82 | 601.37 | 6554.14 | 1504.56 | 206.45 | 356.30 |

由表 17.7 可以看出，电网建设水平将显著影响系统的切负荷成本等运行指标，从而对电源规划的结果产生较大影响。

3. 不同碳税水平分析

将基准方案下的碳税分别上调 20%和下调 20%，形成高碳税方案和低碳税方案。在不同碳税水平下实施低碳电源规划，得到新建常规火电机组、新建 CCR 机组和新建 CCS 机组的容量差异如图 17.8 所示。

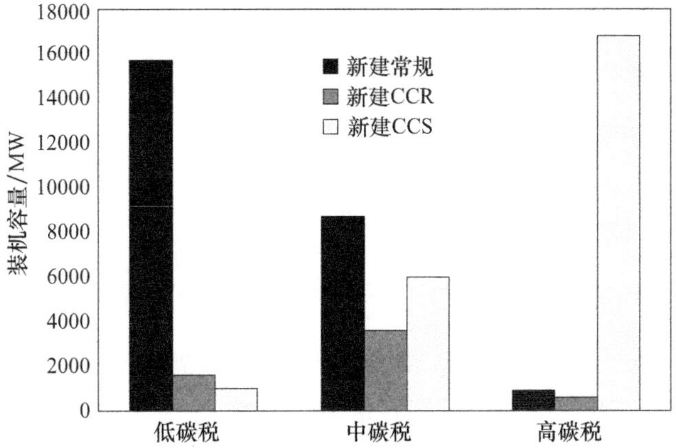


图 17.8　不同碳税水平下新建常规火电机组、新建 CCR 机组和新建 CCS 机组的容量

由图 17.8 可以看出，当碳税较低时，绝大多数燃煤发电机组未配置 CCS 技术。当碳税逐渐升高后，碳排放成本在总运行成本中的比例逐渐升高，除直接新建部分 CCS 机组外，还将投产部分 CCR 机组，以减少早期的巨额投资成本，并为未来碳税的提升提前做好准备。当碳税足够高时，碳减排将更加刻不容缓，直接新建 CCS 机组成为更优的选择。

不同碳税水平下系统的碳排放曲线如图 17.9 所示。

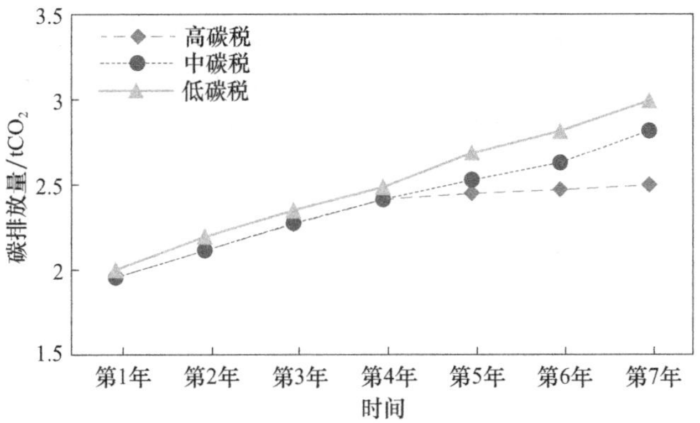


图 17.9　不同碳税水平下的系统碳排放曲线

4. 不同减排目标分析

在传统场景的基础上，以第 7 年为目标年，分别设置不同的碳减排目标，得到不同减排约束场景下的碳捕集配置路线和容量大小，如图 17.10 所示。

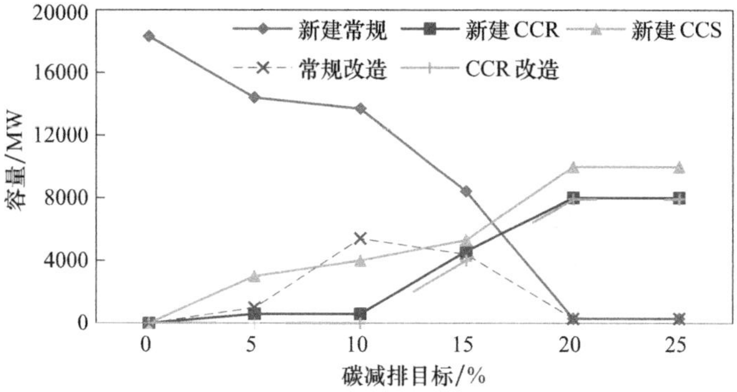


图 17.10　不同碳减排目标下的 CCS 机组和 CCR 机组配置容量

由图 17.10 可以看出，为满足不断增大的碳减排需求，常规火电机组比例逐渐降低，而 CCR 机组和 CCS 机组配置容量不断增长。

5. 主要结论

算例分析得到的主要结论如下：

(1) 在低碳电源规划模式下，具有低碳属性的发电技术将优先投产，尤其是碳捕集电厂与碳捕集预留电厂，将具备一定的扩展规模。

(2) 相对于传统电源规划模式，在一定的碳税水平下，本章所提出的低碳电源规划模式可以同时降低系统的运行成本和碳排放量，协调了经济性与低碳减排目标的关系。

(3) 各类低碳要素的引入将显著影响电源规划的方案与运行指标。随着碳税水平的提高或碳减排约束的加强，常规燃煤发电机组的投产比例将逐渐降低，碳捕集配置容量则不断增长；与此同时，系统投资和运行成本将逐渐升高，而碳排放量则不断降低。

# 第 18 章　基于碳排放流的低碳电网规划

常规的电网规划多以经济成本最优作为规划目标，或者将碳排放成本引入目标函数中考虑，以兼顾经济性与环保性。对于系统碳排放的计算，现有的电网规划模型多从发电侧角度考虑，而没有考虑不同用户电能消费所引起的碳排放差异。实际上，用户电能消费碳排放责任分摊的公平性也是电网规划需要考虑的重要问题，只有实现公平的碳排放分摊，才能有效激励用户侧通过调整其电能消费方式参与碳减排。因此，从社会总体效益最大化的角度出发，电网规划方案除应满足安全性、经济性之外，还要兼顾用户侧碳排放分摊的公平性。通过合理地进行电网规划，尽量保证不同区域的电力用户消费等量的电能所对应的碳排放责任一致[28]。

为了解决上述问题，本章基于第三篇提出的电力系统碳排放流理论，并借鉴经济学中基尼系数的概念，提出了考虑用户碳排放责任公平性的低碳电网规划模型，并分析了不同的公平性约束对电网规划方案的影响。

## 18.1　用户侧碳排放分摊的公平性系数

由于发电机组间碳排放强度的差异以及所在地理位置的不同，不同区域的电力用户在同等电能消费下所造成的碳排放不尽相同，这意味着电力用户为此所支付的碳排放成本也不相同，从而造成用户侧碳排放分摊不平等。为了衡量用户侧碳排放的公平性，本章定义用户侧碳排放分摊的公平性系数，用 $\gamma$ 表示。公平性系数 $\gamma$ 基于经济学中基尼系数的概念提出。基尼系数是国际上通用的、用以衡量一个国家或地区居民收入差距的常用指标。基尼系数介于 0～1，基尼系数越大，表示不平等程度越高。基尼系数可通过洛伦兹曲线计算得到，收入分配越是趋向平等，洛伦兹曲线的弧度越小，基尼系数也越小；反之，收入分配越是趋向不平等，洛伦兹曲线的弧度越大，那么基尼系数也越大。

同理，可得到表征用户侧碳排放分摊的洛伦兹曲线，如图 18.1 所示。横轴表示用户电力负荷在总负荷中的比例（按照用户所在节点平均碳势由低到高的顺序累积），纵轴表示对应负荷所支付的碳排放成本的比例。从坐标原点到正方形的另一个顶点的对角线称为均等线，即用户侧碳排放分摊的绝对公平线，这一般是很难达到或者需要付出极高的成本才能达到。实际的碳排放分摊曲线即洛伦兹曲线都在均等线的右下方[28]。

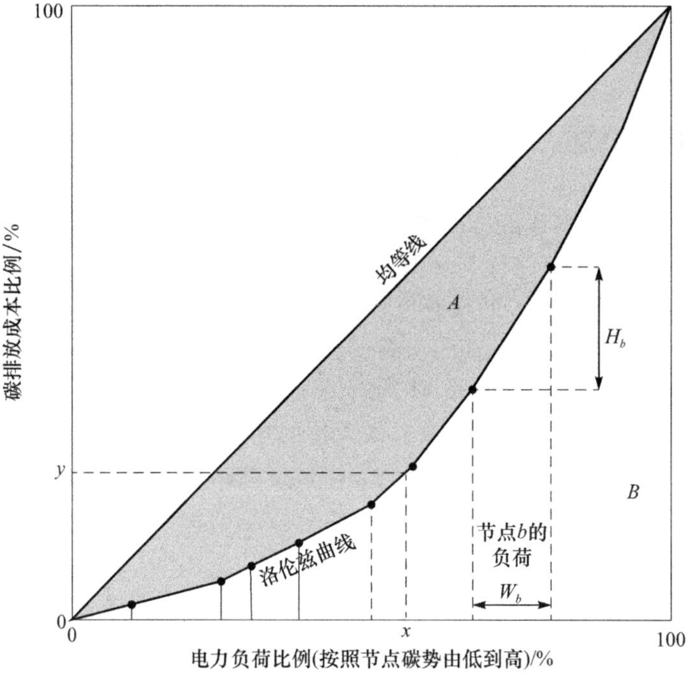


图 18.1 用户侧碳排放分摊的洛伦兹曲线

可以将洛伦兹曲线进行分段线性化处理,即按照节点的区间将洛伦兹曲线分成若干段。公平性系数 $\gamma$ 的定义为:设洛伦兹曲线与均等线之间的面积为 $A$,洛伦兹曲线右下方的面积为 $B$,显然 $A+B=1/2$,于是有

$$\gamma=\frac{A}{A+B}=1-\frac{B}{A+B}=1-2B \tag{18.1}$$

如图 18.1 所示,面积 $B$ 可以看成一系列梯形的面积之和,即

$$\begin{aligned}B=&\left(\frac{1}{2}H_1W_1\right)+\left(H_1W_2+\frac{1}{2}H_2W_2\right)\\&+\left[(H_1+H_2)W_3+\frac{1}{2}H_3W_3\right]+\cdots+\left(\sum_{i=1}^{N-1}H_iW_N+\frac{1}{2}H_NW_N\right)\\=&\frac{1}{2}\sum_{b=1}^{N}W_bH_b+\sum_{b=1}^{N-1}\left(W_{b+1}\sum_{m=1}^{b}H_m\right)\end{aligned} \tag{18.2}$$

式中:$N$ 为节点总数。

将式(18.2)代入式(18.1),可得

$$\gamma=1-\sum_{b=1}^{N}W_bH_b-2\sum_{b=1}^{N-1}\left(W_{b+1}\sum_{m=1}^{b}H_m\right) \tag{18.3}$$

显然，$\gamma$ 的取值区间为$[0,1]$，$\gamma$ 取值越大，说明实际碳排放分摊曲线偏离均等线的程度越高，用户侧碳排放分摊的公平性越差；反之，$\gamma$ 取值越小，用户侧碳排放分摊越公平。

## 18.2　基于碳排放流的低碳电网规划模型

### 1. 目标函数

模型的目标函数为总成本最小，包括线路的等年值建设成本、发电成本、总碳排放成本等，即

$$\min\ \mathrm{TC}=\sum_{l\in \mathrm{NL_C}}c_l^{\mathrm{Line}}X_l+\sum_{i\in \mathrm{NG}}\sum_{d\in \mathrm{ND}}\sum_{t\in \mathrm{NT}}c_i^{\mathrm{Gen}}P_{i,d,t}^{\mathrm{Gen}}\tau_d+\pi\sum_{b\in \mathrm{NB}}E_b \tag{18.4}$$

式中：$\mathrm{NL_C}$ 为待建线路集合；$c_l^{\mathrm{Line}}$ 为待建线路 $l$ 的等年值投资成本；$X_l$ 为待建线路 $l$ 的投资决策 0-1 变量；NG、ND、NT 为发电机组集合、典型日集合、时段集合；$c_i^{\mathrm{Gen}}$ 为机组 $i$ 的单位发电成本；$P_{i,d,t}^{\mathrm{Gen}}$ 为机组 $i$ 在典型日 $d$ 时段 $t$ 的发电出力；$\tau_d$ 为典型日 $d$ 的持续天数；NB 表示节点集合；$\pi$ 为碳价；$E_b$ 为节点 $b$ 的总碳排放。

目标函数式(18.4)等号右侧的第一项为线路的投资成本，第二项表示系统的发电成本，第三项表示碳排放成本。

### 2. 约束条件

1）系统节点负荷平衡约束

$$\sum_{i\in \mathrm{NG}_b}P_{i,d,t}^{\mathrm{Gen}}+\sum_{l\in \mathrm{NL}_b}P_{l,d,t}^{\mathrm{Line}}=D_{b,d,t},\quad \forall b\in \mathrm{NB},d\in \mathrm{ND},t\in \mathrm{NT} \tag{18.5}$$

式中：$\mathrm{NG}_b$ 为与节点 $b$ 相连的发电机组集合；$\mathrm{NL}_b$ 为与节点 $b$ 相连的线路集合；$P_{l,d,t}^{\mathrm{Line}}$ 为线路 $l$ 在典型日 $d$ 时段 $t$ 的潮流；$D_{b,d,t}$ 为节点 $b$ 在典型日 $d$ 时段 $t$ 的负荷。

2）已建线路潮流约束

$$P_{l,d,t}^{\mathrm{Line}}-(\theta_{b_1,d,t}-\theta_{b_2,d,t})/x_l=0,\quad \forall l\in \mathrm{NL_E},d\in \mathrm{ND},t\in \mathrm{NT} \tag{18.6}$$

式中：$\theta_{b_1,d,t}$、$\theta_{b_2,d,t}$ 为线路 $l$ 的首端节点与末端节点在典型日 $d$ 时段 $t$ 的相角；$\mathrm{NL_E}$ 为已建线路集合；$x_l$ 为线路 $l$ 电抗的标幺值。

3）待建线路潮流约束

对于待建线路的潮流约束，基于分离不等式法将其转化为线性约束：

$$-M(1-X_l) \leqslant P_{l,d,t}^{\text{Line}} - (\theta_{b_1,d,t} - \theta_{b_2,d,t})/x_l \leqslant M(1-X_l),$$

$$\forall l \in \text{NL}_\text{C}, d \in \text{ND}, t \in \text{NT} \qquad (18.7)$$

式中：$\text{NL}_\text{C}$ 为待建线路集合；$M$ 为足够大的正数。

4）发电机出力约束

$$P_{i,\min}^{\text{Gen}} \leqslant P_{i,d,t}^{\text{Gen}} \leqslant P_{i,\max}^{\text{Gen}}, \quad \forall i \in \text{NG}, d \in \text{ND}, t \in \text{NT} \qquad (18.8)$$

5）节点碳势约束

根据第 8 章提出的电力系统碳排放流模型可知，节点碳势的计算表达式为

$$e_{b,d,t}^{\text{N}} = \frac{\sum\limits_{l \in \text{NL}_b^+} P_{l,d,t}^{\text{Line}} \rho_{l,d,t} + \sum\limits_{l \in \text{NG}_b} P_{i,d,t}^{\text{Gen}} e_i^{\text{Gen}}}{\sum\limits_{l \in \text{NL}_b^+} P_{l,d,t}^{\text{Line}} + \sum\limits_{l \in \text{NG}_b} P_{i,d,t}^{\text{Gen}}}, \quad \forall b \in \text{NB}, d \in \text{ND}, t \in \text{NT}$$

(18.9)

式中：$\text{NL}_b^+$ 为向节点 $b$ 注入有功功率的线路集合；$e_i^{\text{Gen}}$ 为发电机组 $i$ 的碳排放强度。

为了得到公平性系数 $\gamma$，需要求解一段时间内用户侧的平均碳排放强度 $\overline{e}_b^{\text{N}}$，可根据实时碳排放强度 $e_{b,d,t}^{\text{N}}$ 得到

$$\overline{e}_b^{\text{N}} \sum_{d \in \text{ND}} \sum_{t \in \text{NT}} D_{b,d,t} \tau_d = \sum_{d \in \text{ND}} \sum_{t \in \text{NT}} e_{b,d,t}^{\text{N}} D_{b,d,t} \tau_d, \quad \forall b \in \text{NB} \qquad (18.10)$$

6）支路碳流密度与节点碳势的关系约束

根据电力系统碳排放流模型，支路碳排放密度等于线路注入节点的碳势，即

$$\rho_{l,d,t} = e_{b,d,t}^{\text{N}}, \quad \forall l \in \text{NL}, b = \Gamma_l^+, d \in \text{ND}, t \in \text{NT} \qquad (18.11)$$

式中：$\Gamma_l^+$ 为支路 $l$ 的注入节点。

7）用户侧碳排放量约束

用户侧的碳排放量可根据节点碳势及负荷大小得到，表达式为

$$E_b = \sum_{d \in \text{ND}} \sum_{t \in \text{NT}} e_{b,d,t}^{\text{N}} D_{b,d,t} \tau_d, \quad \forall b \in \text{NB} \qquad (18.12)$$

8）碳排放分摊公平性约束

根据洛伦兹曲线及式(18.3)可得到公平性系数 $\gamma$，为了保证用户侧碳排放分摊的公平性，规定公平性系数 $\gamma$ 应不超过上限值 $\delta$，即

$$\gamma < \delta \qquad (18.13)$$

## 18.3 求解算法

式(18.1)～式(18.13)构成了考虑用户碳排放分摊公平性的低碳电网规

划模型，由于系统碳排放流取决于潮流的分布，在潮流方向未确定的情况下，无法写出式(18.9)的显性解析表达式，且式(18.9)中包含连续变量相乘项。因此，该模型是一个非线性模型。此处采用遗传算法[29,30]进行求解。遗传算法是一种通过模拟自然进化过程搜索最优解的方法，是现代启发式算法的一种。

针对本章提出的模型，设计的求解算法流程如图 18.2 所示，主要步骤如下：

(1) 准备初始输入数据，包括系统负荷信息、网络拓扑结构、发电机组参数、待建线路参数以及碳价等。

(2) 初始化，设置进化代数计数器为 0 及最大进化代数，随机生成 $N$ 个个体作为初始种群。每个初始种群由一组二进制编码组成，代表所有待建线路的 0-1 决策变量。

(3) 根据每一个个体所对应的二进制编码，确定待建线路的投资状态。求解每一个典型日的经济调度模型：

$$\begin{aligned} \min \quad & \mathrm{TC}_1 = \sum_{i \in \mathrm{NG}} \sum_{t \in \mathrm{NT}} c_i^{\mathrm{Gen}} P_{i,d,t}^{\mathrm{Gen}} \tau_d \\ \text{s.t.} \quad & \text{式(18.5)} \sim \text{式(18.8)} \end{aligned} \tag{18.14}$$

式(18.14)为一个线性规划模型，可以很容易求解。

(4) 根据步骤(3)所得到的系统潮流分布，利用式(18.9)～式(18.10)求解系统的碳排放流分布。

(5) 对于每一个典型日 $d$，重复步骤(3)、(4)，直到所有典型日都已求解完毕。然后，求解网络中各节点的平均碳势，以及公平性系数 $\gamma$。

(6) 根据步骤(3)～(5)所得到的结果，计算种群中每一个个体的适应度，求解公式为

$$F(k) = -\mathrm{TC}(k) - \upsilon \max(0, \gamma(k) - \delta) \tag{18.15}$$

式中：$\mathrm{TC}(k)$ 为每一个个体 $k$ 所对应的目标函数；$\upsilon$ 为公平性约束越限的惩罚系数。

式(18.15)表明，总成本最小且满足公平性约束的个体所对应的适应度最大，即对应的网络规划方案中最优。

(7) 根据个体适应度大小，经过选择、交叉、变异等步骤生成下一代种群[30]。对每一代新种群，重复步骤(3)～(6)。

(8) 若种群已经进化到最大进化代数，则选择当前适应度最好的个体作为最优解输出，终止计算。

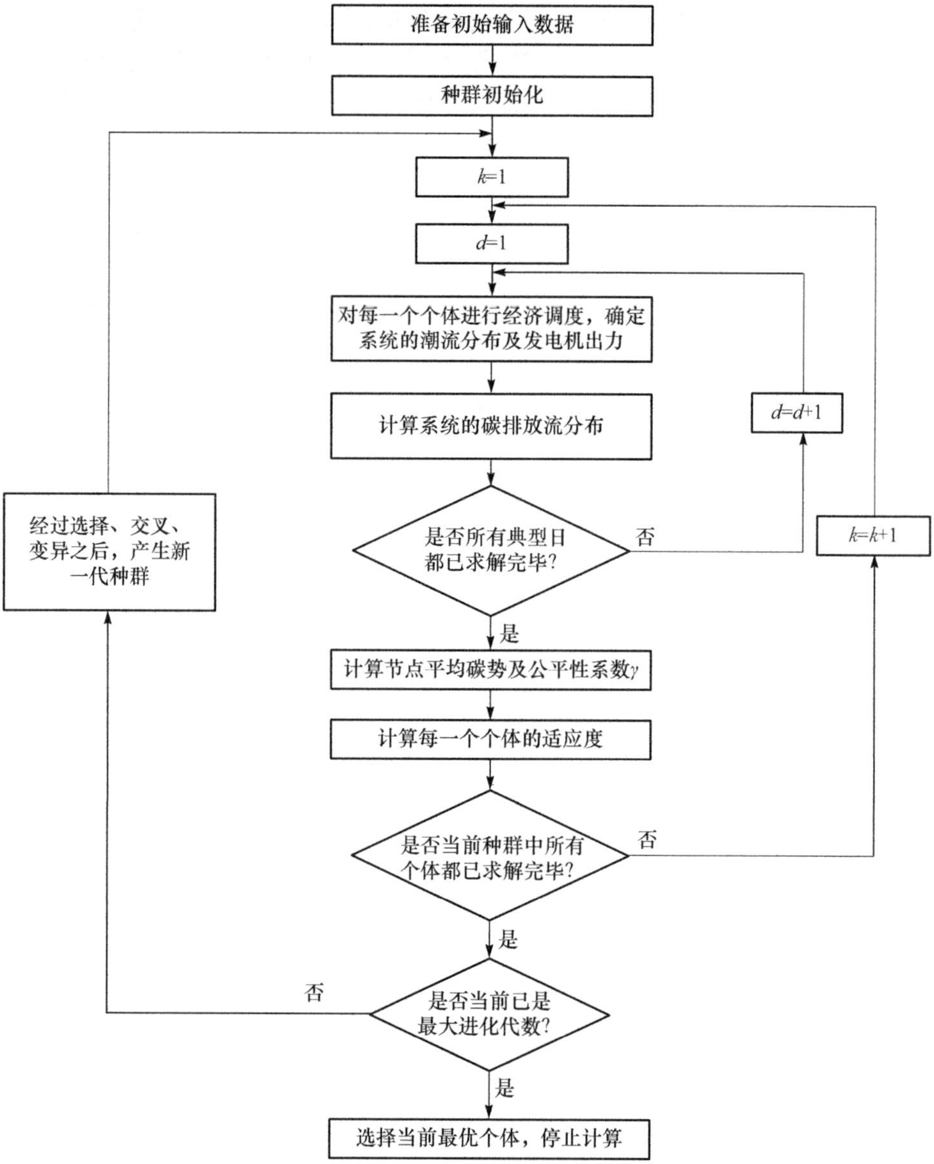


图 18.2　算法流程

## 18.4　算例分析

本节分别以 Garver's 6 系统和 IEEE-39 节点标准系统作为对象进行算例分析，验证本章所提出模型的有效性，分析公平性约束的引入对于低碳电网规划的影响。

### 18.4.1　Garver's 6 系统

Garver's 6 系统是常用的电网规划标准系统，该系统的主要参数见文献[31]。此处考虑冬季和夏季两个典型日，每个典型日分别持续 6 个月。典型日的日负荷曲线根据我国某省级电网的实际负荷曲线得到，最大负荷为 743MW。系统中所有发电机组的参数如表 18.1 所示。

**表 18.1　Garver's 6 系统发电机组主要参数**

| 所在节点 | 容量/MW | 机组类型 | 发电成本/[英镑/(MW·h)] | 碳排放强度/[$tCO_2$/(MW·h)] |
|---|---|---|---|---|
| 1 | 50 | 燃煤发电机组 | 35 | 0.87 |
| 2 | 165 | 燃煤发电机组 | 35 | 0.87 |
| 6 | 120 | 水电机组 | 1 | 0 |
| 6 | 240 | 水电机组 | 1 | 0 |
| 6 | 240 | 水电机组 | 1 | 0 |

网络中每一个已有输电通道最多可建 3 条输电线路，同时新增 5 个输电通道，每个新增输电通道最多可建 4 条输电线路。待建输电线路的投资成本等年值设为 11.79 英镑/(km·MW)[32]，碳价 $\pi$ 设为 8 英镑/$tCO_2$[33]。

1. 规划结果分析

考虑不同的公平性约束，即改变 $\delta$ 的取值，对应的规划结果如表 18.2 所示。表 18.2 的最后一列中 $\delta$ 的取值为 1，代表碳排放分摊公平性约束为松约束，此时的规划结果与不考虑公平性约束的电网规划结果一致，可以把这种情形称为基准情形。

**表 18.2　不同公平性约束下的规划结果(新建线路数目)**

| 输电通道 | | $\delta$ | | | | | | | | | |
|---|---|---|---|---|---|---|---|---|---|---|---|
| 首端节点 | 末端节点 | 0.1 | 0.2 | 0.3 | 0.4 | 0.5 | 0.6 | 0.7 | 0.8 | 0.9 | 1.0 |
| 1 | 2 | 0 | 0 | 0 | 0 | 0 | 0 | 0 | 0 | 0 | 0 |
| 1 | 4 | 0 | 0 | 1 | 1 | 0 | 0 | 0 | 0 | 0 | 0 |
| 1 | 5 | 0 | 0 | 0 | 0 | 0 | 0 | 0 | 0 | 0 | 0 |
| 2 | 3 | 3 | 3 | 2 | 2 | 1 | 0 | 0 | 0 | 0 | 0 |
| 2 | 4 | 0 | 0 | 0 | 0 | 0 | 0 | 0 | 0 | 0 | 0 |
| 3 | 5 | 0 | 0 | 1 | 1 | 0 | 1 | 1 | 1 | 1 | 1 |
| 1 | 6 | 3 | 2 | 0 | 0 | 0 | 0 | 0 | 0 | 0 | 0 |
| 2 | 6 | 2 | 3 | 0 | 0 | 2 | 4 | 4 | 4 | 4 | 4 |
| 3 | 6 | 3 | 2 | 3 | 3 | 2 | 1 | 1 | 1 | 1 | 1 |
| 4 | 6 | 0 | 0 | 4 | 4 | 2 | 2 | 2 | 2 | 2 | 2 |
| 5 | 6 | 2 | 2 | 0 | 0 | 2 | 0 | 0 | 0 | 0 | 0 |

不同公平性约束下对应的系统总成本及公平性系数如图 18.3 所示。

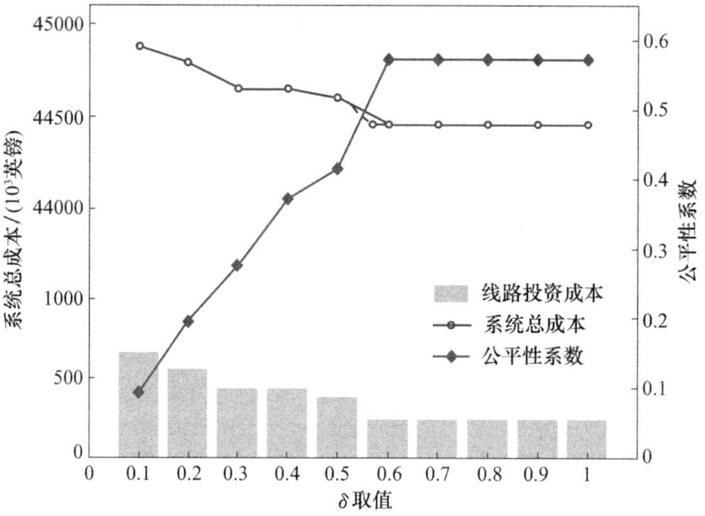


图 18.3 不同公平性约束下对应的系统总成本及公平性系数

图 18.3 中虚线中间节点对应的 $\delta$ 为 0.57。由表 18.2 和图 18.3 可以看出，公平性约束对于电网规划的结果有较大影响。随着 $\delta$ 取值减小，公平性约束逐步收紧，线路投资成本逐渐增加，这意味着需要新建更多的线路保证用户侧碳排放分摊的公平性。同理，总成本也随着 $\delta$ 的减小而增大。当 $\delta=1$ 时，公平性系数 $\gamma=0.57$，这意味着只要 $\delta\geqslant 0.57$，规划结果将始终与基准情形一致；但是当 $\delta<0.57$ 时，公平性约束开始起作用，需要新建的线路数目增加，总成本上升。

2. 用户侧碳排放成本分摊情况

为了验证不同公平性约束对用户侧分摊的碳排放成本的影响，图 18.4 给出了不同节点电力用户分摊的碳排放成本随规划方案的变化。可以看出，规划方案对于用户碳排放成本的分摊具有很大的影响。在基准情形($\gamma=0.57$)下，节点 5 处的电力用户需要分摊的碳排放成本相比第一种规划方案增加 $3000\times10^3$ 英镑。此外，随着公平性约束的不断加紧，碳排放成本在用户之间的分摊逐步趋向均等。虽然增加了系统的总成本，但是保证用户侧碳排放分摊的公平性对于有效地激励用户参与低碳减排具有重要意义。在实际的电网规划中，需要根据实际情况寻找合适的 $\delta$，使得既在一定程度上保证用户侧碳排放分摊的公平性，又不过多地增加成本，实现公平与效率的折中。

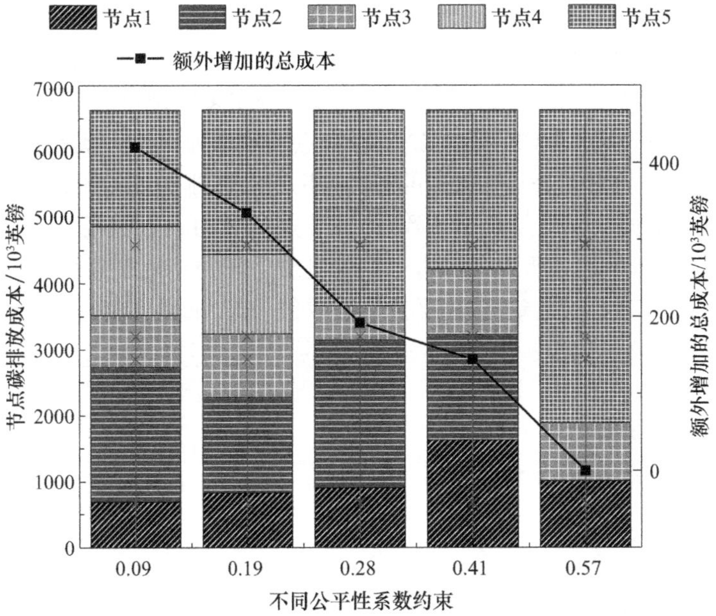


图 18.4　不同公平性约束下用户侧分摊的碳排放成本及额外增加的总成本

3. 电源结构对结果的影响

系统的电源结构决定了平均碳排放强度，影响系统的碳排放流分布，从而对用户侧碳排放成本的分摊造成影响。本节在保证机组容量不变的前提下，通过改变发电机组的类型来改变系统的电源结构，并分析其对规划结果的影响，如表 18.3 所示。

**表 18.3　电源结构的场景构成**

| 场景 | 机组类型 | | | | |
|---|---|---|---|---|---|
| | 节点 1<br>50MW | 节点 3<br>165MW | 节点 6<br>120MW | 节点 6<br>240MW | 节点 6<br>240MW |
| 1 | 水电机组 | 水电机组 | 水电机组 | 水电机组 | 水电机组 |
| 2 | 燃煤发电机组 | 燃煤发电机组 | 水电机组 | 水电机组 | 水电机组 |
| 3 | 燃煤发电机组 | 燃煤发电机组 | 燃煤发电机组 | 水电机组 | 水电机组 |
| 4 | 水电机组 | 水电机组 | 燃煤发电机组 | 燃煤发电机组 | 燃煤发电机组 |
| 5 | 燃煤发电机组 | 燃煤发电机组 | 燃煤发电机组 | 燃煤发电机组 | 水电机组 |
| 6 | 燃煤发电机组 | 燃煤发电机组 | 燃煤发电机组 | 燃煤发电机组 | 燃煤发电机组 |

此时，设置 $\delta=1$，即不考虑公平性约束。图 18.5 展示了对应的 6 种电源结构场景下用户分摊的碳排放成本及公平性系数。可以看出，当系统中火电机组的比例增加时，节点的平均碳势随之增加，电力用户需要分摊更多的碳排放成本；反之，若系统中所有电源都是低碳电源(场景 1)，则所有节点碳势都为 0，用户无须承担碳排放成本。但是，电源结构对于公平性系数的影响与用户的碳排放成本不同。当系统中所有发电机组的碳排放强度越趋于一致时，各节点的平均碳势越接近，公平性系数 $\gamma$ 越小，如场景 1 和场景 6 所示；反之，当发电机组之间的碳排放强度差异较大时，节点碳势的取值也呈现较大差异，公平性系数取值较大，如场景 2 和场景 3 所示。

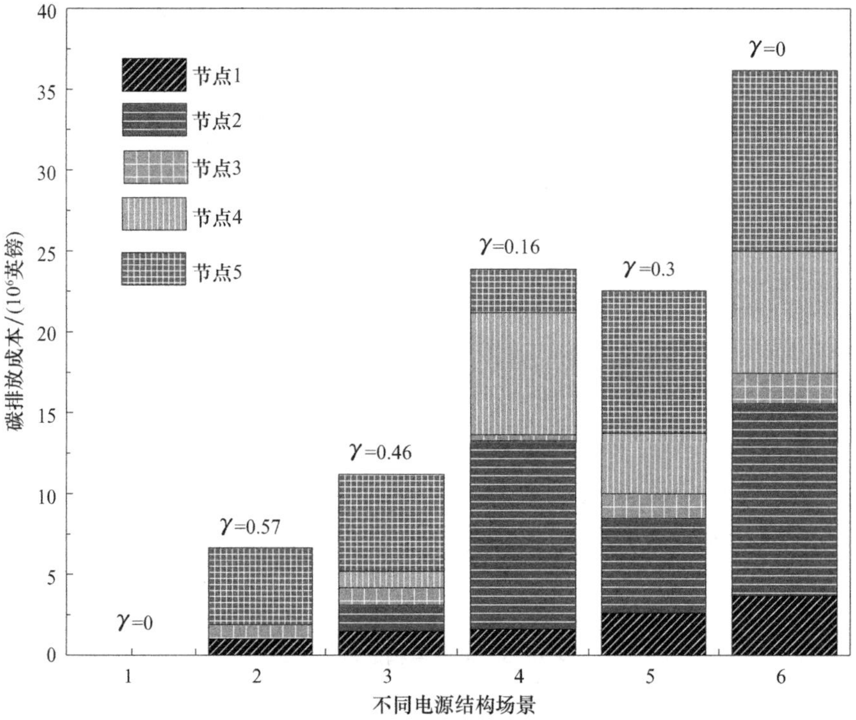


图 18.5 不同电源结构场景下的用户分摊的碳排放成本及公平性系数

### 18.4.2 IEEE-39 节点标准系统

IEEE-39 节点标准系统的拓扑结构如图 18.6 所示，网络参数可参照 MATPOWER 的相关参数[34]，此处不再赘述。将所有节点的负荷增加为原来的 1.6 倍，并新增 9 个输电通道(虚线所示)。每个已有输电通道和新增输电通道最多可新建两条输电线路。系统中发电机组的参数如表 18.4 所示，其中位于同一节点的同一类型机组等值为单台机组。

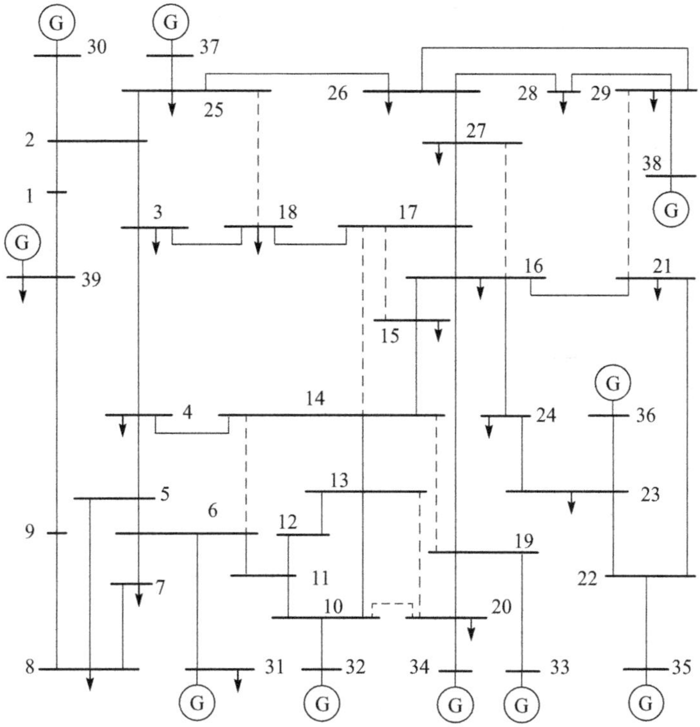


图 18.6　IEEE-39 节点标准系统拓扑结构

**表 18.4　IEEE-39 节点标准系统中发电机组的主要参数**

| 节点 | 容量/MW | 机组类型 | 发电成本 /[英镑/(MW·h)] | 碳排放强度 /[$tCO_2$/(MW·h)] |
|---|---|---|---|---|
| 26 | 1000 | 燃气发电机组 | 35 | 0.50 |
| 30 | 1000 | 水电机组 | 1 | 0 |
| 31 | 650 | 水电机组 | 1 | 0 |
| 32 | 725 | 水电机组 | 1 | 0 |
| 33 | 1000 | 燃煤发电机组 | 35 | 0.87 |
| 34 | 2000 | 燃煤发电机组 | 35 | 0.87 |
| 35 | 700 | 水电机组 | 1 | 0 |
| 36 | 580 | 燃煤发电机组 | 35 | 0.87 |
| 37 | 1500 | 水电机组 | 1 | 0 |
| 38 | 865 | 水电机组 | 1 | 0 |

同样，研究不同公平性约束下的网络规划结果，如图 18.7 所示。可以看出，结果变化的趋势与图 18.3 基本一致。此处，基准情形所对应的公平性系数 $\gamma=0.66$。需要说明的是，随着 $\delta$ 取值的减小，线路的投资成本并不总是增加的，这说明两者

之间并没有完全的对应关系。但是,总体来说,随着公平性约束的收紧,新建线路的数目总是趋于增多,这与 Garver's 6 系统的结果是一致的。

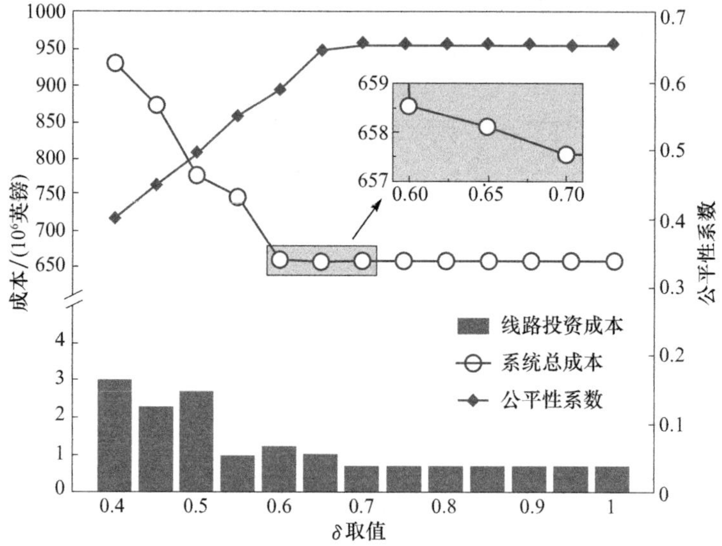


图 18.7　IEEE-39 节点标准系统不同公平性约束下的规划结果

# 第 19 章　考虑碳排放流的电源电网优化规划方法

## 19.1　不同碳排放约束对电源电网规划决策的影响

当碳排放约束从发电环节转移到用电环节，即引入用电碳排放约束时，会对原有电源和电网的规划方案带来影响。这里将讨论不同碳排放约束对电网规划决策的影响，以简单的三节点系统为例，如图 19.1 所示。

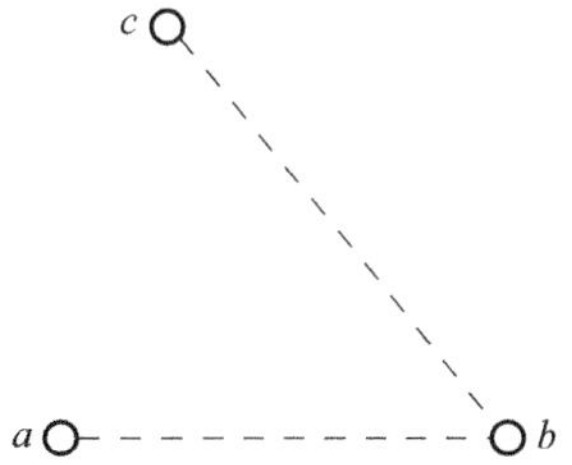

图 19.1　简化三节点系统

图 19.1 中共有 $a$、$b$、$c$ 三个节点，每个节点代表一个地区的电力系统。其中 $ab$ 两地与 $bc$ 两地间存在可供选择的联络线规划方案，并且联络线路的年利用小时数最大为 5000h。三个地区的电力生产需求概况、碳排放特性及约束如表 19.1 所示。

**表 19.1　三节点系统基础数据**

| 指标＼节点 | $a$ | $b$ | $c$ |
| --- | --- | --- | --- |
| 最大可规划电量/(亿 kW·h) | 40 | 40 | 30 |
| 目前可供电量/(亿 kW·h) | 30 | 40 | 30 |
| 电力需求量/(亿 kW·h) | 30 | 40 | 20 |
| 平均发电碳排放强度/[kg$CO_2$/(kW·h)] | 0.4 | 0.7 | 0.85 |
| 碳排放配额/万t$CO_2$ | 120 | 245 | 260 |

由表 19.1 可以看出，在不考虑碳排放配额，仅观察电力供需状况时，三个区域的用电量均可由本地供给。当考虑碳排放配额时，区域 $b$ 将出现碳排放配额不足的情况。当电源结构既定且不考虑跨区域碳排放配额交易时，通过新增电源和区域间联络线的方式可解决区域 $b$ 的碳排放约束越界的问题。根据碳排放量计量的不同口径，分为两种情况。

1) 碳排放配额为发电环节计量口径

此时，区域 $b$ 引入区域 $a$ 或区域 $c$ 的电量不影响自身的碳配额，而会对区域 $a$ 或区域 $c$ 的碳配额带来影响。因为区域 $a$ 碳排放已经饱和，区域 $c$ 尚有配额余量以支撑区域 $b$ 的电量需求，所以在不考虑碳排放交易机制的前提下，碳排放配额为发电环节计量口径时，系统联络线规划结果是区域 $bc$ 间增加 20 万 kW 的输电容量，如图 19.2(a)所示，同时区域 $c$ 增加 10 亿 kW·h 规划电量。

2）碳排放配额为用电环节计量

区域 $b$ 引入区域 $a$ 或区域 $c$ 的电量对区域 $a$ 或区域 $c$ 不会带来影响，但会影响自身的碳配额使用。观察三个区域的碳配额可发现：区域 $c$ 的碳配额不足以支撑引入区域 $b$ 的电量，而引入区域 $a$ 的电量可同时满足区域 $b$ 电量需求和碳排放约束。因此，在不考虑碳排放交易机制的前提下，碳排放配额为用电环节计量口径时，联络线规划结果将是区域 $ab$ 间增加 20 万 kW 的输电容量，如图 19.2(b)所示，同时区域 $a$ 增加 10 亿 kW·h 规划电量。

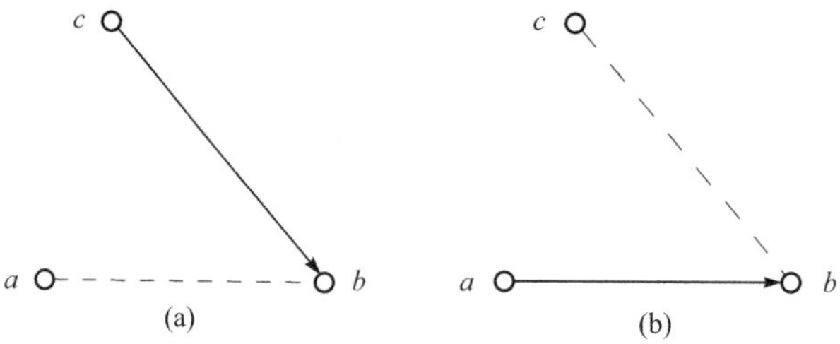


图 19.2　不同碳排放约束下的电网规划结果

从规划结果来看，三个区域总发电能力有富余。当区域 $b$ 接受来自区域 $a$ 或区域 $c$ 的电能时，其本地发电资源将出现闲置，该闲置由用电碳排放约束造成，增加了电网规划的成本。考虑到本节介绍的电网规划思路基于等值网络提出，结合前面章节介绍的考虑双边电量合约的等值网络的改进方法，该算例从区域 $a$ 送出的电能可以不等于其平均发电碳排放强度，而可以类似于双边合约的方式灵活指定。从基础数据表格的平均发电碳排放强度中可以看出，区域 $c$ 中电源以火电为主，区域 $a$ 中有相当比例的电源为低碳电源。当区域 $b$ 接受来自区域 $a$ 的电能全部为低碳电能（碳排放强度为 0）时，依然可保证各区域的碳排放约束，但从区域 $a$ 送至区域 $b$ 的电量可下降至 5 亿 kW·h，联络线通道容量增加量可下降至 10 万 kW，显著降低了电网规划成本，提高了碳排放配额的使用效率，让电力系统在低碳约束下以最经济的方式进行扩展。

## 19.2　低碳环境下的电源电网规划基本思路

19.1 节分析了在电源结构给定的前提下，不同的碳排放计量方法对电网规划的影响。当电源结构和区域间联络线均未完全确定时，基于用电环节的碳排放计量口径将为源网规划问题带来新的变化。在多个区域间均存在电量交换，存在各自用电碳排放约束时，让整个系统以总成本最低的方式进行电源电网的扩展，将是低碳电源电网优化规划所要解决的问题。

### 19.2.1　基于等值网络分析的碳排放流应用思路

碳排放流的核心思想是将发电环节的碳排放分摊至用电环节，从用户侧实现电力消费对应碳排放的计量。已有的考虑碳排放流和用电碳排放约束的跨区域电力传输模型均以平均发电（或用电）碳排放强度作为外送电力的碳流密度。该分析方法忽略了能源基地外送电能的实际情况，难以考虑多区域互联网络中不同区域间的双边电量合约[35]。考虑到区域间碳排放流的来源多为区域间互相支援的火电容量和电量合约中的火电电量。为更直观地描述区域间的碳排放流，采用等值网络改进法，通过外送机组和直送线路来描述区域间碳排放流的分布。进而通过建立本地容量和外送容量的概念，对多区域互联的电力网络建模进行电源电网优化规划。

### 19.2.2　建模思路

具体思路为：将每个区域中的各类电源容量分为两大类，一类是用于平衡本地负荷的容量，称为本地容量；另一类为供应其他区域负荷的容量，称为外送容量。同时，在等值网络中建立区域间点对点的直送线路，以明确区域间电量流和碳排放流的源点和汇点，便于用电碳排放的计量，同时确认电量合约的完成情况。

## 19.3　考虑碳排放流的电源电网规划模型及其求解

### 19.3.1　模型的目标函数与决策变量

本模型考虑以年作为决策时间单位，模型中的决策变量主要包括以下三类：第一类为 $P^{\mathrm{N}}_{u,y,a,b}$，表示第 $y$ 年区域 $a$ 中为区域 $b$ 负荷供电的第 $u$ 类电源的扩展容量，脚标中 $a$ 与 $b$ 均表示区域。当 $a$ 与 $b$ 表示同一区域，如 $P^{\mathrm{N}}_{u,y,a,a}$ 时，表明该类机组新增容量用于平衡区域 $a$ 本地负荷，为本地容量。当 $a$ 与 $b$ 表示不同区域时，表明该类机组新增容量用于平衡区域 $b$ 的负荷，为外送容量。第二类为 $P^{\mathrm{I}}_{(a,b),y}$，表示第 $y$ 年区域 $a$ 向区域 $b$ 间送电通道的新增容量。第三类为 $P^{d,t}_{u,y,a,b}$，为第 $y$ 年典型日 $d$ 中时段 $t$ 下，区域 $a$ 中为区域 $b$ 负荷供电的第 $u$ 类电源的出力。

目标函数为

$$\min C=\sum_{y\in Y}(1+r)^{-y}(C^{\mathrm{I}}_y+C^{\mathrm{O}}_y+C^{\mathrm{G}}_y+C^{\mathrm{T}}_y+C^{\mathrm{E}}_y) \tag{19.1}$$

式中：$Y$ 为所有待规划年份，$r$ 为通货膨胀率；$C^{\mathrm{I}}_y$、$C^{\mathrm{O}}_y$、$C^{\mathrm{G}}_y$、$C^{\mathrm{T}}_y$ 和 $C^{\mathrm{E}}_y$ 分别为系统在第 $y$ 年的总投资建设成本、总固定运行成本、总可变运行成本、区域间联络线建设成本和碳排放交易成本。其中，$C^{\mathrm{I}}_y$、$C^{\mathrm{O}}_y$ 与 $C^{\mathrm{T}}_y$ 由投资问题描述，$C^{\mathrm{E}}_y$ 由运行子问题描述。

目标函数中各成本项的具体表达式可由以下公式计算得到。

1. 总投资建设成本

$$C_y^{\mathrm{I}}=\sum_{a\in A}\sum_{b\in A}\sum_{u\in U}P_{u,y,a,b}^{\mathrm{N}}c_{u,y,a}^{\mathrm{I}} \tag{19.2}$$

式中：$A$ 为模型中各子区域的集合；$U$ 为待规划电源种类的集合；$c_{u,y,a}^{\mathrm{I}}$ 为单位容量的电源投资成本。

模型对 $C_y^{\mathrm{I}}$ 采用等年值分解的形式，将各类电厂的投资成本按折现率平摊到电厂的服役年限中，并忽略电源在规划期后的残值。此外，模型默认固定区域中各类电厂的单位容量投资成本为定值，故式中 $c_{u,y,a}^{\mathrm{I}}$ 不再有脚标 $b$。

2. 总固定运行成本

$$C_y^{\mathrm{O}}=\sum_{a\in A}\sum_{u\in U}P_{u,y,a}c_{u,y,a}^{\mathrm{O}} \tag{19.3}$$

式中：$P_{u,y,a}$ 和 $c_{u,y,a}^{\mathrm{O}}$ 为第 $y$ 年区域 $a$ 中第 $u$ 类电源的可用容量和单位容量固定运行成本。

可用容量 $P_{u,y,a}$ 可由式(19.4)表示：

$$P_{u,y,a}=\sum_{b\in A}P_{u,y,a,b} \tag{19.4}$$

式中：$P_{u,y,a,b}$ 为第 $y$ 年区域 $a$ 中为区域 $b$ 负荷供电的第 $u$ 类电源的总容量，有

$$P_{u,y,a,b}=P_{u,0,a,b}+\sum_{i=1}^{y}P_{u,i,a,b}^{\mathrm{N}}-\sum_{i=1}^{y}P_{u,i,a,b}^{\mathrm{D}} \tag{19.5}$$

式中：$P_{u,0,a,b}$ 为规划期初区域 $a$ 中为区域 $b$ 负荷供电的第 $u$ 类电源的已有容量；$P_{u,i,a,b}^{\mathrm{D}}$ 为该类电源在第 $i$ 个规划年的退役容量。

3. 总可变运行成本

总可变运行成本为系统发电成本，可由式(19.6)表示：

$$C_y^{\mathrm{G}}=\sum_{d\in D}\sum_{t\in T_D}\sum_{a\in A}\sum_{b\in A}\sum_{u\in U}P_{u,y,a,b}^{d,t}c_{u,y,a}^{\mathrm{G}}\Delta T \tag{19.6}$$

式中：$c_{u,y,a}^{\mathrm{G}}$ 为第 $y$ 年区域 $a$ 中第 $u$ 类电源的单位发电成本；$P_{u,y,a,b}^{d,t}$ 为典型日 $d$ 的时段 $t$ 下，区域 $a$ 为区域 $b$ 供电的电源发电量；$D$ 为系统所有典型运行方式下的典型日集合；$T_D$ 为系统在典型日 $D$ 中的时段集合；$\Delta T$ 为时段持续时长。

4. 区域间联络线建设成本

区域间联络线建设成本可由式(19.7)表示：

$$C_y^{\mathrm{T}} = \sum_{(a,b)\in B} P_{(a,b),y}^{\mathrm{I}} c_{(a,b)}^{\mathrm{I}} \tag{19.7}$$

式中：$P_{(a,b),y}^{\mathrm{I}}$和$c_{(a,b)}^{\mathrm{I}}$为第$y$年从区域$a$至区域$b$送电通道的新建容量和单位容量建设成本；$B$为可选的送电通道的集合，此处的送电通道指改进的等值网络中的直送通道。

5. 碳排放交易成本

引入碳排放交易成本的含义是：当系统各自子域的用电碳排放总量高于总允许的碳排放配额时，系统需要购买额外的碳排放配额从而造成成本；而当系统碳排放总量低于碳排放配额时，可出售剩余配额获得利润，具体可表示为

$$C_y^{\mathrm{E}} = \sum_{a\in A} \pi_{y,a} (E_{y,a} - E_{y,a}^{\mathrm{Cap}}) \tag{19.8}$$

式中：$E_{y,a}$为区域$a$中第$y$年的用电碳排放量；$E_{y,a}^{\mathrm{Cap}}$为区域$a$中第$y$年的用电碳排放配额；$\pi_{y,a}$为区域$a$中第$y$年单位碳排放配额的价格。本模型认为碳排放配额为外部给定值。

$$E_{y,a} = \sum_{d\in D}\sum_{t\in T_D}\sum_{b\in A}\sum_{u\in U} P_{u,y,b,a}^{d,t} e_{u,b} \Delta T \tag{19.9}$$

式中：$e_{u,b}$为送端区域$b$中第$u$类机组的碳势。

### 19.3.2 约束条件

1. 电源年发电量约束

对于各类电源，其年发电量约束等效于其年发电利用小时数不得超过其年最高可利用小时数$T_{u,y,a}^{\max}$（最高利用小时数主要来源于一次能源约束、机组检修等），也不可低于一定的年最低利用小时数$T_{u,y,a}^{\min}$（最低利用小时数来源于政策规定、水电强迫出力或维持电厂运营需要），因此有

$$P_{u,y,a,b} T_{u,y,a}^{\min} \leqslant \sum_{d\in D}\sum_{t\in T_{\mathrm{D}}} N_t N_d P_{u,y,a,b}^{d,t} \Delta T \leqslant P_{u,y,a,b} T_{u,y,a}^{\max} \tag{19.10}$$

式中：$N_t$和$N_d$分别为时段$t$在典型日$d$中的数量和典型日$d$在第$y$年中的数量。

2. 分区电力供需约束

系统每年各类电源的总容量应与该年系统负荷需求保持平衡。同时，各区域中用于平衡本地负荷的电源容量与其他区域对该区域的送入容量之和应不小于该区域的最大负荷，后者是前者的充分条件。即

$$\sum_{u\in U}\sum_{b\in A} P_{u,y,b,a} \geqslant P_{y,a}^{\max} \tag{19.11}$$

式中：$P_{y,a}^{\max}$为第$y$年区域$a$的最大预测负荷。

3. 区域电源最大开发容量约束

对于火电机组，电源发电需要消耗一次能源，主要为煤炭、天然气、石油等。显然，各区域的火电机组所消耗的一次能源消耗量之和不得超过一次能源最大可供给量，体现为系统火电年最大电量约束，对于区域 $a$，有

$$\sum_{u\in U_n}\sum_{b\in A}\sum_{d\in D}\sum_{t\in T_D}P_{u,y,a,b}^{d,t}\Delta T f_{u,y,a}\leqslant F_{y,n,a} \tag{19.12}$$

式中：$f_{u,y,a}$ 为区域 $a$ 中火电厂单位发电量的能耗；$U_n$ 为所有以一次能源 $n$ 作为能量输入的电厂集合；$F_{y,n,a}$ 为该类一次能源 $n$ 在区域 $a$ 中的最大供应量。

本模型中不直接考虑一次能源运输约束和成本。

对于风电、水电不需要耗费燃料的电源，不用遵守式(19.12)的约束，而应限制其逐年的最大可开发容量，该限制取决于资源的年可开发容量，或者电源设备制造业的最大产量，即有

$$P_{u,0,a}+\sum_{i=1}^{y}P_{u,i,a}^{\mathrm{N}}\leqslant P_{u,y,a}^{\max},\quad u\in U \tag{19.13}$$

式中：$P_{u,y,a}^{\max}$ 为区域 $a$ 中第 $u$ 类电源截至第 $y$ 年的最大可开发容量；$P_{u,0,a}$ 为在规划初始该类电源的在役装机容量。

4. 区域间电量合约约束

不同的区域间可自由签订双边电量合约，作为区域间电量交换乃至碳排放流的依据。以区域 $a$ 和区域 $b$ 存在的合约为例，该约束可表现为区域 $a$ 中为区域 $b$ 负荷供电的第 $u$ 类电源的电量不少于合约电量，即

$$\sum_{d\in D}\sum_{t\in T_D}P_{u,y,a,b}^{d,t}\Delta T\geqslant G_{u,y,a,b}^{\mathrm{C}},\quad u\in U \tag{19.14}$$

式中：$G_{u,y,a,b}^{\mathrm{C}}$ 为从区域 $a$ 到区域 $b$ 的第 $u$ 类电源的合约电量。

5. 区域间联络线容量约束

联络线通道容量必须保证区域间电力交换的需求，即

$$\sum_{u\in U}P_{u,y,a,b}\leqslant P_{(a,b),y},\quad (a,b)\in B,a\neq b \tag{19.15}$$

式中：$P_{(a,b),y}$ 为等值网络中第 $y$ 年区域 $a$ 至区域 $b$ 点对点送电通道的可用容量。

$$P_{(a,b),y}=P_{(a,b),0}+\sum_{i=1}^{y}P_{(a,b),i}^{\mathrm{I}},\quad (a,b)\in B \tag{19.16}$$

式中：$P_{(a,b),0}$ 为规划初期等值网络中区域 $a$ 至区域 $b$ 点对点送电通道的已有容量。

此外，联络线容量的扩展还需考虑地理和施工条件等因素的限制，两区域间联

络线容量存在上限,即

$$P_{(a,b),y} \leqslant P_{ab}^{\max}, \quad a,b \in A \tag{19.17}$$

对于实际网络中点对点传输的联络线,可直接应用上述约束。对于虚拟等效网络中的联络线,上述约束要进行修改。根据等值网络改进思路,等值网络中不同地区间点对点的送电通道会共用实际网络中的输电容量。因此联络线还需要受到实际网络中区域间最大容许输电容量的约束。因此,在构建区域间联络线约束时,还需要考虑改进等值网络与实际网络间送电通道的实际拓扑关系。

以三节点系统为例,若网络中 $a$ 为净输出的能源基地,$b$、$c$ 两地为净输入负荷中心,$a$ 通过一条途经 $b$ 区域的送电通道往 $b$、$c$ 两地送电,如图 19.3 所示。其中,联络通道 $ab$ 段最大可规划容量为 $P_{ab}^{\max}$,联络通道 $bc$ 段最大可规划容量为 $P_{bc}^{\max}$。上述示例系统经改进后的等值网络如图 19.4 所示。

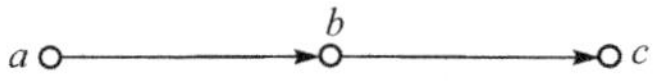


图 19.3　$a$ 为净输出,$b$、$c$ 为净输入的三节点示例系统

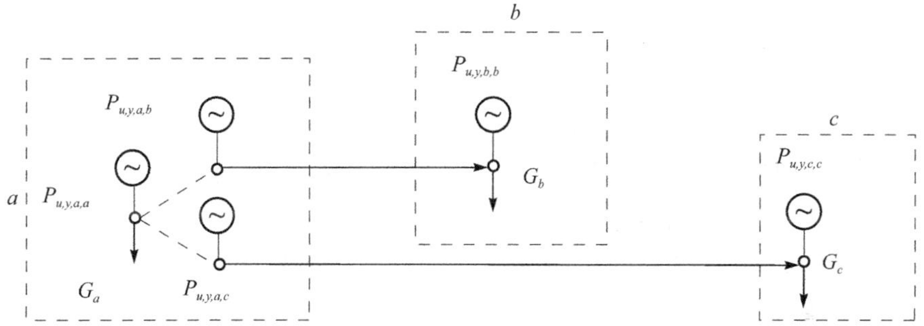


图 19.4　三节点示例系统改进后的等值网络

则上述联络线通道约束可表示为

$$\begin{cases} P_{(a,b),y} + P_{(a,c),y} \leqslant P_{ab}^{\max} \\ P_{(a,c),y} \leqslant P_{bc}^{\max} \end{cases} \tag{19.18}$$

若示例网络中还存在一条从能源基地 $a$ 送往 $c$ 地的直送通道,且最大可规划容量为 $P_{ac}^{\max}$,如图 19.5 所示。

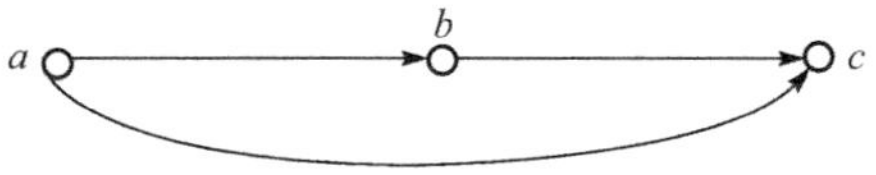


图 19.5　新增联络线通道后的三节点示例系统

经改进后的等值网络不变,但联络线通道约束将变为

$$\begin{cases} P_{(a,b),y} + P_{(a,c),y} \leqslant P_{ab}^{\max} + P_{ac}^{\max} \\ P_{(a,c),y} \leqslant P_{ac}^{\max} + \min\{P_{ab}^{\max}, P_{bc}^{\max}\} \end{cases} \tag{19.19}$$

虚拟等效网络中的联络线约束相当于断面约束。

6. 区域间联络线电量约束

对于各联络线，其年电量约束等效于其年利用小时数不得超过其年最高可利用小时数 $T^{\max}_{(a,b),y}$，即

$$\sum_{u\in U}\sum_{d\in D}\sum_{t\in T_D}P^{d,t}_{u,y,a,b}\Delta T\leqslant P_{(a,b),y}T^{\max}_{(a,b),y} \tag{19.20}$$

7. 典型日运行调峰与备用约束

本约束面向生产模拟，在典型日给定的负荷曲线下，各区域中的已开机组需满足本区域的最大负荷以及调峰和备用需求。在不考虑日内机组启停的前提下，典型日运行约束具体可表示为

$$\begin{cases}\sum\limits_{a\in A}\sum\limits_{u\in U_d}P_{u,y,a,b}\geqslant P^{\max}_{b,y,d}(1+\overline{R}),\\ \sum\limits_{a\in A}\sum\limits_{u\in U_d}P_{u,y,a,b}\alpha_{a,u}\leqslant P^{\min}_{b,y,d}(1-\underline{R}),\end{cases}\quad y\in Y,d\in D,b\in A \tag{19.21}$$

式中：$U_d$ 为在典型日 $d$ 中开机机组的集合；$\alpha_{a,u}$为区域 $a$ 中类型为 $u$ 的机组最低出力占其额定容量的比例；$P^{\max}_{b,y,d}$和 $P^{\min}_{b,y,d}$为第 $y$ 年区域 $b$ 中典型日 $d$ 的最大和最小负荷；$\overline{R}$ 和 $\underline{R}$ 为正备用率和负备用率。

对于各区域的风电机组，需考虑其反调峰特性，在考虑系统正备用约束时，将风电机组开机容量视为零，而在分析系统负备用时，将风电机组的负备用取为一定置信水平下的最大出力。如此处理可以确保系统调峰与备用约束满足实际运行的要求。

8. 典型日机组出力约束

本约束面向生产模拟，在给定典型日下，系统各类机组的出力不能超过该类型机组的可用容量：

$$P^{d,t}_{u,y,a,b}\leqslant P_{u,y,a,b}\lambda^{d}_{u,y,a} \tag{19.22}$$

同时，系统各类机组的出力不可低于该类型机组的最低出力：

$$P^{d,t}_{u,y,a,b}\geqslant P_{u,y,a,b}\lambda^{d}_{u,y,a}\alpha^{d}_{u,a} \tag{19.23}$$

式中：$\lambda^{d}_{u,y,a}$为第 $y$ 年 $a$ 区域的第 $u$ 类机组在典型日 $d$ 中的可用容量占 $P_{u,y,a,b}$的比例；$\alpha^{d}_{u,a}$为 $a$ 区域的第 $u$ 类机组在典型日 $d$ 中的单位容量最低出力比例。

9. 电源电网投资建设约束

考虑到电源电网的建设施工能力以及各区域电源与电网扩展方案的平稳性，表现为各地区每年投产的电源和地区间联络线容量应满足一定限制，即

$$\begin{cases}P_{u,y,a,b}^{\mathrm{N}} \leqslant P_{u,y,a,b}^{\mathrm{N,max}} \\ P_{(a,b),y}^{\mathrm{I}} \leqslant P_{(a,b),y}^{\mathrm{I,max}}\end{cases} \tag{19.24}$$

10. 碳排放交易约束

考虑到系统中不同区域的产业结构、经济发展规划以及对国家宏观低碳发展目标的响应，各区域对自身的碳排放量将设定约束。在跨区域碳排放交易机制形成之前，各区域电网可寻求区域内与其他行业间的碳排放交易合作。为了促使各区域对自身用能方式和产业结构的优化，合理认识自身用电碳排放，本约束中将引入等值网络碳排放流计算的思想，以用电而不是发电作为碳排放计量标准。考虑到各区域内碳排放配额与交易的限制，电力行业在本区域内可购买的配额存在上限，体现为用电总碳排放约束存在上限，即

$$\sum_{a\in A}\sum_{u\in U}\sum_{d\in D}\sum_{t\in T_D} P_{u,y,a,b}^{d,t} e_{u,a}\Delta T \leqslant E_{y,a}^{\max} \tag{19.25}$$

式中：$E_{y,a}^{\max}$为区域$a$中考虑碳交易后第$y$年的用电总碳排放最大允许值。

$E_{y,a}^{\max}$可由各个区域政府独立制定，作为外部已知条件。当系统所在区域的政府部门（或国家）有明确的面向电力行业的碳排放控制目标时，$E_{y,a}^{\max}$可直接给定。

11. 新建电源非负性约束

在电源规划问题中，通常存在新建电源容量的非负性约束，在本章提出的多区域电源规划问题中，所有区域各类电源投产总量需满足非负性约束，即

$$\sum_{a\in A} P_{u,y,a,b}^{\mathrm{N}} \geqslant 0 \tag{19.26}$$

12. 电量与联络线决策变量非负性约束

除新建电源约束外，其余决策变量满足非负性约束，即

$$\begin{aligned}&P_{u,y,a,b}^{d,t} \geqslant 0 \\ &P_{(a,b),y}^{\mathrm{I}} \geqslant 0\end{aligned} \tag{19.27}$$

13. 联络线合理性约束

根据能源规划战略或系统实际情况，在多区域系统中并非任意两个区域间均可进行电能输送，对于不存在能源交换的区域对，其联络线容量需设定为零，以便得到合理的优化结果。结合决策变量非负性约束，联络线合理性约束可表述为

$$\sum_{(a,b)\in \overline{L}} P_{(a,b),y}^{\mathrm{I}} = 0 \tag{19.28}$$

式中：$\overline{L}$为不存在能源交换的区域对的集合。

### 19.3.3 模型的求解思路

上述模型为线性模型,线性模型的一般形式可表示为

$$\begin{aligned} &\min \quad \boldsymbol{c}^{\mathrm{T}}\boldsymbol{x} \\ &\text{s.t.}\ \ \boldsymbol{A}\boldsymbol{x} \leqslant \boldsymbol{b} \\ &\qquad \boldsymbol{A}_{\mathrm{eq}}\boldsymbol{x} = \boldsymbol{b}_{\mathrm{eq}} \\ &\qquad \boldsymbol{x} \geqslant \boldsymbol{0} \end{aligned} \tag{19.29}$$

式中:$\boldsymbol{A}$ 和 $\boldsymbol{b}$ 为优化问题中的不等式约束;$\boldsymbol{A}_{\mathrm{eq}}$ 和 $\boldsymbol{b}_{\mathrm{eq}}$ 为优化问题中的等式约束;$\boldsymbol{x}$ 为优化问题的决策变量。

根据 19.3.1 节中介绍的各部分规划成本,每一类成本均可表示为 $\boldsymbol{c}_k^{\mathrm{T}}\boldsymbol{x}$ 的形式。按 19.3.1 节构造 $\boldsymbol{c}_k$,令

$$\boldsymbol{c} = \sum_{k=1}^{K} \boldsymbol{c}_k \tag{19.30}$$

式中:$K$ 为目标函数中组成部分的个数。

由此可构造优化模型中的目标函数。

根据 19.3.2 节中介绍的各类约束条件,每一类等式约束和不等式约束均可表示为 $\boldsymbol{A}_i\boldsymbol{x} \leqslant \boldsymbol{b}_i$ 或 $\boldsymbol{A}_{\mathrm{eq}i}\boldsymbol{x} = \boldsymbol{b}_{\mathrm{eq}i}$ 的形式。按 19.3.2 节描述构造 $\boldsymbol{A}_i$、$\boldsymbol{b}_i$ 和 $\boldsymbol{A}_{\mathrm{eq}i}$、$\boldsymbol{b}_{\mathrm{eq}i}$,令

$$\boldsymbol{A} = \begin{bmatrix} \boldsymbol{A}_1 \\ \boldsymbol{A}_2 \\ \vdots \\ \boldsymbol{A}_I \end{bmatrix}, \quad \boldsymbol{b} = \begin{bmatrix} \boldsymbol{b}_1 \\ \boldsymbol{b}_2 \\ \vdots \\ \boldsymbol{b}_I \end{bmatrix}, \quad \boldsymbol{A}_{\mathrm{eq}} = \begin{bmatrix} \boldsymbol{A}_{\mathrm{eq}1} \\ \boldsymbol{A}_{\mathrm{eq}2} \\ \vdots \\ \boldsymbol{A}_{\mathrm{eq}J} \end{bmatrix}, \quad \boldsymbol{b}_{\mathrm{eq}} = \begin{bmatrix} \boldsymbol{b}_{\mathrm{eq}1} \\ \boldsymbol{b}_{\mathrm{eq}2} \\ \vdots \\ \boldsymbol{b}_{\mathrm{eq}J} \end{bmatrix} \tag{19.31}$$

式中:$I$ 和 $J$ 分别为不等式约束和等式约束的个数。由此可构造优化模型中的约束条件。

通过 MATLAB 编制求解程序,调用 CPLEX12.5 可对上述模型进行求解。

## 19.4 算 例 分 析

### 19.4.1 基础数据

运用前面介绍的模型分析考虑碳约束的我国南方五省区未来电源电网的扩展前景,规划期为从起始年往后的 6 年(依次称为第 1 年、第 2 年、第 3 年、第 4 年、第 5 年、第 6 年);为突出碳排放约束的作用效果,同时简化模型分析的复杂性,算例中考虑将南方电网视为一个五节点系统,对每个节点不再区分其内部不同区域,只区分其内部不同类型的机组。

1）电力需求

第 1 年各省区内最大负荷与预测负荷增长率如表 19.2 所示。

**表 19.2　南方电网负荷预测**

| 指标 | 广东 | 广西 | 云南 | 贵州 | 海南 |
|---|---|---|---|---|---|
| 第 1 年最大负荷/万 kW | 12680 | 3060 | 5286 | 3600 | 520 |
| 第 2～6 年负荷预测增长率/% | 5.6 | 7.6 | 5.5 | 5.8 | 12.6 |

2）电源参数

第 1 年各省区不同类型电源的装机容量参考表 19.3。

**表 19.3　南方电网第 1 年各区域装机容量及构成**　（单位:万 kW）

| 机组类型 | 广东 | 广西 | 云南 | 贵州 | 海南 |
|---|---|---|---|---|---|
| 水电机组 | 1303 | 1575 | 6864 | 1800 | 84 |
| 燃煤发电/燃油发电机组 | 6920 | 2123 | 1868 | 3545 | 345 |
| 燃气发电机组 | 893 | 18 | 0 | 0 | 142 |
| 核电机组 | 1288 | 200 | 0 | 0 | 130 |
| 风电/光伏机组 | 322 | 60 | 497 | 200 | 20 |

对于不同省区中各类机组利用小时数、最大可开发容量等参数，不同地区均有差异，根据南方电网整体及各省区中长期电力工业发展规划结果得到。

对于各区域的抽水蓄能机组，在本算例中简化处理，按照南方各省区电力中长期规划中的投产计划投产，其效果为降低各省区最大负荷，提升最小负荷，降低系统调峰与备用需求。

3）等值网络参数

系统等值网络结构同图 10.6，等值网络如图 10.7 所示，图 10.7 中共有 7 条虚拟联络线。需要说明的是，云南至海南两省间无直送联络线，但在物理上两省间存在自然电量。故在等值系统改进时设计一条云南送往海南的容量为 20 万 kW 的小容量联络线以描述这部分自然电量的存在，使本算例分析与实际系统运行相符。但该条线路可扩展的容量为零，可扩容的线路为剩余的 6 条线路。

综上所述，模型可供规划决策的电源与联络线选项如图 19.6 所示。

第 1 年各区域间联络线情况如表 19.4 所示。

为简化分析，本算例中决策的所有跨省联络线路均为 500kV 交流或直流输电线路，距离估算结果参考表 19.5。

线路造价可参考文献[36]和[37]。根据各区域间联络线的长度，可得到各区域间联络线的单位造价，如表 19.6 所示。

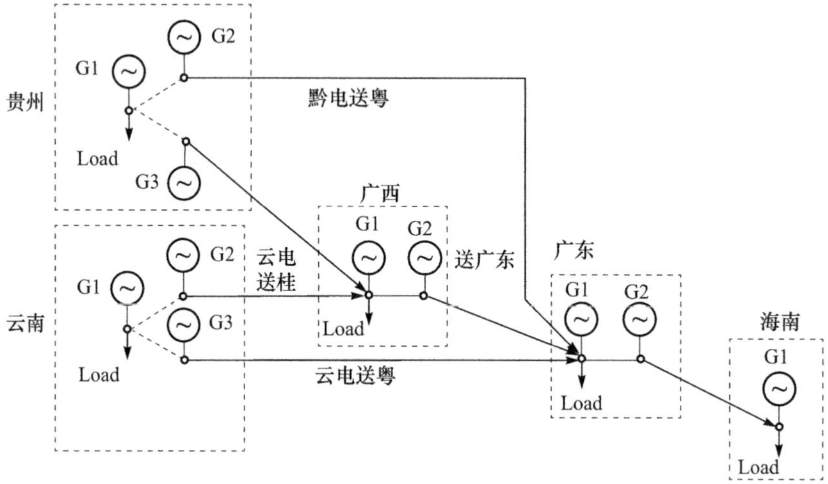


图 19.6　南方五省区简化等值网络

**表 19.4　南方电网第 1 年各省区联络线容量**　　(单位:万 kW)

| 送端省区＼受端省区 | 广东 | 广西 | 云南 | 贵州 | 海南 |
|---|---|---|---|---|---|
| 广东 | — | — | — | — | 30 |
| 广西 | 193 | — | — | — | — |
| 云南 | 2500 | 300 | — | — | 20 |
| 贵州 | 1050 | 300 | — | — | — |
| 海南 | — | — | — | — | — |

**表 19.5　南方电网第 1 年各省区联络线长度**　　(单位:km)

| 送端省区＼受端省区 | 广东 | 广西 | 云南 | 贵州 | 海南 |
|---|---|---|---|---|---|
| 广东 | — | — | — | — | 550 |
| 广西 | 550 | — | — | — | — |
| 云南 | 1200 | 650 | — | — | 1300 |
| 贵州 | 1000 | 550 | — | — | — |
| 海南 | — | — | — | — | — |

**表 19.6　南方电网各省区联络线单位容量成本**　　(单位:元/kW)

| 送端省区＼受端省区 | 广东 | 广西 | 云南 | 贵州 | 海南 |
|---|---|---|---|---|---|
| 广东 | — | — | — | — | 756.8 |
| 广西 | 756.8 | — | — | — | — |
| 云南 | 1651.2 | 894.4 | — | — | 1788.8 |
| 贵州 | 1376 | 756.8 | — | — | — |
| 海南 | — | — | — | — | — |

4）生产模拟数据

设定一年时间为 8760h，本算例采取两个典型日，分别为当年的最大负荷日与最小负荷日，每种典型日持续 4380h。每个典型日包含两个时段，分别为该日的高峰时段和低谷时段，每个时段持续 12h。对 6 个规划年、12 个典型日共 24 个典型时段进行联合仿真。

5）电量合约数据

根据南方电网实际情况，设定云南输出电量为水电，贵州输出的总电量中送往广东的电量为火电。设规划期各年贵州和云南需满足的总外送电量合约如表 19.7 所示。其余外送通道无电量合约约束。

**表 19.7　云贵两省外送电量合约需求**　（单位：亿 kW·h）

| 时间 | 云南外送电量 | 贵州外送电量 |
|---|---|---|
| 第 1 年 | 1100 | 470 |
| 第 2 年 | 1200 | 470 |
| 第 3 年 | 1300 | 470 |
| 第 4 年 | 1400 | 470 |
| 第 5 年 | 1500 | 470 |
| 第 6 年 | 1500 | 470 |

6）碳排放数据

碳排放配额基于我国碳排放控制目标制定。为确定碳排放约束，还需明确电力行业碳排放与全社会碳排放间的关系。根据 2012 年 IEA 发布的碳排放报告[38]，我国 2010 年电力行业碳排放占全社会碳排放总量的比例已达 49%。本算例中保守假定规划期间电力行业碳排放占全社会碳排放总量的比例保持在 50%。

由此可估算得出各省区从规划第 1 年～第 6 年与 GDP 相挂钩的用电碳排放配额，如表 19.8 所示，单位为万 $tCO_2$。同时设定各省区碳交易总量不得超过全省碳排放配额总量的 10%。

**表 19.8　各省区各年份用电碳排放配额**　（单位：万 $tCO_2$）

| 时间 | 广东 | 广西 | 云南 | 贵州 | 海南 |
|---|---|---|---|---|---|
| 第 1 年 | 78263 | 20415 | 14665 | 9510 | 4774 |
| 第 2 年 | 80892 | 21616 | 15229 | 10254 | 5333 |
| 第 3 年 | 83538 | 22869 | 15801 | 11048 | 5952 |
| 第 4 年 | 86191 | 24172 | 16380 | 11891 | 6638 |
| 第 5 年 | 88841 | 25524 | 16963 | 12787 | 7395 |
| 第 6 年 | 91478 | 26923 | 17548 | 13736 | 8230 |

考虑到各省区碳市场差异，假定价格不随时间改变，设定各省区碳配额价格如表 19.9 所示。

表 19.9　各省区各年份用电碳排放配额价格

| 省区 | 广东 | 广西 | 云南 | 贵州 | 海南 |
|---|---|---|---|---|---|
| 碳配额价格/(元/$tCO_2$) | 80 | 60 | 70 | 80 | 60 |

### 19.4.2　计算结果与分析

将上述模型用 MATLAB 进行编程，调用 CPLEX12.5 进行求解，结果如下。

1. 电源扩展方案

经过整理后的各省区逐年各类型电源扩展方案如表 19.10～表 19.14 所示。

表 19.10　各省区各年份新增水电装机容量　　(单位:万 kW)

| 时间 | 广东 | 广西 | 云南 | 贵州 | 海南 |
|---|---|---|---|---|---|
| 第 1 年 | 59.4 | 28.0 | 498.6 | 20.0 | 0 |
| 第 2 年 | 65.3 | 30.8 | 548.5 | 22.0 | 0 |
| 第 3 年 | 71.9 | 33.9 | 603.3 | 24.2 | 0 |
| 第 4 年 | 79.1 | 37.3 | 663.6 | 26.6 | 0 |
| 第 5 年 | 21.3 | 10.1 | 179.0 | 7.2 | 0 |
| 第 6 年 | 0 | 0 | 0 | 0 | 0 |

注:广东新增的水电装机主要来自省外三峡、鲤鱼江水电的新增容量。

观察规划结果可发现，南方电网水电资源丰富，并且水电机组属于零碳排放电源，具有较好的调节能力。因此，在存在碳排放约束的条件下，水电机组均为各省区优先开发的电源类型。南方五省区中以云南可开发的水电资源量最大，并且规划期间亦为三江干流水电的集中开发阶段。新增水电主要用于平衡本地负荷，同时支援广东，配合广东进行调峰。贵州和广西开发的水电资源有限，为满足省区内调节能力，两省区水电资源将在规划期内陆续开发。海南和广东省内的水电资源在规划开始前已经开发完毕，海南在规划期间不再新增水电。

表 19.11　各省区各年份新增火电装机容量　　(单位:万 kW)

| 时间 | 广东 | 广西 | 云南 | 贵州 | 海南 |
|---|---|---|---|---|---|
| 第 1 年 | 0 | 0 | 10.0 | 0 | 0 |
| 第 2 年 | 0 | 0 | 0 | 0 | 0 |
| 第 3 年 | 0 | 0 | 0 | 212.3 | 0 |
| 第 4 年 | 0 | 0 | 0 | 249.0 | 0 |
| 第 5 年 | 0 | 0 | 0.0 | 293.6 | 0 |
| 第 6 年 | 90.2 | 183.3 | 114.5 | 459.4 | 0 |

根据南方五省区的资源分布特点，贵州火电资源丰富，为南方电网的主要能源送出省份之一。在规划前期，各省区的新增负荷主要由各省区的新增水电资源承担，规划后期水电资源开发完毕后，为平衡新增负荷或增强省级电网调节能力，各省区需规划投运火电机组。云南在规划前期拥有较为充足的水电资源，规划后期新增的少量火电机组主要用于加强省内调峰和备用的能力。海南拥有较为充足的燃气资源，同时可依靠广东电网协助调节，无须新增燃煤火电机组。贵州规划期间可开发的水电资源十分有限，作为能源输出省份，在规划后期便需大量规划投产火电机组。

**表 19.12　各省区各年份新增核电装机容量**　（单位：万 kW）

| 时间 | 广东 | 广西 | 云南 | 贵州 | 海南 |
| --- | --- | --- | --- | --- | --- |
| 第 1 年 | 238.4 | 40.0 | 0 | 0 | 53.0 |
| 第 2 年 | 262.2 | 44.0 | 0 | 0 | 58.3 |
| 第 3 年 | 288.5 | 48.4 | 0 | 0 | 64.1 |
| 第 4 年 | 317.3 | 53.2 | 0 | 0 | 70.5 |
| 第 5 年 | 85.6 | 14.4 | 0 | 0 | 19.0 |
| 第 6 年 | 0 | 0 | 0 | 0 | 0 |

核能属于非可再生能源，但核电机组发电过程中不存在碳排放，属于低碳电源，其特点是调节能力弱，适于承担基荷。对于负荷峰谷差较大的系统，投产核电的同时需要配套足够的灵活调节电源。根据计算结果，在碳配额条件下，除云南和贵州本身不具备开发核电的条件外，广东、广西和海南三省区均在规划期前期集中开发核电以获取低碳效益，由于南方电网的水电资源也在规划前期集中开发，为各区域增加了较为充足的调节能力以适应核电机组的投产。在规划末期，由于各省区水电资源基本开发完毕，各区域仅凭借燃气发电机组的调节能力难以匹配核电装机的进一步开发，因此尽管三省区核电开发容量未达上限，但根据优化结果，在第 5 年和第 6 年不再新增核电机组，而通过投产火电机组来平衡新增负荷。

**表 19.13　各省区各年份新增燃气发电装机容量**　（单位：万 kW）

| 时间 | 广东 | 广西 | 云南 | 贵州 | 海南 |
| --- | --- | --- | --- | --- | --- |
| 第 1 年 | 136.0 | 0 | 0 | 0 | 24.2 |
| 第 2 年 | 149.6 | 0 | 0 | 0 | 0.0 |
| 第 3 年 | 164.6 | 0 | 0 | 0 | 2.7 |
| 第 4 年 | 181.0 | 0 | 0 | 0 | 10.4 |
| 第 5 年 | 48.8 | 0 | 0 | 0 | 41.6 |
| 第 6 年 | 0 | 0 | 0 | 0 | 45.7 |

在南方五省区中，云南、广西和贵州在规划期内均无燃气发电机组开发计划。燃气发电待开发机组主要集中在广东和海南两省。燃气发电机组虽为火电机组，

除投产和运行成本较高外，其调节能力和碳排放特性均优于燃煤发电机组。其较好的调节能力可充分配合核电机组以及风电/光伏机组的运行。在低碳约束下，广东省的燃气发电机组地位与水电机组相同，属于优先开发的对象，在第5年燃气发电机组已开发完毕。海南因有广东电网的支援，在规划初期具有较为充裕的调节能力，随着负荷增长，广东电网自身对调节能力的需求不断提高，规划期内无新增水电机组的海南需要逐渐依靠自身投运燃气发电机组来调节新增核电机组的运行。根据优化结果，至规划期末，海南燃气发电机组尚有开发空间。

**表 19.14 各省区各年份新增风电/光伏机组发电装机容量** （单位：万 kW）

| 时间 | 广东 | 广西 | 云南 | 贵州 | 海南 |
| --- | --- | --- | --- | --- | --- |
| 第1年 | 59.6 | 2.4 | 0 | 20.0 | 0 |
| 第2年 | 65.6 | 2.6 | 0 | 22.0 | 0 |
| 第3年 | 72.1 | 2.9 | 0 | 24.2 | 0 |
| 第4年 | 79.3 | 3.2 | 0 | 26.6 | 0 |
| 第5年 | 21.4 | 0.9 | 0 | 7.2 | 0 |
| 第6年 | 0 | 0 | 0 | 0 | 0 |

在低碳约束下，风电/光伏机组具有显著的低碳和清洁特性，应为各省区优先发展的对象。风电/光伏机组投运同样需要系统具备足够的调节能力以适应其反调峰特性，满足典型日运行约束。根据基础数据，云南和海南在规划期内无额外风电/光伏机组投运，广东、贵州和广西三省区有小部分风电/光伏机组可规划。根据计算结果，三省区调节能力足够，可规划的风电/光伏机组在规划期内全部投运完毕。

整体上，在低碳约束下南方电网寻求大水电与大核电的优先发展以获取低碳效益，在水电资源不足或调节能力不足的省区内，燃气发电机组成为优选。而风电/光伏机组在规模不大的前提下也是面向低碳的规划优选对象。

2. 电网扩展方案

经过整理后省际各联络线扩展方案如表19.15所示。

**表 19.15 各省区各年份新增联络线容量** （单位：万 kW）

| 时间 | 云南—广东 | 贵州—广东 | 广西—广东 | 广东—海南 | 云南—广西 | 贵州—广西 |
| --- | --- | --- | --- | --- | --- | --- |
| 第1年 | 295.6 | 0 | 0 | 0 | 200 | 100 |
| 第2年 | 548.5 | 0 | 0 | 0 | 0 | 0 |
| 第3年 | 355.9 | 0 | 0 | 0 | 0 | 0 |
| 第4年 | 0 | 0 | 0 | 0 | 0 | 0 |
| 第5年 | 0 | 0 | 0 | 0 | 0 | 0 |
| 第6年 | 0 | 73.6 | 0 | 60.0 | 0 | 0 |

从计算结果来看，规划初期的区域间联络线主要为云南送广东以及云贵送广西。规划初期送电容量与已有通道容量相当，云南和贵州新增的水电除本省消纳外可支援广西与广东，考虑到广西接受西电的断面约束，在规划初期云贵两省送广西的联络线容量便达上限，规划中后期该通道容量不再增加。同理，在规划初期云南水电开始开发后，新增送往广东的容量支援，需对该通道进行扩容，至第 3 年云南送出断面容量达到上限，故规划中后期该通道不再新增容量。在规划中后期，即第 4 年与第 5 年，各省区依靠省区内新增电源足以通过最低碳的途径平衡新增负荷，无须耗费额外成本对各通道进行扩容。至第 6 年，海南省增加了广东电网的支援需求，同时广东电网在规划期内可发展的低碳电源资源与调节裕度均开发完毕，需要贵州加强对其的火电容量支援，故在规划末期贵州至广东通道和广东至海南通道均有扩容。

3. *碳排放流分析*

经统计，规划期内经过各通道传输的电量以及碳排放流参数如表 19.16～表 19.18 所示。

**表 19.16　省区间各年份跨区传输电量**　　(单位：亿 kW·h)

| 时间 | 云南—广东 | 贵州—广东 | 广西—广东 | 广东—海南 | 云南—广西 | 贵州—广西 |
|---|---|---|---|---|---|---|
| 第 1 年 | 922.1 | 274.6 | 107.1 | 11.4 | 176 | 200 |
| 第 2 年 | 1163.4 | 274.6 | 107.1 | 11.4 | 176 | 200 |
| 第 3 年 | 1320 | 274.6 | 107.1 | 11.4 | 176 | 200 |
| 第 4 年 | 1320 | 274.6 | 107.1 | 11.4 | 176 | 200 |
| 第 5 年 | 1320 | 274.6 | 107.1 | 11.4 | 176 | 200 |
| 第 6 年 | 1320 | 418.3 | 107.1 | 45.0 | 176 | 200 |

**表 19.17　省区间各年份跨区传输碳排放流**　　(单位：万 $tCO_2$)

| 时间 | 云南—广东 | 贵州—广东 | 广西—广东 | 广东—海南 | 云南—广西 | 贵州—广西 |
|---|---|---|---|---|---|---|
| 第 1 年 | 0 | 2196.8 | 271.5 | 0 | 0 | 1540.1 |
| 第 2 年 | 0 | 2196.8 | 271.5 | 0 | 0 | 1540.1 |
| 第 3 年 | 0 | 2196.8 | 271.5 | 0 | 0 | 1540.1 |
| 第 4 年 | 0 | 2196.8 | 271.5 | 0 | 0 | 1540.1 |
| 第 5 年 | 0 | 2196.8 | 271.5 | 0 | 0 | 1540.1 |
| 第 6 年 | 0 | 3346.4 | 271.5 | 262.1 | 0 | 1540.1 |

**表 19.18 省区间各年份跨区传输碳流密度** [单位：$kgCO_2/(kW·h)$]

| 时间 | 云南—广东 | 贵州—广东 | 广西—广东 | 广东—海南 | 云南—广西 | 贵州—广西 |
|---|---|---|---|---|---|---|
| 第 1 年 | 0 | 0.80 | 0.25 | 0 | 0 | 0.77 |
| 第 2 年 | 0 | 0.80 | 0.25 | 0 | 0 | 0.77 |
| 第 3 年 | 0 | 0.80 | 0.25 | 0 | 0 | 0.77 |
| 第 4 年 | 0 | 0.80 | 0.25 | 0 | 0 | 0.77 |
| 第 5 年 | 0 | 0.80 | 0.25 | 0 | 0 | 0.77 |
| 第 6 年 | 0 | 0.80 | 0.25 | 0.58 | 0 | 0.77 |

从表 19.18 中可以看出，各个省区送出的碳流密度与其发电碳排放强度并不相等。根据优化结果，从云南送出的电能均为水电，因此从云南送出的三条通道在规划期内流过的碳流量均为零；贵州送往广东的电量均为火电，该条通道流过的碳排放流的密度与贵州火电发电碳排放强度相等，为 $0.8kgCO_2/(kW·h)$，该计算结果符合合约约束。贵州送广西和广西送广东两条通道中的电量既有水电又有火电，因此该条通道流过的碳流密度介于零和送端省份火电机组碳排放强度之间，取决于电量流中水电与火电的比例。对于广东送海南通道，规划期前五年流过的电量流均为水电，碳流密度和碳流量均为零，在第 6 年该条通道新增了火电电量，则该通道的碳流密度和碳流量均发生了变化。通过本模型的优化计算，电量合约在其中得到了充分考虑。

此外，可统计得到各省区在规划期内逐年的碳配额使用情况，如表 19.19 所示。

**表 19.19 各省区逐年碳排放配额剩余** (单位：万 $tCO_2$)

| 时间 | 广东 | 云南 | 贵州 | 海南 | 广西 |
|---|---|---|---|---|---|
| 第 1 年 | 51980 | 7470 | −1042 | 3597 | 14407 |
| 第 2 年 | 55839 | 6613 | −1189 | 4182 | 14907 |
| 第 3 年 | 59110 | 6612 | −1335 | 4824 | 15416 |
| 第 4 年 | 61226 | 8091 | −1480 | 5528 | 15929 |
| 第 5 年 | 61322 | 7675 | −1727 | 6040 | 16029 |
| 第 6 年 | 60499 | 6501 | −2022 | 6426 | 15935 |

从上述结果中可发现，在考虑碳排放约束的情况下，南方五省区中有四省区均存在碳配额结余的情况，具体有以下几点可总结：

(1) 对于贵州省，由于 GDP 并无优势(在南方五省区中排名第 4)，在同等减排目标下，贵州电网在电力碳配额的分配上存在劣势。加之贵州为火电基地，电力碳排放量较大，同时没有来自云南的低碳水电支援，由此进一步扩大了低碳劣势，使得贵州成为南方五省区中唯一一个电力碳配额不足的省份，但其碳排放超额量未及其贵州总配额量的 10%，可通过贵州省内的碳交易解决。

(2) 对南方电网整体而言，规划期内每一年的碳配额都有较大结余。一方面，南方电网以水电和核电为主的低碳电源快速开发与利用将低碳资源充分转化成低碳效益，充分降低了配额的消耗。另一方面，各省区较高的产值基数与增长率在我国单位 GDP 碳减排的约束下争取到了更大的配额初值。

(3) 由于规划期内的低碳电源基本开发完毕，在规划末期可发现，除海南省外，其余各省区的碳配额余量均有下降。若在远景规划发展中不能进一步寻求低碳资源的开发利用以及电力消费侧的节能减排，南方电网富余的碳配额恐难持久。

# 参考文献


[1] IPCC. Intergovernmental Panel for Climate Change Fourth Assessment Report. Cambridge: Cambridge University Press, 2007.

[2] Committee on Climate Change UK. Building a low-carbon economy—the UK's contribution to tackling climate change. London: The Stationary Office, 2008.

[3] 魏一鸣,刘兰翠,范英. 中国能源报告(2008):碳排放研究. 北京:科学出版社,2008.

[4] 中国科学院. 中国可持续发展战略报告——探索中国特色的低碳道路. 北京:科学出版社,2009.

[5] Kockar I. European Union perspective on the kyoto protocol: Emissions trading scheme and renewable resources// IEEE PES General Meeting, Tampa, 2007.

[6] 陈启鑫,康重庆,夏清,等. 电力行业低碳化的关键要素分析及其对电源规划的影响. 电力系统自动化,2009,33(15):18-23.

[7] 张坤民,潘家华,崔大鹏. 低碳经济论. 北京:中国环境科学出版社,2008.

[8] Grubb M, Jamasb T, Pollitt M. Delivering a Low-carbon Electricity System. Cambridge: Cambridge University Press, 2008.

[9] Chen Q, Kang C, Xia Q, et al. Power generation expansion planning model towards low-carbon economy and its application in China. IEEE Transactions on Power Systems, 2010, 25(2): 1117-1125.

[10] Chen Q, Kang C, Xia Q, et al. Preliminary exploration on low-carbon technology roadmap of China's power sector. Energy, 2011, 36(3): 1500-1512.

[11] 陈启鑫. 低碳电力系统的理论与方法研究[博士学位论文]. 北京:清华大学,2009.

[12] 徐丽萍,林俐. 基于学习曲线的中国风力发电成本发展趋势分析. 电力科学与工程,2008,24(3):1-4.

[13] Uyterlinde M, Junginger M, Vries H. Implications of technological learning on the prospects for renewable energy technologies in Europe. Energy Policy, 2007, 35(1): 4072-4087.

[14] Riahi K, Rubin E, Schrattenholzer L. Prospects for carbon capture and sequestration technologies assuming their technological learning. Energy, 2004, 29(1): 1309-1318.

[15] Jose L, Meza C, Yildirim M, et al. A model for the multi-period multi-objective power generation expansion problem. IEEE Transactions on Power Systems, 2007, 22(2): 871-878.

[16] Sirikum J, Techanitisawad A, Kachitvichyanukul V. A new efficient ga-benders' decomposition method: For power generation expansion planning with emission controls. IEEE Transactions on Power Systems, 2007, 22(3): 1092-1100.

[17] Srivastava S C, Srivastava A K, Rout U K, et al. Least cost generation expansion planning for a regional electricity board in India considering green house gas mitigation// International Conference on Power System Technology, Perth, 2000: 31-36.

[18] Yu Z. Planning wind power considering system reliability in peak demand time// IEEE

Power and Energy Society General Meeting, Pittsburgh, 2008.

[19] Doherty R, Outhred H, O'Malley M O. Generation portfolio analysis for a carbon constrained and uncertain future//International Conference on Future Power Systems, Amsterdam, 2005.

[20] Wang H, Toshihiko N. Analysis of the market penetration of clean coal technologies and its impacts in China's electricity sector. Energy Policy, 2009, 37(1): 338-351.

[21] Broek M, Faaij A, Turkenburg W. Planning for an electricity sector with carbon capture and storage—case of the Netherlands. International Journal of Greenhouse Gas Control, 2008, 2(1): 105-129.

[22] 周安石,康重庆,洪元瑞,等. 电力工业可持续发展的统一规划模型. 电力系统自动化, 2005, 29(7): 28-32.

[23] 丁明,石雪梅. 基于遗传算法的电力市场环境下电源规划的研究. 中国电机工程学报, 2006, 26(21): 43-49.

[24] 季震,陈启鑫,张宁,等. 含碳捕集电厂的低碳电源规划模型. 电网技术, 2013, 37(10): 2689-2696.

[25] 季震. 含碳捕集电厂的电力系统规划与运行决策方法研究[硕士学位论文]. 北京:清华大学, 2013.

[26] International Energy Agency. $CO_2$ capture ready plants. Paris: International Energy Agency, 2007.

[27] International Energy Agency. Cost and performance of carbon dioxide capture from power generation. Paris: International Energy Agency, 2011.

[28] Sun Y, Kang C, Xia Q, et al. Analysis of transmission expansion planning considering consumption-based carbon emission accounting. Applied Energy, 2017, 193: 232-242.

[29] Eiben A E, Raue P E, Ruttkay Z. Genetic algorithms with multi-parent recombination//International Conference on Parallel Problem Solving from Nature, Berlin: Springer, 1994: 78-87.

[30] Chipperfield A J, Fleming P J. The MATLAB genetic algorithm toolbox// IEEE Colloquium on Applied Control Techniques Using MATLAB, London, 1995: 1-10.

[31] Garver L L. Transmission network estimation using linear programming. IEEE Transactions on Power Apparatus & Systems, 1970, PAS-89(7): 1688-1697.

[32] Zhou Y, Li Y P, Huang G H. Planning sustainable electric-power system with carbon emission abatement through CDM under uncertainty. Applied Energy, 2015, 140: 350-364.

[33] Zeng B, Zhang J H, Xu Y. Integrated planning for transition to low-carbon distribution system with renewable energy generation and demand response. IEEE Transactions on Power Systems, 2014, 29(3): 1153-1165.

[34] Zimmerman R D, Murillo-Sanchez C E, Thomas R J. MATPOWER: Steady-state operations, planning, and analysis tools for power systems research and education. IEEE Transactions on Power Systems, 2011, 26(1): 12-19.

[35] 夏清,白杨,钟海旺,等. 中国推广大用户直购电交易的制度设计与建议. 电力系统自动化,2013,37(20):1-7.

[36] 王佼. 500kV 输电线路工程造价新评价指标体系研究. 华东电力,2008,36(9):128-131.

[37] 张道国,耿庆申. 输电线路不同架线方式的造价比较. 电力建设,2010,31(6):62-64.

[38] International Energy Agency. World energy outlook 2012. Paris: International Energy Agency,2012.

# 第六篇　可再生能源消纳专题

# 第 20 章　碳捕集电厂促进可再生能源消纳的模型与效益——以风电为例

## 20.1　碳捕集电厂在可再生能源消纳中的作用

风电、光伏等作为近零排放、低成本、技术成熟的可再生能源发电技术，近年来得到了快速发展。与此同时，高比例可再生能源并网将对电力系统运行带来显著的影响[1~3]。风电、光伏的不可控性、随机性、间歇性等特点，常常会导致大规模的弃风、弃光问题，造成发电效率的降低以及辅助成本的升高。相关技术和政策机制的发展，尤其是电力市场环境的引入，都对可再生能源并网提出了更高的要求。例如，西班牙等国家提出了对风电商实际运行出力与日前预测出力的偏差较大部分征收罚金的举措。如何在满足电力系统安全性、经济性的前提下实现可再生能源的大规模并网，降低对电力系统运行的影响，提升可再生能源的消纳能力，一直是电力行业的研究热点和技术难点。

碳捕集电厂作为一类重要的低碳电源，呈现出优良的运行特性和灵活的调控性能，尤其是其灵活的能量储存特性、快速的调整特性以及较大的出力调节范围，使其具备与风电、光伏等间歇式能源联合运行的潜力。

以风电为例，碳捕集电厂多方面的运行特性可以与风电运行特性形成互补，呈现多方面的运行效益，如表 20.1 所示。

**表 20.1　碳捕集电厂与风电联合运行的潜力分析**

| 风电特性 | 碳捕集电厂特性 | 联合运行潜力和效益 |
| --- | --- | --- |
| 间歇性，波动性 | 更快的爬坡性能 | 碳捕集电厂通过快速爬坡平衡风电的间歇性出力变化 |
| 随机性，预测误差大 | 能量储存特性 | 碳捕集电厂溶液存储器作为单向储能单元，提高风电消纳能力，减少预测误差惩罚 |
| 反调峰性 | 较大的出力范围 | 碳捕集电厂提供正负备用容量，减少弃风，利用多余能量捕集 $CO_2$，提高能源利用率 |

## 20.2　碳捕集电厂与风电联合运行方式

根据场景、位置、连接关系和运行状态的不同，碳捕集电厂与风电联合运行主要可以分为两种不同模式。

1. 风电供应碳捕集能量的一体化运行模式

当碳捕集电厂与风电在地理位置上比较接近时，碳捕集电厂可与风电组成联合运行的能量系统，风电出力的一部分为碳捕集系统提供辅助能源，另一部分与碳捕集电厂的净发电出力共同并入电网。如图 20.1 所示，该模式称为风电供应碳捕集能量的一体化运行模式。

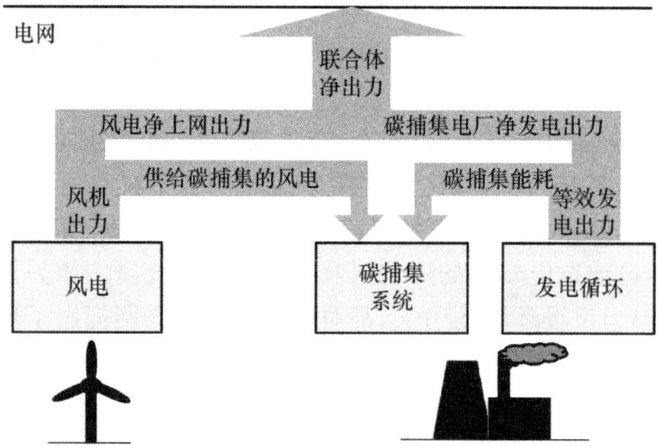


图 20.1　风电供应碳捕集能量的一体化运行模式

碳捕集系统的能耗主要有电能和热能两种形式。其中，电能能耗主要包括碳捕集系统压缩机以及泵、风机等辅助设备的功耗，约占碳捕集系统总能耗的 40%；热能能耗主要包括溶液加热和再生过程中的热量消耗，约占碳捕集系统总能耗的 60%[4]。因此，风电对碳捕集系统的能量供应也主要有两种方式：①直接以电能形式供给碳捕集系统的辅助设备；②通过电热转换装置将风电转换为热能，并供给碳捕集系统的溶液加热和再生过程[5]。

风电供应碳捕集能量的一体化运行模式具备与风电-抽水蓄能联合运行方式类似的运行特性。配备溶液存储器的碳捕集电厂可以近似作为一个储能单元。当风电为碳捕集系统供能时，碳捕集运行水平升高，富液存储器储量降低，贫液存储器储量升高，风能等效于存储在溶液存储器中。同时，当之后的某一时刻(如系统负荷高峰时或者市场电能价格升高时)需要提升联合系统的净出力时，碳捕集电厂可以降低捕集系统的运行水平，富液储量升高，贫液储量降低，之前存储的风能被释放出来，使得在不增加碳排放的前提下升高碳捕集电厂的净发电出力。

2. 碳捕集电厂与风电协同调度的协调运行模式

在该运行模式下，碳捕集电厂与风电没有直接的物理连接和能量供应关系，风电出力和碳捕集电厂的净发电出力各自并网。此时，可通过协调运行优化调度实现两者的协调运行，从而充分利用碳捕集电厂的技术特性降低风电并网对系统运行造成的影响，提高系统整体的运行性能和经济效益。如图 20.2 所示，该运行模式称为碳捕集电厂与风电协同调度的协调运行模式[6,7]。

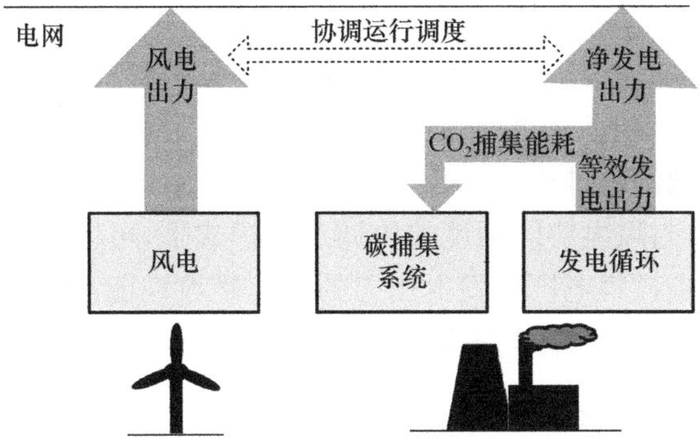


图 20.2　碳捕集电厂与风电协同调度的协调运行模式

在碳捕集电厂与风电协调调度运行模式下，通过协调运行优化调度方法，可以充分利用碳捕集电厂的快速爬坡性能和提供旋转备用的能力，减少风电的波动性和反调峰特性给系统运行带来的负面影响。

## 20.3　碳捕集电厂与风电联合运行效益分析

碳捕集电厂与风电的联合运行将会带来多方面的运行效益。

### 1. 减少风电弃风

在风电供应碳捕集能量的一体化运行模式下，当联合系统由于风电过剩或需要降低净出力等因素而面临弃风时，可将弃风电量供给碳捕集系统，该部分能量可用于碳捕集，或者利用碳捕集电厂的能量储存特性将其转化为另一时刻的能量输出，从而提高风能的利用率。

在碳捕集电厂与风电协同调度的协调运行模式下，通过协调运行优化调度方法，可以充分利用碳捕集电厂提供旋转备用的能力，在系统低负荷时段提高碳捕集电厂的捕集能量，降低净发电出力，从而减少由压负荷需求导致的弃风，在提高整个系统的运行效率和经济性的同时减少系统整体的碳排放量。

联合运行方式减少的弃风能量 $\Delta E_{\mathrm{CUR}}$ 为

$$\Delta E_{\mathrm{CUR}} = \sum_{t\in\Omega_{\mathrm{T}}} (W_t - W_t^{\mathrm{S}}) = \sum_{t\in\Omega_{\mathrm{T}}} W_t^{\mathrm{C}} \tag{20.1}$$

式中：$\Omega_{\mathrm{T}}$ 为时段集合；$W_t^{\mathrm{S}}$ 为非联合运行情形下风电机组在 $t$ 时刻的实际出力；$W_t$ 为联合运行时风电机组在 $t$ 时刻的实际出力；$W_t^{\mathrm{C}}$ 为风电在 $t$ 时刻向碳捕集系统提供的能量。

2. 降低风电波动

在风电供应碳捕集能量的一体化运行模式下，可将波动性的风电出力供给碳捕集系统，利用碳捕集电厂的快速调整特性和能量存储特性，平抑风电的波动性出力，将其转化为波动的碳排放。

在碳捕集电厂与风电协同调度的协调运行模式下，可以通过协调运行优化调度方法，充分利用碳捕集电厂净发电出力的快速爬坡性能，平衡风电出力，降低风电波动，减少其对电力系统运行的影响。

3. 减少风电出力偏差带来的罚金

在电力市场环境下，若风电实际运行出力与日前预测出力的偏差较大，则将承担罚金，导致收益降低。而在风电供应碳捕集能量的一体化运行模式下，可以利用碳捕集电厂的能量存储特性，对风电实际出力与预测出力的偏差量进行调整。当风电实际出力大于预测出力时，可将多余的风电供给碳捕集系统，而当风电出力小于预测出力时，则减少碳捕集系统的运行水平，弥补功率缺额，从而规避或减少风电预测误差带来的罚金损失。

联合运行能减少的预测误差罚金损失可表示为

$$\Delta C_{\mathrm{PEN}}=\sum_{t\in\Omega_{\mathrm{TU}}}\omega_{\mathrm{PU}}\pi_{\mathrm{W}}[W_t^{\mathrm{R}}-(1+r_{\mathrm{UP}})W_t^{\mathrm{P}}]+\sum_{t\in\Omega_{\mathrm{TD}}}\omega_{\mathrm{PD}}\pi_{\mathrm{W}}[(1-r_{\mathrm{DW}})W_t^{\mathrm{P}}-W_t^{\mathrm{R}}] \tag{20.2}$$

式中：$W_t^{\mathrm{R}}$ 为风电实际出力；$W_t^{\mathrm{P}}$ 为风电预测出力；$r_{\mathrm{UP}}$、$r_{\mathrm{DW}}$分别为风电实际出力高出或低于风电预测出力多少比例时需要承担罚金；$\omega_{\mathrm{PU}}$、$\omega_{\mathrm{PD}}$分别为风电实际出力高于、低于预测出力一定比例而承担的罚金的惩罚因子；$\pi_{\mathrm{W}}$ 为风电价格；$\Omega_{\mathrm{TU}}$、$\Omega_{\mathrm{TD}}$为风电需要面临罚金的时段集合，即

$$\Omega_{\mathrm{TU}}=\{t\in\Omega_{\mathrm{T}}\mid W_t^{\mathrm{R}}>(1+r_{\mathrm{UP}})W_t^{\mathrm{P}}\},\quad \Omega_{\mathrm{TD}}=\{t\in\Omega_{\mathrm{T}}\mid W_t^{\mathrm{R}}<(1-r_{\mathrm{DW}})W_t^{\mathrm{P}}\} \tag{20.3}$$

## 20.4 碳捕集电厂与风电联合运行优化模型

针对前面所述的碳捕集电厂与风电联合运行的两种主要的运行模式，可分别建立相应的联合运行优化模型，分别称为风电供应碳捕集能量的一体化运行优化模型和碳捕集电厂与风电协同调度的协调运行优化模型，进而实现在不同场景下

碳捕集电厂与风电联合运行的最优运行方式和控制策略。本章主要以风电供应碳捕集能量的一体化运行为例建立优化模型。

### 20.4.1 模型背景与分析

风电供应碳捕集能量的一体化运行优化模型的基本内容为：在电力市场和低碳环境下，将碳捕集电厂与风电机组作为一个联合体，决策其最优的运行模式与出力计划（包括碳捕集电厂的运行策略、风电的实际出力以及两者之间的能量耦合状态等），在满足系统负荷需求的前提下，使联合体的整体运行收益最大化，同时尽量消纳风电出力，并减少整体的碳排放。

外部的市场环境和低碳机制、自身的运行模式和技术特性都使得碳捕集电厂与风电联合能量系统运行决策问题具备不同于常规问题的内涵和分析方法。首先，在市场环境下，碳捕集电厂-风电联合体需要应对电力负荷需求和电价波动，权衡自身的成本与收益；同时，各类低碳要素的引入，都会促使联合能量系统在运行过程中实时关注碳价的波动、碳排放额度的限制、碳交易的收益等，从而影响模型的目标函数和约束条件；此外，碳捕集电厂与风电联合能量系统具有迥异于常规火电机组或能量系统的运行模式和技术特性，风电的近零排放、近零运行成本、随机性、波动性等运行特性，以及碳捕集电厂的高能耗、高运行成本、较强的调控性能以及发电出力与碳排放独立控制的特性，使得两者之间具有丰富的运行手段和调控方式，能够响应各种要素对碳捕集电厂-风电联合体的运行状态进行实时控制和调整，实现最优的运行策略。

### 20.4.2 模型场景设置

模型基本场景和运行模式设置如下：

以日级别的运行决策为基本场景。在得到次日该地区的负荷预测曲线后，碳捕集电厂-风电联合体根据次日的风电出力预测曲线，综合考虑市场电价、考核惩罚、自身运行成本等因素，优化出力方案，申报次日的出力计划（正比于负荷曲线）。在实际运行过程中，碳捕集电厂-风电联合体将对自身的运行状态进行实时调整，若联合体实际出力与申报出力发生偏离，则将根据偏移量的大小产生相应的惩罚费用[8]。

低碳环境的设置仍以碳配额交易机制为例，联合能量系统可获得一定量的碳允许碳排放量上限，并可将剩余或缺少的碳排放配额在碳交易市场中进行售出或买入[9,10]，从而将碳交易收益与自身的碳排放控制情况相关联，并作为联合能量系统日运行收益的一项重要组成部分纳入目标函数。

在此基础上，碳捕集电厂-风电联合体将灵活响应外部的市场需求和价格信号，充分发挥自身的技术性能和调控特性，决策最优的运行模式和出力计划。

### 20.4.3 模型描述

1. 决策变量

决策变量主要包括碳捕集电厂的运行控制变量、风电出力以及两者之间的能量耦合关系：

$P_t^G$——碳捕集电厂第 $t$ 时段等效发电出力。

$\lambda_{V,t}$——碳捕集电厂第 $t$ 时段烟气分流比。

$r_{D,t}$——碳捕集电厂第 $t$ 时段分解速率因子。

$I_t$——碳捕集电厂第 $t$ 时段的开机状态，$I_t=1$ 表示开机，$I_t=0$ 表示停机。

$W_t$——风电第 $t$ 时段的出力大小。

$W_t^C$——风电第 $t$ 时段供给碳捕集系统的能量。

2. 目标函数

碳捕集电厂-风电联合能量系统运行优化模型的目标函数为

$$\max\{R_{ELE}-C_{PEN}-C_{GEN}-C_{STA}+R_{CAR}-C_{OTH}\} \tag{20.4}$$

(1) $R_{ELE}$为联合能量系统的售电收入。

$$R_{ELE}=\sum_{t\in\Omega_T}\omega_{G,t}(P_t^N+W_t^N) \tag{20.5}$$

式中：$\omega_{G,t}$为第 $t$ 时段的上网电价；$W_t^N$ 为第 $t$ 时段的风电净上网功率，且有

$$W_t^N=W_t-W_t^C \tag{20.6}$$

由于碳捕集系统的一部分能量由风电提供，该部分能量等效于提升了碳捕集电厂第 $t$ 时段的净发电出力 $P_t^N$，其表达式为

$$P_t^N=P_t^G-P^{BA}-\lambda_{V,t}w_A e_E P_t^G-r_{D,t}(w_D+w_C)e_E P_B^G+\eta_{WC}W_t^C \tag{20.7}$$

式中：$\eta_{WC}$为风电供给碳捕集系统的能量的转换效率；$w_A$、$w_D$ 和 $w_C$ 分别为处理单位 $CO_2$ 的吸收能耗、解析能耗和压缩能耗；$r_{D,t}$为第 $t$ 时段的分解速率因子；$P_B^G$ 为基准状态下的碳捕集电厂的等效出力(即等效发电出力的最大值)；$e_E$ 为碳捕集电厂的等效碳排放强度；$P^{BA}$为碳捕集电厂的基本能耗。

(2) $C_{PEN}$为联合能量系统偏离计划出力的罚金。

$$C_{PEN}=\sum_{t\in\Omega_T}\delta\omega_{G,t}\left|P_t^N+W_t^N-D_t^L\right| \tag{20.8}$$

式中：$\delta$ 为偏离计划出力的惩罚系数；$D_t^L$ 为联合能量系统第 $t$ 时段的计划出力。

(3) $C_{GEN}$为碳捕集电厂的发电成本。

$$C_{GEN}=\sum_{t\in\Omega_T}C^G(P_t^G) \tag{20.9}$$

式中：$C^{G}(P_t^{G})$为碳捕集电厂在 $t$ 时刻的发电成本。

(4) $C_{STA}$为碳捕集电厂的启停费用。

$$C_{STA}=\sum_{t\in\Omega_T} c_i^{SU} I_{t+1}(1-I_t)+c_i^{SD} I_t(1-I_{t+1}) \tag{20.10}$$

式中：$c_i^{SU}$ 和 $c_i^{SD}$ 分别为碳捕集电厂的单次启动、停机费用。

(5) $R_{CAR}$为联合能量系统的碳交易收益。

$$R_{CAR}=\pi_E(E_L-\sum_{t\in\Omega_T} E_t^{N}) \tag{20.11}$$

式中：$\pi_E$ 为碳价；$E_L$ 为碳排放配额在决策周期的分解量；$E_t^{N}$ 为碳捕集电厂的净碳排放量。

$$E_t^{N}=e_E P_t^{G}-r_{D,t}\alpha_C e_E P_B^{G} \tag{20.12}$$

(6) $C_{OTH}$为捕集、运输、储存 $CO_2$ 的成本。

$$C_{OTH}=\sum_{t\in\Omega_T} E_t^{C}(c_{OM}+c_{TS}) \tag{20.13}$$

式中：$E_t^{C}$ 为 $CO_2$ 的捕集量；$c_{OM}$为捕集单位 $CO_2$ 的运行维护成本；$c_{TS}$为运输、储存单位 $CO_2$ 的成本。

3. 约束条件

1) 碳捕集电厂和风电出力范围约束

$$\begin{cases} I_t P^{Gmin}\leqslant P_t^{G}\leqslant I_t P_B^{G} \\ 0\leqslant W_t\leqslant W_t^{F} \end{cases} \tag{20.14}$$

式中：$P^{Gmin}$为碳捕集电厂的等效发电出力下限；$W_t^{F}$ 为风电机组预测的最大出力。

2) 风电供给碳捕集系统的能量范围约束

风电供给碳捕集系统的能量一方面不可大于风电的实际发电出力，另一方面不可大于当前时刻碳捕集系统所能接收的外来能量的最大值，即

$$0\leqslant W_t^{C}\leqslant \min\{W_t, P_t^{DM}\} \tag{20.15}$$

式中：$P_t^{DM}$ 为碳捕集系统所能接收的再生热能和压缩电能的最大值(假设风电与碳捕集系统的解析环节和压缩环节相连)。

$$P_t^{DM}=r_D(w_D+w_C)e_E P_B^{G} \tag{20.16}$$

3) 碳捕集机组等效发电出力爬坡速率约束

$$\begin{cases} P_t^{G}-P_{t-1}^{G}+I_{t-1}(P^{Gmin}-R_P)+I_t(P_B^{G}-P^{Gmin})\leqslant P_B^{G} \\ P_{t-1}^{G}-P_t^{G}+I_t(P^{Gmin}-R_P)+I_{t-1}(P_B^{G}-P^{Gmin})\leqslant P_B^{G} \end{cases} \tag{20.17}$$

式中：$R_P$ 为碳捕集电厂等效发电出力的爬坡速率。

4）碳捕集机组最小启停时间约束

$$\begin{cases} T_t^{\mathrm{ON}} - (I_{t-1} - I_t) T_{\mathrm{ON}}^{\min} \geqslant 0 \\ T_t^{\mathrm{OFF}} - (I_t - I_{t-1}) T_{\mathrm{OFF}}^{\min} \geqslant 0 \end{cases} \tag{20.18}$$

式中：$T_{\mathrm{ON}}^{\min}$、$T_{\mathrm{OFF}}^{\min}$分别为机组最小启动、停机时间；$T_t^{\mathrm{ON}}$、$T_t^{\mathrm{OFF}}$ 分别为机组处于启动、停机的已持续时间。

5）碳捕集机组最大启停次数约束

$$\begin{cases} \sum_{t \in \Omega_{\mathrm{T}}} I_{t+1}(1 - I_t) \leqslant U_{\mathrm{U}}^{\max} \\ \sum_{t \in \Omega_{\mathrm{T}}} I_t(1 - I_{t+1}) \leqslant U_{\mathrm{D}}^{\max} \end{cases} \tag{20.19}$$

式中：$U_{\mathrm{U}}^{\max}$ 和 $U_{\mathrm{D}}^{\max}$ 分别为碳捕集机组在决策周期内的最大启动、停机次数。

6）烟气分流比上下限以及调整速率约束

$$\begin{cases} 0 \leqslant \lambda_{\mathrm{V},t} \leqslant 1 \\ \lambda_{\mathrm{V},t} - \lambda_{\mathrm{V},t-1} - \Delta\lambda_{\mathrm{VM}} I_{i,t-1} + I_{i,t} \leqslant 1 \\ \lambda_{\mathrm{V},t-1} - \lambda_{\mathrm{V},t} - \Delta\lambda_{\mathrm{VM}} I_{i,t} + I_{i,t-1} \leqslant 1 \end{cases} \tag{20.20}$$

式中：$\Delta\lambda_{\mathrm{VM}}$为烟气分流比在单位时间内的最大调整量。

7）分解速率因子上下限以及调整速率约束

$$\begin{cases} 0 \leqslant r_{\mathrm{D},t} \leqslant r_{\mathrm{D}}^{\max} \\ r_{\mathrm{D},t} - r_{\mathrm{D},t-1} - I_{i,t-1} \Delta r_{\mathrm{DM}} + I_{i,t} r_{\mathrm{D}}^{\max} \leqslant r_{\mathrm{D}}^{\max} \\ r_{\mathrm{D},t-1} - r_{\mathrm{D},t} - I_{i,t} \Delta r_{\mathrm{DM}} + I_{i,t-1} r_{\mathrm{D}}^{\max} \leqslant r_{\mathrm{D}}^{\max} \end{cases} \tag{20.21}$$

式中：$r_{\mathrm{D}}^{\max}$ 为分解速率因子的最大值，通常为大于 1 的常数，其值为解析塔和压缩机最大处理能力与基准状态下处理能力的比值；$\Delta r_{\mathrm{DM}}$为分解速率因子在单位时间内的最大调整量。

8）贫、富液存储器最大储量约束、存储平衡约束

$$\begin{cases} 0 \leqslant V_{\mathrm{L0}} + \sum_{i=1}^{t} (v_i^{\mathrm{L}} - v_i^{\mathrm{R}}) \leqslant V_{\mathrm{L}}^{\max} \\ 0 \leqslant V_{\mathrm{R0}} + \sum_{i=1}^{t} (v_i^{\mathrm{R}} - v_i^{\mathrm{L}}) \leqslant V_{\mathrm{R}}^{\max} \\ \sum_{t \in \Omega_{\mathrm{T}}} (v_t^{\mathrm{L}} - v_{\mathrm{t}}^{\mathrm{R}}) = 0 \end{cases} \tag{20.22}$$

式中：$V_{\mathrm{L0}}$、$V_{\mathrm{R0}}$分别为贫、富液存储器的初始储量；$V_{\mathrm{L}}^{\max}$、$V_{\mathrm{R}}^{\max}$ 分别为贫、富液存储器的最大储量；$v_t^{\mathrm{L}}$、$v_t^{\mathrm{R}}$ 分别为碳捕集电厂从解析塔流入贫液存储器的贫液流率和从吸收塔流入富液存储器的富液流率。

式(20.4)～式(20.22)构成了风电供应碳捕集能量的一体化运行优化模型。

## 20.5 算例分析

### 20.5.1 基本数据

选取一台 600MW 超临界燃煤发电机组，将其改造为碳捕集机组，碳捕集系统采用典型的 MEA 吸收液，并配备烟气分流装置和贫富液存储器，使其具备灵活运行的能力。

电厂各参数设置如下：

机组发电循环等效发电出力最大值 $P_B^G=600$MW，最小值 $P^{Gmin}=300$MW；单位等效发电出力的碳排放强度 $e_E=0.72tCO_2/(MW\cdot h)$[11]。

碳捕集系统吸收单位 $CO_2$ 的能耗 $w_A=0.0296MW\cdot h/tCO_2$；解析和压缩单位 $CO_2$ 的能耗 $w_D+w_C=0.2394MW\cdot h/tCO_2$；$CO_2$ 捕集率 $\alpha_C=90\%$[12]；分解速率因子最大值 $r_D^{max}=120\%$[13]。

碳捕集电厂等效发电出力的最大爬坡速率的比例因子为 1%/min[14]。

碳捕集电厂的发电成本为200元/(MW·h)；启动、停机费用 $c_i^{SU}=c_i^{SD}=30$ 万元；最小启动、停机时间 $T_{ON}^{min}=T_{OFF}^{min}=5$h；最大启停次数 $U_U^{max}=U_D^{max}=1$；溶液存储器初始储量 $V_{L0}=V_{R0}=14600m^3$，最大储量 $V_L^{max}=V_R^{max}=29200m^3$；基准状态下的贫、富液流率 $v^{LB}=v^{RB}=14600m^3/h$[15]。

碳价 $\pi_E$ 取为126.5元/$tCO_2$；碳排放配额在待决策日的分解量 $E_L$ 取为4373t[15]。

碳捕集系统运行、维护成本 $c_{OM}=5$元/$tCO_2$；$CO_2$ 运输、存储成本 $c_{TS}=15$ 元/$tCO_2$[15]。

风电场该日的预测最大出力曲线如图 20.3 所示。

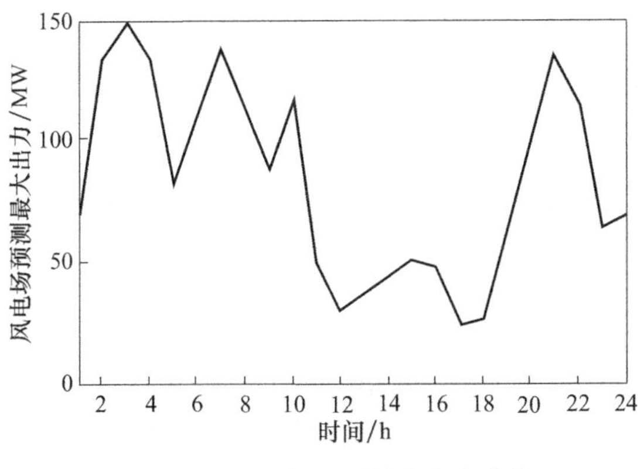


图 20.3　风电场预测最大出力曲线

联合能量系统的出力计划曲线和上网电价曲线如图 20.4 所示：偏离计划出力的惩罚系数 $\delta$ 取为 0.5[16]；忽略风电供给碳捕集系统的效率损失。

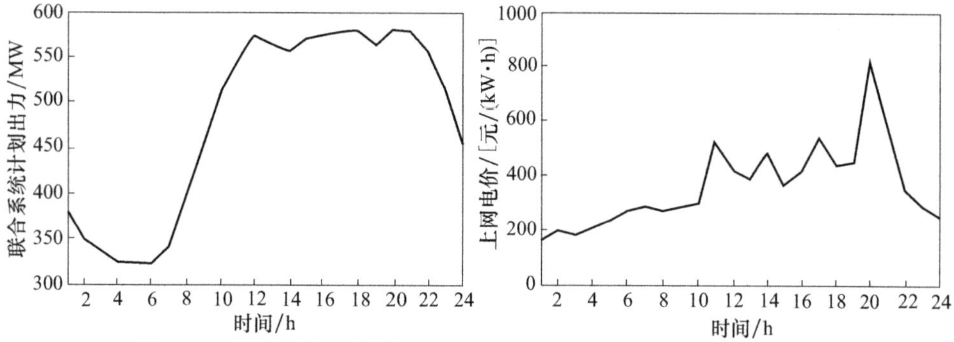


(a)联合能量系统的出力计划曲线　　(b)电价曲线

图 20.4　联合能量系统的出力计划曲线和上网电价曲线

### 20.5.2　求解结果

求解上述风电供应碳捕集能量的一体化运行优化模型，得到碳捕集电厂的等效发电出力与净发电出力计划如图 20.5 所示。碳捕集电厂烟气分流比和分解速率因子的最优控制策略如图 20.6 所示。风电场的实际出力和供给碳捕集系统的能量如图 20.7 所示。

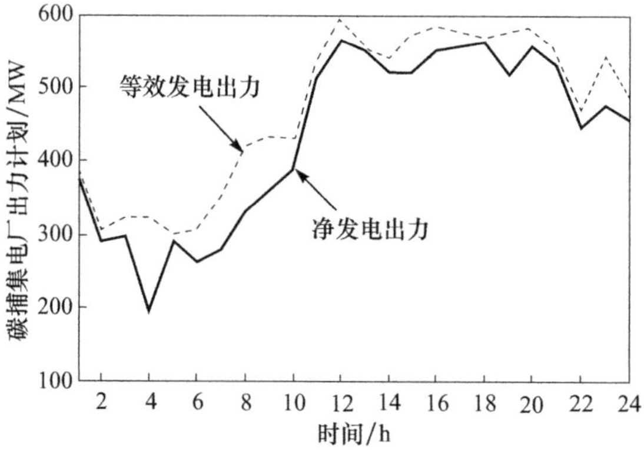


图 20.5　碳捕集电厂的等效发电出力与净发电出力计划

图 20.5～图 20.7 展示了碳捕集电厂与风电组成联合能量系统时在低碳环境和市场机制下的协调控制方式和最优运行策略。当风电出力较大时，为减少出力偏差导致的罚金，多余的风电将供给碳捕集系统，并利用碳捕集系统的能量储存特

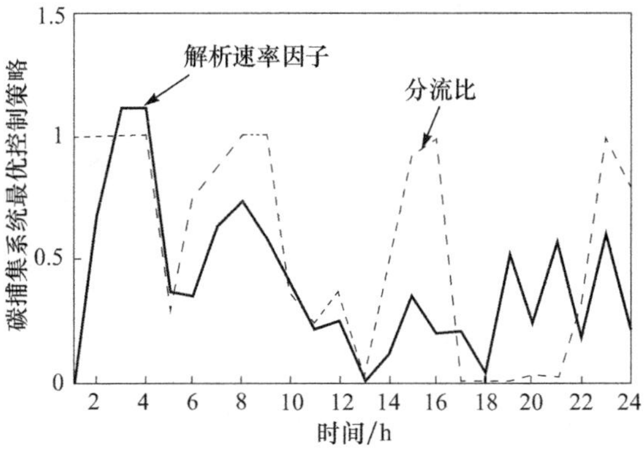


图 20.6　碳捕集电厂烟气分流比和分解速率因子的最优控制策略

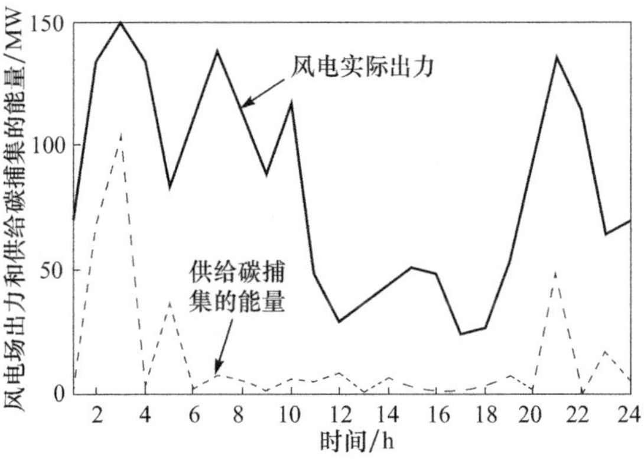


图 20.7　风电场的实际出力以及供给碳捕集系统的能量

性转化为另一时刻的电能输出以获得更高收益，或者用于碳捕集以减少整体的碳排放成本，从而提高风能的利用率。当风电出力较低时，碳捕集电厂将抬高等效发电出力并降低捕集系统运行水平，尽可能地使联合系统整体净出力与计划出力一致。同时，碳捕集电厂-风电联合能量系统还将根据电价的波动情况实时调整自身的运行状态，以实现总收益最大化。碳捕集电厂-风电联合能量系统的总实际出力与总计划出力的对比如图 20.8 所示。

### 20.5.3　对比分析

将本章提出的风电供应碳捕集能量的一体化运行方式与下列情景进行对比分析：

(1) 常规火电厂与风电联合运行。

(2) 碳捕集电厂与风电联合运行，但两者之间无能量耦合。

常规火电厂与风电联合运行时的出力情况如图 20.9 所示。碳捕集电厂与风电联合运行但无能量耦合时的出力情况如图 20.10 所示。

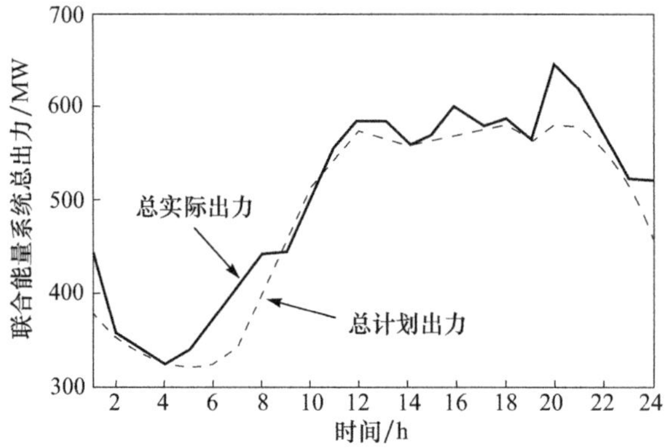


图 20.8　联合能量系统的总实际出力与总计划出力

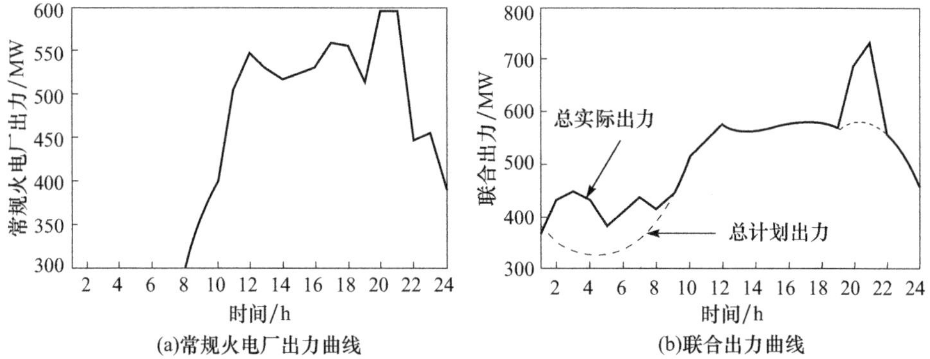


图 20.9　常规火电厂与风电联合运行时的出力情况

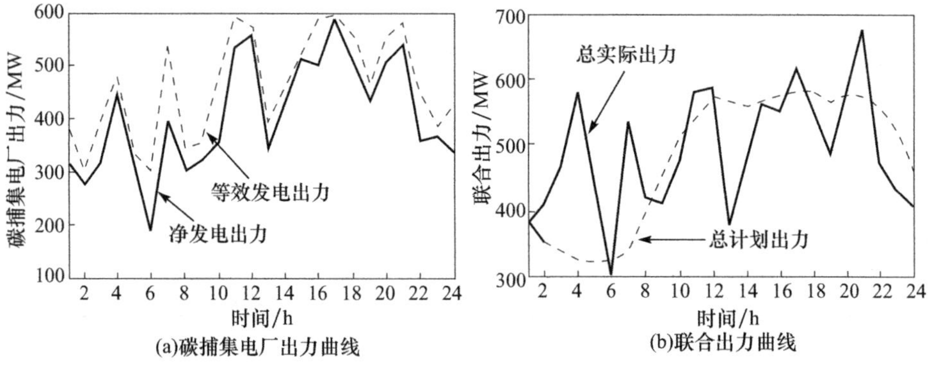


图 20.10　碳捕集电厂与风电无能量耦合时的出力情况

不同运行方式下的运行成本与收益如表 20.2 所示。

**表 20.2　不同运行方式的运行成本与收益**　（单位：万元）

| 联合运行方式 | 总收益 | 售电收益 | 偏差罚金 | 发电成本 | 碳交易收益 | 其他成本 |
|---|---|---|---|---|---|---|
| 常规火电-风电 | 170.8 | 460.0 | 15.7 | 218.6 | −54.9 | 0 |
| 碳捕集-风电（无耦合） | 194.1 | 451.2 | 28.0 | 221.2 | 0.2 | 8.1 |
| 碳捕集-风电（有耦合） | 227.5 | 467.9 | 9.9 | 226.0 | 3.4 | 7.9 |

由图 20.9 和图 20.10 可以看出，相比于其他运行方式，风电供应碳捕集能量的一体化运行方式具有更灵活的调整方式和更协调的运行特性，从而呈现出更高的效益：

(1) 风电供应碳捕集能量的一体化运行方式相对于常规火电厂-风电联合运行方式，能够借助碳捕集电厂的灵活运行特性协调发电出力与碳排放的关系，从而增大碳交易收益以及总运行收益。

(2) 风电供应碳捕集能量的一体化运行方式相对于碳捕集电厂与风电无能量耦合的运行方式，能够在风电过剩时通过碳捕集系统消纳风电，将该时刻过剩的电能转化为另一时刻的电能输出以获得更高的收益，提供能量利用效率的同时减少出力偏差导致的罚金。

# 第 21 章　消纳可再生能源的电热集成系统调度模型——以风电为例

随着近年来我国可再生能源装机容量的不断增长，可再生能源并网消纳问题日益突出[17]。其中，“三北”地区的弃风、弃光问题尤为严重，风电发展较为迅速的内蒙古地区以及吉林地区弃风比例超过了 20%。可再生能源的消纳问题将严重制约未来能源结构转型和可再生能源产业的可持续发展。

可再生能源的消纳问题，反映了间歇性可再生能源与传统能源系统集成方式的不协调。以风电为例，在弃风严重的东北、华北地区，热电联产机组比例均超过火电机组的 1/2 以上。冬季夜间风力强劲之时，城市热网供热需求处于高位，热电联产机组的发电出力受到供热抽气的制约，需维持在较高水平，导致调峰能力降低，风电接入空间严重受限[18]。提升可再生的消纳能力，关键在于提升热电联产机组的运行灵活性与调峰能力。为此，需引入灵活热源，突破以热定电运行模式下电热耦合的束缚，并形成与之相适应的调度方式。

## 21.1　面向可再生能源消纳的电热集成系统

### 21.1.1　电热集成系统总体架构

传统电力与热力的生产、管理和调度是独立的，将以热电联产机组为载体的电热系统耦合边界人为割裂，形成两个信息封闭、相对独立，各自自治的运行系统。然而，可再生能源大量接入时，以往独立运行模式一方面使以二次能源为载体的可再生能源无法渗透到更广泛的能源系统中，另一方面热力系统的限制显著制约了电力系统的运行灵活性，使可再生能源的并网消纳产生巨大的困难。

电热系统集成旨在统筹电力和热力的生产及消费，整合系统间的信息流，协调电热系统的能量流，实现集成化、系统化、统筹化的控制方式，从而最大限度地支撑可再生能源的接入和能源系统基础设施的利用[19]。大规模风电接入时，电热能源系统集成的整体框架如图 21.1 所示。

大规模风电接入时，电热能源系统集成分为供应侧和需求侧两部分。在供应侧，热电联产机组的发电出力受到供热出力的制约，通过引入电锅炉和区域储热装

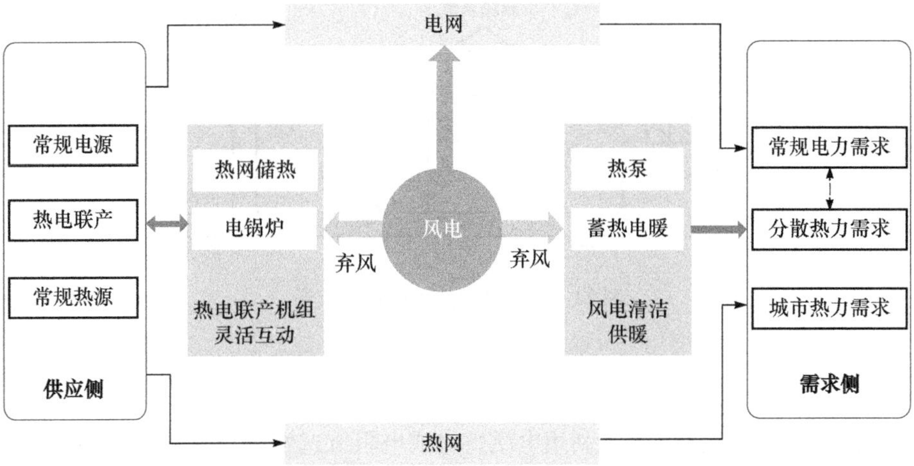


图 21.1 面向可再生能源消纳的电热能源系统集成的整体架构

置,可减轻热电联产机组的供热约束,使风电大发时通过热电联产机组、电锅炉、区域储热装置与风电的协调调度提升风电的接纳能力;在需求侧,我国北方地区具有极大的供热需求是基本事实,通过引入热泵、蓄热式电暖等电热转换设备,在风电消纳困难时利用风电进行供热是消纳大规模风电的又一有效途径。

综上所述,电热系统的集成包含能源供应侧和需求侧、电力系统和热力系统这两个维度和常规电源、常规热源、热电联产机组等多元主体,下面将建立电热系统集成框架下新型主体的运行模型,并建立电热集成系统的调度模型[20]。

### 21.1.2 区域储热系统

区域热网储热装置在芬兰、爱尔兰、意大利等广泛采用集中式采暖的欧洲国家已经投入商业运行,被认为是提升热电联产机组利用率、消除热电联产机组、电热紧密耦合的有效手段。热网储热装置的外观多为圆柱形,高度在数米之间,宽度为数十米,单体容积在 600$m^3$ 以上,可并列运行。水是该储热装置热能的存储介质,装置壁依次为不锈钢、混凝土以及保温涂层,具有良好的绝热效果。

区域储热系统连接在城市热网的高温供水管道与低温回水管道之间,与热电联产机组并列运行,其连接关系如图 21.2 所示。当热负荷需求给定时,可通过储热装置与热电联产机组的供热比例配置实现热电联产机组的灵活运行。蓄热装置向供水管释放热量时,热电厂热力负荷可相应下调,热电联产机组发电出力下降;当蓄热装置从供水管网吸收热量时,热电联产机组供热负荷增加,热电联产机组最低出力升高[21,22]。因此,配置蓄热装置可间接提升热电联产机组的运行灵活性,增强与可再生能源的互动能力。

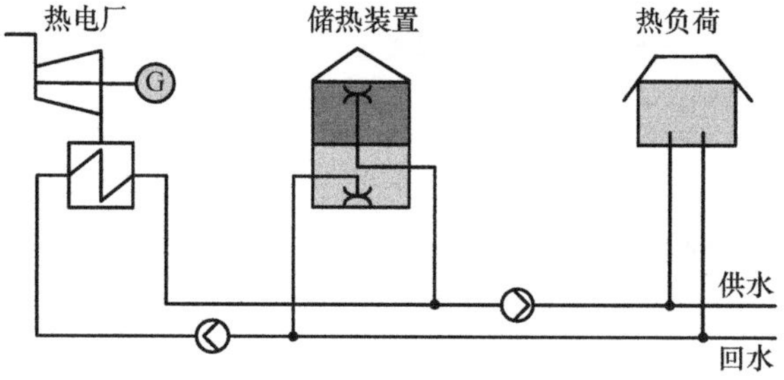


图 21.2　区域储热系统连接关系

### 21.1.3　电锅炉

电锅炉是以电能为能源，利用电磁感应或电阻方式发热，通过锅炉的换热系统把热水升温到一定参数，并向外输出具有额定参数的高温热水或蒸汽的锅炉设备。电锅炉本体主要由电锅炉钢制壳体、电脑控制系统、低压电气系统、电加热管、进出水管及检测仪表等组成。电锅炉的加热方式有电磁感应加热方式和电阻(电加热管)加热方式两种。电阻加热方式即采用电阻式管状电热元件加热，又分为不锈钢加热管电锅炉和陶瓷加热管电锅炉。电锅炉在结构上易于叠加组合，控制灵活，维修更换方便。

电锅炉与热电厂并列运行时，热电厂通过厂用电供给电锅炉，后者通过热网加热器对热力管网进行供热。因此，加装电锅炉后，热电厂等效发电出力为热电厂实际发电出力与电锅炉耗电量的差值，而热电厂等效供热出力为热电厂供热量与电锅炉供热量之和。热电厂与电锅炉的连接关系如图 21.3 所示。

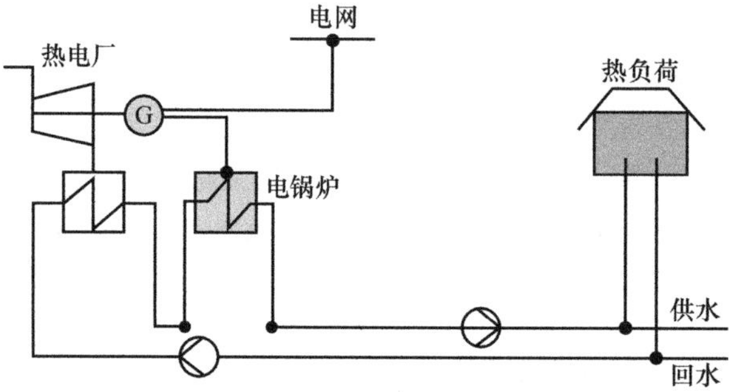


图 21.3　热电厂与电锅炉的连接关系

### 21.1.4　热电联产机组的优化控制模型

传统电力调度采用以热定电的方式运行，因此热电联产机组的调度方式是一维的，仅需考虑最大出力和最小出力的影响，与常规火电机组的运行约束相同。在电热系统集成优化中，需考虑电、热两个维度的变量，建立适用于优化运行的电热耦合约束及成本模型。

1. 热电联产机组的电热耦合边界

受到热电联产机组锅炉和汽机的影响，热电联产机组的发电与供热出力具有强耦合限制。其发电供热的可行区间不仅受供热、供电本身的出力约束，还受到最大、最小进气量约束以及低压缸凝气约束等电热耦合关系的限制，其可行的运行点在发电与供热两个维度形成了多边形的区间。

对于常规热电联产机组，在以上电热耦合约束下，其电热运行边界可表示为凸多边形内闭区域。其简化表示如图 21.4 所示，定义运行边界的交点为顶点，设第 $i$ 台热电联产机组的运行边界共包含 $K_i$ 个顶点，其中第 $k$ 个顶点的发电出力、供热出力以及运行成本分别为$(x_i^k, y_i^k, c_i^k)$。

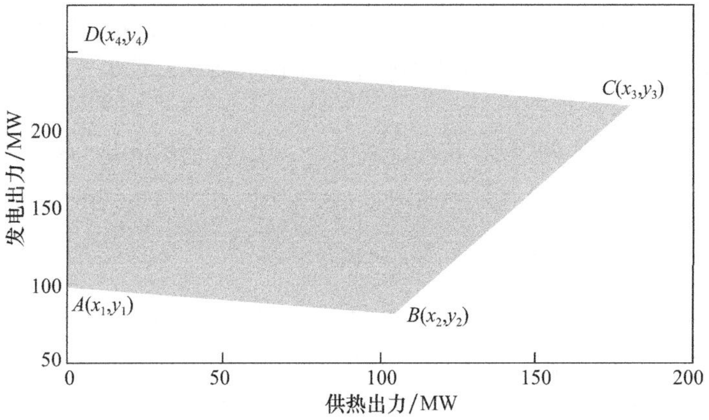


图 21.4　热电联产机组电热运行区间

设 $t$ 时刻第 $i$ 台热电联产机组的任意可行运行点为$(P_{i,t}^{c}, Q_{i,t}^{c})$，如果该机组运行区域为凸多边形，其标准运行边界可以表示为所有边界运行点的线性凸组合，即

$$\begin{aligned} P_{i,t}^{c} &= \sum_{k=1}^{K_i} \alpha_{i,t}^{k} x_i^k \\ Q_{i,t}^{c} &= \sum_{k=1}^{K_i} \alpha_{i,t}^{k} y_i^k \end{aligned} \tag{21.1}$$

式中：$\alpha_{i,t}^{k}$为各顶点对应的组合系数。

对于线性凸组合，组合系数为小于 1 的正数，且所有组合系数加和为 1，即

$$0 \leqslant \alpha_{i,t}^{k} \leqslant 1, \quad \forall i,t,k \tag{21.2}$$

$$\sum_{k=1}^{K_i} \alpha_{i,t}^{k}=1, \quad \forall i,t \tag{21.3}$$

2. 热电联产机组的成本表示

在不同运行点，热电联产机组的整体煤耗也不相同，热电联产机组的总煤耗随总蒸汽供应量的增大而增大；平均煤耗随热电比的增大而下降，在背压运行状态达到效率的最大值。

一般地，热电联产机组的燃料成本定义为包含电热乘积项的二次函数形式，即

$$\mathrm{FC}=\mu_0+\mu_1 P+\mu_2 Q+\mu_3 P^2+\mu_4 Q^2+\mu_5 PQ \tag{21.4}$$

对于以上曲面关系，可用凸组合的形式进行线性近似。

$$C_{i,t}^{\mathrm{c}}=\min \sum_{k=1}^{K_i} \alpha_{i,t}^{k} c_i^{k} \tag{21.5}$$

式中：$c_i^k$为第 $k$ 个边界点对应的燃料成本。

对于可行域中任何一个运行状态，均可用多个顶点的线性组合表示，因此对式(21.5)取线性最低值的过程即用不同平面拼接成曲面以近似式(21.4)中成本的过程。

背压机组的电热比例固定，其可行域仅为一线段，依然满足凸边界要求。对于背压机组，其可行域的端点有且仅有两个，其他建模方式与常规抽气机组相同。

3. 含非凸运行区间的热电联产机组调度特性

在我国电力系统实际运行中，个别机组的电热运行区间是非凸的，因此该区间无法表示成各顶点凸组合的形式，如图 21.5(a)所示。本节基于前面的分析，对整个电热运行区间根据供热水平进行切割，形成各凸性子区间，如图 21.5(b)所示。

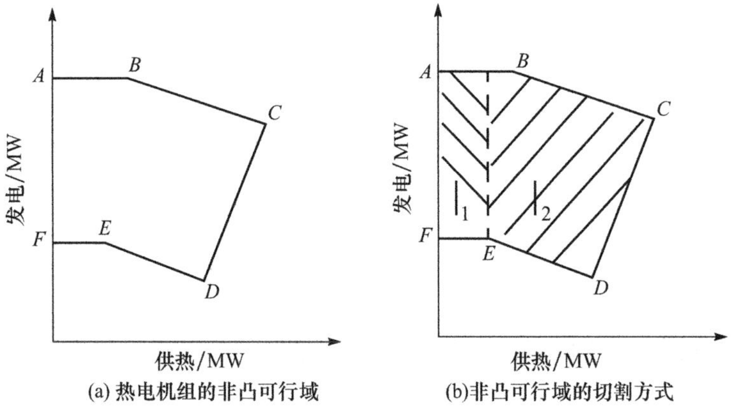


图 21.5　热电联产机组非凸区间及其切割方式

设置0-1变量$I$对应于每一个子区间的状态。以两区间为例，$I_{1,t}$和$I_{2,t}$分别表示$t$时刻热电联产机组运行点落在第一个和第二个子区间的状态，其取值为1表示落在其运行区间内。显然，$I_{1,t}$和$I_{2,t}$具有互斥关系，即其中只能有一个变量取为1，即

$$I_{1,t}+I_{2,t}=1,\quad \forall t \tag{21.6}$$

则该热电联产机组的发电、供热总出力可表示为

$$\begin{cases}P_{i,t}^{c}=\sum_{k=1}^{K_i}\alpha_{i,t}^{k}x_{i,1}^{k}+\sum_{k=1}^{K_i}\beta_{i,t}^{k}x_{i,2}^{k}\\Q_{i,t}^{c}=\sum_{k=1}^{K_i}\alpha_{i,t}^{k}y_{i,1}^{k}+\sum_{k=1}^{K_i}\beta_{i,t}^{k}y_{i,2}^{k}\end{cases} \tag{21.7}$$

式中：组合系数$\alpha_{i,t}^{k}$、$\beta_{i,t}^{k}$均为小于1的正数。

$$\begin{cases}0\leqslant\alpha_{i,t}^{k}\leqslant 1,\quad \forall i,t,k\\0\leqslant\beta_{i,t}^{k}\leqslant 1,\quad \forall i,t,k\end{cases} \tag{21.8}$$

同时，各子区间的组合系数之和等于该子区间对应的状态变量，即

$$\begin{cases}\sum_{k=1}^{K_i}\alpha_{i,t}^{k}=I_{1,t},\quad \forall i,t\\\sum_{k=1}^{K_i}\beta_{i,t}^{k}=I_{2,t},\quad \forall i,t\end{cases} \tag{21.9}$$

当运行点落在第一子区间时，$I_{1,t}$为1，$I_{2,t}$为0。式(21.9)中，区域2的组合系数$\beta_{i,t}^{k}$取值均为零。反之，当运行点位于第二子区间时，有$I_{1,t}$为0，$I_{2,t}$为1，区域1的组合系数$\alpha_{i,t}^{k}$均为零，式(21.7)回归为式(21.1)的形式。

相应地，其运行成本可表示为各子区域边界点凸组合之和的形式。设$c_{i,1}^{k}$与$c_{i,2}^{k}$分别表示子区域1和子区域2的各边界点对应成本，则相应的运行成本可表示为

$$c_{i,t}^{c}=\sum_{k=1}^{K_i}\alpha_{i,t}^{k}c_{i,1}^{k}+\sum_{k=1}^{K_i}\beta_{i,t}^{k}c_{i,2}^{k} \tag{21.10}$$

可见，非凸运行区间下，热电联产机组可用各个具有凸性的调度子区间表示，在各子区间内，运行点及相应成本的表示方法是相同的。由于实际系统中非凸运行区间属个别现象，本章以常规热电联产机组的电热耦合特性及其建模方式为代表进行介绍。

## 21.2　区域储热系统建模

储热系统与供热网络的连接关系如图21.6所示，储罐顶端入水口通过阀门SI与高温热源相连，顶端出水口通过阀门SO与供水网络相连；储罐底端入水口与出水口分别通过阀门RI、RO与回水网络相连。在储热过程中，顶端入水阀门开启，高温热水从热源进入储罐；下端出水阀门开启，低温水排入回水管。在放热过程

中，下端入水管开启，低温水从回水管道进入储罐；上端出水管开启，高温水从储罐流向热网。

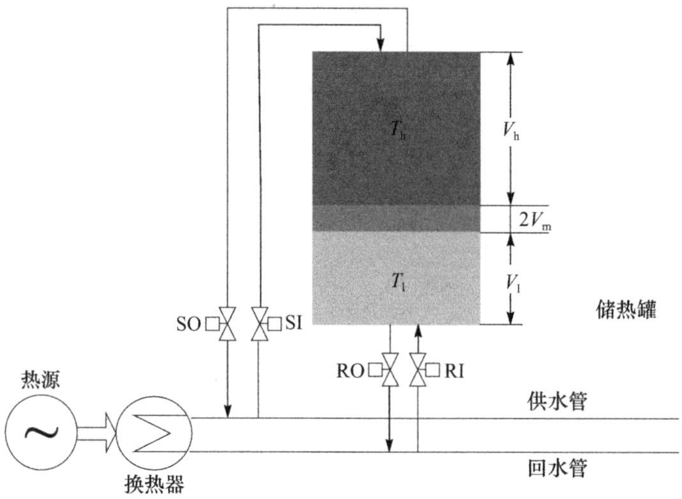


图 21.6　区域储热系统与供热网络连接关系图

$T_h$. 储热装置内的顶端温度；$T_l$. 储热装置内的底端温度；$V_h$. 高温热水的体积；$V_l$. 低温热水的体积；$2V_m$. 混合层体积

该系统的能量损失来自两个部分。其一是储热系统透过墙壁与外界形成的热辐射的耗散，热损失速率一方面取决于储热系统墙壁内外的温度差，另一方面取决于区域储热系统外绝缘水平。由于国际上区域储热系统外墙的混凝土与隔热材料相结合的构造方式使得这一部分热量损失较小，因此在以下建模中不予以考虑。其二是在储热放热过程中由于高温与低温水界面的热传递形成冷热水温混合而造成的能量损失。本章着重建立液面等值的模型。

## 1　区域储热系统的内部状态建模

储热系统运行期间，储罐内存在高温水区、低温水区以及冷热水混合区三个区域。冷热水混合区形成于储热装置冷热水交界面的热交换，该区域形成的水温低于供水管内的水温，无法将该部分能量注入供水管道，形成储热系统能量的损失。能量损失的比例取决于储热-放热周期的时间。设 $t$ 时刻高温热水部分容量为 $V_h(t)$，储罐总容量为 $V$，混合层体积为 $2V_m(t)$，则 $t$ 时刻系统内总热量表示为

$$
\begin{aligned}
Q(t) =& c\rho[V_h(t) - V_m(t)]T_h \\
&+ c\rho[V - V_h(t) - V_m(t)]T_l + c\rho V_m(t)(T_h + T_l)
\end{aligned}
\tag{21.11}
$$

式中：$c$ 和 $\rho$ 分别为储罐中水的热容和密度；$T_h$ 为储热装置内的顶端温度；$T_l$ 为储热装置内的底端温度。

冷热水混合区的温度无法达到供热要求，储能系统中可用部分仅为高温热水，故储热系统可用能量仅考虑高温热水体积。在放热过程中，高温热水的体积被同等低温热水体积替代，因此单位体积可释放能量取决于高温供水与低温回水之间的温度差。综上所述，系统总可用能量可表示为

$$Q^{\mathrm{av}}(t)=c\rho[V_{\mathrm{h}}(t)-V_{\mathrm{m}}(t)](T_{\mathrm{h}}-T_{\mathrm{l}}) \tag{21.12}$$

同时，因冷热水混合层的扩张，储热系统高温热水体积减小，进而致使可用热量降低，由此产生的能量损失表达如下：

$$Q^{\mathrm{loss}}(t)=c\rho V_{\mathrm{m}}(t)(T_{\mathrm{h}}-T_{\mathrm{l}}) \tag{21.13}$$

储热系统蓄热/放热过程中，由于冷热水温差的存在，混合层逐渐变厚；直到储热/放热过程结束，当储热系统中只存在高温或低温热水时，不存在温差对流，因此混合层体积停止变化。假设储热/放热过程中，其体积随时间推移线性扩张（实际系统中当混合层厚度增加时，扩张速率降低。对于典型运行周期，该线性假设将带来小于 5%的模型误差），则 $t$ 时刻混合层体积的增长表示为

$$V_{\mathrm{m}}(t)-V_{\mathrm{m}}(t-1)=\begin{cases}0, & V_{\mathrm{h}}(t)=0\\ \eta\Delta t, & 0<V_{\mathrm{h}}(t)<V\\ 0, & V_{\mathrm{h}}(t)=V\end{cases} \tag{21.14}$$

式中：$\eta$ 为混合层的扩张速率，该系数由供水/回水温度差以及储罐内的液面温度分层状态决定；$\Delta t$ 为离散时间间隔。

### 2. 区域储热系统的线性调度模型

基于以上区域储热系统运行状态的数学模型，本节对上述模型进行进一步简化，使其可用于调度决策。因此，本节调度模型关注的重点是给定储热系统物理特性的变化、何时释放（存储）多少热量，以及相应热力损失的变化。对于 21.3.1 节中热力损失的分段线性函数，本节将进一步给出其线性化表示方法。

对于电热系统中第 $i$ 个区域储热系统 $t$ 时刻的状态，储热系统单位可用能量的增量为系统该时段出热量减去系统可用能量的损失，即

$$Q_{i,t}^{\mathrm{av}}-Q_{i,t-1}^{\mathrm{av}}=-\Delta Q_{i,t}^{\mathrm{s}}-\Delta Q_{i,t}^{\mathrm{loss}} \tag{21.15}$$

式中：$Q_{i,t}^{\mathrm{av}}$为第 $i$ 个储能系统 $t$ 时刻的可用热量；$\Delta Q_{i,t}^{\mathrm{s}}$为储能系统 $t$ 时刻对外放出的热量。

当储热系统对外释放热量时，$\Delta Q_{i,t}^{\mathrm{s}}$为正；当储热系统存储热量时，$\Delta Q_{i,t}^{\mathrm{s}}$为负。$\Delta Q_{i,t}^{\mathrm{loss}}$表示储能系统 $t$ 时刻的热量损失，由式(21.13)和式(21.14)决定，此处以线性约束等效表示：

$$\Delta Q_{i,t}^{\mathrm{loss}}=Q_{i,t}^{\mathrm{loss}}-Q_{i,t-1}^{\mathrm{loss}}=\eta\Delta t-\varphi_{i,t} \tag{21.16}$$

$$0\leqslant Q_{i,t}^{\mathrm{av}}+Q_{i,t}^{\mathrm{loss}}\leqslant c\rho V_i(T_{\mathrm{h}}-T_{\mathrm{l}}) \tag{21.17}$$

式中：$\eta$ 为混合层扩展的速率；$\varphi_{i,t}$为松弛项，将在本章的优化目标中加入其惩罚项。

当 $0<V_{h(t)}<V$ 时，$\varphi_{i,t}$ 置为零以避免对目标函数的惩罚。当储热罐充满高温热水($V_{h(t)}=V$)，或充满低温回水($V_{h(t)}=0$)时，式(21.17)达到上界或下界，松弛变量 $\varphi_{i,t}$ 将使 $\Delta Q_{i,t}^{loss}$ 变为零。在以上情况中，通过引入松弛变量，式(21.16)和式(21.17)可完全替代式(21.14)的分段线性函数。

储罐容量约束以及放热功率约束可表示为

$$0\leqslant Q_{i,t}^{av}\leqslant c\rho V_i(T_h-T_l) \tag{21.18}$$

$$|\Delta Q_{i,t}^{s}|\leqslant \Delta Q_i^{max} \tag{21.19}$$

式中：$\Delta Q_i^{max}$ 为最大允许释放/存储热量速率，由蓄热罐设计决定。

## 21.3　提升热电联产机组灵活性的电热系统调度模型

### 21.3.1　电热协调优化的核心内涵

传统的能源系统运行采用以热定电的运行方式。热网调度根据供暖需求以及各热源的经济性决定各热源的供热出力，热电联产机组根据供热需求确定其供电区间；电力系统调度只能在确定的热电联产机组运行边界下进行，其最优性受到热源供热水平的极大影响。对传统能源系统而言，由于热电联产机组的高效性，串行的热、电调度方式可以保证整个系统的经济性；而在高比例可再生能源接入的情况下，热力系统的调度严重制约电力系统的调峰能力，制约夜间风电的消纳，导致大量弃风的产生。片面追求热力系统的运行效率，过高提升热电联产机组的负荷率，将导致可再生能源消纳的困难，最终使能源系统总体效率降低。因此，突破以热定电的运行方式，拓展电力系统优化运行的区间，在更广阔的范围内寻找促进可再生能源消纳的手段，实现电热的协调运行，是促进我国可再生能源消纳的关键举措。

电热的协调运行，首先要精细考虑热电联产机组的建模及运行控制。我国以往热电联产调度方式是非实时的、指导性的上下界约束出力形式。这一运行方式忽略供暖期温度变动带来的热电联产运行点的变化，运行方式需要适用于供热需求的大范围波动，因此出力约束极为保守，压缩了热电联产机组的调峰能力。精细化地考虑热电联产机组的运行边界(蒸汽出力、最大抽气量、电力热力出力范围等多重复杂因素的制约)，动态评估热力平衡与电力平衡的关系，可以最有效地协调热电联产机组的出力范围，提升调峰能力。

电热的协调运行，需要使热网调度方式适用于两者的协调。以往的热力调度中，优先考虑热电联产机组的并网发电，由此造成热电联产机组热负荷偏高，严重挤压发电出力的变化范围。当发生大量弃风时，适当提升锅炉等热源的出力，可以降低热电联产机组的供热负荷，提升热电联产机组发电的变化范围，在弃风时段让热电联产机组为富余可再生能源让路，将有利于减少弃风比例，降低电热综合能源系统的运行成本。

电热的协调运行，需要在时间上协调考虑电热主体的合理调配。室内温度变化具有极大的惯性，环境温度的变化与热网温度变化对其影响幅度较小且严重滞后。风电出力的波动性与热力过程的惯性形成了良好的互补，利用供热过程的延迟在时间上调配热源的供热出力，可以有效平抑可再生能源出力的波动性、降低高比例可再生能源接入的困难。

电热的协调运行，需要拓展电热协调的手段，建立多元、双向的电热协调桥梁。电锅炉等电热元素是消纳可再生能源最为直接的方式，电锅炉本身不仅直接将弃风电量用于发电，而且将降低供热系统对热电联产机组的依赖，从而降低热电联产机组冬季夜间的最低出力，这将对解决调峰问题、消纳过剩风电产生显著效果。相比电力储能成本偏高、损耗偏大的特点，热力存储设备具有极低的投资成本，这使得电热集成系统具有很好的投资效益。

### 21.3.2 热电联产机组灵活运行对其运行特性的影响

当热电联产机组引入电锅炉和区域储热系统并列运行时，其机端电热出力和外送出力不再相等。本章定义热电联产机组的等效供热/发电出力分别为热电联产机组与电锅炉和(或)区域储热设备的总供热出力及净发电出力，即

$$\begin{cases} P'_{i,t}=P^{c}_{i,t}-P^{eb}_{i,t} \\ Q'_{i,t}=Q^{c}_{i,t}+Q^{eb}_{i,t}+\Delta Q^{s}_{i,t} \end{cases} \tag{21.20}$$

式中：$P'_{i,t}$为等效发电出力；$Q'_{i,t}$为等效供热出力；$\Delta Q^{s}_{i,t}$为区域储热系统的放热出力；$P^{eb}_{i,t}$和$Q^{eb}_{i,t}$分别为电锅炉的发电出力和供热出力；$P^{c}_{i,t}$和$Q^{c}_{i,t}$分别为热电联产机组的实际发电出力和供热出力。

图 21.7 为热电联产机组分别加入电锅炉、区域储热系统以及同时加入两种灵活热源下系统等效出力边界和实际运行边界的对比[23]，其中实际电热出力的可行域为深色部分，等效出力边界为浅色区域。图 21.7(a)为热电联产机组和电锅炉的耦合，图 21.7(b)为热电联产机组和区域储热设备的耦合，图 21.7(c)为热电联产机组、电锅炉和区域储热设备的耦合。

加入电锅炉后，热电联产机组实际出力可与总供热出力解耦，因此增加了热电联产机组出力的灵活性。同时，电锅炉自身电耗的增加可极大降低系统等效最低发电出力。

区域储热系统的引入可以横向拓展系统的等效供热出力范围，形成图21.7(b)中的供热区域。横向拓展供热出力的结果，使得热电联产机组运行在背压线时，可以获得更大的供热灵活性，从而在给定供热需求的情况下，显著降低机组最低出力水平。同时，区域储热系统的引入可以瞬时拓展等效机组的最大燃料约束，形成一定的正备用容量，以应对风电的波动性与随机性。

综合应用以上两种灵活热源形式可以极大拓展等效系统的运行边界：供热能

力大幅提升的同时,最低发电出力可以在更大的等效供热范围内达到,同时可以增加系统最高发电出力,形成系统备用容量。

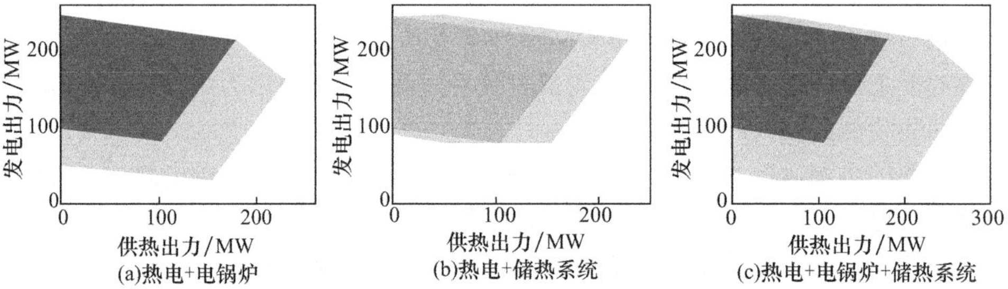


图 21.7 加入灵活热源后热电联产机组的等效出力边界和实际运行边界

### 21.3.3 电热集成系统调度模型架构

以上定性、定量分析表明,电热集成系统的协调调度模式对提升热电联产机组运行灵活性、增强可再生能源消纳能力具有重要作用。为使电热集成系统中各环节、各主体形成协调互动,本节研究电热集成系统的模型架构。

实现电热综合协调的优化运行,需要统筹协调电力系统与集中供热网络的数学模型,满足电力、热力需求,考虑火电机组、风电机组的逐时出力,考虑热电联产机组的运行特性,考虑热网中热力过程延迟所产生的效果与区域储热装置的精细化模型,形成统一的电热综合供能协调系统。该系统的构架如图 21.8 所示[20]。

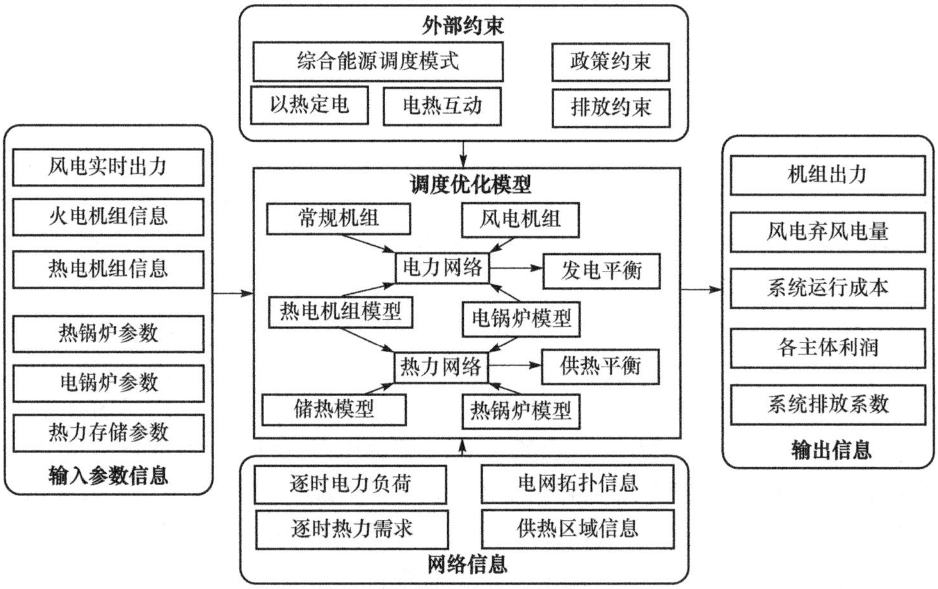


图 21.8 电热协调调度系统框架

相比传统的电力系统调度问题，电热集成系统调度的集成调度具有以下特点。第一，调度对象得以扩展。对于电力平衡，本模型除考虑传统的常规火电机组、风电机组以及电网约束外，还计及热电联产机组的精细化运行模型，以及电锅炉耗电；加入了供热系统的热力平衡，可考虑能源集成系统中的各个集中供热区域的热力平衡，计及电锅炉、燃煤锅炉以及区域储热系统。第二，系统参数显著增加，除常规火电机组的上下限以及爬坡特性外，需要计及热电联产机组的耦合特性与煤耗，燃煤锅炉、电锅炉的技术参数，以及储热系统的参数信息。同时，还要考虑电力网络和热力网络两方面的拓扑信息。该模型在以上物理约束以及相应政策约束下，优化电热集成系统的整体运行成本，最终可输出系统弃风电量，各机组的发电、供热出力，系统运行成本以及排放等方面的信息。

### 21.3.4　电热集成系统调度模型

1. 决策变量

1) 发电机组

$P_{i,t}^{e}$——第 $i$ 台常规火力发电机在 $t$ 时刻的出力。

$P_{i,t}^{w}$——第 $i$ 个风电机组在 $t$ 时刻的出力。

2) 热力系统

$Q_{i,t}^{h}$——第 $i$ 个热电厂在 $t$ 时刻燃煤锅炉的供暖出力。

$Q_{i,t}^{eb}$——第 $i$ 个电锅炉在 $t$ 时刻的供暖出力。

$P_{i,t}^{eb}$——第 $i$ 个电锅炉在 $t$ 时刻的电能消耗。

3) 热电联产机组

$P_{i,t}^{c}$——第 $i$ 台热电联产机组在 $t$ 时刻的发电出力。

$Q_{i,t}^{c}$——第 $i$ 台热电联产机组在 $t$ 时刻的供热出力。

4) 区域储热系统

$\Delta Q_{i,t}^{s}$——热网储热装置在 $t$ 时刻储热系统的供热出力。

2. 目标函数

在大能源协调优化调度的背景下，统筹考虑电力与热力元件的限制因素，以系统运行成本最小的方式进行统一协调调度。电热协调成本包含常规火电机组的运行成本、燃煤锅炉的运行成本、热电联产机组的运行成本以及弃风惩罚项四个部分[21]。

$$\min f=\sum_{t=1}^{n}\sum_{i=1}^{N_e}C_{i,t}^{e}+\sum_{t=1}^{n}\sum_{i=1}^{N_h}C_{i,t}^{h}+\sum_{t=1}^{n}\sum_{i=1}^{N_c}C_{i,t}^{c}+C^{w}+\xi \tag{21.21}$$

式中：$n$ 为总调度时段数；$N_e$、$N_h$ 与 $N_c$ 分别为系统中火电机组、燃煤锅炉以及热电联产机组的个数；$C^w$ 为弃风电量的惩罚项，体现风电优先并网的调度原则；$\xi$ 为松弛变量的惩罚项；$C_{i,t}^{c}$为热电联产机组的煤耗，由式(21.5)决定。

火电机组的煤耗以及燃煤锅炉煤耗均为机组出力的线性函数；$C^{w}$与$\xi$由以下关系得出：

$$C^{w}=\phi\sum_{t=1}^{n}\sum_{i=1}^{N_{w}}(\bar{P}_{i,t}^{w}-P_{i,t}^{w}) \tag{21.22}$$

$$\xi=\phi^{2}\sum_{t=1}^{n}\sum_{i=1}^{N_{s}}\varphi_{i,t} \tag{21.23}$$

式中：$\phi$为惩罚因子；$N_{w}$为风电机组数目；$\bar{P}_{i,t}^{w}$为第$i$个风场$t$时刻的可发电量；$P_{i,t}^{w}$为风电实际出力；$N_{s}$为系统中储热设备的个数。

3. 约束条件

1）电力平衡约束

对供电平衡而言，$t$时段所有发电机组发电功率(包括常规火电机组、热电联产机组以及风电机组)的总和除去电锅炉的用电消耗，等于电力系统负荷需求，即

$$\sum_{i=1}^{N_{e}}P_{i,t}^{e}+\sum_{i=1}^{N_{c}}P_{i,t}^{c}+\sum_{i=1}^{N_{W}}P_{i,t}^{w}-\sum_{i=1}^{N_{eb}}P_{i,t}^{eb}=P_{t},\quad\forall t \tag{21.24}$$

式中：$N_{eb}$为系统中电锅炉的数量；$P_{t}$为$t$时刻电力系统总负荷。

2）区域热力平衡约束

同一个互联电力系统中往往覆盖多个供暖区域，而集中供热系统互联能力较为有限，可视为多个相互独立的集中供热区域。假设互联电力系统中具有$N$个热力元件，分成$M$个供热区域。热力区域关联矩阵可表示为

$$\boldsymbol{A}_{M\times N}=\begin{bmatrix}a_{11} & a_{12} & \cdots & a_{1N}\\ a_{21} & a_{22} & \cdots & a_{2N}\\ \vdots & \vdots & & \vdots\\ a_{M1} & a_{M2} & \cdots & a_{MN}\end{bmatrix} \tag{21.25}$$

式中：$a_{ij}$表示第$i$个供热区域与第$j$个供热元件的关联关系。

若$a_{ij}$的值为零，则表示元件$j$不在第$i$个供热区域内；如果$a_{ij}$的值为1，则表示元件$j$在第$i$个供热区域内。进一步，假设$a_{ij}^{h}$,$a_{ij}^{c}$,$a_{ij}^{eb}$,$a_{ij}^{s}$分别表示供热区域与燃煤锅炉、热电联产机组、电锅炉及储热系统等供热元件的关联关系。基于以上定义，热力系统分区平衡约束可以表示为

$$\sum_{i=1}^{N_{h}}a_{ij}^{h}Q_{i,t}^{h}+\sum_{i=1}^{N_{c}}a_{ij}^{c}Q_{i,t}^{c}+\sum_{i=1}^{N_{eb}}a_{ij}^{eb}Q_{i,t}^{eb}+\sum_{i=1}^{N_{s}}a_{ij}^{s}\Delta Q_{i,t}^{s}=Q_{j,t} \tag{21.26}$$

式中：$Q_{j,t}$为第$j$个供暖区域$t$时刻的供热需求。

电锅炉的供热量 $Q_{i,t}^{\mathrm{eb}}$ 线性相关于其电力消耗。设能量转换系数为 $\eta_i^{\mathrm{eb}}$，则电锅炉的电消耗与供热量的比值为[24]

$$Q_{i,t}^{\mathrm{eb}}=\eta_i^{\mathrm{eb}}P_{i,t}^{\mathrm{eb}} \tag{21.27}$$

3）电网潮流约束

电网各支路潮流需在每条支路的潮流限制之内：

$$-\bar{P}_i^{\mathrm{line}}\leqslant P_{i,t}^{\mathrm{line}}\leqslant \bar{P}_i^{\mathrm{line}} \tag{21.28}$$

式中：$\bar{P}_{i,t}^{\mathrm{line}}$ 分别为支路 $i$ 的容量。

采用直流潮流模型对其进行建模分析：

$$P_{i,t}^{\mathrm{line}}=\sum_{j=1}^{N_{\mathrm{e}}}g_{ij}P_{j,t}^{\mathrm{e}}+\sum_{j=1}^{N_{\mathrm{c}}}g_{ij}P_{j,t}^{\mathrm{c}}+\sum_{j=1}^{N_{\mathrm{w}}}g_{ij}P_{j,t}^{\mathrm{w}}-\sum_{j=1}^{N_{\mathrm{eb}}}g_{ij}P_{j,t}^{\mathrm{eb}} \tag{21.29}$$

式中：$g_{ij}$ 为发电功率转移分布因子。

4）发电机组与燃煤锅炉出力约束

对于常规火电机组、风电机组以及燃煤锅炉，其出力范围受到机组容量与运行特性的制约为

$$\begin{cases}\underline{P}_i^{\mathrm{e}}\leqslant P_{i,t}^{\mathrm{e}}\leqslant \bar{P}_i^{\mathrm{e}}\\ 0\leqslant P_{i,t}^{\mathrm{w}}\leqslant \bar{P}_{i,t}^{\mathrm{w}}\\ \underline{Q}_i^{\mathrm{h}}\leqslant Q_{i,t}^{\mathrm{h}}\leqslant \bar{Q}_i^{\mathrm{h}}\end{cases} \tag{21.30}$$

式中：$\underline{P}_i^{\mathrm{e}}$ 和 $\bar{P}_i^{\mathrm{e}}$ 分别为第 $i$ 台火电机组的出力下限和出力上限；$\underline{Q}_i^{\mathrm{h}}$ 和 $\bar{Q}_i^{\mathrm{h}}$ 分别为第 $i$ 台燃煤锅炉的出力下限和出力上限。

对于常规火电机组，其爬坡速率受到如下限制：

$$|\Delta P_{i,t}^{\mathrm{e}}|=|P_{i,t}^{\mathrm{e}}-P_{i,t-1}^{\mathrm{e}}|\leqslant R_i \tag{21.31}$$

式中：$R_i$ 为 $i$ 台火电机组的爬坡速率。

5）热电联产机组与区域储热系统的运行约束

热电联产机组的运行耦合约束式(21.1)～式(21.3)、运行煤耗式(21.5)，区域储热系统运行约束式(21.15)～式(21.19)，均包含在本调度模型中。

## 21.4　算例分析

通过以上优化模型，对比分析加入不同灵活热源配置下对风电消纳以及电热系统运行效率的影响。

### 21.4.1　算例系统描述

以伊利洛伊理工大学六节点系统[25]为基础，构造电热集成系统。

1. 机组信息

对于其中电力系统，包含两台常规火电机组（G1，G2），两台热电联产机组（CHP-1，CHP-2）以及风电机组 W1；G1 与 G2 容量为 300MW，最低出力 50%，CHP-1 与 CHP-2 的电热运行边界点以及相应运行成本如表 21.1 所示。

**表 21.1　热电联产机组运行边界及成本信息**

| 边界点 | 供热出力/MW | 发电出力/MW | 煤耗/tce |
|---|---|---|---|
| A | 0 | 98.8 | 27.2 |
| B | 104.8 | 81 | 32.2 |
| C | 180 | 215 | 58.4 |
| D | 0 | 247 | 42.5 |

2. 电网拓扑信息

各机组电气连接关系及电力系统网络拓扑结构如图 21.9 所示，线路参数如表 21.2 所示。

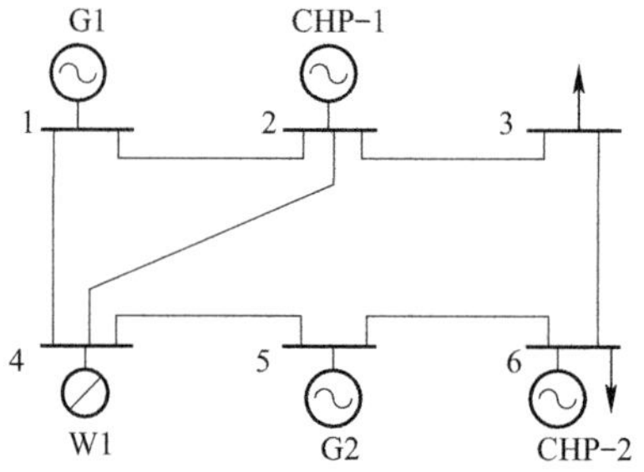


图 21.9　六节点系统网络拓扑结构

**表 21.2　节点系统网络线路参数**

| 线路编号 | 起始节点 | 到达节点 | 联系电抗/p. u. | 功率约束/MW |
|---|---|---|---|---|
| 1 | 1 | 2 | 0.037 | 200 |
| 2 | 1 | 4 | 0.0160 | 200 |
| 3 | 2 | 3 | 0.1015 | 175 |
| 4 | 2 | 4 | 0.1170 | 175 |
| 5 | 3 | 6 | 0.0355 | 175 |
| 6 | 4 | 5 | 0.0370 | 200 |
| 7 | 5 | 6 | 0.1270 | 200 |

3. 热力系统情况

算例系统中热电联产机组分别供应两个集中供热区域。第一个供热区域与热电联产机组 CHP-1 相连,另有一台燃煤锅炉连接在该集中供热网络上;第二个供热区域与 CHP-2 相连,并无其他形式热源形成供应。算例将着重讨论接入电锅炉、储热系统等灵活供热设备对整个系统,特别是风电消纳能力的影响。热力网络构成如表 21.3 所示。

**表 21.3　热力网络构成情况**

| 城市热网 | 热力元件连接关系 | | | |
|---|---|---|---|---|
| | 热电联产机组 1 | 热电联产机组 2 | 燃煤锅炉 | 灵活热源 |
| 1 | 有 | 无 | 有 | 无 |
| 2 | 无 | 有 | 无 | 可选 |

4. 能源需求与风电出力

图 21.10 为电力与热力需求与风电出力变化情况。图 21.10(a)中的电力负荷来自伊利洛伊理工大学六节点算例系统,并将机组和线路容量放大三倍。其最高负荷约为 800MW,最小负荷约为 400MW,峰谷差率约为 50%。电力负荷平均分布在节点 3 与节点 6。

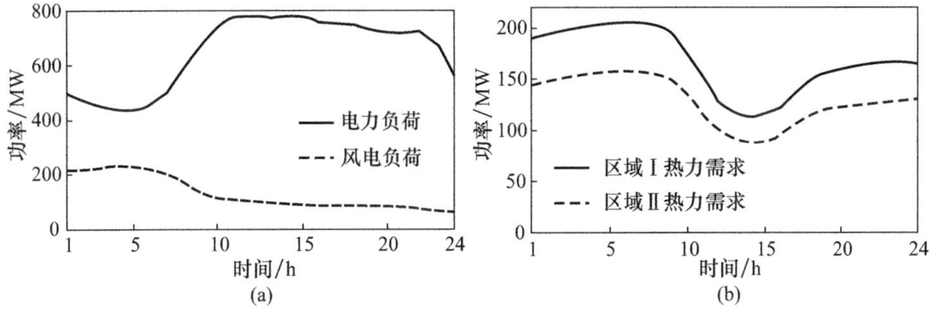


图 21.10　电力负荷、风电出力以及供热需求

风电出力的容量系数基于美国国家宇航局的卫星与遥感数据系统(GEOS-5),风电出力根据该系统内河北省可安装风电区域的风速出力的平均值计算得到。如图 21.10 所示,风电实时出力体现出明显的反调峰特性,夜间出力明显高于高峰负荷时段。该日风电的可发电量占据其总电力需求的 20%。

图 21.10(b)给出了两个供热区域的热力需求变化情况。热力需求变化情况根据住建部室内温度的要求以及北京市周边地区冬季典型日气温波动计算而得。由图可以看出,由于夜间气温较低,供暖需求高于日间水平,并于凌晨达到最高值,与风电出力具有较好的协同效应。

### 21.4.2　场景设置

基于以上能源系统，研究灵活热源（电锅炉、区域储热系统）的引入对风电接入能力以及系统综合能源消耗的作用机理与影响。固定第一个供热区域的供热方式，在第二个供热区域中，考虑两种灵活热源的作用：一台 50MW 的电锅炉以及一台 50MW 储热罐（储热总量为 500MW·h）。据此，供热区域 2 可形成四种不同的热源组合形式。

场景一：基准场景，区域 2 中不加入灵活热源，仅由热电联产机组 2 供热。

场景二：电锅炉场景，在热电联产机组侧加入电锅炉，拓展热电联产机组运行区间。

场景三：储热系统场景，在热电联产机组侧加入储热系统，提升热电联产机组灵活性。

场景四：综合场景，在热电联产机组侧同时加入电锅炉与储热系统，三者协同调度以满足电力系统和供热系统的要求。

### 21.4.3　结果分析

1. 电力平衡

将算例中不同场景代入电热综合调度模型进行优化计算，得到各场景下各主体的逐时出力结果，如图 21.11 所示。基准场景的出力如图 21.11(a)所示，最下方表示常规火电机组总出力，最上方表示风电的可用出力与弃风电量，中间部分为两个热电联产机组的出力情况。低谷时段，各机组出力降至最低出力，热电联产机组 2 受到供热出力制约，出力约为 200MW。此时，风电接入空间，因此被大幅压缩，导致大量弃风，如阴影面积所示。

引入电锅炉后[见图 21.11(b)]，低谷时段热电联产机组的部分热力供应由电锅炉替代，考虑到电锅炉自身耗电量，热电联产机组 2 的等效出力降至约 50MW，为风电接入提供了大量的空间，从而显著降低了低谷时期的弃风比例。引入区域储热系统后[见图 21.11(c)]，低谷时段热电联产机组出力水平降至 100MW，对提升风电夜间消纳能力同样有显著作用。当同时引入电锅炉与区域储热系统时[见图 21.11(d)]，电力平衡与风电消纳情况与电锅炉场景类似，但由于热电联产机组等效出力水平已经降至较低水平，提升空间已经较小。

2. 热电联产机组运行状态变化

为考察弃风时段热电联产机组与灵活热源的相互作用、内部状态的变化机理，特将弃风时段（1～9 时）热电联产机组 2 的机端出力和等效出力总结如图 21.12 所示。图 21.12(a)表示基准场景下热电联产机组的等效运行点，其电热运行边界如实线多边形所示，热电联产机组机端电热运行点表示为圆圈散点。这一时段中，热

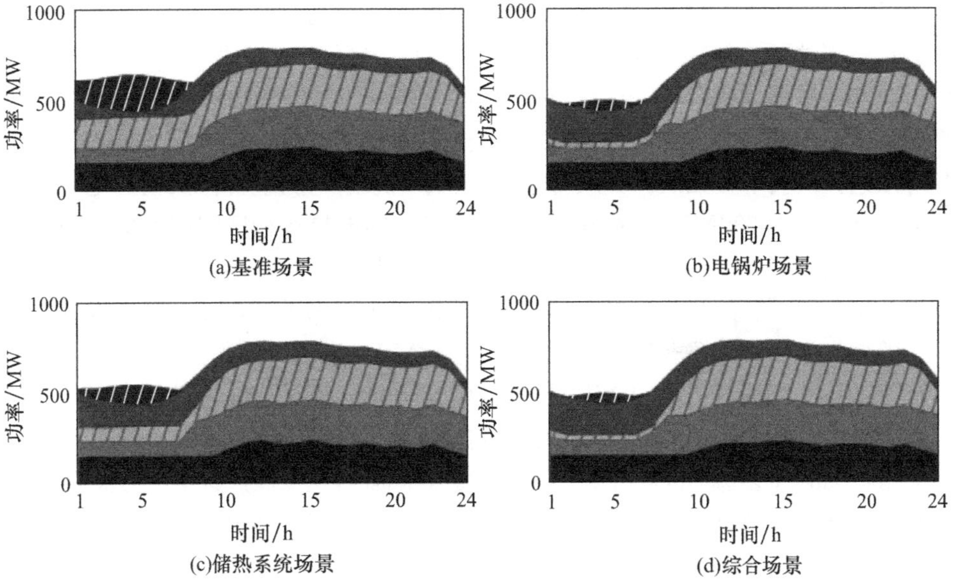


图 21.11　各场景发电出力的实时平衡

常规火电；热电机组1；热电机组2；风电实际出力；弃风；—电力负荷；

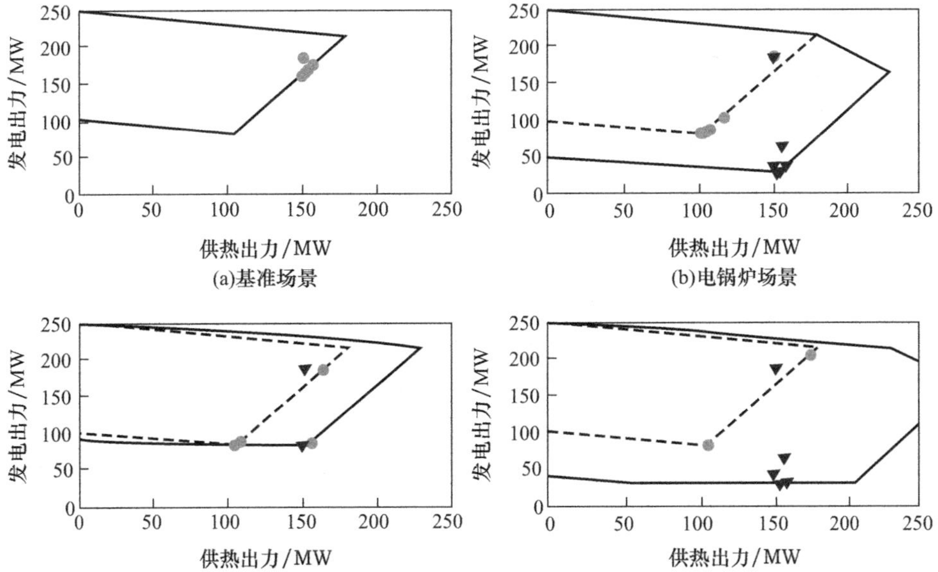


图 21.12　出力水平及等效运行点

热电机组边界；等效出力边界；▲等效出力运行点；● 热电机组运行点；

力需求约为 150MW，根据电热运行边界，发电出力变化范围为 150～220MW。考虑到风电消纳要求，热电联产机组发电出力运行于区间下界水平。

当加入电锅炉后，机端可行电热边界以及出口等效电热边界分别为虚线多边形与实线多边形，如图 21.12(b)所示。受到电锅炉电力消耗与热力供应影响，出口等效边界向右下方拓展。弃风时段，热电联产机组热力供应降低，使其电力运行区间拓展至 90～230MW，实际运行点为 90MW，即电热运行区间内发电出力最低可行点。出口等效电热运行点表示为三角散点，电锅炉的供热出力替代部分热电联产机组出力，其等效供热量仍与热力需求相等；电锅炉的用电量增加，进一步降低了等效发电出力水平，等效发电出力约为 50MW。

图 21.12(c)表示加入热力存储装置后热电联产机组的运行状态。加入热力存储装置，在给定同一发电出力下，等效热力供应可实现灵活增加或减少，等效可行区域得到横向拓展，如两个多边形区域所示。在风电接入困难时，热电联产机组出力被迫降低，并滑至最低点，而热电联产机组供热能力与热力需求之间的缺额由储热装置承担。

图 21.12(d)为同时引入热力存储装置和电锅炉之后的运行情况。由于引入两个灵活热源，使得供热出力范围极大的拓展，同时最低发电出力相应降低。对比机端运行点和等效运行点，可以看出，机端运行点仍可运行在最低发电出力点，两种灵活热源保证了其等效出力仍可实时平衡供热需求。

### 21.4.4 风电消纳的效果分析

1. 各主体出力变化

各场景下不同主体的电量分布如图 21.13 所示。基准场景下，风电弃风电量比例高达 34.9%。而热电联产机组 2 的发电量达到 4.85GW·h，为四种场景下的最高值。当引入电锅炉后，电锅炉场景的弃风比例降低至 5.6%，热电联产机组 2 的发电出力也降低了 677MW。这一场景中，电锅炉用电消耗为 384MW·h，而风电弃风电量较基准场景降低了 907MW·h。因此，电锅炉每用电 1MW·h，可增加 2.4MW·h 风电的接纳能力，体现了电热综合协调调度中，电锅炉与热电联产机组联合运行的重要性。

储热系统场景中，通过引入区域储热设备，风电弃风比例降低至 15.3%，大约多消纳 607MW·h 风电。热电联产机组 2 的发电量比基准场景降低了 967MW·h。综合场景的电量分布与电锅炉场景较为类似，因为冗余的发电设备对热电联产机组调峰能力提升的边际效益已经较为有限。

图 21.14 表示各场景下不同主体的供热量。其中，热电联产机组 1 以及燃煤锅炉同在供热区域 1 中，而热电联产机组 2 与电锅炉同在供热区域 2 中。可以看出，供热区域 2 的热源选择将影响供热区域 1 的供热出力。在基准场景中，低效的燃煤锅炉需维持在高出力水平，使热电联产机组 1 可以运行在较低出力

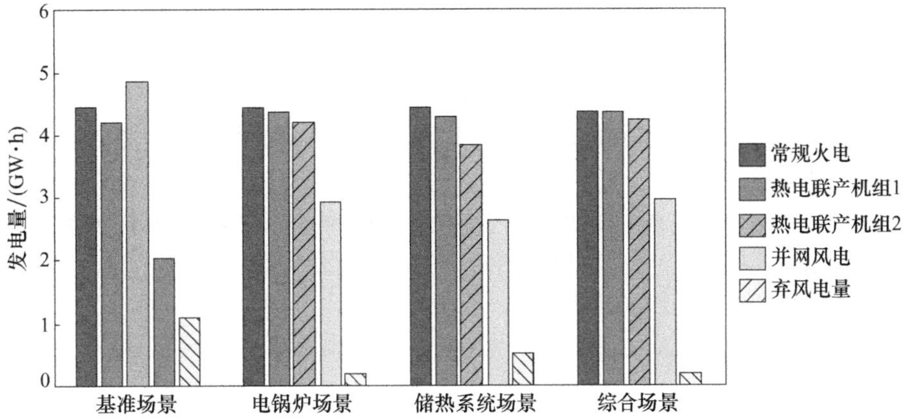


图 21.13　各场景下不同主体的电量分布

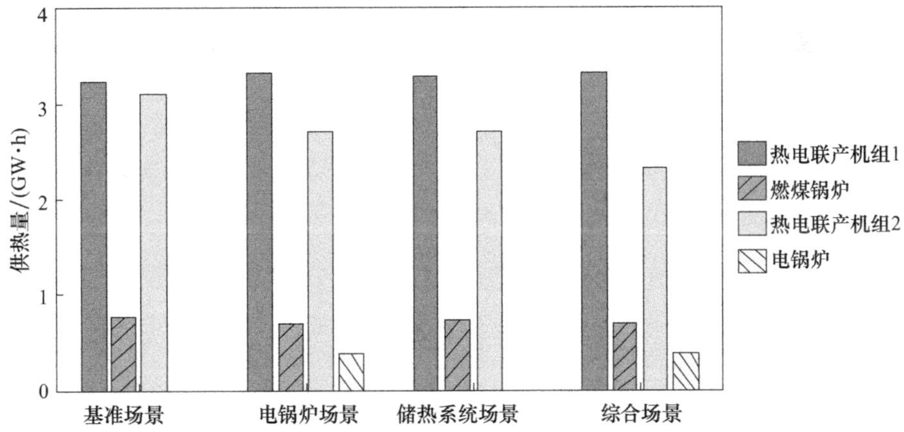


图 21.14　各场景下不同主体的供热量

范围，从而接入较多的风电，而当电锅炉引入后，弃风电量减少，而供热区域 1 中的燃煤锅炉出力可相应降低。由此可见，电热系统的综合优化带来了不同能源区域间的互动特性，实现了整体优化。

2. 综合能源消耗

各场景不同主体的煤耗变化如表 21.4 所示。

**表 21.4　不同场景下不同能量供应方式燃煤消耗量**

| 燃煤消耗 | 基准场景 | 场景二 | 场景三 | 场景四 |
|---|---|---|---|---|
| 常规火电机组燃煤消耗/tce | 2198.6 | 2198.6 | 2198.7 | 2165.3 |
| 热电联产机组燃煤消耗/tce | 2377.5 | 2277.9 | 2260.2 | 2242.9 |
| 燃煤锅炉燃煤消耗/tce | 119.8 | 105.1 | 112.1 | 105.1 |
| 合计/tce | 4695.9 | 4581.6 | 4571.0 | 4513.3 |

引入电锅炉可以更好地提升热电联产机组地运行灵活性，从而降低弃风电量，而储热系统的引入更加有利于系统总能耗的降低。表 21.4 中数据表明，利用电锅炉每减少 1kW·h 的弃风电量将降低 120g 标准煤的使用；利用储热系统降低 1kW·h 弃风电量可降低 200g 标准煤的消耗。其原因在于储热系统方案有效避免了电锅炉低下的电热转换效率。

使用两者结合的方式可以使系统总能耗降至最低。协调电锅炉和储热系统的使用不仅可以使弃风电量达到最低值，同时单位弃风电量可替代 190g 标准煤的使用，充分体现了灵活热源的协同效应优势。

# 第 22 章　促进可再生能源消纳的低碳电网规划方法——以风电为例

电网是电力传输与管理的载体，承担着合理优化配置发电资源与用电需求的重要功能，对实现电力系统低碳化的贡献不可忽视。合理的电网结构不仅能降低电网运行能耗，间接减少发电侧碳排放，还能促进间歇性可再生能源的消纳，降低发电侧综合碳排放强度。在低碳背景下，电网规划需要与可再生能源的结构和布局相协调，分析可再生能源接入对电网的影响，通过合理的网络规划促进可再生能源的接入与富集区可再生能源的送出，最大限度实现电力系统的低碳效益。

## 22.1　低碳化发展对常规电网规划流程的影响

### 22.1.1　常规电网规划

电网规划是根据规划期间的负荷增长和电源规划方案确定最佳的电网结构，以实现经济可靠的电力输送[26]。电网规划以电源规划方案为基础，反过来会影响电源规划。常规的电网规划主要包括电力电量平衡、电网规划方案拟定、电气计算校核和经济性评价等阶段。电力电量平衡是对火电、水电、风电等发电资源进行跨区域、跨季节的统筹调配，实现全网发电资源在一定周期内总体优化利用。电网规划方案拟定则是根据线路的传输容量，确定满足电力输送要求的若干电网规划待选方案。电气计算校核阶段需要对所形成的电网规划待选方案进行潮流、短路电流、稳定性、可靠性等方面的计算。经济性评价则是根据电气计算校核的结果，确定最优的电网规划方案。

### 22.1.2　低碳化发展对电网规划的影响

电网规划的低碳要素主要体现在自身的节能降损及对上下游碳减排环节的协助上。在电力电量平衡阶段，应侧重于消纳可再生能源。在电气计算校核阶段，应计算电网的运行网损。

低碳发展背景下，碳排放所引起的外部环境成本应该内部化，从而通过经济手段促进碳减排。因此，对电网规划而言，碳排放也将影响规划方案的总成本。在经济性评价阶段，应将碳排放成本引入总的经济性评价目标中，考虑电网降损及促进可再生能源消纳的低碳效益，进而选择最优的电网规划方案。

## 22.2 电网环节低碳要素的分析与建模

### 22.2.1 促进可再生能源的并网与消纳

发展可再生能源是世界各国实现电力系统低碳化发展的主要共识。我国可再生能源与负荷中心分布不一致,网架结构相对薄弱,导致部分可再生能源出力受限于网络传输能力而被弃置。为促进可再生能源消纳,需完善电网网架建设,保证可再生能源的顺利送出。此处以风电为例,研究电网规划在促进可再生能源的并网与消纳方面的重要作用。

可再生能源出力具有随机性和间歇性,出力特性服从一定的概率分布。可以采用概率统计方法分析大规模风电与光伏发电出力的随机特性,研究其对电网规划的影响。下面以风电为例介绍可再生能源的随机出力模型[27]。

风速的随机微分方程模型为

$$\mathrm{d}x_{it}=-\vartheta_i(x_{it}-\mu_i)\mathrm{d}t+\sqrt{v(x_{it})}\,\mathrm{d}W_{it} \tag{22.1}$$

$$v(x)=\frac{2\vartheta}{f(x)}\int_l^x(\mu-y)f(y)\mathrm{d}y \tag{22.2}$$

式中:$x_{it}$为风电场$i$第$t$时刻的模拟风速;$\vartheta_i$为风电场$i$对应风速的自相关函数指数衰减系数;$\mu_i$为平均风速;$f(x)$为风速的 Weibull 概率分布函数;$\mathrm{d}W_{it}$为正态分布的随机数序列。

风速可根据$\mathrm{d}x_t$逐时累加生成:

$$x_{it}=x_{i,t-1}+\mathrm{d}x_t \tag{22.3}$$

风电场出力为

$$P_{it}=n_{it}(1-\eta_i)C_i(x_{it},k_{ih},k_{im}) \tag{22.4}$$

式中:$P_{it}$为风电场$i$第$t$时刻出力;$n_{it}$为风电场$i$第$t$时刻可用机组个数;$\eta_i$为风电场尾流效应系数;$C_i(\cdot)$为风电机组出力特性曲线;$k_{ih}$与$k_{im}$分别为风速的日特性以及季节特性修正系数。

### 22.2.2 新建线路的全生命周期碳排放

一种产品从原材料开采,经过原料加工、产品制造、产品包装、运输和销售,然后由消费者使用、回收和维修,最终再循环或作为废弃物处理和处置,整个过程称为生命周期。

全生命周期评价(life cycle assessment,LCA)是指对产品或服务系统整个生命周期中,与产品或服务系统功能直接相关的环境影响、物质和能源的投入产出进行汇集和测定的一套系统方法[28,29]。其本质是检查、识别和评估一种材料、过程、产品或系统在其整个生命周期中的环境影响和经济性。

电网中大量输变电设备的建造、运行、维护及报废等过程均会消耗大量的能量并产生碳排放。采用全生命周期的评价方法能够更加全面、科学地分析电网环节的碳排放特性，有利于面向低碳的电网规划与投资决策。由于是电网扩展规划问题，此处只考虑新建线路的全生命周期碳排放。

输电线路的全生命周期碳排放可以分解为[30]

$$\mathrm{LCCE}=\mathrm{CEC}+\mathrm{CEO}+\mathrm{CEM}+\mathrm{CEF}+\mathrm{CED} \tag{22.5}$$

式中：LCCE为全生命周期碳排放(life cycle carbon emission)；CEC为建造环节碳排放(carbon emission of construct)；CEO为运行环节碳排放(carbon emission of operation)；CEM为维护环节碳排放(carbon emission of maintenance)；CEF为故障碳排放(carbon emission of failure)；CED为退役碳排放(carbon emission of discard)。

基于以上分析，引入碳排放成本，可建立新建线路的投资成本模型为

$$C=\sum_{y=1}^{Y^{\mathrm{line}}}(c_y^{\mathrm{line}}+\pi_y\lambda_y^{\mathrm{line}}) \tag{22.6}$$

式中：$Y^{\mathrm{line}}$为线路的投资回收年限；$c_y^{\mathrm{line}}$为线路的投资等年值；$\pi_y$为第$y$年的碳价；$\lambda_y^{\mathrm{line}}$为线路第$y$年的年等值碳排放量(不考虑运行碳排放)，由网损引起的线路运行碳排放单独优化考虑。

$\lambda_y^{\mathrm{line}}$与$c_y^{\mathrm{line}}$的计算公式为

$$\lambda_y^{\mathrm{line}}=(\mathrm{LCCE}-\mathrm{CEO})/Y^{\mathrm{line}} \tag{22.7}$$

$$c_y^{\mathrm{line}}=\frac{i(1+i)^{Y^{\mathrm{line}}-y}}{(1+i)^{Y^{\mathrm{line}}}-1}Q \tag{22.8}$$

式中：$Q$为线路的投资金额；$i$为资金折现率。

### 22.2.3　降低电网损耗

电网损耗(网损)会在发电侧增加额外的碳排放，降低网损是电网环节最为直接的低碳措施。基于直流潮流对网损进行建模，并将其嵌入电网规划模型中，以实现网损管理与电网规划的协同优化。

根据传统的交流潮流方程，线路$l$上的有功功率损耗$P_l^{\mathrm{loss}}$可表示为[31]

$$P_l^{\mathrm{loss}}=(V_i^2+V_j^2)g_l-2V_iV_j g_l\cos(\theta_i-\theta_j) \tag{22.9}$$

式中：$V_i$、$V_j$分别为节点$i$和节点$j$的电压幅值；$\theta_i-\theta_j$为线路$l$两端的电压相角差；线路$g_l$为线路$l$的电导。

高压输电网正常运行情况下，节点电压幅值接近1.0，线路两端电压相角差很小，线路$l$上的有功网损$P_l^{\mathrm{loss}}$可近似表达为[32]

$$P_l^{\mathrm{loss}}\approx(\theta_i-\theta_j)^2 g_l \tag{22.10}$$

式(22.10)表明，线路网损可近似表达为线路电导与节点电压相角差平方的乘积，这与电力系统有功无功解耦的特性是相符的，即有功功率(包括有功潮流与有功网损)主要取决于节点电压相角差。

由式(22.10)可以看出，线路的网损表达为相角差的二次函数，如图22.1所示。可采用约束成本变量法将该式化为多条线性约束，具体原理是，将相角差的二次曲线用分段线性函数进行拟合，并将每一段写为一个由相角差表示的线性约束。例如，$(\theta_{i,1}-\theta_{j,1})\sim(\theta_{i,0}-\theta_{j,0})$区间中的约束可表示为

$$P_l^{\text{loss}}\geqslant p_{l,0}^{\text{loss}}+\frac{p_{l,1}^{\text{loss}}-p_{l,0}^{\text{loss}}}{(\theta_i-\theta_j)_1-(\theta_i-\theta_j)_0}[(\theta_i-\theta_j)-(\theta_i-\theta_j)_0] \tag{22.11}$$

式(22.11)采用点斜式表示该线性约束，$p_{l,0}^{\text{loss}}=g_l(\theta_i-\theta_j)_0^2$，$p_{l,1}^{\text{loss}}=g_l(\theta_i-\theta_j)_1^2$。

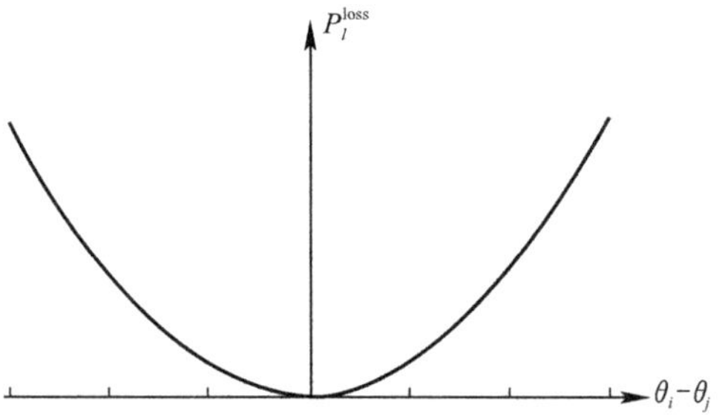


图22.1 网损与线路两端相角差的关系

由于网损的二次函数是凸函数，因此上述每一段约束共同组成了一个凸域，如图22.2所示。由于目标函数中包含网损最小化的部分，因此能够保证网损落在某一条线性约束的边界上，即网损的某一条约束取等号。由图22.2可知，分段线性化能够逼近二次曲线，因此可知优化得到的网损与二次曲线计算得到的网损近似。

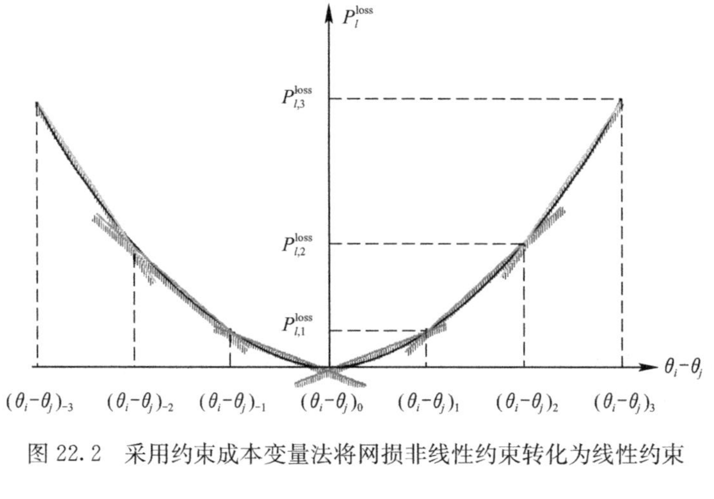


图22.2 采用约束成本变量法将网损非线性约束转化为线性约束

综上所述，若在线路潮流正方向与反方向按其容量限值各取三个长度相等的线性分段，对于已建线路，用电压相角建立线性约束，而对于待建线路，用线路潮流建立线性约束。线路潮流负方向与正方向分段点分别用下角标$-3,-2,-1,0,1,2,3$表示，如图 22.2 所示。网损方程(22.10)可以改写为如下形式：

对于已建线路，有

$$P_{l,s,y}^{\text{loss}} \geqslant (p_{l,s,y}^{\text{loss}}) + \frac{(p_{l,s,y}^{\text{loss}})_{i+1} - (p_{l,s,y}^{\text{loss}})_i}{(\theta_{n_1,s,y}-\theta_{n_2,s,y})_{i+1} - (\theta_{n_1,s,y}-\theta_{n_2,s,y})_i} \cdot [(\theta_{n_1,s,y}-\theta_{n_2,s,y}) - (\theta_{n_1,s,y}-\theta_{n_2,s,y})_i], \tag{22.12}$$

$$i=-3,-2,-1,0,1,2;\quad y=1,2,\cdots,Y;\quad s=1,2,\cdots,S_y$$

对于待建线路，有

$$P_{l,s,y}^{\text{loss}} \geqslant (p_{l,s,y}^{\text{loss}})_i + \frac{(p_{l,s,y}^{\text{loss}})_{i+1} - (p_{l,s,y}^{\text{loss}})_i}{(f_{l,s,y})_{i+1} - (f_{l,s,y})_i}[f_{l,s,y} - (f_{l,s,y})_i], \tag{22.13}$$

$$i=-3,-2,-1,0,1,2;y=1,2,\cdots,Y;s=1,2,\cdots,S_y$$

式中：$(p_{l,s,y}^{\text{loss}})_i$ 与$(f_{l,s,y})_i$ 为已知量；$Y$ 为规划考虑时间长度；$S_y$ 为第 $y$ 年场景数。

对于已建线路，有

$$(p_{l,s,y}^{\text{loss}})_i = g_l(\theta_{n_1,s,y}-\theta_{n_2,s,y})_i^2, \tag{22.14}$$

$$i=-3,-2,-1,0,1,2,3;y=1,2,\cdots,Y;s=1,2,\cdots,S_y$$

式中：$\theta_{n_1,s,y}$、$\theta_{n_2,s,y}$分别表示支路 $l$ 首端节点和末端节点的相角。

对于待建线路，有

$$(p_{l,s,y}^{\text{loss}})_i = g_l((f_{l,s,y})_i x_l)^2, \tag{22.15}$$

$$i=-3,-2,-1,0,1,2,3;y=1,2,\cdots,Y;s=1,2,\cdots,S_y$$

式中：$x_l$表示支路 $l$ 的电抗。

## 22.3 促进可再生能源消纳的低碳电网规划模型

### 22.3.1 模型结构

基于前述低碳要素分析，本章建立促进可再生能源消纳的低碳电网规划模型。模型包括投资决策与运行模拟两部分，结构如图 22.3 所示[33]。投资决策部分体现为：在目标规划时间范围内每一年均包含线路决策变量对应的运行约束，同时添加了连续多年的待建线路决策状态变量耦合约束，组成完整的线路多年投资决策模型。运行模拟部分体现为：结合各年份投资决策方案，分别形成系统负荷平衡、线路潮流、机组发电出力等约束条件，并选取多个运行场景以精细模拟电网的运行。

在目标规划年限内，根据负荷及可再生能源 8760 点的预测结果，可计算出每年 365 个净负荷场景库。进一步基于 K-means 方法[34]进行场景削减，可得到每个规划年份的 $S$ 个典型场景及其对应的概率 $p_s$。

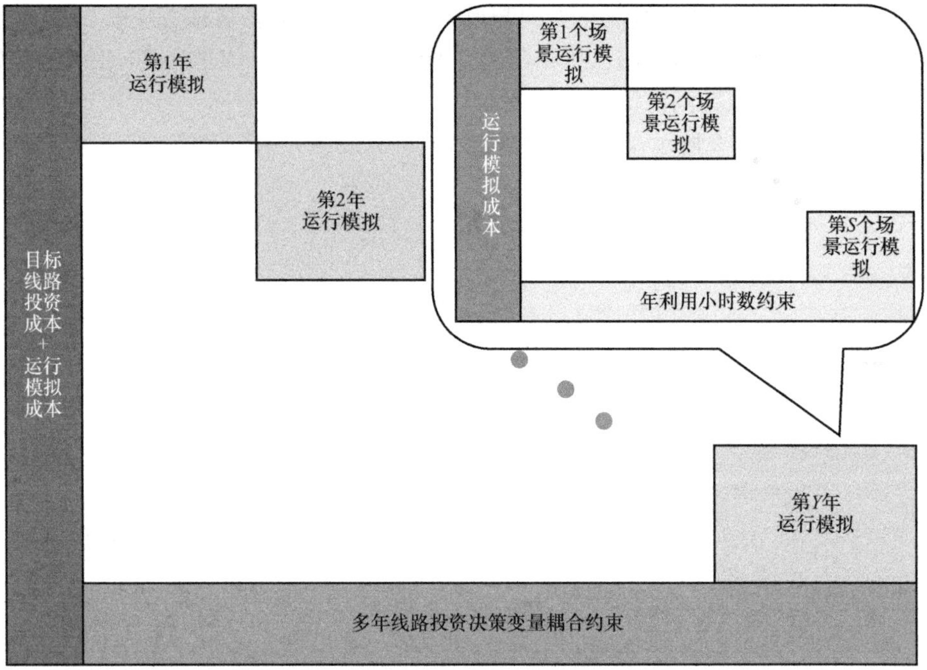


图 22.3　低碳电网规划模型结构图

对于规划期内每一年，分别对 $S$ 个典型场景进行电力电量平衡模拟。电力平衡方面，添加系统运行约束，保证安全可靠运行。电量平衡方面，根据不同场景的机组优化出力安排，考虑不同场景的年电量贡献概率，可计算机组的年利用小时数、系统的年发电运行成本等指标。场景的年电量贡献概率 $\eta_s$ 的计算公式为[33]

$$\eta_s = p_s \frac{\sum_{d=1}^{365}\sum_{t=1}^{24} D_{d,t}}{365\sum_{s=1}^{S}\left(p_s \sum_{t=1}^{24} D_{s,t}\right)} \tag{22.16}$$

式中：$D_{d,t}$ 为预测的第 $d$ 天第 $t$ 时段的负荷；$D_{s,t}$ 为第 $s$ 个场景第 $t$ 时段的负荷。

### 22.3.2　目标函数

模型目标函数为投资成本与运行成本两个方面，即[33]

$$\begin{aligned}\min \sum_{y=1}^{Y}(\boldsymbol{C}_y^{\text{line}}+\pi_y\boldsymbol{\Lambda}_y^{\text{line}})^{\mathrm{T}}\boldsymbol{X}_y+\sum_{y=1}^{Y}\sum_{s=1}^{S_y}\boldsymbol{\eta}_{s,y}\Bigg\{&\sum_{i\in\{\mathrm{w,h,n,c}\}}\Big[(\boldsymbol{C}_{i,s,y}^{\text{Gen}})^{\mathrm{T}}\boldsymbol{P}_{i,s,y}\\&+\pi_y(\boldsymbol{\Lambda}_{i,s,y}^{\text{Gen}})^{\mathrm{T}}\boldsymbol{P}_{i,s,y}\Big]\Big[\sum_{i\in\{w\}}(\boldsymbol{C}_{i,s,y}^{\text{Cur}})^{\mathrm{T}}\boldsymbol{P}_{i,s,y}^{\text{Cur}}+(\boldsymbol{C}_{s,y}^{\text{Node}})^{\mathrm{T}}\boldsymbol{D}_{s,y}^{\text{Cur}}\Big]\\&+\Big[(\boldsymbol{c}_{s,y}^{\text{loss}}+\pi_y\lambda_{s,y}^{\text{loss}})([\mathbf{1}]^{\mathrm{T}}\boldsymbol{P}_{\mathrm{E},s,y}^{\text{loss}}+[\mathbf{1}]^{\mathrm{T}}\boldsymbol{P}_{\mathrm{B},s,y}^{\text{loss}})\Big]\Bigg\}\end{aligned} \tag{22.17}$$

式中：$Y$ 为规划考虑时间长度；$S_y$ 为第 $y$ 年的场景数。

目标函数(22.17)的第一项为投资成本：包括规划期内线路的投资成本及全生命周期碳排放成本，$\pi_y$ 为第 $y$ 年碳价，$\eta_{s,y}$ 为场景 $s$ 第 $y$ 年电量贡献率 $\boldsymbol{C}_y^{\text{Line}}$ 和 $\boldsymbol{\Lambda}_y^{\text{Line}}$ 分别为待建线路组成的投资成本与全生命周期碳排放列向量，$\boldsymbol{X}_y$ 为待建线路组成的投建状态列向量，当线路投建后，线路状态为1，否则为0。后三项为系统运行成本：第二项为不同类型机组的发电成本与碳排放成本，下标 $c,h,n,w$ 分别为常规火电机组、水电机组、核电机组以及风电机组，$\boldsymbol{P}_{i,s,y}$、$\boldsymbol{C}_{i,s,y}^{\text{Gen}}$、$\boldsymbol{\Lambda}_{i,s,y}^{\text{Gen}}$ 分别为第 $i$ 类机组的优化出力、发电成本和碳排放强度列向量，其中 $i\in\{c,h,n,w\}$；第三项为弃风惩罚成本和切负荷成本，$\boldsymbol{C}_{s,y}^{\text{Node}}$ 和 $\boldsymbol{C}_{i,s,y}^{\text{Cur}}$ 分别为单位切负荷成本与单位弃风成本列向量，$\boldsymbol{D}_{s,y}^{\text{Cur}}$ 和 $\boldsymbol{P}_{i,s,y}^{\text{Cur}}$ 分别为优化切负荷与弃风列向量；第四项表示输电损耗对应的经济损失与碳排放成本，$c_{s,y}^{\text{loss}}$ 与 $\lambda_{s,y}^{\text{loss}}$ 分别为系统平均发电成本与平均碳排放强度，$\boldsymbol{P}_{\text{E},s,y}^{\text{loss}}$ 和 $\boldsymbol{P}_{\text{B},s,y}^{\text{loss}}$ 则分别为已建线路和待建线路的网损列向量。

### 22.3.3 约束条件

(1) 待建线路投产状态约束为

$$\boldsymbol{X}_y \leqslant \boldsymbol{X}_{y+1}, \quad y=1,2,\cdots,Y-1 \tag{22.18}$$

(2) 待建线路投产时间约束为

$$X_{l,y}=0, y<y_{l,\min}, \quad l=1,2,\cdots,L_{\text{B}} \tag{22.19}$$

式中：$L_{\text{B}}$ 表示待建线路数 $y_{l,\min}$ 为线路 $l$ 最早投产时间。

(3) 规划期内各年各场景节点功率平衡方程为

$$\begin{gathered}\boldsymbol{A}_{\text{B}}\boldsymbol{F}_{\text{B},s,y}+\boldsymbol{A}_{\text{E}}\boldsymbol{B}_{\text{E}}\boldsymbol{A}_{\text{E}}^{\text{T}}\boldsymbol{\Theta}_{s,y}+\sum_{i\in\{w,h,n,c\}}\boldsymbol{W}_i\boldsymbol{P}_{i,s,y}-(\boldsymbol{D}_{s,y}-\boldsymbol{D}_{s,y}^{\text{Cur}})=\boldsymbol{0}, \\ y=1,2,\cdots,Y; s=1,2,\cdots,S_y\end{gathered} \tag{22.20}$$

式中：$\boldsymbol{A}_{\text{E}}$ 和 $\boldsymbol{A}_{\text{B}}$ 分别为已建线路和待建线路的节点-支路关联矩阵；$\boldsymbol{F}_{\text{B},s,y}$ 为待建线路潮流列向量；$\boldsymbol{B}_{\text{E}}$ 为已建线路电抗组成的对角矩阵；$\boldsymbol{W}_i$ 为机组-节点关联矩阵；$\boldsymbol{\Theta}_{s,y}$ 为节点电压相角列向量；$\boldsymbol{D}_{s,y}$ 为节点负荷列向量。

(4) 规划期内各年各场景已建线路潮流上下限约束方程

$$-\boldsymbol{F}_{\text{E},\max}\leqslant\boldsymbol{B}_{\text{E}}\boldsymbol{A}_{\text{E}}^{\text{T}}\boldsymbol{\Theta}_{s,y}\leqslant\boldsymbol{F}_{\text{E},\max}, \quad y=1,2,\cdots,Y; s=1,2,\cdots,S_y \tag{22.21}$$

式中：$\boldsymbol{F}_{\text{E},\max}$ 为已建线路容量列向量。

(5) 期内各年各场景中，对于该年已选择投运的待建线路，增加其潮流方程作为约束条件，对于不选择投运的线路，将其潮流限制为0：

$$\boldsymbol{F}_{\text{B},s,y}-\boldsymbol{U}_y\boldsymbol{B}_{\text{B}}\boldsymbol{A}_{\text{B}}^{\text{T}}\boldsymbol{\Theta}_{s,y}=\boldsymbol{0}, \quad y=1,2,\cdots,Y; s=1,2,\cdots,S_y \tag{22.22}$$

(6) 规划期内各年各场景中待建线路潮流上下限约束：

$$-\boldsymbol{F}_{\mathrm{B,max}} \leqslant \boldsymbol{F}_{\mathrm{B},s,y} \leqslant \boldsymbol{F}_{\mathrm{B,max}}, \quad y=1,2,\cdots,Y; s=1,2,\cdots,S_y \tag{22.23}$$

式中：$\boldsymbol{F}_{\mathrm{B,max}}$为待建线路容量列向量。

(7) 规划期内各年各场景中机组最大最小出力限制：

$$\begin{cases}\boldsymbol{P}_{i,\min} \leqslant \boldsymbol{P}_{i,s,y} \leqslant \boldsymbol{P}_{i,\max}, \quad i \in \{n,c,h\} \\ \boldsymbol{P}_{\mathrm{w},s,y} + \boldsymbol{P}_{\mathrm{w},s,y}^{\mathrm{Cur}} \leqslant \boldsymbol{P}_{w,s,y}^{\mathrm{F}} \\ \boldsymbol{0} \leqslant \boldsymbol{P}_{\mathrm{w},s,y}^{\mathrm{Cur}} \leqslant \boldsymbol{P}_{w,s,y}^{\mathrm{F}} \\ y=1,2,\cdots,Y; s=1,2,\cdots,S_y\end{cases} \tag{22.24}$$

式中：$\boldsymbol{P}_{i,\max}$和$\boldsymbol{P}_{i,\min}$分别为第$i$类机组的出力上下限列向量；$\boldsymbol{P}_{\mathrm{w},s,y}^{\mathrm{F}}$表示风电预测出力列向量。

(8) 规划期内各年各场景切负荷约束：

$$\boldsymbol{0} \leqslant \boldsymbol{D}_{s,y}^{\mathrm{Cur}} \leqslant \boldsymbol{D}_{s,y}, \quad y=1,2,\cdots,Y; s=1,2,\cdots,S_y \tag{22.25}$$

(9) 规划期内各年各场景网损方程

$$\begin{cases}\boldsymbol{P}_{\mathrm{E},s,y}^{\mathrm{loss}} = \boldsymbol{G}_{\mathrm{E}}(\boldsymbol{A}_{\mathrm{E}}^{\mathrm{T}}\boldsymbol{\Theta}_{s,y})(\boldsymbol{A}_{\mathrm{E}}^{\mathrm{T}}\boldsymbol{\Theta}_{s,y})^{\mathrm{T}}, \\ \boldsymbol{P}_{\mathrm{B},s,y}^{\mathrm{loss}} = \boldsymbol{G}_{\mathrm{B}}(\boldsymbol{B}_{\mathrm{B}}^{-1}\boldsymbol{F}_{\mathrm{B},s,y})(\boldsymbol{B}_{\mathrm{B}}^{-1}\boldsymbol{F}_{\mathrm{B},s,y})^{\mathrm{T}},\end{cases} \quad y=1,2,\cdots,Y; s=1,2,\cdots,S_y \tag{22.26}$$

式(22.26)为网损方程的矩阵形式，其将已建线路的网损$\boldsymbol{P}_{\mathrm{E},s,y}^{\mathrm{loss}}$表示为节点相角差的函数，而将待建线路的网损$\boldsymbol{P}_{\mathrm{B},s,y}^{\mathrm{loss}}$写为线路有功潮流的函数。其中$\boldsymbol{G}_{\mathrm{E}}$和$\boldsymbol{G}_{\mathrm{B}}$为待建线路电导组成的对角矩阵。

上述模型中，优化变量为$\boldsymbol{X}_y, \boldsymbol{P}_{i,s,y}, \boldsymbol{P}_{\mathrm{w},s,y}, \boldsymbol{P}_{w,s,y}^{\mathrm{Cur}}, \boldsymbol{D}_{s,y}^{\mathrm{Cur}}, \boldsymbol{F}_{\mathrm{B},s,y}, \boldsymbol{\Theta}_{s,y}$($i\in\{w,h,n,c\}$；$y=1,2,\cdots,Y$；$s=1,2,\cdots,S_y$)，其余变量为已知量。

上述模型中，约束(22.26)中包含相角差的二次函数，可以采用22.2节所论述的方法实现分段线性化。

对于约束(22.22)，包含节点电压功角与待建线路决策变量的乘积。基于分离不等式法可将其转换为线性约束[35]：

$$\begin{aligned}-\delta([\boldsymbol{1}]-\boldsymbol{X}_y) \leqslant \boldsymbol{F}_{\mathrm{B},s,y} - \boldsymbol{B}_{\mathrm{B}}\boldsymbol{A}_{\mathrm{B}}^{\mathrm{T}}\boldsymbol{\Theta}_{s,y} \leqslant \delta([\boldsymbol{1}]-\boldsymbol{X}_y), \\ y=1,2,\cdots,Y; s=1,2,\cdots,S_y\end{aligned} \tag{22.27}$$

式中：$\delta$为一个足够大的正数。

当待选线路$l$投产时，$X_{l,y}=1$，此时约束变成潮流方程等式约束；当待选线路$l$未投产时，$X_{l,y}=0$，此时约束松弛。

## 22.4 算例分析

### 22.4.1 基础数据

选取我国某省级电网对本章提出的电网规划模型进行验证与分析，选取某年的电网规划方案，对220kV及以上的线路和变压器进行建模。利用该模型，进行风电汇集线路的容量规划。

模型边界条件为：该水平年全省最高负荷为 102500MW，规划装机容量为 120400MW，各类型机组规划容量、运行成本、碳排放强度如表 22.1 所示。

**表 22.1　各类机组数据**

| 机组类型 | 规划容量/MW | 运行成本/[元/(kW·h)] | 碳排放强度/[$tCO_2$/(MW·h)] |
|---|---|---|---|
| 核电机组 | 2000 | 0.0840 | 0 |
| 燃煤大火电机组(600MW 及以上) | 30664 | 0.2856 | 0.746 |
| 燃煤小火电机组(300MW 及以下) | 21645 | 0.3171 | 0.905 |
| 热电联产机组 | 520 | 0.3171 | 0.905 |
| 燃气(E 级)发电机组 | 2280 | 0.6584 | 0.462 |
| 燃气(F 级)发电机组 | 3120 | 0.5933 | 0.431 |
| 水电机组 | 0 | 0 | 0 |
| 抽水蓄能机组 | 1100 | 0.1113 | 0 |
| 风电机组 | 6000 | 0 | 0 |
| 非统调机组 | 8796 | 0.3171 | 0.905 |
| 110kV 统调机组 | 3621 | 0.3171 | 0.905 |
| 区外机组 | 7020 | 根据区外电源实际类型按上述表格中值确定 | |

算例分析中，各类型线路的投资成本如表 22.2 所示。根据相关研究，线路的投资成本仅占其全生命周期成本的 64.4%，除投资成本之外，运行成本、维护成本以及故障成本分别占 21.2%、13.2%及 1.2%。由于规划期较短，暂不考虑线路的退役成本。计算各类型新建线路运行成本之外的全生命周期成本，并以回收期 25 年，折现率 8%计算线路投资的等年值，计算结果也列在表 22.2 中。

**表 22.2　各类型线路投资成本**

| 线路类型 | 线路总投资/(万元/km) | 除运行成本之外线路全生命周期运行成本等年值/(万元/km) |
|---|---|---|
| 1000kV 双回 8×LGJ-630/45 导线 | 1500 | 159 |
| 500kV 双回 4×LGJ-400 导线 | 500 | 53 |
| 220kV 单回 2×LGJQ-400 导线 | 160 | 17 |

算例分析中，线路网损对应的发电成本设置为 0.3 元/(MW·h)，全系统平均碳排放强度设置为 0.75$tCO_2$/(MW·h)，模型中的碳价将根据研究的需要进行不

同的设定。

### 22.4.2　风电汇集线路容量规划

利用本章提出的电网规划优化模型，对该省级电网风电基地的汇集线路进行优化。该年沿海地区接入风电容量为6000MW，风电接入以220kV为主，少量风电接入110kV，选取风电集中接入较典型的A地区进行研究。A地区的风电由北向南共分为A1、A2、A3、A4、A5五个地区。这五个地区的风电分别通过一个或多个220kV通道汇入附近220kV变电站或500kV变电站中的220kV母线。

在考虑各类型机组运行成本以及系统碳价的基础上，对各通道的容量进行优化，根据各地区风电容量的规划，分别在现有220kV线路的基础上，各通道再增加三回待选的220kV线路。线路均按单回线路的造价考虑，线路选型均按220kV单回2×LGJQ-400导线考虑，线路容量为262MW。

逐渐改变碳价进行规划优化，同时完全以碳排放最低为目标计算电网规划方案，将其优化结果与其他结果进行对比，如表22.3所示。

**表22.3　风电线路规划结果**

| 指标＼碳价 | 0元/$tCO_2$ | 100元/$tCO_2$ | 150元/$tCO_2$ | 碳排放最低 |
|---|---|---|---|---|
| 年弃风电量/(GW·h) | 41.035 | 0.294 | 0.294 | 0 |
| 包含碳排放的运行费用/亿元 | 1209.6 | 1454.1 | 1575.2 | — |
| 建设费用/亿元 | 0.2925 | 0.4036 | 0.4036 | 0.4130 |
| 系统碳排放/亿$tCO_2$ | 2.448 | 2.423 | 2.423 | 2.220 |
| A1地区送出通道 | 建3条 | 建3条 | 建3条 | 建3条 |
| A2地区送出通道 | 建2条 | 建2条 | 建2条 | 建2条 |
| A3地区送出通道 | 建1条 | 建1条 | 建1条 | 建2条 |
| A4地区送出通道1 | 建2条 | 建2条 | 建2条 | 建2条 |
| A4地区送出通道2 | 建0条 | 建2条 | 建2条 | 建2条 |
| A5地区送出通道 | 建2条 | 建3条 | 建3条 | 建3条 |
| 总建设线路条数 | 10条 | 13条 | 13条 | 14条 |

不同碳价下，系统建设费用与碳排放对比如图22.4所示。

由上述规划结果可以看出，在不考虑碳排放影响的条件下(碳价为0)，由于风电的发电成本为零，系统会尽可能多地消纳风电，从而降低系统运行成本；另外，消纳风电需要建设足够的风电通道线路，增加了系统的建设成本。因此，最终的优化结果将是接纳风电而降低的运行成本与提高的线路建设成本之间的博弈。不考虑碳排放影响的条件下(碳价为0)，系统优化结果为：在保证系统运行成本与建设成本之和最小的目标下，投建10条风电汇集线路。

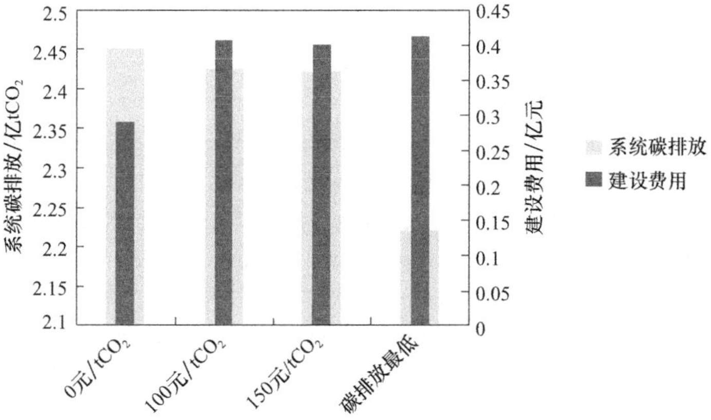


图 22.4　不同碳价下系统建设费用与碳排放对比

在考虑碳排放因素，引入碳价的背景下，由于风电是清洁能源，碳排放强度为零，增加系统的风电消纳能力，不仅能降低系统发电运行成本，还能有效地减小全系统的碳排放量，从而降低系统碳排放成本。因此，随着碳价的不断升高，当增加风电线路减小的碳排放成本和发电成本超过新建线路的建设成本时，越来越多的风电线路将被纳入规划投建结果中。系统优化结果表明：当碳价升至 100 元/$tCO_2$ 时，与碳价为 0 元/$tCO_2$ 相比，系统多投建了 3 条线路，年弃风电量减少了近 41GW·h。当碳价升至 150 元/$tCO_2$ 时，与碳价为 100 元/$tCO_2$ 情形下的规划结果相同，完全考虑碳排放最低的规划方案需投建线路 14 条，相比考虑碳价的方案而言多投建 1 条线路，系统碳排放进一步降低。需要说明的是，由计算结果可知，考虑碳排放最低方案下系统碳排放大幅减少，其降幅并非全部由风电消纳容量增加而引起，相比考虑碳价的方案而言，该方案中其他类型电源的出力格局有较大差异，对总体的碳排放强度产生较大影响。

# 参考文献


[1] Banakar H, Luo C L, Ooi B T. Impacts of wind power minute-to-minute variations on power system operation. IEEE Transactions on Power Systems, 2008, 23(1): 150-160.

[2] 迟永宁,刘燕华,王伟胜,等. 风电接入对电力系统的影响. 电网技术,2007,31(3):77-81.

[3] Eriksen P B, Ackermann T, Abildgaard H, et al. System operation with high wind penetration. IEEE Power and Energy Magazine, 2005, 3(6): 65-74.

[4] 绿色煤电有限公司. 挑战全球气候变化:二氧化碳捕集与封存. 北京:中国水利水电出版社,2008.

[5] Kang C A, Brandt A R, Durlofsky L J. Optimal operation of an integrated energy system including fossil fuel power generation, $CO_2$, capture and wind. Energy, 2011, 36(12): 6806-6820.

[6] 季震. 含碳捕集电厂的电力系统规划与运行决策方法研究[硕士学位论文]. 北京:清华大学,2013.

[7] Ji Z, Chen Q, Sun B Y, et al. Analysis on coordinated operation benefits of wind power with carbon capture power plant// Renewable Power Generation Conference, IET, Naples, 2014: 1-4.

[8] 胡泽春,丁华杰,孔涛. 风电-抽水蓄能联合日运行优化调度模型. 电力系统自动化,2012,36(2):36-41.

[9] Chen Q, Kang C, Xia Q, et al. Optimal flexible operation of a $CO_2$ capture power plant in a combined energy and carbon emission market. IEEE Transactions on Power Systems, 2012, 27(3): 1602-1609.

[10] Xie L, Ilic M D. Emission-concerned economic dispatch: Possible formulations and implementations// IEEE PES Transmission and Distribution Conference and Exposition, New Orleans, 2010: 1-6.

[11] IPCC. Intergovernmental Panel for Climate Change Fourth Assessment Report. Cambridge: Cambridge University Press, 2007.

[12] Rubin E S, Chen C, Rao A B. Cost and performance of fossil fuel power plants with $CO_2$ capture and storage. Energy Policy, 2007, 35(9): 4444-4454.

[13] Cohen S M, Rochelle G T, Webber M E. Optimal operation of flexible post-combustion $CO_2$ capture in response to volatile electricity prices// The 10th International Conference on Greenhouse Gas Control Technologies, Amsterdam, 2010: 2604-2611.

[14] Cohen S M, Rochelle G T, Webber M E. Optimizing post-combustion $CO_2$ capture in response to volatile electricity prices. International Journal of Greenhouse Gas Control, 2012, 8: 180-195.

[15] 陈启鑫. 低碳电力系统的理论与方法研究[博士学位论文]. 北京:清华大学,2009.

[16] Korpa X A, S M, Holen A T. Operation planning of hydrogen storage connected to wind

power operating in a power market. IEEE Transactions on Energy Conversion, 2006, 21(3):742-749.

[17] 陈国平,李明节,许涛,等. 关于新能源发展的技术瓶颈研究. 中国电机工程学报,2017, 37(1):20-26.

[18] 顾泽鹏,康重庆,陈新宇,等. 考虑热网约束的电热能源集成系统运行优化及其风电消纳效益分析. 中国电机工程学报,2015,35(14):3596-3604.

[19] Kang C, Chen X, Xu Q, et al. Balance of power: Toward a more environmentally friendly, efficient, and effective integration of energy systems in China. IEEE Power & Energy Magazine, 2013, 11(5):56-64.

[20] 陈新宇. 面向新能源接入的电热系统集成理论研究[博士学位论文]. 北京:清华大学, 2014.

[21] 吕泉,陈天佑,王海霞,等. 含储热的电力系统电热综合调度模型. 电力自动化设备,2014, 34(5):79-85.

[22] 吕泉,陈天佑,王海霞,等. 配置储热后热电机组调峰能力分析. 电力系统自动化,2014, 38(11):34-41.

[23] Chen X, Kang C, O'Malley M, et al. Increasing the flexibility of combined heat and power for wind power integration in China: Modeling and implications. IEEE Transactions on Power Systems, 2015, 30(4):1848-1857.

[24] 吕泉,姜浩,陈天佑,等. 基于电锅炉的热电厂消纳风电方案及其国民经济评价. 电力系统自动化,2014,38(1):6-12.

[25] Illinois Institute of Technology (IIT). 6-bus system test data. http://motor.ece.iit.edu/data/6bus_Data_DR.pdf [2013-6-19].

[26] 王锡凡. 电力系统规划基础. 北京:中国电力出版社,1994.

[27] Zhang N, Kang C, Duan C, et al. Simulation methodology of multiple wind farms operation considering wind speed correlation. International Journal of Power & Energy Systems, 2010, 30(30):264-173.

[28] Rebitzer G, Ekvall T, Frischknecht R, et al. Life cycle assessment. Encyclopedia of Toxicology, 2004, 9(97):715-719.

[29] Soimakallio S, Kiviluoma J, Saikku L. The complexity and challenges of determining GHG (greenhouse gas) emissions from grid electricity consumption and conservation in LCA (life cycle assessment)—a methodological review. Energy, 2011, 36(12):6705-6713.

[30] Sun Y, Kang C, Dong X, et al. Life cycle assessment of energy consumption and $CO_2$ emission for transmission system // 2014 IEEE Power & Energy Society General Meeting, Washington DC, 2014:1-5.

[31] 张伯明,陈寿孙,严正. 高等电力网络分析. 2版. 北京:清华大学出版社,2007.

[32] 钟海旺. 内嵌网损的日前发用电计划模型与方法研究[博士学位论文]. 北京:清华大学, 2013.

[33] 杜尔顺,孙彦龙,张宁,等. 适应低碳电源发展的低碳电网规划模型. 电网技术,2015,

39(10):2725-2730.

[34] Hartigan J A, Wang M. Algorithm AS 136: A $K$-means clustering algorithm. Journal of the Royal Statistical Society. Seriesc: Applied Statistics, 1979, 28(1): 100-108.

[35] Romero R, Monticelli A, Garcia A, et al. Test systems and mathematical models for transmission network expansion planning. IEE Proceedings-Generation, Transmission and Distribution, 2002, 149(1): 27-36.